2022 개정 수학과 교육과정을 반영한

초등수학교육론

김진호 강윤지 김동원 김성준 도주원 박문환
박주경 이대현 이동환 이화영 조호윤 한채린

교육과학사

머리말

2022년 12월에 2022 개정 수학과 교육과정이 개정되었고, 이를 토대로 개발한 1-2학년 국정 수학교과서를 2024부터 사용하고 있고, 순차적으로 3-4학년은 2025년, 5-6학년은 2026년부터 활용될 것이다. 특히 2025년부터는 AI를 반영한 디지털교과서(AIDT)도 각 교육청의 정책에 따라 도입하는 정도는 다르겠지만 사용될 것이다. 제7차 교육과정 이후로 우리나라는 수시 개정 교육과정 체제를 이루고 있고, 여러 차례 교육과정이 개정 되었지만, 이번 2022 개정 교육과정은 이전의 교육과정들이 암묵적으로 강조하던 사안들을 명시적으로 강조하고 있다. 예를 들어, 수학과 교육과정 중 동심원으로 나타낸 설계의 개요가 의미하는 바는 한 과제를 다루면서 수와 연산, 도형과 측정, 자료와 가능성, 변화와 관계에 해당하는 내용을 가능한 한 많이 함께 다룰 수 있도록 해야 한다는 것이고, 학생들이 이런 수학 지식을 배울 때 다양한 수학 교과 역량을 융합적으로 학습할 수 있어야 함이다. 이 개요가 나타내는 것이 연결 역량의 의미이다. 이처럼 교육과정은 연결 역량을 강조하지만 성취기준은 연결 역량이란 관점에서 중요한 수학 내적 연결이 표출되어 있지 않다. 즉, 2022 수학과 교육과정은 연결 역량을 강조하지만 성취기준은 그 강조점이 잘 구현되어 있지 못하다. 이에 반해서 뉴욕주 CCSSM은 성취기준을 제시하면서 연결이 분명하게 들어나게 하고 있다. 한편, 2022 개정 교육과정은 학습자 주도성이 발현될 수 있는 수업을 강조한다. 이런 강조는 수학 교과 역량의 측면도 변화를 갖게 하였다. 예를 들어, 문제 해결 역량은 2015 개정 교육과정에서는 "해결 방법을 알고 있지 않은 문제 상황에서 수학의 지식과 기능을 활용하여 해결 전략을 탐색하고 최적의 해결 방안을 선택하여 주어진 문제를 해결하는 능력"이라고 정의하고 있다. 이 정의 중 "최적의 해결 방안을 선택"한다는 의미는 각 학습자가 현재 자신의 기저 지식을 총 동원하여 선택한 각 학생의 입장에서 최적의 해결 방안이다. 모든 학생이 공통으로 적용할 수 있는 최적의 해결 방안이 아니다. 이 후자의 입장에서 최적의 해결 방안이란 문구를 해석하면 개별 맞춤형 수업과 학습자의 주도성을 강조하는 수업을 실천하기 어려울 것이다. 즉, 패러다임이 바뀌면 같은 용어가 다른 의미를 가질 수 있다고 하는 점을 독자들은 유념해서 본서의 개념들을 이해할 필요가 있다.

미래의 교사가 될 예비교사들 그리고 현직 교사들은 개정된 (수학과) 교육과정의 정신과 실천적 과제를 잘 이해한 후 적용할 필요가 있다. 교육실천가인 이들이 수학과 교육과정의 정신을 잘 이해하고 실천했을 때 비로소 우리나라의 수학교실의 풍경이 2022 수학과 교육과정에서 추구하는 풍경에 근접할 수 있을 것이다. 저자들은 이 책의 내용이 예비 교사 및 현직 교사들이 2022 개정 수학과 교육과정을 이해하는 데 도움이 될 수 있도록 2022 수학과 교육과정의 다양한 측면들을 다루려고 노력하였다.

이런 희망이 저자들이 이 책을 집필한 목적이다. 이 목적에 충실한 저서를 집필하기 위해서 책 전반적으로 2022 수학과 교육과정의 핵심 주제들을 각 장의 주제로 잡았다. 이 책이 예비교사와 현직교사를 위한 초등수학교육이론서이다 보니 일부 장은 개정 교육과정과 밀도 있게 개정 수학과 교육과정과 관련짓기 어려웠지만 그럼에도 불구하고 관련지어 진술하려고 노력하였다. 이런 시도는 우리나라 수학교육계에서는 처음이다.

앞서서 2022 수학과 교육과정의 설계의 개요를 언급하면서 여러 내용 지식과 역량이 서로 엉키어 있다고 하였다. 하지만, 본서를 집필하면서 이들을 분리하여 진술할 수밖에 없었음을 고백하지 않을 수 없다. 집필자들의 역량 부족으로 인해서 각 장이 서로 서로 연관되어 있음을 충분히 설명하지 못하였다. 이 각 장의 내용이 서로 관련되어 있음에 대한 이해는 독자의 개인적 노력에 맡긴다. 다만 이 이해를 위해서 본서를 다독하고, 관련 서적들을 읽고, 그리고 동료 학습자들과의 대화를 통해서 이해를 확장해 가길 바란다. 즉 학습자의 주도적인 학습이 있기를 기대한다.

본서가 출판되기까지 여러 차례에 걸친 교정 작업을 해 주신 교육과학사 편집부 실장님과 직원분들에게 감사한다. 가장 최신의 교육과정 담론을 문서화하는 과정에 실수와 부족한 점이 있을 수 있다. 저자들은 혹여 있을 수 있는 오류의 대부분은 저자들의 탓임을 분명히 밝힌다.

2025년 3월

저자 일동

차 례

제 1 장 수학교육의 이해

“수학을 왜 배워요?”라는 질문은 교사가 학생들에게 질문을 받았을 때 쉽게 답하기 어려운 난감한 질문이지만, 수학교육의 목적을 묻는 중요한 질문이기도 하다.

이 장에서는 수학이라는 학문의 특성을 알아보고, 수학교육의 목적과 수학교육을 통해 얻을 수 있는 여러 일반적인 가치를 알아본다. 또한 수학의 대상과 수학교육을 통해 길러질 수 있는 수학적 사고와 태도에 대해 알아본다. 마지막으로, 초등학교 수학교육의 목표를 살펴봄으로써, 초등학교 수학 교수-학습의 기저에 놓인 중요한 지향점을 알아보자.

1 수학교육의 목적과 가치

가. 수학이란 무엇인가

수학의 특성을 아는 것은 수학을 배우거나 가르치는 데 큰 도움이 된다.

수학의 존재를 절대적 진리로 간주하며 수학의 기초를 절대적인 것으로 여기는 플라톤주의는 고대부터 18세기까지 서양철학을 지배한 대표적인 관점이다. 플라톤은 존재하는 세계가 확연히 구분 가능한 두 개의 세계로 이루어져 있다고 생각했는데, 사고의 대상으로 이루어진 ‘이데아’, 다른 한 세계는 감각 경험으로 이루어진 ‘현상계’이다. 플라톤주의에서 수학적 대상인 수나 도형은 이미 존재하는 불변의 이데아로 보고, 현상계에 살고 있는 인간이 사고를 통해 수학적 대상의 성질과 관계를 ‘발견’하는 것으로 보았다. 이러한 플라톤의 수학관을 구현한 대표적인 사람이 고대 그리스의 수학자 유클리드(Euclid)이다. 유클리드는 유명한 「원론(Elements)」이라는 저서를 통해 정의, 공준, 공리의 절대적 존재를 전제로 한 논증의 방법을 통해 발견하고 분석하는 방식의 수학의 체계를 집대성하였고, 이를 기반으로 한 수학은 2,000년 넘게 수용되어 발전되었다. 19세기 초에 유클리드의 체계만으로 설명하기 어려운 현상을 곡면 공간에서의 물체의 움직임을 설명하는 '리만 기하학'과 같은 비유클리드 기하학이 출현하게 되면서, 수학이 절대적인 존재라는 관점이 달라지기 시작하였다. 수학자 괴델(Gödel, 1906-1978)은 '불완전성 정리'를 증명함으로써 수학이 참이라고 증명해 왔던 지금까지의 성취들에 의문을 제기하였다. 그는 수리논리학에서 말하는 모든 무모순적 공리계는 그 선행 조건에 해당하는 '참(true)'이라고 전제하는 일부 명제를 증명할 수 없고, 특히 스스로의 무모순성을 증명할 수 없음을 보였다. 아직까지는 초등학교 수학의 수, 연산, 도형, 측정 영역의 대부분 내용이 유클리드 수학의 범위에서 다루어지고 있다.

수학이란 무엇인가? 많은 사람들이 수학을 더하기, 빼기, 곱하기, 나누기와 같은 산술(arithmetic)과 동일시한다. 사칙연산을 할 수 있으면 수학을 잘 배운 것인가? 수학은 사고의 방법이면서 기호와 용어로 된 언어이자, 모든 사람들이 일상생활에서 사용하고 있는 도구(Reys, Suydam, Lindquist, Smith, 1988)이다. 수학이 무엇인가에 대해 여러 관점을 살펴보자.

먼저 규칙성과 관계로서의 수학이다. 수학은 이 세계가 기본적인 질서가 있을 것이라는 신념에서 비롯되어 그 규칙성과 관계성을 알아내고자 하는 학문이다. 사람들은 수, 선, 각도, 모양, 차원, 평균, 확률, 비율, 연산, 순환, 상관관계 등을 탐구함으로써 복잡하게 얽혀있는 이 세계를 이해할 수 있게 되었다. 수학적 규칙성과 관계는 수학적 개념 또는 함수적 표현으로 정리될 수 있다. 수학적 개념이라는 것은 대상의 내포(內包)와 외연(外延)을 명확히 이해하여 현상을 이해하고 정리하는 수단이다. 즉 어떤 대상들이 공통적으로 가진 본질과 속성이 무엇인지 파악하고 그러한 본질과 성질을 가지지 않은 대상과 구분할 수 있는 관념이라고 할 수 있다. 수학적인 개념은 원리, 법칙으로 나타나기도 한다. 수학적 개념, 원리, 법칙은 여러 가지 용어와 기호, 식, 그래프 등으로 표현되고 의사소통된다. 초등학교와 중학교에서 다루는 많은 '정의'와 '정리'들이 이에 해당한다고 볼 수 있다. 학생들이 수학을 배운다는 것은 여러 가지 용어와 기호로 표현된 수학적 개념, 원리, 법칙을 이해하고 이를 서로 의사소통할 수 있어야 한다. 두 집합 사이의 관계를 식으로 설명하고자 한다면 이는 함수적 표현으로 나타난다. 다시 말해 하나의 그룹과 또 다른 그룹 사이에 규칙성이 있으면 그것은 함수식으로 표현될 수 있다. 수학적 규칙성과 관계는 수 세기에 걸쳐 발전되고 정교화되어 왔고, 지금도 역사의 어느 때보다 활발하고 생산적으로 발전하고 있다(AAAS, 1993). 근래에 인공지능(AI)을 활용하는 것은 엄청난 양의 빅데이터 속에서 규칙성과 관계를 찾아 그것을 함수로 나타내고자 하는 것으로서, 규칙성과 관계를 찾는 것은 수학·과학 같은 자연과학 분야를 넘어 인문·사회 분야에서도 인간의 심리와 사회적 현상에 대해 규칙성과 관계를 찾는 일에 매우 활발히 적용되고 있다. 학생들이 수학을 배운다는 것은 대상들 간의 관계와 규칙성을 찾으려는 태도와 그것을 수학적으로 표현할 수 있는 역량을 길러야 한다는 것이다. 또한 이러한 수학의 개념과 함수는 수학의 기저에 흐르는 연결성과 관련된다. 수학자들이 개발한 개념들은 전통적으로, 또는 교육적인 이유로 수론, 기하, 대수, 삼각법, 통계, 미적분과 같은 분야로 분류된다. 그러나 수학자들은 그 분야 안에서 혹은 분야들 사이에서 다른 개념으로 연결하는 규칙성과 관계를 찾고 있다. 예로, 프랑스의 수학자인 데카르트(Descartes, 1596~1650)는 좌표계(Cartesian coordinate system)를 개발함으로써 기하를 대수적으로 조작이 가능하게 만들었으며, 이는 해석기하학이라는 새로운 분야를 열었다. 학생들은 하나의 개념이 다른 방식으로 표현될 수 있다는 것을 발견하는 경험을 가져야 한다.

둘째, 알고리즘으로서의 수학이다. 알고리즘(algorithm)이란 인도-아라비아 계산법을 성문화한 8세기의 아라비아 수학자인 알콰리즈미(Alkwarizmi)의 이름에서 비롯된 말이다. 고대로부터 수학은 실용적인 계산술로서 출발하였는데, 인도-아라비아 기수법을 사용하는 계산법은 다른 수체계를 사용하는 계산에 비해 매우 효율적이어서 전 세계에 널리 알려지게 되었다. 계산을 할 때마다 거치는 동일한 과정과 절차를 추출하여 계산 방법을 자동화시켜 놓은 것이 알고리즘이라고 볼 수 있다. 계산 효율화를 위한 대수적인 기호 조작은 역사적으로 계속하여 발전하여 왔는데, 17세기 말에 이르러 라이프니츠(Leibniz)가 미분·적분의 계산법인 Calculus를 발명하여 과학기술의 결정적인 진보를 가능하게 하였다. 인공지능(AI)의 핵심은 수많은 빅데이터들의 패턴을 파악하고 그 추이를 수식으로 표현한 알고리즘이라고 볼 수 있다. 수학을 배운다는 것은 기존에 다른 사람들이 만들어 놓은 알고리즘을 숙달하여 계산을 빠르게 하는 것에 국한되는 것이 아니다. 즉 보다 효율적인 계산을 위해 알고리즘을 만들어 자동화할 방법은 없는지, 어떻게 알고리즘을 만들지 등 창의적으로 사고하는 습관과 기능을 배우는 것이다.

셋째, 사고의 방법으로서의 수학이다. 유클리드의 「원론(Elements)」 이래 수학은 공리로부터 연역적 추론에 의해 정리를 확립하는 증명을 주요 방법으로 하는 학문으로 발전해 왔다. 증명은 수학적 사고의 핵심이고, 근대에 들어 과학적 탐구를 이끌어내어 합리적 사고의 전형으로 여겨진다. 수학적 추론에는 관찰된 특수한 사례의 공통성에 주목하여 일반적인 법칙을 이끌어내는 귀납 추론과, 유사성을 바탕으로 추측하는 유추와 같은 발견적 추론도 있다. 새로운 수학적 법칙을 발견하는 일은 대부분 연역적 추론보다는 발견적 추론에 의한 경우가 많다. 수학을 배운다는 것은 단지 기존에 정리된 수학적 이론을 이해하고 연역적으로 증명하는 것에 그치는 아니라, 궁극적으로는 귀납 추론과 유추와 같은 발견적 추론을 통해 새로운 수학적 법칙이나 타분야의 창의적인 발견을 할 수 있는 인지적 수단을 갖추는 것이다. 초중고에서 다루어지는 수, 연산, 도형, 측정, 확률과 통계 영역에서 통계 영역[1]은 다른 영역들과 사고의 관점이 다르다. 통계는 많은 데이터의 규칙성을 파악하여 그 추이를 통해 데이터 범주 간의 특성을 파악하거나 데이터 범주에 해당하는 또 다른 데이터를 예측하고자 하는 특성을 지닌다. 즉 다른 영역의 수학이 유클리드 수학의 기반 위에서 주로 연역적 추론으로 발달해 온 데

1) 초등학교 수학과에서 통계와 관련된 내용은 2015 개정 교육과정에 시기부터 '자료와 가능성' 영역으로 제시되고 있다.

에 비하여, 통계는 귀납적 추론을 근간으로 하고 있다. 사고의 방법으로 수학을 사용할 때 용어와 기호를 사용하므로 수학을 하나의 언어 체계로 보기도 한다. 조심스럽게 정의된 용어와 기호를 사용하여 자신의 수학적 주장을 표현하고 다른 사람의 수학적 생각을 이해한다. 수학은 문제해결에 있어서 사고의 도구를 사용하게 한다. 사람들은 일상의 문제에 직면했을 때 방정식을 세우기도 하고 표를 그리기도 한다. 따라서 학생들은 수학적 용어와 기호를 익혀 의사소통할 수 있어야 하며, 문제 상황에 놓였을 때, 수학적 사고 도구들을 사용하여 문제를 합리적으로 해결할 수 있어야 한다.

넷째는 문제해결로서의 수학이다. 수학은 실제적인 문제를 해결하고자 하는 필요에서 비롯되었으며, 수학적 사고를 한다는 것은 문제 해결에서 적절한 수학을 이용한다는 것이다. 문제해결을 위해서는 관련되는 개념을 파악하고 알고리즘을 통해 계산하거나 논리적으로 추론하게 된다. 창의적으로 문제를 해결하는 능력은 오랫동안 초중등학교 수학과 교육과정의 목표로 제시되어 왔다. 즉 초중등학교에서 수학을 가르친다는 것은 학생이 실생활과 관련된 실제적인 문제를 해결할 수 있는 역량을 갖추도록 해야 한다는 것이다.

나. 수학교육의 일반적 목적과 가치

교육의 의미는 많은 철학자나 사상가들이 다양하게 정의를 제시하고 있다. 공자(孔子)는 '도를 닦는 일', 칸트(Kant)는 '미숙한 사람을 도덕적 · 인격적으로 사람다운 사람으로 만드는 것', 페스탈로치(Pestalozzi, 1746~ 1827)는 '내재되어 있는 다양한 소질을 조화롭게 발전시키도록 하는 일' 등으로 교육을 정의하였다. 우리나라 교육자인 이홍우(1984)는 교육이 합리적 사고를 키우고, 문명화된 삶의 양식으로 입문시키며, 학문적 사고방식을 함양하는 것이라고 하였다. 이를 바탕으로 수학을 배우고 가르쳐야 하는 일반적인 목적이 무엇인지에 대하여 수학의 가치적 측면으로 다음 네 가지를 들 수 있다.

첫째, 수학의 실용적 가치이다. 수학은 우리의 일상생활을 편리하게 하는 것은 물론, 장차 직업 생활과 다른 학문을 공부하는 데 도움이 되며, 사회와 국가 발전에 도움을 준다. 수를 읽고 쓰는 것과 기본적인 사칙 계산을 할 수 없으면 간단한 의사소통뿐 아니라, 물건을 사고 팔기, 세금 계산, 은행 이자 계산 등 일상생활에서 흔히 발생하는 문제 해결에서 어려움을 겪을 수 있다. 또한 어떤 수학적 지식은 일상생활에서는 사용되지 않지만 장차의 직업과 다른 학문을 공부하는 데 필요하다. 예를 들어, 이차 함수는 우주선 발사 후 특정 높이까지 올라가는 데 걸리는 시간을 구할 수 있게 만들어주고, 건축에서 넓이가 정해진 공간의 가로 길이와 세로 길이를 알아내고 싶을 때, 미사일의 이동 경로를 예측할 때 등 다양하게 활용된다. 이러한 수학의 쓰임은 물리학, 화학, 공학, 천문학, 컴퓨터 사이언스 등 다른 학문의 기초가 된다. 수학의 실용적 가치는 최근 인공지능(AI)과 첨단 과학기술의 발전에 있어서 더욱 강조되고 있다. 현상에서 발생되는 빅데이터를 행렬로 표현하여 규칙성을 찾고, 그 규칙을 조건부 확률과 미분계수를 포함한 함수식으로 표현하면 현상의 예측이 가능해진다. 인공지능(AI)이 우리의 일상생활과 첨단 과학기술 분야 전반에서 활용되고 있기에 수학의 역할은 그 어느 때보다 중요시되고 있다. 과학기술 분야가 아닌 진로 계열, 즉 인문·사회나 예체능 분야로 진학하고자 하는 학생들에게도 수학이 유용한지에 대한 회의적인 시각이 많은 것이 사실이었으나, 최근에는 인공지능(AI)이 사회 전반의 모든 분야에서 활발히 사용됨에 따라, 수학을 배워 필요한 곳에 사용할 수 있는 정도의 역량을 갖춘 인재 양성의 필요성이 대두되어 있다.

둘째, 수학의 도야적 가치이다. 수학을 공부하면 수학을 배우는 우리의 정신능력이 신장될 수 있다. 교육의 일반적 목적이 합리적인 사고 능력 신장이라고 보았을 때, 이를 위한 가장 대표적인 교과가 수학이다. 수학은 '어떻게 잘 셀 수 있을까?'로부터 시작된 사고 체계이다. 인류는 물체의 수 또는 일정한 단위의 양을 효율적으로 정확히 세는 방법을 고안하고, 이러한 계산을 계속적으로 효율화하며, 그 계산 방법을 자동화한 알고리즘을 만들어내어 점점 더 생각의 수고를 덜어내는 반면, 점점 더 복잡한 계산도 빠르고 정확하게 해낼 수 있게 만들어 왔다. 우리는 필요한 대상에는 이름을 붙여 용어나 기호로 만들고, 심지어 추상적이거나 미지의 대상에게도 기호를 부여함으로써 그 값을 알아낼 수 있는 조작 가능한 식의 구성이 가능하다. 또한 수학을 공부하다 보면, 대상을 여러 차원의 구조로 볼 수 있는 안목도 생긴다. 예를 들어, 고차방정식을 해결할 때, 일부분에 해당하는 다항식을 하나의 문자로 치환함으로써 식의 계산을 간단히 만드는 안목을 배우게 된다. 이렇게 복잡한 것을 단순화하여 문제를 해결하는 사고 능력은 일상생활이나 다른 분야의 문제 해결에 있어서도 전이가 가능한 대단히 유용한 사고 능력이다. 수학이 생각하는 능력을 기르는 것임에 반하여, 근래에 어렵고 꼬인 문제를 보자마자 최단 시간 내에 암기된 유형 풀이방식을 상기하여 기계적으로 풀어내도록 훈련하는 일부 수학교육 현장의 현실은 매우 안타깝다. 수학적 개념을 공부하면서 원리, 법칙을 발견하고 이를 위한 질문, 추측과 토론이 활발한 수학교실의 모습이 바람직할 것이다.

셋째, 수학의 심미적 가치이다. 수학을 접할 때 도형, 비율, 규칙이나 패턴 등 수학적 대상이 내재하고 있는 아름다움을 느끼게 되거나, 수학하는 방식에서 문제해결 과정에서의 아름다움을 만날 수 있다. 기하적으로 작도된 아라베스크 문양, 황금 비율이 적용된 르네상스 시대의 미술품뿐만 아니라, 피보나치 수열의 법칙이 적용된 달팽이 껍질의 나선 배열 등은 보는 것만으로도 매우 아름다움을 느끼고 어떠한 규칙성으로 이루어져 있는지 우리의 호기심을 자극한다. 또한 수학을 공부하다 보면 부지불식간에 가장 간결하고도 깔끔한 풀이를 추구하게 된다. 이는 수학적 풀이가 하나의 의사소통 방식으로서 간단하면서도 분명하게 자신의 사고의 흐름을 상대방에게 전달하고자 하는 의도도 있겠지만, 풀이 그 자체에 군더더기 없이 깔끔하게 완성하고 싶은 인간 내면의 심미성 추구의 과정이라고도 볼 수 있을 것이다. 수학의 아름다움을 느끼고 추구하는 것은 개인에 따라 주관적일 것이나, 수학을 배우는 동안에 이러한 수학의 아름다움을 느낄 수 있도록 노출되고 그것을 음미하는 기회를 많이 가지는 것은 수학에 대한 매력과 친밀감을 갖게 하고 수학을 계속 탐구하고자 하는 동기가 될 수 있다는 점에서 중요하다.

넷째, 수학의 문화적 가치이다. 수학은 원시시대의 셈법, 고대 바빌로니아와 이

집트의 수체계, 그리스 시대의 논증과 수의 범위 확장을 거쳐, 중국, 인도, 아라비아의 수학을 통해 알고리즘과 방정식의 해법이 발전되었다. 르네상스 시대를 거쳐 고차방정식을 해결할 수 있게 되었으며, 17세기 초에 들어 대수와 기하가 결합된 해석기하학, 17세기 말에 이르러서는 동적 기하를 다루는 방식으로서 미적분이 발전되었다. 19세기에는 대수적 구조를 탐구하고, 추상화를 거쳐 21세기에는 암호학 및 기호논리학 등 다양한 분야에서 활용되는 응용 수학이 반달하고 있다. 이러한 역사적 산물로서의 수학은 인류의 사고 체계의 발달을 보여주는 중요한 인류 문화의 유산이다. 가치가 높은 문화는 소중히 여기고 전승하고 계승해야 할 필요가 있으며, 수학교육을 통해 학생들은 수 체계, 도형의 성질, 논리, 기호화·추상화·일반화·알고리즘화 등 수학적 사고의 역사적 발달의 산물을 소개받아 그것을 능숙하게 사용하고, 더욱 발전시킬 책임감이 있다. 그러나 장구한 역사를 거쳐 만들어진 수학 지식을 모두 전달하는 것이 가능하고 전달할 가치가 있는 것인가를 생각해 보아야 한다. '지식정보 사회'로 일컬어지고 있는 21세기에는 하루가 다르게 새로운 지식들이 다량으로 생성되고 있는데, 모든 학생들이 수많은 지식을 모두 다 배우기보다는 꼭 필요하면서도 전이가(價)가 높은 지식인 핵심 개념 중심으로 교육해야 한다는 주장이 설득력을 얻어가고 있다.

2 수학교육의 대상, 방법, 목표

가. 수학적 대상과 방법

수학을 잘 가르치기 위해서는 수학이 무엇을 다루는가, 수학은 어떻게 하는가에 대해 알 필요가 있다. 수학적 대상과 방법에 대하여 NCTM(2000), 北原和夫 외(2008), NGACCSSO(2010) 및 片銅重男(이용률 외 역, 1992)를 중심으로 수학의 내용에 관련된 수학적 사고와 수학의 방법에 관련된 수학적 사고로 나누어 살펴보자.

수학적 대상에 대한 것은 수학의 내용 영역과 관련이 깊다. 수학의 내용 영역은 다양한 분류가 존재하나, 대체적으로 수와 양, 도형과 공간, 변화와 관계, 자료와 확률을 다루는 것으로 볼 수 있다.

양을 표현하는 것이 수(number)이고, 수로 표현되는 것이 양이다. 어떤 대상을 양으로서 인식한다는 것, 즉 그 성질을 수로 표현하는 것을 수량화한다고 말하고 수량화된 성질을 정량적(quantitative)이라고 부른다(北原和夫 외, 2008). 양은 그것이 속하는 세계에 따라 다른 속성을 지니게 되는데, 반드시 "0"에 해당하는 기저량과 "1"에 해당하는 단위량이 존재한다. 수의 성질과 표현, 근사, 문자식과 대수계를 다루게 된다. 대수계에는 자연수, 정수, 유리수, 복소수, 실수 등의 수의 체계 외에도 벡터, 행렬 등 다양한 수체계가 존재한다.

도형과 공간에 대한 것은 우리가 존재하는 공간(1차원, 2차원, 3차원 등)에 대한 것과 그 안의 시각적 대상의 형상인 도형(점, 선, 원, 다각형, 다면체 등)을 다루는 것이다. 도형의 성질에서는 두 가지 또는 그 이상의 도형 간의 관계(수직, 평행, 대칭 등)와 두 도형의 모양(합동, 닮음)을 탐구한다. 도형의 성질을 탐구하는 것은 역사적으로 계량에 그 근간을 두고 있다. 측정을 통해 기하적 대상의 길이, 넓이, 부피 등을 탐구한다. 공간 좌표를 활용하면 기하적 대상을 대수적으로 다룰 수 있다.

변화와 관계에 대한 것은 두 가지 양 사이의 관계를 파악하여 그것을 표현하는 것이다. 특히 어떤 양과 시간과의 관계를 다루면 그것을 '변화'라고 부른다. 변화와 관계는 표, 그래프, 수식으로 나타낼 수 있다. 수식으로 나타내면 그것을 함수라고 부르는데, 함수란 어떤 입력에 대해 어떤 정해진 출력이 존재하는 일종의 계산 박스 같은 것이다. 수학은 변화의 가장 기본적인 형태로 정비례(1차 함수), 반비례, 다항식(2, 3차 함수), 지수 함수, 삼각 함수와 같은 주기 함수 등을 다룬다. 국소적인 변화를 보고자 하는 것이 미분이다.

자료와 확률은 측정이나 조사를 통해 얻을 수 있는 수, 즉 데이터를 다루는 것이며, 특히 확률은 어떤 사건이 일어날 가능성을 수치로 표현한 것이다. 데이터를 파악할 때는 특정 단위의 구간화를 통해 각 구간 내에 들어오는 수치인 도수를 파악하게 되며, 각 구간 내에 도수가 얼마인가를 통해 분포를 파악할 수 있다. 데이터의 분포는 평균, 최댓값, 최솟값, 중앙값, 표준편차 등의 대푯값을 통해서도 파악할 수 있다. 데이터는 측정되는 것이기 때문에 측정되는 상황에 따라 오차(error)라는 불확실성을 내재하고 있음을 유의해야 한다.

수학의 대상에 대한 사고는 개념과 원리 · 법칙에 대한 이해와 관련된다. 단위의 사고, 표현의 사고, 조작의 사고, 알고리즘의 사고, 개괄적 파악의 사고, 기본성질의 사고, 함수적 사고, 식에 대한 사고 등이다.

수학의 과정과 방법은 수학적 사고라고 할 수 있다. 수학적 사고는 논리적 추론의 사고와 일반적 수학학습 과정에서의 사고로 나누어 생각해 볼 수 있다.

논리적 추론의 사고로 귀납적 사고, 유추적 사고, 연역적 사고가 있다. 귀납적 사고는 관찰과 실험을 통해 자료를 수집하고 자료들 사이에서 일반적인 규칙이나 패턴을 찾아내는 과정이다. 학생들은 다양한 예시나 문제를 탐구하고 규칙성을 찾아냄으로써 패턴을 파악하고 그것을 일반화한다. 연역적 사고는 반대로 일반적인 원리나 법칙을 바탕으로 주어진 조건과 사실들을 분석하여 논리적으로 결론을 도출하는 과정이다. 유추적 사고는 어떤 대상에서 성립하는 성질이 이와 구조적으로 유사한 대상에 대해서도 성립하지 않을까 생각하는 사고 방법이다. 일반적인 수학 학습 과정에서의 사고로는 단순화의 사고, 추상화의 사고, 일반화의 사고, 특수화의 사고, 기호화의 사고, 수량화의 사고(8장에서 다루는 사고를 중심으로 수정 예정) 등이 있다. 수학적 사고에 대해서는 이 책의 8장에서 더욱 자세히 다루기로 한다.

이러한 수학적 사고는 개념적 이해, 절차적 유창성, 전략적 조정, 생산적 태도를 통해 형성되고 발전되는데, 이를 위해서는 문제를 이해하고 끈기 있게 풀기, 추상적으로 · 정량적으로 추론하기, 실행 가능한 주장을 구성하고 다른 사람의 추론을 비판하기, 수학으로 모델링하기, 적절한 도구를 전략적으로 사용하기, 정확성에 주의를 기울이기, 구조를 찾고 활용하기, 반복된 추론에서 규칙성을 찾고 표현하기와 같은 실천이 필요하다. 또한 수학적 사고를 발전시키기 위해서는 자신의 문제나 목적·내용을 명확히 하려는 태도, 이치에 닿으며 조리 있는 행동을 하려는 태도, 내용을 간결·명확하게 나타내려는 태도, 더 나은 것을 알아보려는 태도가 필요하다.

수학적 지식은 교사로부터 학생에게 '전달'되는 것이 아니라 학생이 스스로 또는 사회적인 상호작용에 의하여 학생이 가진 기존의 지식(schèmes)에 동화·조절되어 '구성'해야 한다는 구성주의적 인식이 피아제(Piaget, 1896-1980) 등에 의하여 1980년대 이후 보편적으로 받아들여지고 있다. 수학을 알고 있다는 것은 수학을 목적 있는 방식으로 사용할 수 있다는 것을 의미한다(NCTM, 1989, p. 5). 학생들이 수학을 배우려면 규칙과 절차에 대한 고정된 학습에만 관여하기보다는 탐구, 추측, 사고에 동참해야 한다. 수학 학습은 교사가 일방적으로 문제를 풀어주고 학생이 관람하는 방식의 스포츠가 아니다. 우리나라 수학교육의 문제점으로, 학생들이 스스로 수학적 사고를 통해 문제해결을 하기보다는 주어진 절차와 전략을 암기하여 문제풀이를 반복하고 있는 현실이 많이 지적된다. 학생들이 수학을 탐구하고 추측과 추론을 통해 문제해결에 이르도록 수학 수업을 바꾸어 나갈 필요가 있다. 학생들이 의미 있는 경험에서 파생된 개인적 지식을 구성할 때, 배운 내용을 유지하고 사용할 가능성이 훨씬 더 높다(NCTM, 1989, p. 5). 즉 교사는 학생들이 수학을 이해하고, 수학을 추론하고 문제를 해결하는 도구로 보고 사용하는 데 도움이 되는 경험을 제공하는 역할을 해야 한다. 또한 수학적 사고와 이를 위한 실천을 강조하면서도 예전과 같이 어려운 문제를 짧은 시간에 누가 정확하게 많이 풀어내는지를 평가한다면 수학교육의 목표를 이루어나가기 어렵다. 따라서 수업과의 연속선상에서 수업에서 중요하게 다룬 수학적 사고를 일관성 있게 평가하는 것이 중요하다.

• 탐구 과제: 수학교육의 목적과 가치

탐구 1. 초등학교 수학에서 수학의 여러 측면(규칙성과 관계로서의 수학, 알고리즘으로서의 수학, 사고의 방법으로서의 수학, 문제해결로서의 수학)에 대한 사례를 찾아 제시하시오.

탐구 2. 수학을 배웠을 때의 여러 가지 효과에 대해 알아보시오.

나. 수학교육의 목표

(1) 인지적 능력

수학교육에서 인지적 능력은 수학적 사고력과 유사하거나 동일한 의미로 쓰이며, 때로는 수학하는 자신의 사고에 대해 아는 메타인지(meta-cognition)까지를 포함하기도 한다. 수학적 사고력이란 수학적 대상인 수 개념, 연산, 도형, 측정, 확률과 통계, 규칙성과 관계 등에 대한 개념, 원리, 법칙을 이해하고 문제를 해결하고 추론하고 의사소통하며 정보를 처리하는 능력을 말한다. 1989년 미국수학교사협의회(NCTM: National Council of Teachers of Mathematics)는 수학 학습의 목표를 "수학을 소중히 여길 줄 알고, 수학하는 자신의 능력을 확신하며, 수학적으로 문제를 해결할 수 있고, 수학적으로 의사소통할 수 있고, 수학적으로 추리를 할 수 있어야 한다"고 하였다. 이러한 목표를 위해 학생들은 탐구하고 추측하며 검사하고 오류를 수정하면서 도전적인 문제를 해결하고, 수학에 대해 읽고 쓰고 말하고 토의하며, 수학적으로 추론하는 경험을 가질 것을 강조하였다. 2000년대에 들어서는 경제협력개발기구(OECD)를 중심으로 교육의 목표로 역량(competency)을 길러야 한다는 흐름이 만들어져 왔다. 우리나라는 2015년에 고시된 수학과 교육과정에서는 이를 반영하여 '문제해결, 추론, 의사소통, 창의・융합, 정보 처리, 태도 및 실천'의 여섯 가지의 수학 교과 역량을 설정하였다. OECD Education 2030 프로젝트(OECD, 2019)와 같은 세계적인 교육의 흐름에 따라 2022 개정 수학과 교육과정에서는 지식・이해, 과정・기능, 가치・태도의 총체를 학생들이 길러야 할 역량으로 설정하였다. 이에 따라, 수학과에서는 수학의 지식・이해, 과정・기능, 가치・태도를 통해 문제해결, 추론, 의사소통, 연결성, 정보 처리의 다섯 가지 역량을 기르도록 설정하였다.

수학 교과 역량에 대하여 수학과 교육과정(교육부, 2022)에 제시된 역량을 2015 개정 교육과정(교육부, 2015)에 제시된 설명을 참고[2)]하여 살펴보면 다음과 같다.

문제 해결 역량은 해결 방법을 알고 있지 않은 문제 상황에서 수학의 지식과 기능을 활용하여 해결 전략을 탐색하고 최적의 해결 방안을 선택하여 주어진 문제를 해결하는 능력이다. 학생들은 교과서의 문장제 문제를 푸는 것 이외에도 비정형의 문제를 해결하는 것도 경험할 필요가 있다. 문제 해결을 할 때에는 여러 전략을 활용할 수 있다. 예상하고 확인하기, 양적 추론하기, 일반해 구하기 등의 비형식적, 전형식적, 형식적 추론의 방식은 매우 다양하다.

추론 역량은 수학적 사실을 추측하고 논리적으로 분석하고 정당화하며 그 과정을 반성하는 능력이다. 학생들은 규칙성을 확인하고 가설을 만드는 경험을 할 필요가 있다. 가설을 정당화하기 위한 모델, 수학적 사실, 논증을 사용하도록 배울 필요가 있다. 정당한 논증과 정당하지 않은 논증을 배울 필요가 있으며, 가설을 반박할 수 있는 반례를 사용할 수 있어야 한다.

의사소통 역량은 수학 지식이나 아이디어, 수학적 활동의 결과, 문제 해결 과정, 신념과 태도 등을 말이나 글, 그림, 기호로 표현하고 다른 사람의 아이디어를 이해하는 능력이다. 학생들은 수학의 기호와 언어를 배워야 하며, 수학적 아이디어를 표현할 능력을 길러야 한다. 학생들은 수학 용어, 기호, 표, 그래프 등의 수학적 표현을 정확하게 사용하고 표현끼리 변환할 수 있어야 한다.

연결 역량은 여러 수학적 지식, 기능, 경험을 연결하거나 타 교과나 실생활의 지식, 기능, 경험을 수학과 연결하여 새로운 지식, 기능, 경험을 생성하고 문제를 해결하는 능력이다. 학생들은 수학을 배울 때 영역이나 학년 내용 간에 관련된

2) 2022 개정 교육과정 원문에서는 역량 각각에 대해 그 의미를 따로 제시하고 있지 않다. 따라서, 여기서는 독자의 이해를 돕기 위해 2015 개정 교육과정에 제시된 대로 기술한다.

수학의 개념, 원리, 법칙 등을 유기적으로 연계하여 새로운 지식을 생성하면서 창의성을 기르도록 해야 한다. 또한 수학과 실생활, 사회 및 자연 현상, 타 교과의 내용을 연계하는 과제를 활용하여 수학을 사용하는 경험을 해야 한다.

정보처리 역량은 다양한 자료와 정보를 수집, 정리, 분석, 활용하고 적절한 공학적 도구나 교구를 선택, 이용하여 자료와 정보를 효과적으로 처리하는 능력이다. 학생들은 실생활 및 수학적 문제 상황에서 자료를 탐색하고 수집하며 수학적으로 처리하여 합리적인 의사 결정에 이르는 경험을 해야 한다. 이때 교구나 공학 도구를 활용하여 추상적인 수학 내용을 시각화하고 수학의 개념, 원리, 법칙에 대한 직관적 이해와 논리적 사고를 도울 수 있다.

(2) 정의적 태도

정의적 태도는 인지적인 측면과 정의적인 측면을 명확히 구분하기 어렵다. 그러나 수학적 문제해결에서 사고 실험을 해본다거나 전략을 다양하게 사용하려는 태도, 더욱 정확한 결과를 얻고자 주의를 기울이는 태도 등이 다소 인지적인 측면이 강하다고 할 때, 수학에 대한 자신감이나 흥미를 느끼는 부분은 다분히 감정과 정서의 측면이 강하다. 또한 포기하고 싶을 때 좀 더 끈기 있게 하고자 하는 태도는 자신의 감정을 다스리는 의지에 대한 부분이기도 하다. 정의(affect)는 학생들이 학습 과정에서 갖는 감정, 느낌, 흥미, 학습 태도, 신념, 동기 등을 종합적으로 지칭하는 것이다(김선희 외, 2014). 수학의 정의적 영역이란 주로 수학에 대한 태도와 같은 개념으로 여겨졌으나, McLeod(1992)는 인지(cognition)와는 다른 개념으로 태도, 신념, 감정과 같은 요소를 포함하는 것으로 정의하였다.

최근에는 PISA(Programme for International Student Assessment)와 TIMSS(Trend in International Mathematics and Science Study)와 같은 국제학업성취도평가와 국내 학업성취도 평가 등에서 학생들의 수학의 인지적 성취와 함께 정의적 성취를 진단하고 있다. 그중 TIMSS를 중심으로 정의적 영역의 요소들을 살펴보자. TIMSS의 정의적 영역은 1999년에는 수학에 대한 자아개념과 긍정적 태도로 구성되었지만, TIMSS 2003, 2007, 2012, 2015, 2019를 거쳐오면서 수학 학습에 대한 정의적 영역의 구성은 수학에 대한 자신감, 즐거움(흥미), 가치 인식으로 변화되었다. TIMSS 2012에는 정의적 영역을 보다 심화하여 측정하였는데, 수학 학습 동기, 자아 신념, 수학 학습 전략을 범주로 하여 수학 학습 동기에는 내적 동기, 도구적 동기를 포함하였고, 자아 신념으로는 자아 효능감, 자아 개념, 수학 불안감, 수학 관련 활동 참여, 수학 학습 계획을 포함하였다. 수학 학습 전략에는 암기 전략, 정교화 전략, 통제 전략을 포함하였다. 우리나라 국가수준 학업성취도 평가에서는 자신감, 흥미, 가치, 학습의욕을 정의적 영역의 요소로 보고 있다.

여기서는 자신감, 흥미, 가치, 학습의욕에 대해 살펴보자.

수학 학습에서의 자신감은 수학 학습을 하는 자신의 가치와 능력에 대한 개인의 확신 또는 신념의 정도, 학습자가 노력하면 어떠한 수준의 성공을 할 수 있는지에 대한 스스로의 인식으로서, 이는 자기효능감과 같은 의미로 볼 수 있다. 계속해서 열심히 노력하면 수학을 잘할 수 있게 된다는 믿음을 가진 신념체계를 Boaler(2016)는 '성장형 마인드셋'으로 보고, 성장형 마인드셋을 가진 학생이 그렇지 않은 학생에 비해 장기적으로 수학 학습을 포기할 확률이 낮고 수학적 성취도가 우수하다는 것을 입증하였다. 학생들이 수학 학습에서 자신감을 갖는 것은 수학 학습의 성패를 좌우한다고 해도 틀리지 않다. 우리나라 학생들의 경우, 학업 성취도는 세계적으로 가장 우수한 수준으로 매우 높게 나타나지만 자신감은 반대로 최하위 수준으로 매우 낮게 나타나고 있다. 학생들의 자신감을 높여줄 수 있도록 구체적으로 조작하고 탐구하는 수업과 평가의 개선이 절실하다. 학생들은 수학 학습에서 성공의 경험을 통해 자신감을 얻을 수 있다. 교사는 자신감이 부족한 학생들이 잦은 성공의 경험을 누적할 수 있도록 할 필요가 있다.

수학 학습에서의 흥미는 수학에 대한 관심 및 수학 학습 활동에 대하여 느끼는 재미(김선희 외, 2014)이다. 흥미는 특정 주제나 영역, 활동 등에 대해 느끼는 비교적 지속적인 선호인 개인적 흥미(individual interest), 대상의 속성이나 특성에 따라 즉각적으로 지각되는 흥미인 상황적 흥미(situational interest)(김성일, 윤미선, 2004)가 있다. 우리나라 학생들의 경우, 수학 학습에 대한 흥미가 매우 낮게 나타나고 있다. 학생들이 흥미를 가지고 수학 학습에 적극적으로 참여하도록 만드는 교수 설계가 매우 중요하다. 이때 궁극적으로 개인적 흥미를 높여주는 것이 중요하지만, 이를 위해 상황적 흥미를 높여주는 것도 필요하다. 수학 학습에서 재미있는 게임이나 체험 활동 등을 통해 흥미를 높여줄 수 있다.

수학 학습에서의 가치는 학습자 자신의 삶을 포함한 여러 맥락과의 관계 속에서 수학의 기능과 유용성에 대한 판단이다. 학생들은 수학을 배울 때 주로 교과로서의 가치와 유용성을 기반으로 수학의 가치를 형성한다(이광상 외, 2016). 그러나 학교에서 배우는 교과로서의 가치와 유용성은 삶의 전반적인 맥락과는 달리 매우 좁은 범위에 한정되기 때문에 자칫 수학을 진학을 위한 도구로서 인식하는 그릇된 결과를 가져오기 쉽다. 학생들이 수학의 가치를 올바르게 형성하도록 하기 위해서는 학생들의 삶의 맥락과 관련되는 주제와 수학 학습을 깊이 연계하여 학습을 설계하고, 역사적, 문화적, 경제·사회적인 수학의 가치에 대해 느낄 수 있도록 다양한 학습 경험이 수반되도록 할 필요가 있다.

수학 학습에서의 학습의욕은 수학을 학습하려는 인내와 노력 및 수학 학습 상황에서 어렵고 낯선 문제나 과제에 도전하려는 자세(이광상 외, 2016)를 말한다. 수학 학습에서는 어렵거나 낯선 문제에 직면하더라도 도전해 보려고 하고, 끈기 있게 지속하려는 태도, 실패하더라도 다시 도전해 보려는 자세가 매우 중요하다. 학생들이 계속하여 도전하고 학습을 지속할 수 있도록 하기 위해서는 교사의 지지와 격려가 매우 중요한 요인이 된다. 특히 교사가 학생에 대해 가지는 기대감에 따라 학생들은 계속 도전하기도 하고 도전을 중단하기도 한다. 교사는 학생 개개인의 수학 학습에서의 어려움을 파악하고 이를 극복하기 위한 학습 코칭과 상담을 통해 더 나은 학습 방법을 시도해 보도록 하거나 지속적인 학습 관리를 해 나갈 수 있도록 함으로써 학생을 도울 수 있다.

다. 초등학교 수학교육의 목표

(1) 기초소양으로서의 초등학교 수학의 목표

초등학교 수학은 삶을 살아가는데 기초적인 소양과 이후의 학습을 위한 토대로서 매우 중요하게 여겨지며, 모든 국가들이 체계적인 초등학교 수학교육을 통해 국민들의 기초 학력 향상을 위해 많은 노력을 기울이고 있다.

수학은 오래전부터 기초 소양(Basic Literacy)의 하나로 여겨져 왔다. 아동이 가장 기초적으로 갖추어야 할 소양은 3R로, 읽기(Reading), 쓰기(wRiting), 셈하기(aRithmetic)이다. 고대 스파르타에서는 하루 2시간씩 총 6시간 동안 수학, 문학, 철학을 배웠으며, 5세기경 아테네에서는 청년들에게 기하학, 천문학, 화성학, 산술 등을 교육하였다. 19세기에 접어들어 많은 국가들이 학교를 세우고 학교 교육의 과목과 교수요목을 정하여 체계적으로 교육을 실시하게 되면서, 수학은 모든 나라에서 학교 교육의 주요 교과로 자리잡게 되었다. 현대에 들어 셈하기를 넘어 수리 소양(Numeracy 혹은 Mathematical Literacy)으로 그 의미가 확장되고 강조되어 오고 있다. 수리 소양의 부족은 경제적 · 사회적 손실로 이어진다는 인식으로 인해 수리 소양에서 강조하는 초점이 1940년대에는 산술(arithmetic)로부터 시작하여 1960년대에는 백분율, 1980년대에는 데이터 분석, 2000년대까지 스프레드시트까지로 확장(Steen, 1997, p. 18)되기도 했다. 수리 소양이란 '근거가 분명한 판단을 내리고, 건설적이고 신중하며 반성적인 시민으로서 개인의 삶의 요구를 충족하는 방법으로써 수학을 사용하고 적용하기 위해, 세상에서 수학이 수행하고 있는 역할을 식별하고 이해하는 개인의 능력(OECD, 2004)'을 말한다. 최근 우리나라 2022 개정 교육과정에서는 전 교과를 통해 길러야 할 기초 소양으로 언어 소양, 수리 소양, 디지털 소양을 제시하였다. 수리 소양을 수학과 교육을 통해서만이 아닌 전 교과를 통해 길러야 할 기초 소양으로 강조한 것은 그만큼 수학이 학생에게 있어 학습 전반에 영향을 미치는 중요한 기초 소양이라는 것을 보여주는 것이다.

(2) 우리나라 교육과정에서 초등학교 수학교육의 목표

학생들이 수학교육을 통해 일반적 목적에 도달하고 기초 소양을 갖추도록 하기 위해서는 초등학교 수학교육을 통해 어떠한 능력을 어느 정도까지 갖추도록 할 것인지의 목표를 설정하고 이를 위한 교육 내용의 범위와 수준, 교육 방법을 정하게 된다.

초등학교 수하의 목표를 우리나라 교육과정을 통해 살펴보도록 하사.

우리나라 초등학교 수학과의 첫 교육과정은 해방 후 군정기인 1946년에 고시된 교수요목이다. 군정기 국민학교 산수과의 목표는 '일상생활에 필요한 수량적 관계를 정확하게 이해하여 처리하는 능력(박한식, 1991)'을, 제1차 초등학교 산수과(문교부, 1955)에서는 '일상생활에 있어서 수량적인 관계와 형에 대하여 고찰하고 이해하고 처리하는 능력과 태도'와 같이, 수학을 학습한다는 것에 대해 '이해하고 처리'하는 정도로 제시하였다. 이후 여러 차례의 개정 시기를 거쳐 오면서 초등학교 수학과의 목표는 더욱 상세화되고, 우리나라 국민들의 교육적 현실과 국제적인 교육 사조의 흐름 등을 반영하여 변화를 거쳐왔다.

2022 개정 수학과 교육과정[3)]은 초중고의 모든 교과를 통해 기르고자 하는 인간상[4)], 역량[5)]을 고려하여 수학과에서 함양하고자 하는 교과 역량을 반영하였다. 초등학교 수학은 중학교 수학과 함께 '공통 교육과정'으로서 '초・중학교에서 학습한 수학은 기본적인 삶을 영위하고 일상생활을 포함한 다양한 맥락의 문제를 해결하는 데 도움이 되고, 고등학교 수학뿐만 아니라 여러 교과 학습의 토대가 된다. 수학학습은 자연 과학, 공학, 의학뿐만 아니라 사회 과학, 인문학, 예술 및

---

3) 2022 개정 초중등 교육과정은 2022년 12월에 교육부가 고시하였다. 2024년에 초등학교 1-2학년군, 2025년부터 초등학교 3-4학년군, 중학교 1학년, 고등학교 1학년, 2026년부터 초등학교 5-6학년군, 중학교 2학년, 고등학교 2학년, 2027년에 중학교 3학년, 고등학교 3학년에 순차적으로 적용된다.

4) 총론 교육과정에서는 교육 환경 변화에 대처하고 국가・사회적 요구를 반영하여 미래 사회가 요구하는 '포용성과 창의성을 갖춘 주도적인 사람'이라는 인간상을 제시하였다.

5) 학생의 삶과 성장을 지원하며 '자기 관리, 지식정보처리, 창의적 사고, 심미적 감성, 협력적 소통, 공동체 역량'을 중점적으로 기르고, 언어 소양, 수리 소양, 디지털 소양의 기초 소양 함양도 강조하였다.

체육 분야 등 다양한 분야의 직업에서 요구하는 수리 소양을 형성하는 데 기초가 되며, 나아가 미래 사회를 주도할 창의성을 갖춘 사람으로 성장할 수 있는 기반을 제공한다(교육부, 2022). 2022 개정 초등학교·중학교 수학과 교육과정의 목표는 다음과 같이 총괄 목표와 세부 목표로 나누어 제시되었다. 총괄 목표는 수학과의 학습을 통하여 학생들이 도달해야 할 모습을 기술하고 있으며, 세부 목표는 차례대로 수학과의 역량인 문제해결, 추론, 의사소통, 연결성, 정보처리 역량의 목표를 기술하고 있다.

> 수학과는 수학의 개념, 원리, 법칙을 이해하고 수학의 가치를 인식하며 바람직한 수학적 태도를 길러 수학적으로 추론하고 의사소통하며 다양한 현상과 연결하여 정보를 처리하고 문제를 창의적으로 해결하는 수학 교과 역량을 함양한다.
>
> (1) 수학적 지식을 이해하고 활용하여 적극적이고 자신감 있게 여러 가지 문제를 해결한다.
> (2) 수학적 사실에 대해 흥미와 관심을 갖고 추측과 정당화를 통해 추론한다.
> (3) 수학적 사고와 전략에 대해 의사소통하고 수학적 표현의 편리함을 인식한다.
> (4) 수학의 개념, 원리, 법칙 간의 관련성을 탐구하고 실생활이나 교과에 수학을 적용하여 수학의 유용성을 인식한다.
> (5) 목적에 맞게 교구나 공학 도구를 활용하며 자료를 수집하고 처리하여 정보에 근거한 합리적 의사 결정을 한다.

위와 같이, 2022 개정 초등학교 수학과 교육과정에서는 수학과의 인지적 측면인 지식·이해, 과정·기능과 정의(情意)적 측면인 가치·태도의 목표를 모두 제시하고 있다. 즉 초등학교 수학에서는 수학의 개념, 원리, 법칙과 같은 지식, 수학적 사고, 전략뿐만 아니라 수학을 학습하는 과정에서 추론, 의사소통, 공학 도구 활용과 같은 기능(skill)을 갖추고, 수학의 편리함과 유용성과 같은 수학의 가치를 인식하고 수학을 하는 올바른 태도인 적극성, 자신감, 합리적 의사 결정까지 골고루 목표로 한다는 점을 숙지할 필요가 있다.

초등학교 수학은 수 개념과 도형의 성질 등 수 감각과 도형 감각을 키우고 수학에 대한 흥미를 높여 앞으로 수학을 공부하는 데에 있어 동기와 기초 체력을 기르는 시기라고 할 수 있다. 따라서 초등학교 이후의 학습에서 어려움을 겪지 않도록 초등학교에서 다루는 기본적인 수학의 개념과 원리를 충실히 익히는 것이 중요하며, 또한 중학교에서 수학을 다룰 때도 초등학교에서 배운 수학의 개념과 원리를 형식적 대수와 기하 학습으로 원활히 이행할 수 있도록 연계하여 지도할 필요가 있다. 또한 문제해결, 추론, 의사소통 등의 역량을 기우고 수학의 가치를 인식하면서 수학학습에 대한 흥미와 관심을 높일 수 있도록 시도해야 한다.

지금까지 살펴본 초등학교 수학교육은 수학학습의 기초 소양과 역량을 갖추고 수학학습에 흥미와 자신감을 잃지 않도록 하여 이후의 수학 학습을 지속할 수 있게 하는 것을 목표로 한다. 따라서 초등학교 수학교육에서는 학생들의 인지적 성취와 정의적 성취의 균형이 중요하다. 수학의 기초적인 개념, 원리, 법칙을 이해하고 문제해결, 추론, 의사소통하는 것과 동시에 자신감, 흥미, 가치, 학습의욕을 지니고 적극적이고 주도적으로 수학 학습을 지속해 나갈 수 있도록 해야 한다. 이를 위해서는 심리적 환경 조성이 매우 중요하다. 모든 학생을 신뢰하고 모든 학생을 격려하며, 노력과 실패를 높이 평가하고 성장을 칭찬하고 도움을 주는 (Boaler, 2016) 교실을 만들자. 또한 수업을 통해 수학을 단지 정해진 답을 구하는 것으로 보지 말고, 수학은 패턴과 연결에 대해 탐구하는 학문이며, 개방적이며 성장하고 배우는 과목으로 경험할 수 있도록 하자.

• 탐구 과제: 수학교육의 인지적, 정의적 측면의 목표

탐구 1. 수학교육을 통해 개발시킬 수 있는 학생의 인지적 능력에 대해 논하고 이의 구체적 사례를 들어 설명하시오.

탐구 2. 수학교육을 통해 우리나라 학생의 정의적 태도를 어떻게 발전시킬 수 있을지 방안에 대해 논하시오.

참고문헌

교육부(2015). 2015 개정 수학과 교육과정. 교육부 고시 제2015-74호. 교육부.

교육부(2022). 2022 개정 수학과 교육과정. 교육부 고시 제2022-33호. 교육부.

김선희, 김부미, 이종희(2014). 수학교육과 정의적 영역. 경문사.

김성일, 윤미선(2004). 학습에 대한 흥미와 내재동기 증진을 위한 학습환경 디자인. 교육방법연구, 16(1), 39-66.

문교부(1955). 제1차 수학과 교육과정. 문교부령 제46호. 교육주보사.

박한식(1991). 한국수학교육사. 대한교과서주식회사.

이광상, 임해미, 박인용, 서민희, 김부미(2016). 국가수준 학업성취도 평가의 수학과 정의적 영역 설문 문항 개발. 교육과정평가연구, 19(4), 45-70.

이용률, 성현경, 정동권, 박영배 공역(1992). 數學的인 생각의 具體化. 경문사.

이홍우(1984). 교육의 목적과 난점. 교육과학사.

北原和夫 외(2008). 한국과학창의재단(2011) 역. 일본 '과학기술의 지혜' 프로젝트 수리과학 전문부회보고서.

American Association for the Advancement of Science (1993). Benchmarks for Science Literacy. Oxford University Press.

Boaler, J. (2016). Mathematical mindsets. Jossey-Bass A Wiley Brand.

McLeod, D. B. (1992). Research on affect in mathematics education: A reconceptualization. In D. A. Gouwes (Ed.), Handbook of research on mathematics teaching and learning (pp. 575-596). Macmillan.

NCTM (1989). Curriculum & Evaluation standards for school mathematics. Author.

NCTM (2000). Principles and standards for school mathematics. Author.

National Governors Association Center for Best Practices and Council of Chief State School Officers (2010). Common Core State Standards for Mathematics.

OECD (2004). Learning for tomorrow's world: First results from PISA 2003. OECD.

OECD (2019). OECD future of education and skills 2030-OECD learning compass 2030. https://www.oecd.org/education/2030-project/teaching-and-learning/learning/learning-compass-2030/OECD_Learning_Compass_2030_Concept_Note_Series.pdf

Reys, R., Suydam, M. N., Lindquist, M. M., & Smith, N. L. (1988). Helping children learn mathematics. John Wiley & Sons, Inc.

Steen, L. A. (1997). Preface: The new literacy. In Steen, L. A. (Ed.), Why number count: Quantitative literacy for tomorrow's americn (pp. xv - xxviii). The College Board.

제 2 장 초등학교 수학과 교육과정

초등학교 수학과 교육과정은 초등학교 수학의 내용과 범위를 결정짓는 가장 기본이 되는 문서이다. 우리나라는 1949년 교육법이 제정된 이래로 국가가 교육과정을 제정하여 공포하는 국가 교육과정 체제를 유지하고 있다. 현재 우리나라의 교육법에 따르면 초·중등학교 교육과정은 교육부가 제정하여 문서로 고시한 교육과정에 따라 편성·운영하도록 되어 있다. 따라서 고시된 교육과정 문서를 살펴보는 일은 우리나라 초등학교 수학과 교육과정과 수학교육의 전체적인 흐름을 파악하는 데 있어 기초가 되는 작업이라 할 수 있다.

우리나라 학교 수학은 초기에는 서양에서 일본으로 전해진 수학교육(강완, 백석윤, 1998)의 영향을 받았고, 이후 유럽과 미국 등 세계적인 수학교육의 흐름의 영향을 받고 있다. 그러므로 이 장에서는 먼저 우리나라의 초등학교 수학과 교육과정이 시작된 20세기 초반부터 오늘날에 이르기까지 유럽과 미국을 중심으로 한 세계적인 수학교육의 흐름과 우리의 개화기 이후의 수학교육의 발달을 살펴보고, 이를 바탕으로 제1차 교육과정부터 우리나라 초등학교 수학과 교육과정의 변천에 대해 알아보고자 한다. 아울러 2022년 12월에 공포된 2022 개정 교육과정 총론과 초등학교 수학과 교육과정의 주요 변화도 함께 알아본다.

1 수학과 교육과정의 변천

가. 수학교육 개혁 운동: 근대화 운동

유럽에서의 학교 교육은 19세기 말에 이르러서야 점차 체계적인 모습을 갖추었다. 소수의 우수한 학생들을 대상으로 유클리드 기하를 중심으로 한 비실용적인 학교 수학이 주를 이루었으나 이에 대한 비판적 의견이 제기되며 개선의 필요성이 대두되었다(강완 외, 2014). 20세기 초에 들어서서 각국에서 차츰 수학교육의 중요성이 대두되며 학교 수학 개선에 대한 관심이 높아졌다. 특히 유럽과 미국에서 수학교육에 대한 개선 방안을 제시하는 수학교육 개혁 운동이 시작되었다.

유럽에서의 수학교육 개혁 운동은 영국의 페리(J. Perry, 1850~1920)와 독일의 클라인(F. Klein, 1849~1925)을 중심으로 전개되었다. 20세기 초 페리는 실용적 수학의 지도를 강조하며 당시 유클리드 기하학을 중심으로 한 보수적인 영국의 수학교육을 개선하는 데 큰 기여를 하였다. 독일에서는 당시 최고의 수학자였던 클라인이 수학교육과 물리교육, 교사 양성 등에 대한 정부 정책을 비판하고, 1905년에 현장 교사들과 함께 김나지움(Gymnasium, 문화고등학교)의 수학 교수 요목안을 작성하여 메란(Meran)에서 발표하였다. 이것이 메라네르 개혁(Meraner Reform)으로 실제로 수학교육에 많은 영향을 미쳤다.

미국에서는 1902년 미국수학회(AMS) 회장에 취임한 무어(E. H. Moore, 1862~1932)가 당시 미국 수학교육의 형식성과 추상성을 강하게 비판하면서 수학교육 개혁의 필요성을 제기하고, 수학교육에서 실험실 방법(laboratory method)을 도입할 것을 주장하였다. 실험실 방법은 과학자들이 실험실에서 실험을 통해 새로운 물질을 합성하여 개발하듯이 정리의 증명을 학생 스스로 탐구하며 개발해 가도록 하는 지도 방법을 의미한다.

이와 같은 수학교육 근대화 운동은 대체로 수학교육에서의 학습자의 심리적 요소와 실용적 측면에 대한 중요성을 일깨우고, 좀 더 의미 있는 학교 수학의 내용으로 구성하고자 노력하였다는 점에서 의미가 있다고 할 수 있다. 수학교육에 대한 최초의 개선 운동은 차츰 여러 나라 사이의 협력을 통한 개선을 추구하는 경향을 띄었으나 초등학교 수학교육에 대한 관심은 아직 미숙하였다. 또한 제1차 세계 대전(1914~1918)과 곧이어 발발한 제2차 세계 대전(1939~1945)으로 인해 수학교육을 개선하려는 노력은 큰 성과를 거두지 못했다(강완 외, 2014).

나. 수학교육 현대화 운동: 새 수학 운동의 대두와 좌절

제2차 세계 대전이 끝난 후 급격한 수학 및 과학 기술의 발전과, 그에 따른 사회적 변화로 인한 전문 기술 인력에 대한 수요가 급증했다. 또한 현대 수학의 응용성이 크게 대두하며 확률론, 통계학 등이 물리, 공학, 생물 과학, 사회 과학 등에 널리 응용되기 시작했고, 게임이론, 선형계획론 등 새로운 수학 이론이 생겨났다. 컴퓨터의 발달도 현대 수학의 응용성을 보여준다. 하지만 당시 고등학교 수학은 대학교 수학과 내용적으로 큰 격차를 보이는 등 학교 수학이 시대의 변화에 뒤떨어져 있었다. 이에 미국과 유럽을 중심으로 한 세계 각국은 수학교육의 중요성을 인식하고 학교 수학의 내용을 현대화하려는 노력을 기울이기 시작했다.

미국에서는 1952년 일리노이 대학을 중심으로 대학교 수학과 중등학교 수학 내용 사이의 격차를 좁혀보려는 '새 수학'의 모습을 선보였다. 특히 1957년 소련의 스푸트니크호 발사에 따른 충격으로 1958년 학교 수학 연구회(School Mathematics Study Group, SMSG)를 중심으로 한 새 수학 운동이 주목을 받게 되었다. SMSG의 실험 교과서 편찬 사업은 학교 수학 내용의 통합성, 엄밀성, 구조성 등을 강조했다. 하지만 여러 명의 저자가 집필하면서 학년 사이에 통일이 이루어지지 못하며, 수학자 클레인(M. Kline)과 폴리야(G. Polya) 등의 비판이 쏟아졌고, 학부모와 교사의 호응도 얻지 못하며 1972년 사업이 중지되었다. 이처럼 1970년대 초반 SMSG를 중심으로 한 새 수학 운동의 좌절로 인해 사회적으로 '기본으로 돌아가자(back-to-basics)'라는 반동이 나타났다.

반면에 영국에서는 1961년 '수학교육 현대화를 위한 사우샘프턴 회의'에서 발표된 『수학교육에 관하여(On Teaching Mathematics)』라는 결과 보고서를 통해 기본 개념을 현대 수학의 관점에서 저학년에서부터 기회 있는 대로 지도하여야 함을 주장하며 현대화 운동이 시작되었다. 영국의 수학교육 현대화 운동은 미국과 달리 활동의 폭이 넓지 않았으며 실험 교육도 극소수에서 시작하여 서두르지 않고 차츰차츰 다져나갔다는 점에서 다른 양상을 보였다.

프랑스의 수학교육 현대화 운동을 주도한 듀돈네(J. Dieudonné)는 현대 수학을 도입하고, 논리적 엄밀성을 강조하며, 오래된 교재를 정비했으며, 대수적 구조와 현대적 방법을 중시할 것을 주장했다. 특히 유클리드 기하의 추방을 표방했으나 이것은 후에 너무 극단적이라는 비판을 받기도 했다. 프랑스의 수학교육 현대화 운동은 부분적으로 실패한 것도 있지만 대체로 성공적으로 진행되었다.

당시 세계 수학교육의 조류였던 수학교육 현대화 운동은 우리나라 제2차 수학과 교육과정에는 반영되지 못했다. 오히려 새 수학 운동의 거센 물결이 지나가고 반성의 소리가 높을 때 우리나라에서는 수학교육 현대화의 바람이 제3차 수학과 교육과정에 반영되어 영향을 미쳤다.

다. 문제해결의 시기

1980년대 기본 기능의 범위를 좁은 의미의 계산 기능에서 문제해결을 비롯한 고차원의 수학적 사고 전반으로 확대해야 한다는 '문제해결(problem solving)' 운동이 일어났다. 문제해결은 1980년대 후반 당시 '학교에서 수학을 왜, 어떻게 가르쳐야 하는가?'라는 수학교육계의 기본적 화두에 답하기 위해 수학교육계의 핵심 이슈로 등장하였다.

미국 내에서 수학 문제해결에 대한 관심은 오래전부터 시작되었지만 이에 대한 교육적 관심을 구체적으로 실행에 옮긴 것은 1980년에 전미국수학교사협의회(National Council of Teachers of Mathematics; 이하 NCTM)에서 수학과 교육과정의 핵심 사항으로서 문제해결을 최우선으로 지목하는 것으로부터 시작되었다. NCTM(1980)은 '1980년대의 학교 수학을 위한 제안'으로 다음의 8가지를 결의했다.

- 문제 해결력 강조
- 계산기와 컴퓨터의 이점을 최대한 활용할 것
- 효과와 효율을 동시에 고려하는 엄격한 기준 도입
- 전통적 시험 제도보다 폭넓은 방법으로 평가하기
- 수학 학습량의 증대 및 선택의 폭이 유연한 교육과정 계획하기

- 넓은 단계의 학문성을 지닌 수학 교사 요망
- 수학교육을 위한 공공 지원의 증대 요망

1989년 NCTM에서 발간한 『수학교육과정과 평가의 새로운 방향(Curriculum and Evaluation Standards for School Mathematics)』에서도 유치원부터 12학년까지 수학 교육과정의 핵심 규준들 중 하나로 문제해결을 설정하였다.

수학교육에서 문제해결을 부각시키고 문제해결에 대해 유용한 연구 결과를 많이 발표한 수학자는 폴리야(G. Polya)이다. 폴리야는 『어떻게 문제를 풀 것인가(How to solve it?)』에서 수학적 문제해결의 사고 과정을 1) 문제의 이해, 2) 풀이 계획의 수립, 3) 풀이 계획의 실행, 4) 풀이에 대한 반성의 4단계로 구분하고, 각 단계에서의 효과적인 사고를 위한 발문과 권고를 제시하고 있다(Polya, 1971).

우리나라에서는 제4차 수학과 교육과정기부터 문제해결이 교육과정에 도입되었으며 이후로 지속적으로 강조되고 있다. 특히 2015 개정 수학과 교육과정과 2022 개정 수학과 교육과정에서는 교과 역량 중 첫째로 문제해결 역량을 제시하며 강조하고 있다.

라. 규준(Standards)의 시기

1990년대의 미국 수학교육의 동향은 문제해결이나 사고력을 강조하는 1980년대의 움직임의 연장선상에서 컴퓨터와 계산기 등 교육공학이 대폭적으로 도입되는 방향으로 진행되었다. 미국과학재단의 지원을 받아 수행된 연구의 결과물인 NCTM(1989)의 『수학교육과정과 평가의 새로운 방향』은 통합된 형태의 수학과 교육과정, 계산기의 적극적인 사용, 기초적 산술 기능의 약화, 통계 및 이산 수학의 강조, 문제해결 등의 교육을 통해 미국의 수학교육에 대한 근본적인 변화를 시도하였다. 특히 수학적 내용의 중요성과 함께 수학적 내용을 다루는 과정에서 발생하는 사고, 문제해결, 의사소통, 추론의 측면을 강조하였다. 이후 『학교 수학을 위한 전문가 규준(Professional Standards for School Mathematics) (NCTM,

1991)』, 『학교 수학을 위한 평가 규준(Evaluation Standards for School Mathematics) (NCTM, 1995)』이 발표되었다.

NCTM이 K~12학년까지의 테크놀로지 사용을 강조하는 반면에 전통적인 교육과정을 중시하는 순수주의자들은 저학년에서는 테크놀로지 사용을 최소화하고, 높은 학년에서 계산기를 사용해야 한다고 주장하였다. 또한 NCTM의 교육과정이 중요한 수학적 내용들을 제대로 다루지 않는다고 지적하며 학교에서 기초적 산술, 문장제 문제 풀이, 절차, 알고리즘과 같은 내용들을 충분히 지도해야 한다고 주장하였다. 즉 순수주의자들은 기본 기술의 습득과 알고리즘적 사고에 중점을 두며, 이전의 연역적이고 전통적인 교수・학습 방법에 기반한 새로운 수학과 교육과정의 개정을 요구하였다(노선숙, 2007). 규준 운동에 대한 순수주의자들의 저항의 결과로 1990년대 후반부터 촉발된 '수학 전쟁(math war)'은 기본적으로 수학교육을 대하는 개혁(규준)주의자와 전통(순수)주의자 사이의 이해에 바탕을 둔 교수법과 가르쳐야 할 수학적 내용, 개념적 지식의 이해와 절차적 지식의 숙달, 발견과 연습, 테크놀로지의 적극적 활용과 비판적 접근 등의 측면에서 철학적 관점의 차이에 따른 학문적 대립과 논쟁이라고 할 수 있다.

노선숙(2007)에 따르면, 이후 '상호 합의(common ground)'라는 용어는 수학 전쟁과 관련하여 자주 사용되는 용어가 되었고, 미국수학협회(MMA)는 미국수학회(AMS)와 미국수학교사협의회(NCTM)의 전문가를 초빙하여 공동으로 연구한 결과를 기반으로 상호합의점 도출을 위한 보고서『Reaching for Common Ground in K~12 Mathematics Education(Ball et al., 2005)』를 발표하였다. 또한『학교 수학을 위한 원리 및 규준(Principles and Standards for School Mathematics) (NCTM, 2000)』을 발간하였고, 이 책에서 학교 수학을 위한 일반적인 원리로 평등(equity)의 원리, 교육과정(curriculum)의 원리, 교수(teaching)의 원리, 학습(learning)의 원리, 평가(assessment)의 원리, 기술공학(technology)의 원리를 제안하였다. 또한 수와 연산, 대수, 기하, 측정, 자료 분석과 확률 등의 다섯 가지 내용 규준(standards of mathematical content)과 함께 문제해결, 추론과 증명, 의사소통, 연결성, 표현 등 다섯 가지 과정 규준(standards of mathematical process)을 별도로 제시하였다. NCTM(2000)은 수학 전쟁에서 발생한 개혁(규준)주의자와 전통(순수)주의자들 간의 상호합의점 도출을 위한 학교 수학교육의 방향성을 제시한 것이다. NCTM에서 발간한 규준들은 미국의 수학교육 개선에 많은 영향을 미쳤으며, 특히 NCTM(2000)은 미국 각 주의 학교 수학의 교육과정 개발의 토대가 되었다. 규준 중심의 미국의 교육개혁 운동은 우리나라 7차 교육과정 개정에 부분적으로 영향을 주는 등(김수미, 1998) 우리나라 수학과 교육과정 개정에 많은 영향을 주고 있다(김지원 외, 2014).

마. 수학 공통 핵심 규준(CCSSM)의 시기

미국의 수학교육에서는 학생들의 수학에 대한 낮은 흥미, 국제학업성취도에서의 낮은 성취도, 우수한 수학 교사의 부족 등이 꾸준히 지적되어 왔다(차성현, 2012). 이를 해결하기 위해 미국에서는 2010년 수학 공통 핵심 규준(Common Core State Standards for Mathematics; 이하 CCSSM)을 마련하였다. 이것은 대학 교육 및 지업 활동익 원활한 수행을 위해서 수하을 하습하는 하생들에게 핵심이 되는 학교 수학의 내용 규준을 유치원에서 고등학교까지 학교급에 따라 제시하고 있다. NCTM(1989, 2000)이 학년군별로 내용 규준과 과정 규준을 함께 제안한 반면에 CCSSM은 학년별 내용 규준과 함께 '수학적 실천(mathematical practice)'을 학년 공통으로 제시하였다.

CCSSM은 이전의 수학 교육과정 규준과 마찬가지로 무엇을 언제 배워야 하는지를 설명하는 내용 규준으로서 수학에 대한 개념적 이해와 절차적 기능을 포함한다. 차이가 있다면 학년군이 아닌 학년별 제시를 택했다는 점이다. 이전보다 수를 줄이면서 더 엄밀한 내용 규준의 중요성에 초점을 맞추고 학년 수준 내에서, 그리고 전 학년에 걸친 연결성과 일관성을 강조한다. 학생들이 이 수학적 개념과 기능에 어떻게 참여해야 하는지를 설명하는 수학적 실천은 수학 내용 규준의 학습을 위한 수단이자 학생들이 내면화되어야 할 습관적 행동으로 간주할 수 있다(CSMC, 2010). CCSSM에서 새롭게 등장한 수학적 실천 8가지는 다음과 같다(CCSSI, 2010).

- 문제를 이해하고 끈기 있게 풀기
- 추상적으로, 정량적으로 추론하기
- 실행 가능한 주장을 구성하고 다른 사람의 추론을 비판하기
- 수학으로 모델링하기
- 적절한 도구를 전략적으로 사용하기
- 정확성에 주의를 기울이기
- 구조를 찾고 활용하기
- 반복된 추론에서 규칙성을 찾고 나타내기

미국 교육정책의 특성상 주 차원의 교육과정을 마련하는 데 적극적으로 반영되기를 기대하며 국가적 차원에서 CCSSM을 마련한 것이다. 수학과 영어에서 주 차원의 교육과정 마련을 위한 엄격한 학업 성취기준을 정하여 제공함으로써 규준의 선택은 의무가 아닐지라도 자율에 의한 책무성 추궁보다는 규제에 의한 교육의 질적 향상을 꾀하였다. 미국의 각 주는 자체 교육과정을 정하고 세부 사항은 일반적으로 각 지역 학군에서 정한다.

2011년까지 이미 46개 주가 수학과에서 CCSSM을 채택하였으며 그 실천과 계획에 대해 다양한 설문조사와 연구가 실시되었다(장혜원, 2012). 이 중에 일부 주(인디애나주, 오클라호마주, 사우스캐롤라이나주)는 2014년에 CCSSM의 채택을 포기하였으나, 여전히 CCSSM은 미국 전국적으로 채택된 가장 최근의 수학 규준이다. 일부 주(애리조나주, 플로리다주, 와이오밍주)에서는 CCSSM의 기본 구조와 원칙을 유지하면서도 더 큰 수정 작업을 거치거나 규준을 재설정하여 운영하기도 하지만, 대부분의 주가 CCSSM을 원래 형태로 유지하거나 핵심 원칙과 구조를 유지하면서 주별 요구 사항을 반영한 주 자체 규준을 만들어서 계속 시행하고 있다(NCES, 2024). 예를 들어 미국 중서부의 미주리주의 경우 2010년 CCSSM에 제시된 규준을 채택하고 기존 교육과정과의 연계 속에서 개정하였다. 기존의 'Show-me 교육과정'을 CCSSM을 반영한 교육과정 'Core Academic Standards(CAS)'로 변경하였다(장혜원, 2012). 펜실베이니아주 역시 2010년에 채택하였으며, CCSSM

을 반영한 수학에 대한 PA 핵심 규준을 만들었다. 2014 수학 PA 핵심 규준은 CCSSM의 내용과 엄격함을 모방하였다(Commonwealth of Pennsylvania, 2018). 아이오와주도 2010년에 채택하였으며, 공식적으로 K-12 교육과정인 아이오와 코어(Iowa CORE)를 운영하고 있다. 커리큘럼, 교육, 평가에 대한 권장 사항과 수학적 내용 및 수학적 실천에 대한 규준이 포함되어 있다(IOWA Department of Education, 2024). 아이오와주에서는 덧셈, 뺄셈의 표준 알고리즘을 1~2학년에서 다루지 않고, 3~4학년에서 다루고 있다. 곱셈, 나눗셈의 표준 알고리즘도 3~4학년까지는 다루지 않고 5~6학년에서 다루고 있다.

바. 우리나라의 수학과 교육과정

1895년 2월 2일 고종이 교육조서(敎育詔書)를 공포함으로써 우리나라는 서양식의 근대적인 교육 제도를 접하게 되었다. 실제적인 학교 교육은 그해 7월 19일 소학교령이 공포되면서 시작되었다. 소학교의 수학교육은 '산술'이라는 교과명으로 이루어졌다. 산술 교육의 목표는 '산술은 일상 계산에 습숙(習熟)하게 하고 겸하여 사고를 정밀하게 하고 또한 생업상에 유익한 지식을 얻음'이었다. 1895년 소학교령 공포에 앞서 4월 16일 소학교 교원 양성을 위한 한성사범학교관제(漢城師範學校官制)가 공포되어 한성사범학교가 세워졌다.

1906년 고종은 소학교령을 폐지하고 보통학교령을 공포하였으며, 사범학교령, 고등학교령 등도 같이 공포하였다. 1909년 보통학교령을 개정하였다. 보통학교의 산술 교과의 요지는 '일상 계산에 익숙하게 하여 생활상 필요한 지식을 얻고 겸하여 사고를 정확하게 함'이었다.

1910년 우리나라가 일본에 강제 합병이 된 이후에도 학교 제도는 큰 변화 없이 지속되었다. 학교 수학은 산술 위주의 실용적 내용이 주를 이루었다. 보통학교에서 가르치던 교과는 수신(修身), 국어(일본어), 조선어, 산술, 국사, 지리, 이과, 직업, 도화, 창가, 체조, 가사 및 재봉, 수공 등이었다. 1941년 전시 비상 체제에 들어서면서 보통학교를 국민학교로 개칭하는 등 교육 제도에 변화가 오고 교과명도 산술에서 산수(算數)로 바뀌었다. 학교 수학에 전쟁에 관한 내용이 많이 포함되었다.

1945년 8월 15일 광복 이후 바로 독자적인 정부가 들어서지 못하여 미군이 신탁 통치를 하였고, 미군정청 문교부에 의해 비조직적인 과도기적 편성 체제의 교육이 이루어졌다. 1946년 미군정청 문교부가 제정하여 발표한 초등학교 산수과 교수요목은 해방 전의 내용과 별 차이가 없었다. 교과서 '셈본' 역시 해방 전 일본의 전시 교육과정의 내용을 많이 모방했다. 수학교육은 단순한 실용에 치중하였으며 지도 내용이 어렵고 과다했다. 군정기 초기의 초등학교 교과는 공민, 국어, 역사, 지리, 산수, 이과, 체조, 음악, 습자, 도화·공작, 요리·봉재, 실과 등이었다. 후에 국어, 사회생활, 이과, 산수, 보건, 음악, 미술, (가사) 등으로 개편되었다.

우리나라에서 현재와 같은 형태의 국가 교육과정이 도입된 것은 1954년이며, 이후 수차례 개정을 거쳐 왔다. 우리나라의 교육은 다양한 기관에서 여러 형태로 이루어지고 있으나, 기본 학제는 6-3-3-4제로서 초등학교 6년, 중학교 3년, 고등학교 3년, 대학교 4년으로 구성되어 있다. 1949년 교육법이 제정된 이래로 국가 교육과정 체제를 유지하고 있다. 한국 교육의 주된 특징인 강력한 중앙집권적인 운영 체제는 지역 간에 있을 수 있는 경제적·문화적 격차를 완화하여, 국가 전체적으로 교육의 조건을 균등하게 하는 데 크게 기여해 왔다. 그러나 중앙집권적인 교육 체제가 야기하는 획일화된 교육의 문제가 드러나고 점차 각 지역의 실정에 적합한 교육정책의 실시에 대한 관심과 요구가 증대되면서 최근 들어 지역별 교육자치가 확대되는 추세에 있다.

• 탐구 과제: 수학교육의 변천 과정의 영향

20세기 후반 이후의 수학교육의 변천 과정이 우리나라 수학교육에 미친 영향에 대해 조사하여 설명하시오.

2 우리나라 초등학교 수학과 교육과정의 변천

가. 제1차 수학과 교육과정(1954~1963): 생활 단원 학습 중심

제1차 수학과 교육과정 도입으로 표준화된 단일의 교육과정을 갖게 되었다. 제1차 수학과 교육과정은 1955년에 국민학교 전 학년에 적용되었다. 전체적인 개요는 〈표 2-1〉과 같다.[1)]

〈표 2-1〉 제1차 수학과 교육과정의 개요

구분	내용
공포 및 시행	• 공포: 1954년 문교부령 제35호, 교육과정 시간 배당 기준령 1955년 문교부령 제44호, 국민학교 교육과정 • 시행: 1955년 국민학교 전 학년
교과 편제	국어, 산수, 사회생활, 자연, 보건, 음악, 미술, 실과, 특별 활동
내용 영역	• 1~2학년: 수, 계산, 분수, 측정, 표와 그림표, 문제해결과 실무 • 3~6학년: 수, 계산, 분수, 소수, 측정, 표와 그림, 문제해결과 실무, 형과 도형
교과서명	군정기의 '셈본'에서 '산수'로 바뀜
특징	• 기본 방향: 교수 요목기의 문제점을 시정하고 학생들이 필요로 하는 욕구와 사회의 요구를 참작하고 심리적인 배열과 체계적인 면을 고려하여 수학의 기본 개념이나 원리를 알게 하는 것 • 교과 중심 교육과정을 표방한 총론과 달리 경험 중심 교육과정 표방 • 미국 진보주의 교육의 영향을 받아 듀이의 실용주의 사상이 크게 반영되어 경험 중심의 생활 단원으로 구성 - 산수 교과서도 '즐거운 여름', '장사놀이', '어린이 은행', '채소밭' 등과 같은 단원명으로 구성되어 수학적 체계보다는 생활 중심 학습 강조 - 경험 중심 교육과정 • 수학으로서의 산수보다는 생활 산수와 소비 경제를 위한 생활 부분 강조 • 학년별 지도 내용에 대한 계통을 확립하려고 노력함 • 수와 연산 영역: 수에 대한 이해와 활용, 암산, 계산 결과 검산 강화 • 문제해결과 실무 영역: 저금, 매매 수속, 가격, 요금에 대한 사항 등과 같은 수학을 이용하여 일상생활이 문제를 해결하는 능력 강조 • 수학 용어의 한글화 작업: 나란히꼴(평행사변형), 나란히금(평행선), 맞모금(대각선), 맞줄임(약분), 맞선꼴(대칭형), 돌림체(회전체), 폘친그림(전개도), 짝진변(대응변), 짝진각(대응각), 모기둥(각기둥), 사다리꼴, 마름모 등과 같은 우리말 사용
문제점	• 생활 경험을 중시한 나머지 학문으로서의 수학 본연의 계통성을 확립하지 못함(수학적 체계와 수학 내용의 수준이 낮아지는 현상 발생) • 수학적으로 사고하고 처리하는 태도 배양이라는 산수과의 목표와 다르게 일상생활에서 요구하는 계산 그 자체에 치중함 • 수학과 교과서는 교육과정의 기본 방향을 잘 반영하지 못함

1) 강완 외(2014), 김진락(1992), 김현미, 신항균(2021), 소경희(2000), 이종학(2012) 참고.

나. 제2차 수학과 교육과정(1963~1973): 계통 학습 중심

제2차 수학과 교육과정은 1964년에 국민학교 1~2학년에 적용되는 것을 시작으로, 1966년 국민학교 4~6학년까지 단계적으로 적용되었다. 전체적인 개요는 〈표 2-2〉와 같다.[2)]

〈표 2-2〉 제2차 수학과 교육과정의 개요

공포 및 시행	• 공포: 1963년 문교부령 제119호, 국민학교 교육과정 개정령 1969년 문교부령 제251호, 교육과정 부분 개정 • 시행: 1964년 국민학교 1~2학년, 1965년 국민학교 3~4학년, 1966년 국민학교 5~6학년 순차적 시행
교과 편제	교과 활동(국어, 산수, 사회, 자연, 음악, 체육, 미술, 실과); 반공·도덕; 특별 활동
교과서명	산수
내용 영역	수, 계산, 양과 측정, 수량 관계와 응용(5개 영역)
특징	• 제1차 수학과 교육과정에 비해 체계적인 교육과정 − 내용면(자주성, 생산성, 유용성), 조직면(합리성), 운영면(지역성) 강조 • 수학 본연의 계통을 중시하여 수학의 기초학력을 신장하는 데 주력 • 생활 혹은 경험 중심 교육과정을 표방한 총론과 달리 경험 중심 교육과정에서 벗어나 수학 교과 본연의 계통성 강조 • 생활과 관련한 측면을 약화시키고 계통성을 고려하여 수학과의 내용을 확충하고 기본적인 개념과 원리에 치중한 체계적인 학습 강조 • 수학의 체계성을 강조하고, 수학 교과 학습의 고유 특성, 즉 수학의 기본 개념, 원리, 법칙을 이해한 후 이를 활용하는 문제 처리 능력과 논리적 사고와 추론 능력을 길러주는 데 초점을 둠 • 수량 관계와 응용 영역에서 문장제, 함수에 대한 내용, 생활문제의 해결, 식, 표와 그래프 등의 내용을 다룸 • 실용·실무에 관한 내용 대폭 삭제 • 수판셈은 약화되어 5~6학년에서만 취급 • 수 체계의 계통을 명확하게 하여 수학 기초 능력을 향상시킬 수 있도록 함 • 자연수, 소수, 분수의 사칙연산 완성. 직관을 통한 도형의 이해를 깊게 함
문제점	• 제1차 교육과정에서 강조하던 생활 경험 중심 내용을 완전하게 탈피 못함 −산수 교과서에 '담기와 쪼개기', '열씩 묶기', '천까지 세기' 등 수학적인 내용 암시 단원명과 함께 '저금 셈하기', '철수네 반' 등 종전과 같은 생활 경험 중심을 강조하는 단원명 제시 • 당시 세계적인 수학교육의 조류인 수학교육 현대화 운동을 반영하지 못함

2) 강완 외(2014), 김진락(1992), 김현미, 신항균(2021), 소경희(2000), 이종학(2012) 참고.

다. 제3차 수학과 교육과정(1973~1981): 수학교육의 현대화

제3차 수학과 교육과정은 1973년에 국민학교 1~3학년에 적용되는 것을 시작으로, 1974년 국민학교 4~6학년까지 단계적으로 적용되었다. 전체적인 개요는 〈표 2-3〉과 같다.[3)]

〈표 2-3〉 제3차 수학과 교육과정의 개요

구분	내용
공포 및 시행	• 공포: 1973년 문교부령 제310호, 국민학교 교육과정 개정 1979년 문교부 고시 제424호, 부분적으로 정비 • 시행: 1973년 초등학교 1~3학년(1972년 실험 교과서 운영) 1974년 국민학교 4~6학년 시행(1973년 실험 교과서 운영)
교과 편제	교과 활동: 도덕, 국어, 사회, 산수, 자연, 체육, 음악, 미술, 실과; 특별 활동
교과서명	산수
내용 영역	수, 연산, 관계, 도형, 측도(5개 영역)
특징	• 1960년대 세계 주류였던 수학교육 현대화 운동(새 수학 운동)의 영향 받음 – 집합 개념, 수학적 구조, 엄밀성, 현대 수학, 응용 수학 등의 내용 도입 – 용어와 기호를 엄밀하게 사용 • 제2차 교육과정에 비해 체계적으로 교육과정 개정이 이루어짐 • 총론의 기본 정신이나 방향과 잘 부합됨 • 교육과정의 개정 방향 – 현대 수학교육의 새로운 수학적인 개념을 우리 실정에 적합하게 도입 – 수학적 사고, 심리성, 논리성에 따른 집합의 기본 개념을 토대로 함 – 계속성, 실용성, 교양성 등 강조 – 수학적인 구조 규명 중시 – 관계 개념 중시 – 계산 위주의 교육보다 수학적 개념, 원리 파악에 중점을 둠 – 지엽적인 사고 지양. 광범위하고 통일된 사고 강조 • 학년 간, 학교급 간의 중복되는 나선형식 교재 구성 • 수와 연산 영역에서 집합에 대한 소영역이 생겨 수 집합 연산에 대한 간단한 성질을 취급하였고, 사칙연산 및 방정식과 부등식을 체계화함 • 도형 영역에서는 간단한 평면도형의 위상적, 사영적 변환의 성질을 다룸 • 관계 영역에서는 수직선의 조기 도입과 대응규칙으로서의 함수 관계의 체계 확립 • 초등학교에 확률과 관련된 내용이 처음으로 도입
문제점	• 현대화된 수학의 내용을 과감히 도입하여 교과 내용의 분량이 많고 초등학교 수준에 비해 너무 어려운 내용이 조기에 도입된 경우가 많음 • 내용이 시수에 비해 너무 많아 기본적인 이해를 시키는 데 급급하여 교육과정에서 의도하고 있는 수학적 사고력 신장을 기대하기 어려움

3) 강완 외(2014), 김현미, 신항균(2021), 소경희(2000), 이종학(2012) 참고.

라. 제4차 수학과 교육과정(1981~1987): 현대화의 반성, 문제 해결력 중시

제4차 수학과 교육과정은 1982년에 국민학교 1~3학년에 적용되는 것을 시작으로, 1983년 국민학교 4~6학년까지 단계적으로 적용되었다. 전체적인 개요는 〈표 2-4〉와 같다.[4)]

〈표 2-4〉 제4차 수학과 교육과정의 개요

구분	내용
공포 및 시행	• 고시: 1981년 문교부 고시 제422호 국민학교 교육과정 • 시행: 1982년 국민학교 1~3학년 시행(1981년 실험 교과서 운영) 1983년 국민학교 4~6학년 시행(1982년 실험 교과서 운영)
교과 편제	교과 활동: 도덕, 국어, 사회, 산수, 자연, 체육, 음악, 미술, 실과; 특별 활동
교과서명	1학년 슬기로운 생활, 2~6학년 산수
내용 영역	수, 연산, 도형, 측도, 관계(5개 영역)
특징	• 급격한 현대화에 대한 반성으로 조기 도입한 어려운 내용을 삭제 또는 완화 –'기본으로 돌아가기' 정신의 반영 –지나친 구조 중심적인 접근방식, 기호・내용의 조기 도입, 과정 중심 지도에 따른 기초 계산 기능의 저하, 집합 등 현대 수학적 개념 지도 반성 • 학습 부담 경감을 위해 학습 내용 정선 • 문제 해결력, 계산 능력에 관한 내용 강화 • 집합, 집합의 연산, 시간 계산, 유리수의 나눗셈, 수판셈, 등식의 성질 등의 내용은 학년 간 이동 • 삭제된 내용 –1학년: 합동인 도형의 관찰, 화폐 단위 –2학년: 집합에 이름 붙이기 –3학년: 보측(步測)과 목측(目測), 닮은 도형의 관찰 –4학년: 곱집합, 도형의 위상적, 사영적 성질 –5학년: 확률, 시간의 곱셈과 나눗셈, 근사값에서 오차의 한계, 참값의 존재 범위 –6학년: 수 집합의 구조, 거듭제곱과 지수, 합동 수와 그의 계산, 음의 유리수, 도수분포표에서 평균, 상대 오차와 절대 오차 • 1학년에서 자연 교과와 통합해 '슬기로운 생활' 교과서로 운영(통합 교과) • 한국교육개발원 주관으로 교육과정 시안 작성 • 산수 교과서의 지질 향상. 색도 인쇄
문제점	• 수학의 기본 개념과 기본 기능에 중점을 두고 문제 해결력을 신장시키는 수학교육을 지향했으나 실제적으로는 무엇을 기본 개념과 기본 기능으로 볼 것인가에 대한 분명한 기준을 제시하지 못함 • 총론 시안 개발 후 짧은 각론 시안 개발 기간으로 인해 총론에서 의도한 개정의 의도와 기본 방향을 충분히 반영하지 못함 • 교육 내용의 양과 수준의 적정화를 표방했으나 실제적으로는 내용이 크게 줄거나 수준이 낮추어지지 않았고 학습 부담 경감도 별로 이루어지지 못함

4) 강완 외(2014), 김현미, 신항균(2021), 소경희(2000), 이종학(2012) 참고.

마. 제5차 수학과 교육과정(1987~1992): 문제 해결력, 기초학력 중시

제5차 수학과 교육과정은 1989년에 국민학교 1~3학년에 적용되는 것을 시작으로, 1990년 국민학교 4~6학년까지 단계적으로 적용되었다. 전체적인 개요는 〈표 2-5〉와 같다.[5)]

〈표 2-5〉 제5차 수학과 교육과정의 개요

공포 및 시행	• 고시: 1987년 문교부 고시 제87-9호 국민학교 교육과정 • 시행: 1989년 국민학교 1~3학년 시행(1988년 실험 교과서 운영) 1990년 국민학교 4~6학년 시행(1989년 실험 교과서 운영)
교과 편제	교과 활동: 도덕, 국어, 사회, 산수, 자연, 체육, 음악, 미술, 실과; 특별 활동
교과서명	산수, 산수 익힘책
내용 영역	수, 연산, 도형, 측도, 관계(5개 영역)
특징	• 제4차 교육과정의 기본 구조를 가능한 한 그대로 유지하면서 일부 개정 • 학문 위주의 수학교육에서 벗어나 점차 개성을 중시하며 인본주의 수학교육으로의 전환 시도. 문제해결력의 신장과 수학과 정의적 목표 강조 • 개정 방향 - 기초 학습 능력 및 기초학력 관련 내용 강화 - 학생용 보조 교과서의 제공으로 학생들의 학습 활동을 늘리고, 자율적인 학습 기회 제공 - 수학적 지식과 기능 활용을 바탕으로 수학적 사고를 통한 문제 해결력 강조 - 학습 내용의 양과 수준 적정화 - 내적인 학습 동기 유발 및 긍정적인 수학적 태도의 육성 강조 • 강조된 점 - 기초 교육의 강화 및 문제 해결력의 신장 - 정보화 사회에 대응하는 교육 강화 - 교육과정의 효율성 제고 등 • 산수를 다시 통합 교과에서 제외하여 독립 교과로 분리시킴 • 보조 교과서인 '산수 익힘책' 제공 - 별도로 학습지 제작을 하지 않아도 되도록 교사의 부담 경감을 위해 노력 - 산수과의 기초 학습 능력 신장 및 수학적 사고력 육성에 기여 - 산수 교과서의 보충, 보완 및 심화적인 성격 지님 • 교수·학습 활동에서 발문의 역할과 함께 평가의 유의점에서 정의적 목표와 문제해결력의 평가 제시 • 집합과 문장제 관련 소영역, 수판셈의 곱셈과 나눗셈, 근삿값의 덧셈과 뺄셈 삭제, 합집합, 교집합의 초보적 집합 개념, 음수의 덧셈만 다루도록 약화 • 관계 영역의 확률에서 경우의 수 부분 재추가 • 문제해결력을 강조하였으나 수학 내용에서는 별도로 추가된 내용 없음
문제점	• 일선 교사의 입장에서 필요한 구체적인 지도상의 유의점이나 다양한 평가 방법의 실제의 예는 제시하지 못함 • 교육 내용과 실생활과의 유리 현상이 대두되면서 교육과정이 국가 수준으로 획일화하여 시·도 지역이나 학교에서 융통성과 효율화를 기할 수 없음

5) 강완 외(2014), 김현미, 신항균(2021), 소경희(2000), 이종학(2012) 참고.

바. 제6차 수학과 교육과정(1992~1997): 문제 해결력, 기초 기능의 중시, 컴퓨터의 활용

제6차 수학과 교육과정은 1995년에 국민학교 1~2학년에 적용되는 것을 시작으로, 1997년 국민학교 5~6학년까지 단계적으로 적용되었다. 전체적인 개요는 〈표 2-6〉과 같다.[6)]

〈표 2-6〉 제6차 수학과 교육과정의 개요

구분	내용
공포 및 시행	• 고시: 1992년 교육부 고시 제1992-16호 국민학교 교육과정 • 시행: 1995년 국민학교 1~2학년 시행(1994년 실험 교과서 운영) 1996년 국민학교 3~4학년 시행(1995년 실험 교과서 운영) 1997년 국민학교 5~6학년 시행(1996년 실험 교과서 운영)
교과 편제	교과: 도덕, 국어, 수학, 사회, 자연, 체육, 음악, 미술, 실과; 특별 활동; 학교 재량 시간
교과서명	수학, 수학 익힘책(산수에서 수학으로 변경)
내용 영역	수, 연산, 도형, 측도, 관계(5개 영역)
특징	• 초등 수학의 내실화라는 측면에서 이전 내용을 부분 수정하였으므로 5차의 내용과 유사 • 개정의 중점 사항 -기초 교과, 도구 교과의 성격이 뚜렷하게 부각되도록 수학의 초보적인 지식 습득 및 기능 강화 -학습 지도 내용의 적정화와 계통성 고려 -미래 정보화 사회에 대비하여 수학 내용 정선 -수학적 지식과 기능의 활용을 바탕으로 사고를 통한 문제 해결력과 그 활용성 강조 -학습 목표와 내용에 적합한, 다양한 교수・학습 방법과 평가 방법 강조 • 정보화 시대에 대비하여 컴퓨터의 활용과 문제해결력에 대한 전략이나 방법 등을 명시하고 구체화 • 수학적 문제 해결력을 제4, 5차 교육과정에서는 목표에서만 강조하던 것을 지도 내용면에서 그 전략이나 내용, 방법 등을 밝힘으로써 문제 해결력의 지도 강조 -문제해결을 관계 영역의 하위 영역 중 하나로 설정하고 학년별로 상세히 다룸 -문제 풀기 위주의 학습보다 사고력, 응용력 강조 -교과서에서도 여러 가지 문제 단원이 한 학기에 두 단원씩 증설 • 국제 단위계에 따른 단위 표기 사용 • 근삿값의 곱셈과 나눗셈, 혼합계산 삭제, 참값, 근삿값, 어림셈 등의 학년 상향 이동, 거듭제곱, 십진기수법의 이해, 정수 덧셈의 활용, 혼합계산, 오차, 원주율, 어림수, 여러 가지 사각형 추가 및 강화
문제점	• 컴퓨터의 활용을 강조하면서도 실제로는 교과서나 학습 지도 방법 면에서 구체적으로 반영되지 않음

6) 강완 외(2014), 김현미, 신항균(2021), 이종학(2012) 참고.

사. 제7차 수학과 교육과정(1997~2007): 학생 중심, 단계형 수준별 교육과정

제7차 수학과 교육과정은 2000년에 초등학교 1~2학년에 적용되는 것을 시작으로, 2002년 초등학교 5~6학년까지 단계적으로 적용되었다. 전체적인 개요는 〈표 2-7〉과 같다.[7)]

〈표 2-7〉 제7차 수학과 교육과정의 개요

공포 및 시행	• 고시: 1997년 교육부 고시 제1997-15호 국민 공통 기본 교육과정 • 시행: 2000년 초등학교 1~2학년 시행(1999년 실험 교과서 운영) 2001년 초등학교 3~4학년 시행(2000년 실험 교과서 운영) 2002년 초등학교 5~6학년 시행(2001년 실험 교과서 운영)
교과 편제	교과: 국어, 도덕, 사회, 수학, 과학, 실과(기술·가정), 체육, 음악, 미술, 외국어(영어); 재량 활동; 특별 활동
교과서명	수학, 수학 익힘책
내용 영역	수와 연산, 도형, 측정, 확률과 통계, 문자와 식, 규칙성과 함수(6개 영역)
특징	• 1996년 국민학교의 명칭을 '초등학교'로 변경 • 학생의 다양한 적성과 수준의 차이를 고려한 학생 중심 교육과정 표방 − 학습자 중심 교육, 교육의 다양화, 자율과 책무성에 바탕을 둔 학교 운영 − 자유와 평등이 조화된 교육, 교육의 정보화, 질 높은 교육 등 강조 • 국민 공통 기본 교육 기간(초등학교 6년, 중학교 3년의 9년에서 고등학교 1학년까지 10년으로 연장)과 수학과 수준별 교육과정 개념 도입 − 1학년~10학년까지의 10단계에서 단계별로 학기를 단위로 하는 2개의 하위 단계를 설정하는 단계형 수준별 교육과정 운영(각 하위 단계뺄로 기본과정과 심화 과정, 보충 과정으로 나눈 심화 보충형 수준별 교육과정 구성) − 단계별 학습 내용은 일관성 확보를 위해 학교급별이 아닌 학년제 개념에 기초함 • 수준별 교육과정의 질 관리를 위하여 국가 수준에서 주기적으로 학생의 학력 평가 − 수학과 '절대 평가 기준'을 개발 및 보급 • 학습 부담 경감을 위해 수학과 학습 내용 축소 • 정수와 십진기수법, 수판셈과 집합 삭제, 부채꼴과 관련된 부분, 방정식과 관련된 내용이 7단계로 이동, 비례식 부분 약화. 공간 감각 기르기의 소 영역 도입, 줄기와 잎 추가. 문제해결의 구체적 전략 제시. 규칙 찾기 활동을 통한 수학적 사고력과 창의력 향상 강조 • 창의적 사고력, 논리적 사고력, 비판적 사고력, 문제해결 능력, 추론 능력, 의사소통 능력과 같은 고등 사고 능력의 신장 강조 • 수학적 힘의 신장 도모
문제점	• 제7차 교육과정까지 취한 5~7년 간격의 주기적이고 전면적인 개정 방식은 급격한 환경 변화나 사회 각계각층의 요구를 탄력적으로 반영하기 어려움 • 단위 학교 자율권 확대, 수준별 선택 중심 교육과정의 개선, 학습량 및 수준 적정화, 학교급, 학년 교과 간 내용의 연계성 강화 필요 • 단계형 수준별 교육과정에서 유급이나 월반 등이 허용되지 않고, 학교급별 학력 기준이 다름 • 2006년부터 실시된 월 2회 주 5일 수업제에 따른 수업 시수 일부 조정 필요

7) 강완 외(2014), 김현미, 신항균(2021), 소경희(2000), 이종학(2012) 참고.

아. 2007 개정 수학과 교육과정(2007~2009): 학습 내용의 적정화

2007 개정 수학과 교육과정은 2009년에 초등학교 1~2학년에 적용되는 것을 시작으로, 2011년 초등학교 5~6학년까지 단계적으로 적용되었다. 전체적인 개요는 〈표 2-8〉과 같다.[8)]

〈표 2-8〉 2007 개정 수학과 교육과정의 개요

공포 및 시행	• 고시: 2006년 교육인적자원부 고시 제2006-75호 수학, 영어 수준별 교육과정 2007년 교육인적자원부 고시 제2007-79호 초・중등학교 교육과정 • 시행: 2009년 초등학교 1~2학년 시행(2008년 실험 교과서 운영) 2010년 초등학교 3~4학년 시행(2009년 실험 교과서 운영) 2011년 초등학교 5~6학년 시행(2010년 실험 교과서 운영)
교과 편제	교과: 국어, 도덕, 사회, 수학, 과학, 실과, 체육, 음악, 미술, 외국어(영어); 재량 활동; 특별 활동
교과서명	수학, 수학 익힘책
내용 영역	수와 연산, 도형, 측정, 확률과 통계, 규칙성과 문제해결(학교급별 차별화)
특징	• 교육과정 수시 개정 체제 도입(2006년 수학과 교육과정 부분 개정 고시) • 개정 배경 −수준별 교육과정 개선(수준별 수업의 내실화 강조) −학습 내용의 적정화 −수학적 사고력 신장 강조 −수학의 가치 제고와 정의적 측면 인식 제고 • 개정 방향과 중점 −현실에 적합한 수준별 수업 방안 구축: 단계형 교육과정 폐지. 수준별 수업 방안은 학교에 자율권 부여하여 교수-학습 방법으로서 수준별 수업 권장 −학습 내용의 양과 수준의 적정화: 내용 요소 통합 구성을 통한 학습 내용 간 연계 및 위계성, 타 교과 학습 요소와의 연계성을 고려하여 학년 간, 학교급 간 학습량 및 난이도 조정 −수학적 사고력 및 의사소통 능력 신장 강조: 논리적 추론 능력 및 수학적 문제해결력 신장, 의사소통 능력 강조 −수학의 가치 제고와 정의적 측면 강조: 현실 세계에서의 수학의 역할과 유용성 인식 강과. 수학 학습에 대한 즐거움, 자신감, 흥미 등 긍정적인 수학적 태도 배양 −단계별 내용에서 학년별 내용으로 전환. 대부분의 심화 과정 삭제. 난이도 하향화 및 학습량 조절 −다양한 평가 방법 제시. 평가 항목에 의사소통 능력 평가 제시 −공학적 도구와 교구 이용 평가 기회를 제공하여 학습과 평가의 일치 및 ICT 활용 능력 강화 도모 • 곱셈의 활용, 혼합계산, 점판에서 도형 만들기, 표나 그래프, 거울에 비치는 상, 평행선의 성질은 학습량 조절을 위해 삭제되거나 약화 • 규칙 찾기, 미지수 x, 간단한 방정식, 정비례, 반비례 추가 • 문제해결 능력 신장과 관련하여 '문제 만들기' 추가
문제점	• 2007 개정 교육과정의 적용상의 문제점 및 교과 교육 내용의 개선 필요 • 창의적 인재 양성을 위한 교육과정 마련을 이유로 2009 개정 교육과정으로 개정되어 교육과정 역사상 가장 짧은 2년짜리 교육과정이 됨

8) 강완 외(2014), 교육인적자원부(2007), 김현미, 신항균(2021), 이종학(2012) 참고.

자. 2009 개정 수학과 교육과정(2009~2015): 수학적 과정

2009 개정 교육과정은 2009년에 초등학교 1~2학년에 적용되는 것을 시작으로, 2015년 초등학교 5~6학년까지 단계적으로 적용되었다. 전체적인 개요는 〈표 2-9〉와 같다.[9)]

〈표 2-9〉 2009 개정 수학과 교육과정의 개요

구분	내용
공포 및 시행	• 고시: 2009년 교육과학기술부 고시 제2009-41호 초중등학교 교육과정 총론 2011년 교육과학기술부 고시 제2011-361호 수학과 교육과정 2012년 교육과학기술부 고시 제2012-31호 초중등학교 교육과정 총론 • 시행: 2013년 초등학교 1~2학년 시행(2012년 실험 교과서 운영) 2014년 초등학교 3~4학년 시행(2013년 실험 교과서 운영) 2015년 초등학교 5~6학년 시행(2014년 실험 교과서 운영)
교과 편제	7개 교과(군): 국어, 사회/도덕, 수학, 과학/실과, 체육, 예술(음악/미술), 영어 ※ 1, 2학년의 교과는 국어, 수학, 바른 생활, 슬기로운 생활, 즐거운 생활 창의적 체험활동(자율 활동, 동아리 활동, 봉사 활동, 진로 활동)
교과서명	수학, 수학 익힘책
내용 영역	수와 연산, 도형, 측정, 규칙성, 확률과 통계(학교급별 차별화)
특징	• 국민 공통 기본교육과정이 공통 교육과정으로 변경(9년(초1~중3)으로 축소) • 주요 개발 방향 - 수학적 과정(mathematical process)을 통한 수학적 창의성에 대한 강조 - 교육과정 운영상의 유연성 확보를 위한 학년군제의 반영 및 수학 교과 내용 양의 경감 • 수학적 문제해결, 수학적 추론, 수학적 의사소통을 수학적 과정의 하위 요소로 포함시켜 수학적 사고와 활동 강조(교육과정에 명시적으로 반영) • 학년군제 도입으로 교육과정상에서 엄격한 학년의 구분이 없어지고 학년군에 따라 지도 내용이 통합적으로 제시됨으로써 실제 교수 상황에서의 지도 내용은 다양한 방법으로 재배치 가능 • 교육 내용의 적정화 방침으로 이전 교육과정 대비 교과 내용을 20% 경감 • 기준 수학과 수업 시수의 20%까지 증감 가능을 통해 교육과정 편성 및 운영상의 유연성과 자율성 확보 • 수와 연산의 지도 시기 조정, 계산기 활용의 변화, 도형의 직관적 도입, 측정과 어림을 통한 양감 강조, 확률 대신 가능성 개념의 도입 • 수 감각, 연산 감각, 평면도형에 대한 감각, 입체도형에 대한 감각, 공간 감각, 양감 등 감각 기르기 강조 • 3~4학년군, 5~6학년군 수와 연산 영역에서 어림을 제시하며 강조, 반직선, 가능성 등의 도입 • 네 자리 수의 덧셈과 뺄셈, 사각형 사이의 포함 관계, 회전체, 선대칭 위치에 있는 도형, 점대칭 위치에 있는 도형, 각뿔의 전개도, 부피와 들이 사이의 관계, 할, 푼, 리, 방정식, 연비, 줄기와 잎 그림 등의 삭제 또는 상향 이동 • '수학교육 선진화 방안'의 일환으로 쉽고 재미있는 교과서를 만든다는 교육부의 취지에 따라 교과서에 스토리텔링 기법 사용 • 수학적 창의성 신장 및 수학을 통한 학생들의 인성 함양 강조
문제점	• 사회적 변화 반영 필요 • 담임제 실시로 인해 수준별 수업을 시행하기 어렵고, 수준별 수업에 대한 적절한 평가 기준이 없으면 학년군제 실시의 이점이 유명무실해질 수 있음

9) 강완 외(2014), 교육과학기술부(2011), 김현미, 신항균(2021), 박교식(2011), 소경희(2019) 참고.

차. 2015 개정 수학과 교육과정(2015~2022): 역량 중심

2015 개정 교육과정은 2017년에 초등학교 1~2학년에 적용을 시작으로, 2019년 초등학교 5~6학년까지 단계적으로 적용되었다. 교육과정 개혁의 세계적인 추세를 반영하여 역량 중심 교육과정을 표방하였다. 역량 중심 교육과정은 교과 지식의 전달보다는 미래 사회에 요구되는 학생들의 역량을 함양하는 데 초점을 둔 것이다. 학교의 교육과정 결정에 대한 국가의 지나친 통제를 완화함으로써 교사들의 자율권을 보장해 주려는 개혁을 지속적으로 확대해 왔다. 전체적인 개요는 〈표 2-10〉과 같다.[10)]

〈표 2-10〉 2015 개정 수학과 교육과정의 개요

구분	내용
공포 및 시행	• 고시: 2015년 교육부 고시 제2015-74호 [별책 1] 초중등학교 교육과정 총론 2015년 교육부 고시 제2015-74호 [별책 8] 수학과 교육과정 • 시행: 2017년 초등학교 1~2학년 시행(2016년 실험 교과서 운영) 2018년 초등학교 3~4학년 시행(2017년 실험 교과서 운영) 2019년 초등학교 5~6학년 시행(2018년 실험 교과서 운영) 2022년 초등학교 3~4학년 검정교과서 도입 2023년 초등학교 5~6학년 검정교과서 도입
교과 편제	7개 교과(군): 국어, 사회/도덕, 수학, 과학/실과, 체육, 예술(음악/미술), 영어 ※ 1~2학년은 국어, 수학, 바른 생활, 슬기로운 생활, 즐거운 생활 창의적 체험활동(자율 활동, 동아리 활동, 봉사 활동, 진로 활동)
교과서명	수학, 수학 익힘책
내용 영역	수와 연산, 도형, 측정, 규칙성, 자료와 가능성(5개 영역)
교과 역량	문제해결 역량, 추론 역량, 창의 융합 역량, 의사소통 역량, 정보처리 역량, 태도 및 실천 역량
특징	• 학교의 교육과정 결정에 대한 국가의 지나친 통제를 완화함으로써 교사들의 자율권을 보장해 주려는 개혁을 지속적으로 확대 • 주요 개정 방향 - 인문학적 상상력과 과학기술 창조력을 갖춘 균형 잡힌 인재의 양성 - 역량 중심 교육과정의 추구: 교과 지식의 전달보다는 미래 사회에 요구되는 학생들의 역량 함양에 초점 • 개정의 중점 사항 - 수학 교과 역량을 구현하는 교육과정 - 학습 부담 경감을 실현하는 교육과정 - 학습자의 정의적 측면을 강조하는 교육과정

10) 교육부(2015), 김현미, 신항균(2021), 소경희(2019), 이종학(2017), 장혜원(2016) 참고.

	– 실생활 중심으로 통계 내용을 재구성한 교육과정 – 공학적 도구의 활용을 강조하는 교육과정 • 교육과정 개혁의 세계적인 추세를 반영하여 역량 중심 교육과정 표방 – 역량은 총론과 각론 모두에서 명시적으로 강조 – 총론에 미래 사회가 요구하는 6가지의 '핵심역량(자기 관리 역량, 지식정보처리 역량, 창의적 사고 역량, 심미적 감성 역량, 의사소통 역량, 공동체 역량)' 제시 – 각 교과교육을 위한 역량을 '교과 역량'으로 제시 • '지식'의 습득에만 초점을 맞추었던 학교 교육의 목적을 학생들의 '역량' 발달로 전환하려는 시도라는 점에서 의의가 있음 • 내용적 측면에서 수학 교과 역량을 구현, 학습 부담 경감의 실현, 학습자의 정의적 측면을 강조, 실생활 중심으로 통계 내용을 재구성, 공학적 도구의 활용을 강조 – 학습자의 학습 부담 경감 및 교과 역량 강화를 위한 시간 확보의 차원에서 많은 내용이 삭제 또는 상향 이동 • 영역별 주요 변화 및 강조 사항 – 수와 연산 영역에서는 자연수의 혼합계산 상향 이동(3~4학년군 ⇨ 5~6학년군). 분수와 소수의 혼합계산 삭제 – 도형 영역에서는 쌓기나무 활동에서 물체의 위치와 방향에 대한 표현 추가(1~2학년군), 도형의 이름 짓기를 '교수·학습 방법 및 유의 사항'으로 진술(1~2학년군, 3~4학년군) – 측정 영역에서는 넓이 단위인 아르(a)와 헥타르(ha) 삭제, 무게 단위인 톤(t) 하향 이동(5~6학년군 ⇨ 3~4학년군), 수의 범위와 어림하기 상향 이동(3~4학년군 ⇨ 5~6학년군). 원기둥의 겉넓이와 부피 삭제 – 규칙성 영역에서는 정비례와 반비례의 이동(5~6학년군 ⇨ 중학교). 관련 선수 요소에 해당하는 규칙과 대응의 상향 이동(3~4학년군 ⇨ 5~6학년군). – 자료와 가능성 영역에서는 자료의 수집, 분류, 정리, 해석 활동의 강조. 실생활과 연계를 강화한 가능성의 경험 강조(5~6학년군) • 학년군의 통합으로 핵심적인 수학 내용을 중심으로 내용의 체계화가 더욱 완성된 시기임 • 평가의 방법을 다양하게 제시 – 평가가 교수·학습의 일부분으로 이루어지도록 과정 중심 평가 도입 및 강조 – 수행평가를 포함한 다양한 평가 방법을 통해 교과 내, 지식 간, 영역 간, 교과 간 학습 내용을 연결하여 융합적 사고를 기르도록 강조 – 평가 결과의 활용 대상에 학부모를 포함하는 등 평가 결과의 활용 강조 • 공학 기술이 발달함에 따라 다양한 공학 도구와 교구의 도입과 활용 – 다양한 교육 기자재 활용에 시청각 자료, 멀티미디어, 인터넷 추가로 제시 • 교육과정-수업-평가(교수평) 일체화 강조
문제점	• 교과 역량의 의미와 역할의 모호성으로 학교 현장에서 구현에 어려움 발생 • 교수·학습 방법 및 평가 방법이 치우쳐 활용되고 있으며, 과정 중심 평가에 대한 구체적인 방안 부족

• 탐구 과제: 교육과정기별 문제해결 조사하기

제4차 교육과정부터 2015 개정 교육과정까지 문제해결이 교육과정에 어떻게 반영되고 있는지 조사하고, 교육과정기별로 어떠한 차이가 있는지 비교하여 설명하시오.

3 2022 개정 교육과정

가. 2022 개정 교육과정의 이해

2022 개정 교육과정은 디지털 대전환, 기후・생태환경, 인구 구조 변화의 가속화, 미래 사회의 불확실성 증대 등 교육 내외적 변화를 학교 교육과정에 반영하여, 학생이 '포용성과 창의성을 갖춘 주도적인 사람'으로 성장하는 데 중점을 두고 개정되었다(교육부, 2022a, 2024b).

- 미래 사회 변화 대응 역량 및 기초 소양 함양 교육 강화
- 학생의 삶과 성장을 지원하는 학습자 맞춤형 교육과정 체제 마련
- 지역과 학교 교육과정 자율성 확대 및 책임교육 구현
- 디지털・AI 교육 환경에 맞는 교수・학습 및 평가 체제 구축

(1) 학습자 주도성과 협력적 소통 역량 강조

2022 개정 교육과정이 지향하는 '자기주도성, 창의와 혁신, 포용성과 시민성' 등 핵심 가치를 중심으로 〈표 2-11〉과 같이 가치 중립적인 인간상을 제시하였다. 2015 개정 교육과정에서 추구하는 인간상 중에 '자주적인 사람'을 2022 개정 교육과정에서는 '자기주도적인 사람'으로 변경하고 학습자 주도성을 강조하고 있다. '자기주도적인 사람'이란 전인적 성장을 바탕으로 자아정체성을 확립하고 자신의 진로와 삶을 스스로 개척하는 사람을 의미한다.

2022 개정 교육과정은 2015 개정 교육과정에서부터 추구해 온 역량 함양 교육과정을 더욱 강조하여 학생들이 미래 사회의 변화에 대응할 수 있는 역량을 함양할 수 있도록 하는 데 주안점을 두고 있다. 2015 개정 교육과정의 의사소통 역량을 2022 개정 교육과정에서는 상호협력적인 관계에서 소통을 강조하는 협력적 소통 역량으로 수정하여 제시하고 있다. 협력적 소통 역량은 다른 사람의 관점을

존중하고 경청하는 가운데 자신의 생각과 감정을 효과적으로 표현하며 상호협력적인 관계에서 공동의 목적을 구현하는 능력이다. 이러한 변화는 의사소통 측면에 국한하지 않고 상호협력적인 문제해결과 같이 공동의 목적을 이루는 데 필요한 역량을 더욱 강조하고자 한 것이다(교육부, 2016, 2024a).

〈표 2-11〉 2015 개정 교육과정과 2022 개정 교육과정의 주요 변화(교육부, 2016, 2024b).

구분	2015 개정 교육과정	2022 개정 교육과정
비전	바른 인성을 가진 창의융합형 인재	포용성과 창의성을 갖춘 주도적인 사람
추구하는 인간상	자주적인 사람, 창의적인 사람, 교양 있는 사람, 더불어 사는 사람	자기주도적인 사람, 창의적인 사람, 교양 있는 사람, 더불어 사는 사람
핵심역량	자기주도적 역량, 지식정보처리 역량, 창의적 사고 역량, 심미적 감성 역량, 의사소통 역량, 공동체 역량	자기주도적 역량, 지식정보처리 역량, 창의적 사고 역량, 심미적 감성 역량, 협력적 소통 역량, 공동체 역량

(2) 기초 소양(언어, 수리, 디지털) 강조

2022 개정 교육과정에서는 모든 학습의 토대가 되는 언어, 수리, 디지털 소양 등을 기초 소양으로 강조하고 있다(교육부, 2022a). 교과 학습과 실생활 문제를 다루는 과정에서 언어, 수학, 정보에 대한 지식과 기능을 적용할 수 있도록 모든 교과를 아울러 범교과적인 방식으로 언어와 수, 디지털 도구로 소통하는 능력을 기를 수 있도록 지원해야 한다. 이는 수학 교과에서도 수리 소양뿐만 아니라 언어 소양과 디지털 소양을 강조해야 함을 의미하며 수학 교과 반영 예시는 〈표 2-12〉와 같다.

〈표 2-12〉 2022 개정 교육과정의 기초 소양

구분	언어 소양	수리 소양	디지털 소양
개념	언어를 중심으로 다양한 기호, 양식, 매체 등을 활용한 텍스트를 대상, 목적, 맥락에 맞게 이해하고, 생산·공유, 사용하여 문제를 해결하고 공동체 구성원과 소통하고 참여하는 능력	다양한 상황에서 수리적 정보와 표현 및 사고 방법을 이해, 해석, 사용하여 문제해결, 추론, 의사소통하는 능력	디지털 지식과 기술에 대한 이해와 윤리의식을 바탕으로, 정보를 수집·분석하고 비판적으로 이해·평가하여 새로운 정보와 지식을 생산·활용하는 능력
수학 교과 반영 예시	• 1000이 10개인 수는 어떻게 나타내면 좋을지 친구들에게 이야기하기 • 21735를 어떻게 읽으면 좋을지 생각해 보고 친구들에게 이야기하기	• 21469의 각 자리의 숫자 2, 1, 4, 6, 9가 각각 얼마를 나타내는지 알아보기 • 수를 어림하고 계산하기 등	• 우리 주변에서 억과 조를 사용하는 경우를 스마트패드로 찾아보기 • 조사한 자료의 출처 밝히기 등

(3) 역량 함양을 위한 깊이 있는 학습

2022 개정 교육과정은 역량 함양 교육과정을 구현하기 위해 [그림 2-1]과 같이 깊이 있는 학습, 교과 간 연계와 통합, 삶과 연계한 학습, 학습 과정에 대한 성찰에 중점을 두고, 학생들이 소수의 핵심 아이디어를 중심으로 교과 고유의 사고와 탐구 과정을 경험함으로써 깊이 있는 학습이 가능한 교육과정 개발을 지향했다. 역량은 학생이 교과 내용을 충분히 이해하고, 이해한 것을 새로운 상황에 적용, 확장, 실천할 수 있을 때 함양되었다고 볼 수 있기 때문이다(교육부, 2024a).

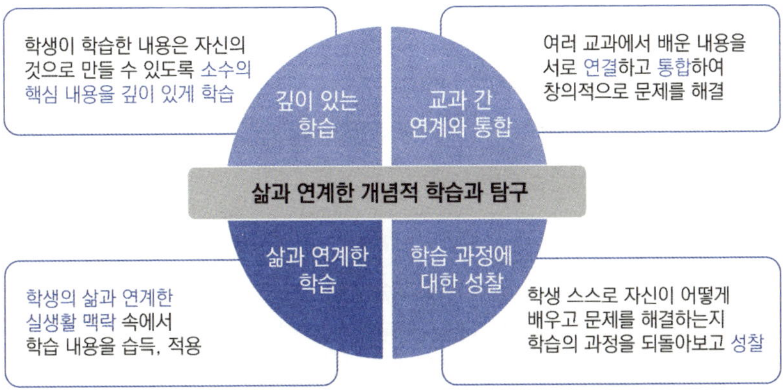

[그림 2-1] 2022 개정 교육과정의 역량 함양 교육 구현 방향(교육부, 2024a)

(4) 교수·학습 및 평가의 주요 원칙

2022 개정 교육과정의 교수·학습에서는 핵심역량 함양을 위한 깊이 있는 학습, 학생들이 수업에 능동적으로 참여하고 학습의 즐거움을 경험할 수 있는 학생 참여형 수업 설계 및 운영, 교과의 특성과 학생의 능력, 적성, 진로를 고려하여 학습 활동과 방법을 다양화하고, 학교와 학생의 특성에 따라 다양한 학생 맞춤형 수업의 활성화, 교수·학습 환경 지원 및 디지털 기반 학습이 가능하도록 교육공간 및 환경 조성을 강조하고 있다.

학습자의 성장을 지원하는 평가가 이루어질 수 있도록 교수·학습의 질 개선, 성취기준-교수·학습-평가의 일관성, 교과목 성격과 학습자 특성을 고려한 평가를 지향하고 있다. 아울러 다양한 특성을 가진 학습자들이 차별을 받지 않고 적합한 교육기회를 갖게 하는 데 필요한 지원 과제를 안내하는 등 모든 학생을 위한 교육기회의 제공을 명시하고 있다(교육부, 2022a).

나. 2022 개정 수학과 교육과정

수학 교과 역량 함양 방안 모색과 미래지향적 수학 학습 내용 재구조화, 학생의 지속적인 성장을 추구하는 수학 학습 주도성 강화, 학습자의 삶과 연계한 깊이 있는 수학 학습 추구, 학생·교사 교육과정 자율성과 실행 지원을 위한 문서 체제 정교화의 5가지 중점 개정 방향에 다음과 같이 세부 추진 과제를 설정하여 2022 개정 수학과 교육과정 문서에 반영하였다(교육부, 2021, 2024c; 이경화 외, 2022).

〈표 2-13〉 2022 개정 수학과 교육과정 개정의 방향

수학 교과 역량 함양 방안 모색	• 수학 교과 역량 명시 • 핵심 아이디어 중심의 깊이 있는 학습 추구 • 학습량 적정화 및 교수·학습 개선
미래지향적 수학 학습 내용 재구조화	• 지능정보화 사회 대비 내용 재구조화 • 실생활 자료 중심의 통계 교육 내용 재구조화 • 공학 도구 활용 및 디지털 소양 교육 강화
학생의 지속적인 성장을 추구하는 수학 학습 주도성 강화	• 학생의 주도적 수학 학습을 위한 교수·학습 방법 제시 • 학생 맞춤형 수학 교수·학습 방법 제시 • 과정을 중시하는 평가 방향과 방법 제시
학습자의 삶과 연계한 깊이 있는 수학 학습 추구	• 기초 소양(언어, 수리, 디지털)교육 강화 • 범교과 학습 주제 및 타 교과 연계 학습 • 진로연계교육 및 기초학력 보장
학생·교사 교육과정 자율성과 실행 지원을 위한 문서 체제 정교화	• 교육과정 설계의 개요 신설 • 내용 체계(표) 개선 • 성취기준 해설 및 성취기준 적용 시 고려 사항 제시

(1) 교육과정 설계의 개요

2022 개정 수학과 교육과정은 국가 교육과정의 큰 틀 안에서 학생·교사 교육과정 자율성과 실행을 지원하기 위해 교육과정 설계의 개요를 신설하고 내용 체계(표)를 개선하였다. 수학과 교육과정은 [그림 2-2]와 같이 핵심 아이디어를 중핵으로 지식·이해, 과정·기능, 가치·태도의 세 범주로 내용 요소를 구성하고, 초·중학교에서 공통으로 수와 연산, 변화와 관계, 도형과 측정, 자료와 가능성을 수학과의 영역으로 구성하였다. 각 영역에서 문제해결, 추론, 의사소통, 연결, 정보처리 역량을 함양할 수 있도록 하였으며, 이는 총론의 핵심역량과 연계하여 미래 사회가 요구하는 역량 함양이 가능한 교육과정 구현을 위한 것이다. 아울러

디지털・인공지능 교육 환경에 맞는 교수・학습과 평가 체제 구축을 위해 온라인 교육 환경 활용과 공학 도구 활용을, 학습자의 지속적인 성장을 지원하는 교육과정 구현을 위해 학생 주도성 강화와 학생 맞춤형 지도를 강조하고 있다.

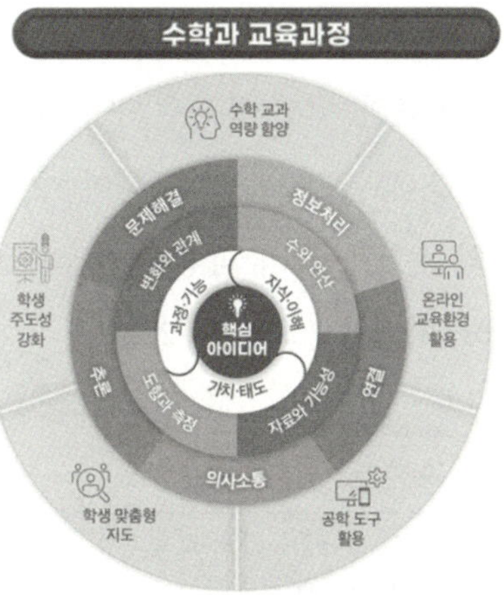

[그림 2-2] 2022 개정 수학과 교육과정 설계의 개요(교육부, 2022b)

- 핵심 아이디어: 학년(군) 또는 학교급을 관통하는 수학 내용의 본질 또는 가치를 보여주며, 학생들이 핵심 아이디어를 향한 깊이 있는 학습을 추구하게 함
- 지식 · 이해: 수학의 핵심적인 개념, 원리, 법칙
- 과정 · 기능: 수학의 개념, 원리, 법칙 등을 학습할 때 교과 역량이 발현되는 사고 과정이나 기능
- 가치 · 태도: 수학을 학습하면서 학생들이 갖게 되는 태도와 실천적인 성향. 수학의 가치를 인식하고 수학적 태도 함양

내용 체계 및 성취기준을 재구성하여 '내용 체계'는 영역별 핵심 아이디어와 지식・이해, 과정・기능, 가치・태도의 세 가지 범주로 구성하여 수학 교과 역량 함양을 지원할 수 있도록 설계되었다. '성취기준'은 영역별 내용 요소를 학습한 결과 학생이 궁극적으로 할 수 있거나 할 수 있기를 기대하는 도달점으로 구체적인 성취 내용을 제시하였다. 성취기준 해설, 성취기준 적용 시 고려사항에는 성취기준의 취지, 범위 등 수학과 성취기준의 고유한 측면을 해석하고 적용할 때 고려할 수 있는 정보를 제시하였다. '교수・학습'과 '평가'는 수학 교과 역량 및 총론의 개정 중점을 반영하여 교수・학습 및 평가의 방향과 방법을 제시하였다.

(2) 수학과 교육과정의 개요

2022 개정 교육과정은 2024년에 초등학교 1~2학년에 적용되는 것을 시작으로, 2026년 초등학교 5~6학년까지 단계적으로 적용된다. 1~2학년은 국정 교과서를, 3~6학년은 검정 교과서를 사용한다. 수학과 교육과정은 성격, 목표, 내용 체계, 성취기준, 교수・학습, 평가로 구성하였다. 성격에는 수학과의 고유한 특성과 수학 학습의 필요성을 제시한다. 목표는 총괄 목표와 세부 목표로 구성하고, 총괄 목표는 지식・이해, 과정・기능, 가치・태도를 통합적으로 학습하여 수학 교과 역량을 함양하는 것으로, 세부 목표는 각각의 수학과 교과 역량을 함양하는 것으로 설정하였다. 전체적인 개요는 〈표 2-14〉와 같다(교육부, 2022b).

〈표 2-14〉 2022 개정 수학과 교육과정의 개요(교육부, 2022b)

구분		내용
공포 및 시행		• 고시: 2022년 교육부 고시 제 2022-33호 [별책 1] 초・중등학교 교육과정 총론 2022년 교육부 고시 제 2022-33호 [별책 8] 수학과 교육과정 • 시행: 2024년 초등학교 1~2학년 시행(국정 교과서) 2025년 초등학교 3~4학년 시행(검정 교과서) 2026년 초등학교 5~6학년 시행(검정 교과서)
교과 편제		7개 교과(군): 국어, 사회/도덕, 수학, 과학/실과, 체육, 예술(음악/미술), 영어 ※ 1, 2학년의 교과는 국어, 수학, 바른 생활, 슬기로운 생활, 즐거운 생활 창의적 체험활동(자율 활동, 동아리 활동, 진로 활동)
교과서명		수학, 수학 익힘책
교과 역량		문제해결, 추론, 의사소통, 연결, 정보처리
성격		수학의 개념, 원리, 법칙을 이해하고 주변의 여러 가지 현상을 수학적으로 관찰하고 해석하며 논리적으로 사고하고 합리적으로 문제를 해결하는 능력과 태도를 기르는 교과
목표	총괄 목표	수학의 개념, 원리, 법칙을 이해하고 수학의 가치를 인식하며 바람직한 수학적 태도를 길러 수학적으로 추론하고 의사소통하며 다양한 현상과 연결하여 정보를 처리하고 문제를 창의적으로 해결하는 수학 교과 역량을 함양한다.
	세부 목표	(1) 수학적 지식을 이해하고 활용하여 적극적이고 자신감 있게 여러 가지 문제를 해결한다. (2) 수학적 사실에 대해 흥미와 관심을 갖고 추측과 정당화를 통해 추론한다. (3) 수학적 사고와 전략에 대해 의사소통하고 수학적 표현의 편리함을 인식한다. (4) 수학의 개념, 원리, 법칙 간의 관련성을 탐구하고 실생활이나 타 교과에 수학을 적용하여 수학의 유용성을 인식한다. (5) 목적에 맞게 교구나 공학 도구를 활용하며 자료를 수집하고 처리하여 정보에 근거한 합리적 의사 결정을 한다.

(3) 주요 변화

2022 개정 수학과 교육과정의 교과 역량은 '문제해결, 추론, 의사소통, 연결, 정보처리' 역량으로 설정되었다. 2015 개정 수학과 교육과정의 태도 및 실천 역량이 2022 개정 교육과정에서는 내용 체계의 가치・태도로 이동하였고, 창의・융합 역량은 연결 역량으로 변경되었다. 수학과 내용 영역은 초・중학교가 동일하게 도형 영역과 측정 영역을 통합하여 도형과 측정 영역으로, 규칙성 영역은 변화와 관계 영역으로 변경하여 [그림 2-3]과 같이 4개 영역으로 구성하고 있다. 주요 변화를 내용 영역별로 살펴보면 다음과 같다(교육부, 2022b, 2024c; 이경화 외, 2022).

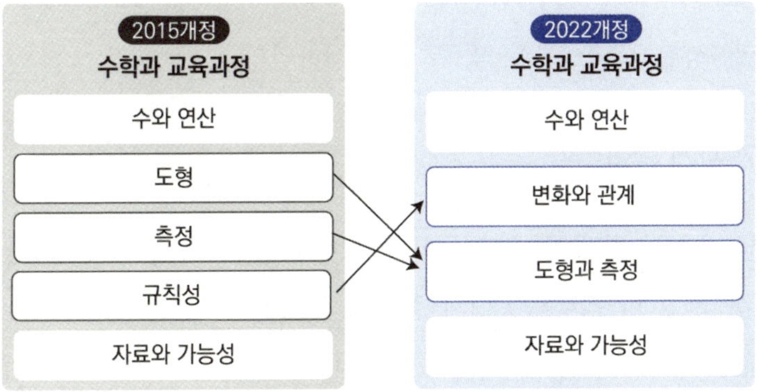

[그림 2-3] 내용 영역의 변화(교육부, 2024c)

(가) 수와 연산 영역

1~2학년군의 성취기준 적용 시 고려 사항에 첫째, 저학년 학생들의 한글 학습 정도 고려하여 수를 '여덟', '마흔아홉', '칠십육', '첫째' 등과 같이 한글로 쓰게 하는 것을 지양하도록 하였다. 이는 학습부담 경감 및 1학년 학생의 발달 특성을 고려한 것이다. 둘째, 등호와 덧셈의 교환법칙과 결합법칙, 곱셈의 교환법칙을 명시하였다. 이는 수와 연산 영역의 핵심 아이디어를 반영한 것이다.

3~4학년군과 5~6학년군에서는 기존 교육과정에서 '어림'이 계산 결과에만 제한적으로 사용되었던 점을 개선하고자 어림셈 관련 성취기준을 수정 및 부분 삭제

하고 다양한 상황에서 유용하게 어림을 활용할 수 있도록 하였다.

5~6학년군에서는 첫째, 측정 영역의 '수의 범위/어림하기(올림, 버림, 반올림)'을 수와 연산 영역으로 이동하고 '수의 범위와 올림, 버림, 반올림'으로 용어를 수정하였다. 이는 '수의 범위/어림하기(올림, 버림, 반올림)'이 수 감각을 기르고 수의 특성을 배우는 수와 연산에 더 적합해 보인다는 학교 현장의 이해도를 제고한 것으로 성취기준 적용 시 고려사항에 측정 상황과의 관련성을 고려하여 지도하도록 명시하고 있다. 둘째, 학습량 적정화 및 학생의 발달 특성을 고려하여 최대공약수와 최소공배수는 두 수에 대하여 약수와 배수를 각각 나열하여 공통된 약수와 배수를 찾는 방법으로 그 의미를 이해하도록 성취기준 적용 시 고려사항에 제시하였다. 또한 약수와 배수의 관계 관련 내용을 약화시키고, 크기가 같은 분수 만들기 관련 성취기준을 통합 및 부분 삭제하였다.

(나) 변화와 관계 영역

1~2학년군에서는 학생의 주도적 학습과 가치・태도 관련 내용을 반영하기 위하여 규칙을 찾고 만드는 활동에서 학생의 주도적 학습을 강조하도록 성취기준 해설 및 적용 시 고려 사항에 제시하고 있다. 또한 학습량 적정화를 위해 관련하여 지나치게 복잡한 배열에 대한 평가는 지양하도록 명시하고 있다.

3~4학년군에서는 첫째, 다양한 규칙을 찾을 수 있는 계산식의 배열, 수의 성질을 탐구할 수 있는 계산식의 배열을 다루도록 관련 성취기준을 수정하고, 필요에 따라 계산기를 사용할 수 있도록 제시하고 있다. 학생의 주도적 학습을 강조하여 다양한 방법으로 규칙이 옳은지 스스로 검토하게 할 수 있도록 하는 내용도 함께 제시하고 있다. 둘째, 등호와 동치관계 관련 성취기준인 "[4수02-03] 등호를 사용하여 크기가 같은 두 양의 관계를 식으로 나타낼 수 있다."를 새롭게 편성하였다. 이는 등호를 관계적, 구조적 관점에서 다루는 내용이 부족하다는 각계의 의견을 반영한 것이다. 등호가 사용된 식이 옳은지 판단하는 활동, 크기가 같은 두 양을 찾는 활동 등을 통해 동치관계를 이해하게 하고 수학에 대해 흥미를 갖게 할 수 있다.

5~6학년군의 성취기준 적용 시 고려 사항에는 첫째, 범교과 학습 주제를 반영하여 기후 변화, 생태계 등 학생의 삶과 관련된 다양한 문제 상황의 활용을 언급하고 있다. 둘째, 비와 비율, 대응관계의 학습을 통해 수학의 유용성과 수학적 표현의 편리함을 인식하도록 하는 가치·태도 관련 내용이 반영되어 있다.

(다) 도형과 측정 영역

1~2학년군에서는 학습량 적정화를 위해 첫째, 3~4학년군의 다각형에서 학습하게 되는 오각형, 육각형 관련 성취기준을 삭제하고, 둘째, 구체물의 길이를 '약'으로 표현하기 관련 내용이 약화되었다. 현장의 이해도 제고를 위해서는 성취기준 용어인 단명수와 복명수 표현을 구체적 표현인 몇 m, 몇 cm로 수정하였다.

3~4학년군에서는 첫째, 공간 감각 관련 평면에서 점의 이동 관련 성취기준인 "[4수03-05] 평면에서 점의 이동에 대해 위치와 방향을 이용하여 설명할 수 있다."를 신설하였다. 이는 기존의 교육과정에서 공간 감각 관련 위치와 방향에 대한 성취기준이 1~2학년군, 5~6학년군에는 제시되어 있지만 3~4학년군에는 없다는 비판을 받아들여, 학년군별 학습 내용의 균형을 꾀한 것이다. 둘째, 학교 현장의 이해도 제고를 위해 직선의 위치 관련 성취기준을 부분 삭제하였다. 셋째, 학습량 적정화를 위해 평면도형의 이동에서 돌리고 뒤집기나 뒤집고 돌리기 등 복잡한 변화는 지양하고, 원으로 다양한 무늬 꾸미기, 평면도형의 이동에서 규칙적인 무늬 만들기 관련 성취기준을 약화시키되, 이러한 활동을 통해 수학의 아름다움을 느끼게 할 수 있다는 가치·태도 관련 내용을 제시하였다. 주어진 각도와 크기가 같은 각 그리기 성취기준을 삭제하였다.

5~6학년군에서는 첫째, 학습량 적정화를 위해 합동에서 대응점, 대응변, 대응각 관련 성취기준을 통합 및 부분 삭제하였다. 둘째, 이전에는 원주율의 어림값 3.14를 사용하다가 2015 개정 교육과정에서 3, 3.1, 3.14로 원주율을 선택하여 계산하도록 한 방식이 오히려 원주율이 원의 크기에 상관없이 일정한 값임을 이해하지 못하는 오개념을 발생시킨다는 현장의 비판의견을 반영하여 원주율의 어림값으로 3.14를 사용하고, 복잡한 계산은 계산기를 사용하도록 하였다.

(라) 자료와 가능성 영역

첫째, 실생활 자료 중심의 통계 교육 내용의 재구조화를 위해서 1~2학년군, 3~4학년군, 5~6학년군에서 자료의 수집, 정리, 해석을 강조하고, 통계적 문제해결 과정에 맞게 성취기준을 개선하였다. 성취기준 "[6수04-03] 탐구 문제를 설정하고, 그에 맞는 자료를 수집, 정리하여 적절한 그래프로 나타내고 해석할 수 있다."에서는 통계적 문제해결 전 과정을 경험할 수 있도록 하였다. 둘째, 3~4학년군, 5~6학년군에서 모두 다루었던 그림그래프 지도 시기를 조정하여 3~4학년군에서만 다루도록 하였다. 셋째, 3~4학년군, 5~6학년군에서는 막대그래프, 꺾은선그래프, 띠그래프, 원그래프 그리기에서 공학 도구의 사용을 강조하였으며, 넷째, 5~6학년군에서는 가능성 관련 3가지 성취기준을 정련하고, 성취기준 "[6수0406] 자료를 이용하여 가능성을 예상하고, 가능성에 근거하여 적절한 판단을 내릴 수 있다."를 추가하였다. 이는 인공 지능 시대에 데이터 소양을 강조하고 있는 바, 비형식적인 수준에서부터 자료에 기반을 두고 가능성을 예측하고 판단하는 경험이 필요하다는 점을 반영한 것이다.

• 탐구 과제: 수학과 교육과정에서의 학습자 주도성 탐구하기

2022 개정 교육과정 총론에서 강조하는 학습자 주도성이 2022 개정 수학과 교육과정의 내용 영역과 교수 · 학습 방법에 구체적으로 어떻게 반영되었는지 조사하여 설명하시오.

참고문헌

강완, 김상미, 박만구, 백석윤, 오영열, 장혜원(2014). 초등수학교육론. 경문사.

강완, 백석윤(1998). 초등수학교육론. 동명사.

교육과학기술부(2011). 수학과 교육과정. 교육과학기술부 고시 제2011-361호. 교육과학기술부.

교육부(2015). 수학과 교육과정. 교육부 고시 제2015-74호[별책8]. 교육부.

교육부(2016). 2015 개정 교육과정 총론 해설(초등학교). 교육부.

교육부(2021). 2022 개정 교육과정 총론 주요사항. 교육부 보도자료(2021. 11. 24).

교육부(2022a). 2022 개정 교육과정 총론 해설(초등학교). 교육부 고시 제2022-33호(2022. 12. 22). 교육부.

교육부(2022b). 수학과 교육과정. 교육부 고시 제2022-33호[별책8]. 교육부.

교육부(2024a). 수학 1-1 교사용 지도서. ㈜천재교과서.

교육부(2024b). 2022 개정 교육과정 초·중등학교 총론 교원연수자료. 교육부.

교육부(2024c). 2022 개정 교육과정 수학과 초등학교 교원연수자료. 교육부.

교육인적자원부(2007). 수학과 교육과정. 교육인적자원부 고시 제2007-79호. 교육인적자원부.

김수미(1998). “미국 스탠다드 수학의 재조명”. 대한수학교육학회 논문집, 8(1), 279-289.

김지원, 박교식, 이정은(2014). 2011 개정 초등학교 수학과 교육과정과 미국 CCSSM 비교·분석 연구. 한국초등수학교육학회지, 18(2), 279-295.

김진락(1992). 수학과 교육과정의 개발과 구조에 관한 연구. 한국교원대학교 박사학위논문.

김현미, 신항균(2021). 우리나라 초등학교 수학과 교육과정의 변천 및 시대구분. 한국초등수학교육학회지, 25(4), 371-394.

노선숙(2007). NCTM의 스탠다드 중심 수학교육과정 개혁동향: 2006 ‘Curriculum Focal Points’를 중심으로. 교육과정연구, 25(2), 147-169.

박교식(2011). 2007 초등수학과 교육과정과 2011 초등수학과 교육과정의 비교·분석: 변화 내용을 중심으로. 한국초등수학교육학회지, 15(3), 579-598.

소경희(2019). 한국의 국가교육과정의 변천과 최근의 개혁 동향. The SNU Journal of Education Research, 28(1), 87-103.

소경희(2000). 우리 나라 교육과정 개정에 있어서 총론과 각론의 괴리 문제에 대한 고찰. 교육과정연구, 18(1), 201-218.

이경화 외 44인(2022). 2022 개정 수학과 교육과정 시안(최종안) 개발 정책연구. 한국과학창의재단.

이종학(2012). 2007 개정과 2009 개정에 따른 수학과 교육과정 비교·분석. 초등교육연구논총, 28(1), 1-27.

장혜원(2012). 미국의 수학교육과정 규준 CCSSM의 수학적 실천에 대한 고찰. 수학교육학연구, 22(4), 557-580.

장혜원(2016). 2015 개정 초등 수학과 교육과정의 변화 내용에 대한 종적 분석. 한국초등수학교육학회지, 20(2), 215-238.

차성현(2012). 미국의 수학 공통 핵심 교육과정 및 우리나라 수학교육 개선을 위한 시사점. 현안보고 OR 2012-01-3. 한국교육개발원.

Ball, D. L., Ferrini-Mundy, J., Kilpatrick, J., Milgram, R. J., Schmid, W., & Schaar, R. (2005). Reaching for common ground in K-12 mathematics education. Retrieved from http://www.maa.org/common-ground/cg-report2005.html

Center for the Study of Mathematics Curriculum [CSMC]. (2010). Curriculum design, development, and implementation in an era of common core state standards. Retrieved from http://mathcurriculumcenter.org/conferences/ccss/SummaryReportCCSS

Common Core State Standards Initiative [CCSSI]. (2010). Common core state standards for mathematics. Retrieved from http://www.corestandards.org

Common wealth of Pennsylvania (2018). PA core standards timeline. Retrieved from https://www.pdesas.org/Page/Viewer/ViewPage/14

IOWA Department of Education (2024). Iowa academic standards for mathematics. Retrieved from https://educate.iowa.gov/pk-12/standards/academics

National Center for Education Statistics [NCES]. (2024). State adoption of mathematics and english/language arts common core state standards Initiative, by state: 2015. Retrieved December 11, 2024 from https://nces.ed.gov/programs/statereform/tab2_17.asp

National Council of Teachers of Mathematics [NCTM]. (1980). An agenda for action: Recommendations for school mathematics of the 1980s. Author.

National Council of Teachers of Mathematics [NCTM]. (1989). Curriculum and evaluation standards for school mathematics. Author. 구광조, 오병승, 류희찬 공역(1992). 수학교육과정과 평가의 새로운 방향. 경문사.

National Council of Teachers of Mathematics [NCTM]. (1991). Professional standards for teaching mathematics. Author.

National Council of Teachers of Mathematics [NCTM]. (1995). Assessment standards for teaching mathematics. Author.

National Council of Teachers of Mathematics [NCTM]. (2000). Principles and standards for school mathematics. Author. 류희찬, 조완영, 이경화, 나귀수, 김남균, 방정숙 공역(2007). 학교수학을 위한 원리와 규준. 경문사.

Polya, G. (1971). How to solve it. New York Publications, Inc. 우정호 역(2002). 어떻게 문제를 풀 것인가? 경문사.

제 3 장

2022 개정 수학과 교육과정에 적합한 교수 · 학습론

Kuhn(1970)은 자신의 저서 『과학혁명의 구조(The Structure of Scientific Revolution)』에서 패러다임이란 용어를 사용하였는데, 이것은 한 과학계의 구성원이 공유하고 있는 신념, 가치, 기술 등을 망라한 총체적 집합을 의미한다(박영대, 정철현, 2015). 오래전의 사람들은 천동설적 신념, 가치 등을 믿었지만, 지금 우리는 지동설적 신념, 가치 등을 믿으며 살고 있다. 이처럼 사람들의 신념, 가치 등이 변하는 것을 패러다임의 전환이라고 한다. 이 전환 과정은 험난하다. 때에 따라서는 전쟁이 일어나기도 하고, 때에 따라서는 구패러다임을 신봉하던 사람들이 유명을 달리해야 끝나기도 한다(장하석, 2015). 코페르니쿠스와 갈릴레이 등이 지동설을 주장한 후, 일반 대중이 지동설을 자신의 신념으로 수용하는 데 150년의 세월이 필요했다고 한다(Tayler, 1949). 최근 우리 교육계에서도 이런 패러다임적 전환이 진행되고 있다. 그것은 바로 객관적 인식론을 기반으로 하는 교사 중심 수업과 구성주의를 기반으로 하는 학습자 중심 수업(2022 개정 교육과정에서는 학습자 주도성 수업을 강조하기 시작함)이 그것이다. 교육과정 개발자들이 교육과정 개정을 통해서 하나의 새로운 패러다임을 선언했다고 해서 구패러다임을 신봉하던 사람들이 슬그머니 퇴장하지 않고 저항한다. 즉 이 두 패러다임은 경쟁하는 시기를 갖게 된다. 지금 이 시점이 바로 교사 중심 수업과 학습자 중심 수업이 경쟁하고 있는 시기이다. 이 경쟁 시기에 발생하는 것이 '공약불가능성'이다.

두 패러다임(교사 중심 수업 vs 학습자 중심 수업 - 학생 주도성 수업)의 신념들이 공존하는 이 경쟁 시기를 살아가는 교사들의 신념은 이 두 패러다임의 스펙트럼의 어딘가에 위치해 있을 것이다. 분명, 현재는 학습자 중심 수업을 언급한 제7차 교육과정에 따른 수업을 처음 시행하던 2000년보다는 많은 교사가 학습자 중심 수업에 관한 다양한 접근들에 우호적이다. 하지만 이들의 수업을 분석하는 연구들은 객관적 인식론을 토대로 하는 교사 중심 수업의 근본 메커니즘에 학습자 중심 수업 접근을 접목하려는 양상을 보인다(강인애, 1997). 공교육을 담당하는 교사라면 자신의 경험 및 신념과는 다르더라도, 교육과정에서 추구하는 교수·학습 방법을 사용해야 하고, 하려고 노력해야 한다. 2022 개정 교육과정의 정신이 '포용성과 창의성을 갖춘 자기 주도적인 사람'을 길러내는 데 있으면 모든 교과에서 이를 위한 수업 행위들을 실제로 교사와 학생들이 교실에서 수행해야지 학생들은 포용성과 창의성을 갖춘 자기 주도적인 사람으로 성장해 갈 것이다. 교사들도 학습자 중심 수업을 실제로 해야 자신의 수업이 학습자 중심 수업에 어울리는 수업이 될 것이다.

1 구패러다임인 교사 중심 수업에 적합한 수업 신념 및 관행

가. 중간 수준의 학생들에 초점을 둔 수업하기

교사들이 실천하고 있는 수업이 교사 중심 수업인지 아닌지를 확인할 수 있는 대표적인 몇 가지 신념들이 있다. 그중 하나가 '중간 수준의 학생들에 초점을 둔 수업하기'다. '중간 수준의 학생들'에 초점을 둔 수업을 한다는 말 속에 담긴 것은 학급에는 학습 능력이 높은 학생도 있고, 낮은 학생도 있고, 중간 수준의 학생도 있다는 것이다. 그리고 다수의 학생은 '중간 수준의 학생'에 속한다는 가정이다. 즉 교사 중심 수업을 하는 교사들은 학급에 있는 학생들의 인지적 차이가 있고 이 차이를 모두 반영해서 수업하기 어려우므로 '중간 수준에 있는 학생들에 초점을 둔 수업'을 해야 한다고 생각한다. 교사들이 이 신념을 가지고 수업을 할 때 벌어지는 수업 현상 중 한 가지가 학생들이 과제를 할 때 '학습 능력이 높은 학생이 학습 능력이 낮은 학생을 도와주는 것'이다. 이 교사들은 그 결과로 모든 학생이 동일한, 아니 유사한 학습 성과를 성취하기를 기대한다. 이 동일한 학습 성과는 다음 절에서 다룬다. 2022 개정 교육과정은 이처럼 '중간 수준의 학생들에 초점을 둔 수업'이 아니라 '개별 맞춤형 수업'을 강조하고 있다. 따라서 예비 교사는 물론이고 현직 교사들도 기존에 익숙한 '중간 수준의 학생들에 초점을 둔 수업'이란 신념을 포기해야 비로소 '개별 맞춤형 수업'이 자신의 지적 세계의 저 너머로부터 희미하게나마 접근해 올 것이다. 교사가 구패러다임적 신념을 포기하지 않으면 새로운 패러다임에서 논의하는 신념은 신기루에 지나지 않고, 교사의 수업 관행은 구패러다임에 적합한 관행을 실현하고 있는 모양새가 된다.

수업은 중간 수준의 학생들을 대상으로 하는 것이 아니라 모든 학생을 대상으로 하는 것이고, 수업 중 교사는 모든 학생이 참여할 수 있는 과제(진입점과 출구점이 다양한 과제)와 교수 · 학습 방법을 사용해야 한다. 교사는 수업을 학습 능력이 뛰어난 일부 학생들이 점유하는 그들의 전유물이 되게 하는 교수 · 학습 방법을 사용해서는 안 된다. 교사들이 빈번하게 사용하는 수업 관행 중 이를 조장하는 관행 중 하나는, 개별 · 짝 · 모둠 활동 후 각 학생이 수행한 것을 발표하도록 하는 발문을 교사가 한 후 손을 일찍 드는 학생들을 호명하는 것이다(김진호, 2009). 빨리 손 든 학생을 교사가 호명하는 순간 다른 학생들은 사고를 멈추고, 이런 순간이 누적되어서 손을 빨리 들지 못하는 다수의 학생은 점차 수업에서 소외당하고 수업 중 투명 인간이 되어간다. 이처럼 교사들이 흔하게 사용하는 수업 관행이 학생들에게 주는 이 참담한 결과를 이제는 근절해야 할 시기이다.

나. 모든 학생이 동일하게 배워야 하는 학습 목표 제시

패러다임이 바뀌면 같은 용어가 다른 의미를 갖는다고 한다. 예를 들어, 천동설과 지동설은 행성이란 용어를 모두 사용한다. 그런데 그 의미는 각 이론에서 고유한 의미를 갖기 때문에 그 의미는 다르다. 즉 동음이의어이다. 같은 맥락에서, 교사와 학생들이 교실이라는 공간에 모여서 수업이라는 시간에 학습이란 경험을 할 때 학습 목표라는 동일한 단어를 사용하지만, 이 단어가 갖는 의미는 교사 중심 수업을 할 때와 학습자 중심 수업을 할 때 당연히 달라질 수밖에 없다. 교사 중심 수업을 하는 교사들은 일반적으로 학생들이 동시에 같은 시공간에 모여서 수업을 한다고 해서 학생들이 모두 성취해야 할 동일한 학습 목표를 설정한다. 학생들은 그들의 현재의 지적 능력의 차이에도 불구하고 이것을 교사와의 수업을 통해서 모두 함께 같은 내용을 학습할 것을 강요받고 있다. 어떤 수업을 관찰하는 관찰자가 이런 수업 사태를 발견할 수 있다면 그 수업은 혹시라도 학습자 중심적 측면의 교수학습 행위가 다소 있어 보이더라도 교사 중심 수업으로 분류된다.

하지만 이런 학습 목표를 설정하고 실시한 수업의 결과는 의도한 것과 다를 수밖에 없다. 이 차이에 대한 예는 우리가 현실에서 자주 목격하고 있다. 수업을 시작할 때 학생들의 이해 상태는 학생마다 차이가 있음을 인정하면, 너무나 당연하게 그 수업을 통한 학습의 결과 또한 학생마다 차이가 있어야 한다. 이 차이가 있음을 있는 그대로 존중해 주는 것이, 그리고 각자의 노력 여하에 따라서 그 차이가 변할 수 있음을 인정해 주는 것이 아마도 포용성을 수업 중 구현하는 것이다. 포용성이란 사회 구성원들 사이의 차이와 다양성에 대한 상호 이해와 존중이다(교육부, 2021). 2022 개정 교육과정은 또한 학습자 주도성을 강조하는데, 이는 학습자가 자기 삶과 학습을 주도적으로 설계하고 구성하는 능력을 의미한다(교육부, 2021). 그런 측면에서 볼 때 학생들이 배울 내용은 학생마다 달라야 한다. 이 다름을 인정해 주는 수업 관행을 교사는 사용해야 한다. 다름을 인정하는 수업의 관행의 출발점은 학생마다 하는 각자의 사고를 인정한다는 측면에서 교사는 학생들이 과제를 수행하는 동안 "여러 가지 방법으로 풀어 보세요.", "자기 방법으로 시도해 보세요." 등의 발문을 자주 하는 것이다. 또한 과제 수행 후 각자의 방법을 공유해서 각자 수행할 때 고려하지 못한 사고들을 이해할 것을 촉구한다는 측면에서 "OO이의 생각을 자기 말로 해 보세요." 등의 발문과 "친구들이 발표한 것을 자신의 공책에 정리하세요." 등의 발문을 하는 것이다.

다. 학습자 중심 수업은 학습 능력이 높은 학생들에게만 적합한 수업 방식: 일반 수업에서 사용하기 어려움

제7차 교육과정에서 채택한 철학이 구성주의이고, 이 구성주의의 기본 가정(von Graserfelt, 1995)은 "지식은 감각이나 의사소통에 의하여 수동적으로 받아들이는 것이 아니고 인식 주체에 의하여 능동적으로 구성된다. 그리고 인식의 기능은 생물학적인 용어로 비추어 볼 때 적합성과 생존성을 향한 적응적인 과정이며, 이때 인식은 인식 주체의 경험적 세계를 조직해 가는 것이지 객관적인 항존적 실재를 발견하는 과정이 아니다."이다. 첫 번째 가정을 능동적 구성자 원리라고 하고, 두 번째 가정을 비객관성의 원리하고 한다. 그런데, 사람들은 이런 지식 구성을 옹호하는 교수·학습 방법은 학습 능력이 뒤지는 학생보다는 학습 능력이 뛰어난 학생에게 적합하다고 생각한다(강인애, 1997; 김진호, 2009; Dick, 1992).

교사들이 이런 신념을 갖는 이유는, 객관적 인식론의 입장에서 수업하는 상황에서, 주로 학습 능력이 뛰어난 학생들은 지식을 구성하는 모습을 보이지만, 그렇지 않은 다수의 학생은 지식을 능동적으로 구성하는 모습을 보이지 않기 때문이다. Lee와 Zeppelin(2014)이 초등 예비 교사들에게 본인들의 학창 시절 수학 학습의 경험이나 수학 선생님의 수업을 그림과 글로 써서 표현하라는 과제를 주었다. 이 과제를 받은 예비 교사들은 교사의 일방적인 설명을 듣고 그 설명에 따라 유사한 문제를 획일적으로 풀어가는, 학생들의 생각을 전개할 공간이 없는 수학 교실을 자신의 학창 시절 수학 수업을 묘사하였다. 이런 수동적인 교실 상황에서 학생들은 그들 자신의 지적 능력을 최대로 발휘할 수 있는 기회를 얻질 못한다. 하지만 학생들의 지적 능력을 믿고 그들에게 기회를 준 수업의 효과는 놀랍다. 예를 들어, 어느 한 초등학교 4학년 교사는 뉴욕주에 있는 학업성취도가 낮은 한 초등학교에서 1년간 수업을 하였고, 그 결과는 뉴욕주에서 실시한 시험에서 90퍼센트 이상이 최고 점수를 받았다(Boaler, 2016). 이 사례는 모든 학생이 수학 수업에서 성공할 수 있음을 말해 준다. 이와 유사한 모든 학생이 높은 수학 성취도를 보이는 성공 사례는 Chapin, O'Coner, Anderson(2013)과 조수윤과 김진호(2011)

에서도 확인할 수 있다. 조수윤과 김진호의 연구에서는 하위권 학생들의 평균 점수가 60점을 넘었고, 배우지 않은 내용에 대한 검사 결과에 따르면 이들의 평균 점수는 전통적인 수업을 한 교실에 있던 중간 수준의 학생들의 평균 점수보다 높았다. 교사인 내가 수업 방법을 바꾸면 학생들이 적극적인 지식 구성자가 된다. 학생들의 현 모습은 교사의 수업 방법의 결과에 불과하다. 그것이 학생들의 본연의 모습은 아니다.

• 탐구 과제: 모둠 활동 중 학습 능력이 높은 학생이 낮은 학생 이끌기

탐구. 교사 중심 수업에서 나타나는 앞서 언급하지 않은 수업 사태로 모둠 활동 중 학습 능력이 높은 학생이 낮은 학생 이끌기가 있다. 이런 관행을 교사가 시도하는 이유는 이 모둠에 있는 구성원들이 수업의 결과로 제시된 학습 목표를 유사하게 성취하도록 하는 데 있다. 이런 시도가 2022 개정 교육과정에서 강조하는 개별 맞춤형 수업이란 수업 방식에서도 통용될 수 있는지 검토한다. 있다면 이유는 무엇이고, 없다면 그 이유는 무엇인가?

2 2022 개정 수학과 교육과정에 충실한 수업 신념 및 관행

가. 교사가 문제해결 전략을 제시하지 않고 학생이 스스로 전략을 착상해 내기

2022 개정 수학과 교육과정 중 학생들의 문제해결 역량을 함양하기 위한 교수・학습 방법으로 제시한 처음 두 가지는 다음과 같다(교육부, 2022, p. 44).

㉠ 수학의 개념, 원리, 법칙을 이용하여 해결 가능한 문제를 학생에게 제시한다. 이때 다양한 방법으로 해결 가능한 문제, 여러 가지 해답이 나올 수 있는 문제[1] 등을 활용할 수 있다.

㉡ 문제에 주어진 조건과 정보를 분석하고 적절한 문제해결 계획을 수립하고 실행하며 문제해결 과정을 반성하도록 구체적인 발문과 권고를 제시한다.

이 중 첫 번째 교수·학습 방법에서 중요한 점을 재진술해 보면, "학생들에게 제공되는 문제는 수학적 지식을 이용해서 해결할 수 있어야 하고, 여러 가지 풀이가 있어야 하고, 결과도 여러 가지가 도출될 수 있어야 한다."는 점이다. 이런 진술은 2015 개정 수학과 교육과정(교육부, 2015, p. 4)에서 "문제해결 역량은 해결 방법을 알고 있지 않은 문제 상황에서 수학의 지식과 기능을 활용하여 해결 전략을 탐색하고 최적의 해결 방안을 선택하여 주어진 문제를 해결하는 능력이고 ~"라고 진술한 것과는 명확한 차이를 보인다. 2022 개정 수학과 교육과정에서 강조한 이 교수·학습 방법은 학생들은 주어진 문제를 해결하면서 최적의 해결 방안을 선택하여 주어진 문제를 해결하는 것이 아니라 학생들 각자가 선택한 각자의 문제해결 전략을 사용하여 문제를 해결하는 것을 독려하고 있음을 알 수 있다. 이런 강조는 학습자 주도성과 관련되어 있다. 학습자가 수업 중에 자신에게 주어진 과제를 수행할 때 주도적으로 설계하고 구성하는 경험을 할 필요가 있는 것이다.

1) 2022 개정 수학과 교육과정 중 이 문구는 해결 방법도 다양하고 그리고 동시에 여러 가지 해답이 나올 수 있는 문제를 제공해야 한다고 명시하고 있다. 그런데, 전통적인 수학 교과서로 주로 수업을 하는 교사들은 수학 교과서에서 다루는 과제들은 주로 폐쇄형이었기 때문에 이런 유형의 문제를 상상하기 어려울 것이다. 하지만 이런 유형의 문제들은 이미 개발되어 사용되고 있다. 그 자세한 안내는 김진호 외 11인이 작성한 「2022 개정 교육과정을 반영한 초등수학교재연구 및 지도법, (2023)」의 3장에 자세하게 소개되어 있다. 이 3장은 교수·학습론을 주로 다루고 있어서 2022 개정 교육과정에서 언급하는 과제 그 자체에 대한 깊은 논의는 김진호 외 11인의 3장을 참고하기 바란다. 한 가지 더 덧붙이면, 교육과정에서 이런 과제를 활용하고자 하는 것은 본 차시 수업이지 특화차시가 아니라는 점이다. 이 문구는 학생들이 매일 수업할 때 다루는 과제가 풀이도 다양하고 결과도 다양할 수 있어야 한다는 의미이다. 다시 말해서, 이 진술은 매일 수업하는 과제는 폐쇄형 과제이면서 특화차시에서만 이런 과제를 다루는 것으로 학생들의 문제해결 역량을 신장시킬 수 없음을 의미한다.

학기 초에 교사는 학생들에게 주어진 진입점과 출구점이 다양한 과제를 한 가지 해결 전략만을 사용하는 것이 아니라 여러 가지 해결 전략을 이용해서 풀 것을 요구해야 한다(위 교육과정의 두 번째 교수·학습 방법). 아직 학습자 주도성이 견고한 학급문화로 조성되지 않은 학급에서 교사가 학생들에게 진입점과 출구점이 다양한 과제를 주어도 한 가지 방법으로 해결한 후 다른 시도를 하지 않는 학생들이 있을 수 있다. 교사는 학기 초부터 하나의 과제에 대해서 다양한 접근을 시도하는 수학 학습 문화를 조성하는 관행을 수행해야 하고, 지금 예를 든 이런 수업 상황에서 교사는 "한 가지 방법(전략)으로 해결한 사람은 다른 방법으로도 해 보세요."와 같은 발문을 해 주어야 한다.

또한 학생들이 문제를 해결하는 도중에 교사는 학생들이 수행하는 전략들을 살펴보면서 독특한 전략을 사용하는 학생의 전략(수학적 창의성 중 독창성), 지난 시간에 배운 수학 내용을 활용하는 학생의 전략(내용 지식 간의 연결성), 또는 다양한 전략들(창의성 중 유창성)[2)]을 사용하는 학생을 언급해 준다. 학생들이 개별·짝·모둠 활동을 마친 후, 교사는 자신들이 전략들을 공유할 때, 자신들의 아이디어를 명확하게 발표할 수 있도록 돕는다. 교사가 이 명확한 발표를 돕는 방법 중의 하나는 학생이 말과 함께 글, 그림, 식 등을 함께 사용하도록 격려해 주는 것이다. 의사소통을 한다고 해서 순수하게 '말하기'만이 좋은 방법은 아니다. 자신의 사고를 명확하게 공유하기 위해서 다양한 수단을 동원할 수 있도록 교사는 지지해 주어야 한다. 특히 초등학교 1학년처럼 아직 문해력이 약한 학생들인 경우, 교사는 1학년 학생들이 말하는 것을 잘 듣고 그들을 대신해서 칠판에 판서해 줄 필요도 있다. 이런 수업 관행은 학생들이 1학년부터 의사소통이 강화된 수업 문화에 익숙해지기 위한 초보적인 교사의 수업 관행이다.

학기가 거듭될수록, 교사는 학생들에게 자신들의 생각을 명확하게 말하기와 타

---

2) 현재의 진술을 살펴보면, 학생들은 문제해결 역량을 함양하는 가운데, 이전에 알고 있는 지식과 현재 다루고 있는 지식을 연결하면서 연결 역량을 함양하고, 독창성, 유창성 등의 창의성 역량을 함양하게 되고, 의사소통 역량을 함양하게 된다. (현재는 언급하지 않고 있지만, 학생들은 문제를 해결하는 과정에 추론을 하면서 추론 역량을 함양한다.) 이들 역량은 하나의 학습 내용을 학습하는 도중에 동시에 함양할 수 있는 것이지, 별개로 학습할 대상이 아니다.

인의 생각 이해하기를 중첩해서 강조하는 교수 관행을 사용할 필요가 있고 점차적으로 타인의 생각 이해하기도 비중 있게 다루는 수업을 할 필요가 있다. 학생들이 문제해결 역량을 키우고 의사소통 역량을 키우는 데 있어서 이 타인의 생각 이해하기는 매우 중요한 지적 활동이다(김진호, 차소정, 주서령, 2024). 교사들이 관심을 두고 실행에 옮겨야 하는 관행은 타인의 생각 이해 역량이 충만한 학생을 대상으로 수업하는 것이 아니라, 이 역량이 미흡한 학생들이 이 역량을 함양할 수 있도록 도움을 줄 수 있는 관행들이어야 한다. 즉 수업 중에 타인의 생각 이해가 원활하게 실행되는 수업은 학기 말 또는 학년 말에 있을 법한 교실 풍경이다. 대부분의 수업은 그 풍경으로 가는 여정에 있는 것이다. 따라서 학기 중에 진행 중인 대부분의 수업 풍경은 완성도가 떨어지지만 완성도를 높이기 위해 진행 중인 과정이다. 한 가지 더 고민해야 하는 것은 학생들이 주어진 과제를 이해하는 데 충분한 시간을 가져야 한다는 점이다. 과제(문제)를 이해할 충분한 시간을 갖지 못한 채 학생들이 교사가 제시한 문제해결 전략을 다루는 시간을 충분히 갖는 것은 앞서서 진술한 바에 따르면 학생들의 문제해결 능력 함양에 도움이 되지 않는다.

나. 동화를 활용한 수업하기

우리가 새로운 학습 대상을 이해할 때 우리는 당연히 그 이해 대상을 기존에 우리가 알고 있는 것을 활용해서 자신의 이해로 한다. 이것을 동화라고 한다(참고로 동화에는 기능적 동화, 인지적 동화, 일반화 동화의 세 가지가 있다. 김정민, 2006). 학생들은 수학적 지식을 학습하는 상황에서 이 동화라는 정신 작용을 활용해야 한다는 것에 우리는 동의할 것이다. 그런데 초등학생들은 곱셈을 처음 배우는 상황, 나눗셈을 처음 배우는 상황, 분수를 처음 배우는 상황 등 학생들은 그들이 지금까지 알고 있던 이해와는 다른 이해를 해야 하는 요소가 있는 지식을 접하게 되는 순간에 직면한다. 저자가 대학원 수업 및 교사 연수 등을 통해 접해 본 다수의 교사는 이 순간은 처음 배우는 새로운 개념이기 때문에 학생들에게 교사 중심 수업을 통해서, 즉 설명식으로 개념을 전달해 주고 그 이후부터 동화, 조절, 추론 등을 통한 자기 주도적 수업을 해야 한다는 신념을 형성하고 있다. 정말 3학년 1학기에 처음 나눗셈을 배우는 학생들은 나눗셈을 배우지 않았기 때문에 나눗셈 문제 상황을 해결하지 못하는 것일까? 그렇지 않다. 김진호(2021a)와 김진호, 홍은숙, 황혜진(2007), 서민지, 김진호(2012)는 나눗셈을 처음 배우는 학생들에게 진입점과 출구점이 다양한 나눗셈 문제 상황을 주었을 때, 학생들은 그들이 이미 알고 있던 덧셈, 뺄셈, 곱셈을 이용해서 해결할 수 있음을 보인다. 예를 들어, 이 연구자들이 나눗셈을 처음 배우는 첫 차시에 학생들에게 제공한 진입점과 출구점이 다양한 과제 중 하나는 다음과 같다.

> 채은이가 놀이터를 가다가 100원짜리 동전 하나를 주웠어요. 그래서 채은이가 100원짜리 동전이라서 옆에 앉아 있는 지원이하고 나눠 갖기로 마음을 먹었어요. 지원이하고 채은이는 각각 얼마씩 갖게 되었나요?

이 과제에 대한 학생들의 반응은 다음과 같다.

$$50+50=100,\ 100-50-50=0,\ 100\div 2=50,^{3)}\ 50\times 2=100$$

박현미(2006)는 학교에서 나눗셈을 배운 학생들은 그들이 배운 형식적 지식에 한정된 문제해결 전략을 사용한 반면에 학교에서 아직 나눗셈을 배우지 않은 1학년 및 2학년 학생들은 다양한 비형식적 방법을 이용해서 주어진 과제를 해결한다고 보고하였다. Kamii(1994)도 학생들에게 가르치지 않으면서 덧셈, 뺄셈, 곱셈을 스스로 지식을 구성할 수 있는 기회를 주었을 때 그들이 이들 지식을 학교에

3) 서민지와 김진호(2012)는 교사가 이 나눗셈식을 소개, 즉 사회적 지식은 전수해 주어도 된다는 피아제의 지식 구분에 따라서 소개해 주었고, 김진호(2021a)는 한 학생이 주어진 문제 상황을 따라 100 ÷ 2 = 50이라고 하였다. 한 학급에 다양한 수준의 학생들이 있어서 이 기호를 알고 있는 학생도 있을 수 있다. 개인차를 고려한 수업을 한다고 할 때 이처럼 알고 있는 학생은 그가 알고 있는 것을 활용할 수 있도록 허용해 주어야 한다. 그는 그저 자신의 수준에서 동화를 했을 뿐이다. 같은 과제를 받더라도 학생마다 서로 다른 이해를 하고 서로 다른 전략을 착상한다는 것은 앞 절에서 다루었다. 같은 과제를 받았기 때문에 같은 전략으로 주어진 과제를 해결하기를 희망하는 신념을 갖고 수업을 진행하는 것은 2022 개정 교육과정에서 강조하는 개별 맞춤형 학습 또는 학습자 주도성을 강조한 학습 등에 적합하지 않다.

서 교사 중심 수업에서 이들 지식을 가르키는 방식과 달리 우리 선조들이 이들 지식을 발달시켜 온 방식과 유사한 방식으로 구성해 냄을 보고한다. 홍은숙(2007)은 아직 학교에서 분수를 배우지 않은 1학년 및 2학년 학생들의 분수와 관련한 비형식적 지식을 조사한 바 있는데, 그는 분수를 학교에서 배우지 않은 학생들도 분수와 관련된 활동을 할 때 비형식적 지식을 가지고 문제를 해결하고, 그들이 가진 비형식적 지식의 형태는 다양함을 보였다. 즉 학생들은 학교 수학을 학습할 이전에 학습한 지식 및 비형식적 지식을 활용해서 동화를 할 수 있다. 따라서 교사는 학생들이 보이는 반응을 인정해 주는 허용적인 분위기를 조성해 가는 수업 관행들을 사용해야 한다. 따라서 교사는 교사가 알려준 방식대로 생각해야지만 하는 또는 수학 교과서에 제시되어 있는 전개 방식대로 학생들도 사고할 것을 강조하는 수업은 지양해야 한다.

다. 생각할 시간 주기

Johnson(1981)은 교사 중심 수업을 하던 초임 교사 시절의 수업을 회상하면서 수학 시간에 하는 발문에 대해서 다음과 같이 술회한다.

> 일반적으로 수학 교실에서 나는 한 학생을 지명하여 발문을 하였다. 만약 호명된 학생이 옳은 반응을 하면, 나는 수업을 계속하거나 다른 발문을 하였다. 만약 호명받은 학생이 부적절한 반응을 하면 내가 원하는 대답을 하는 학생이 있을 때까지 계속해서 다른 학생을 호명하였다. 그런데도, 적절한 반응을 하는 학생이 없으면, 나 자신이 적절한 반응을 하였다.

Johnson이 묘사한 그의 수업 장면이 여전히 다수 교사의 수업 장면이다. 이런 형태의 수업 중에 교사가 발문하고 학생이 반응하기까지 걸리는 시간(waiting time)을 분석한 Rowe(1974, 1987)의 연구에 따르면, 그 시간은 평균 1초 미만이었다. 교사들이 하는 이처럼 짧은 반응시간을 학생들에게 주는 발문 유형은 대부분 'OX형', '(교사의 발문 속에 있는 특정 단어를 선택하는) 선택형', '예/아니오형',

'단답형' 등의 폐쇄형 반응을 요구하는 폐쇄형 발문들이다. 이런 유형의 발문은 Rowe의 연구 결과처럼 학생들의 긴 반응 시간을 요구하지 않는다. Johnson의 수업 장면을 상상하면 그의 수업은 전형적인 교사 중심 수업으로 모든 학생이 배울 내용이 정해져 있어서 교사는 학생들을 그 목표점으로 이끌기 위해 노력하고 있음을 알 수 있다. 이런 교사의 발문 유형을 깔대기형 발문이라고 하고, 교사들은 이런 발문을 의도적으로 피하고자 부단히 노력해야 한다(교육부, 2024, p. 62).

교사가 학생들에게 발문하고 학생들이 긴 시간(적어도 3초 이상의 시간) 생각한 후 반응하려면, 교사가 하는 발문이 학생들의 사고를 요구하는 발문이어야 한다. 교사가 이런 발문을 하기 위해서는 교사는 학생들에게 자기 자신만의 사고에 따른 과제 수행을 요청해야 한다. 수학 교과서 또는 교사가 알려준 방법으로 수행하는 것은 교실에 있는 한두 명의 학생이 반응하고 나면 다른 학생들도 유사한 생각을 해서 학생들은 발표할 필요를 느끼지 못한다. 즉 이런 상황에서 교사가 열린 발문을 하는 것은 교사가 수업에 맞지 않는 발문을 하는 것이다. 열린 발문 자체가 부적절한 것이 아니라 그 상황에서 열린 발문이 작동하지 않는 것이다. 이런 상황에서 교사가 열린 발문을 하고 학생들이 반응을 잘 하지 않는다고 학생들을 탓할 것이 아니라 이 상황에 어울리지 않는 부적절한 발문을 한 교사의 수업 역량을 개선해야 한다.

학생들에게 생각할 시간을 주는 다양한 수업 관행을 고려해 볼 수 있다. 한 가지는 교사가 발문을 한 후 한두 명의 학생들이 빠르게 손을 들더라도 이들을 호명하지 않는 것이다. 이들을 교사가 호명하는 순간, 자신의 사고를 하고 있던 학생들은 호명받은 학생들의 아이디어를 경청하기 위해서 사고를 멈춘다. 이런 상황에서 교사는 이들 학생에게 "다른 방법으로도 구해 보세요. 다른 학생들이 아직 풀이 중이니 친구들에게 시간을 조금 더 주도록 합시다"라고 말할 수 있다.[4] 다른 방법으로 시도하는 것이 이 학급의 문화로 조성되어 있으면 이들은 교사가 이 발문을 하지 않아도 교사가 "자 칠판 보세요. 발표해 봅시다."라고 할 때까지

4) 이런 교사의 발문이 다음에서 언급하는 차이, 다양성을 인정하고 존중하고, 그리고 서로를 배려하는 교사의 수업 관행이기도 하다. 이처럼 교사의 수행하는 한 수업 관행은 한 가지 기능만 하는 것이 아니라 복합적인 기능을 발휘한다.

여러 가지 방법을 시도할 것이다. 교사가 빨리 손드는 학생들을 호명하기가 잦은 교실에서 다수의 학생은 점차적으로 교사의 발문에 무반응하는 방관자로 변해간다. 적극적이지 않은 학생들은 결국 교사의 수업 관행이 빚어낸 결과물이다. 따라서 교사는 모든 학생이 사고하기를 마무리하기를 기다릴 수는 없고(교사 중심 수업 상황에서는 이런 관행도 가능할 것이지만, 개별 맞춤형 수업을 하는 상황에서는 이것을 기대하기는 어렵다.), 다수의 학생이 손을 들 때쯤에 학생들을 호명하기 시작한다. Rowe(1972, 1986)도 언급하듯이, 이 학생에게 생각할 시간을 충분히 주는 것이 학생들이 좀 더 깊이 있는 사고를 발표하고, 참여자의 수를 늘리는 등 긍정적인 효과를 볼 수 있다. 결과적으로 교사가 학생들에게 생각할 시간을 충분히 주는 것은 학생들의 학업성취도 및 교사 측면에서 질문의 질적 변화와 학생에 대한 인식과 태도의 긍정적인 변화를 불러일으킨다(Cooper, 2006; Dillon, 1988; Riley, 1986; Tobin, 1987).

라. 포용성을 증진시키기 위한 교수 · 학습 방법: 차이(다양성) 인정, 배려, 존중을 중심으로

2022 개정 교육과정은 포용성과 창의성을 갖춘 자기 주도적인 사람을 양성하는 것을 그 비전으로 삼고 있다. 즉 2022 개정 교육과정에 따른 각 교과 수업을 받은 학생들은 포용성과 창의성을 갖춘 자기 주도적인 사람으로 성장 · 발달해 가야 한다. 그렇다면 학생들은 수학, 국어, 과학 등 교과 수업에서 이들을 경험해야 한다. 다시 말해서, 교사는 수업 중에 학생들이 포용성과 창의성을 경험할 수 있도록 해 주어야 한다. 수학 수업도 예외가 아니다. 포용성이란 사회 구성원들 사이의 차이와 다양성에 대한 상호 이해와 존중을 바탕으로 개개인의 교육적 성장과 공정하고 지속 가능한 사회를 함께 실현해 나가고자 하는 태도 및 소양을 의미한다(교육부, 2021). 따라서 학생들은 수학 수업 중에, 이들 개념을 경험해야 한다. 다음에서는 차이(다양성) 인정, 배려, 존중을 중심으로 논의를 전개하도록 한다. 이들은 유기적으로 연결되어 있어서 한 가지를 반영하면 다른 측면도 자연

스럽게 발현된다는 측면에서 이들은 분리된 것이 아니라 한 수업 활동에서 융합적으로 발생한다. 즉 특정 차시는 다양성을 인정하는 수업, 또 다른 차시는 존중에 초점을 둔 수업을 하는 것이 아니다.

인지적 측면에서 학생들의 개인차가 있음을 인정하면서 수업을 하는 상황에서 너무나 자연스럽게 교사가 수업 중에 행해야 하는 교수 관행이 차이를 인정하고 다양성을 인정하고 이들을 존중하는 수업 관행을 활용해야 한다. 이를 위해서 먼저 교사는 학생들이 차이와 다양성을 극명하게 발현할 수 있는 진입점과 출구점을 가진 과제를 제공해야 한다[5]. 〈부록〉에 있는 〈주사위 눈의 합 구하기〉이란 과제를 수행하는 1학년 학생들을 상상해 보자. 이 과제는 투명 용기 통 속에 있는 14개의 주사위를 굴리고 그 주사위의 눈의 합을 구하는 것이다. 학생마다 다른 주사위 눈을 갖게 되고, 결과적으로 학생들은 저마다 다른 덧셈을 하게 된다. 여기서 중요한 것은 이 학생들이 하는 이 덧셈 전략이 학생마다 다르다는 점이다. '가' 절에서 강조한 바 있듯이, 학생들은 다른 친구들의 눈치를 볼 필요가 없다. 자신만의 방법으로 덧셈을 하면 된다. 심지어는 잘 하지 못하는 학생도 있을 수 있고, 한 학생이 다양한 전략을 사용해서 덧셈을 할 수 있고, 어떤 학생은 이전에 배운 뛰어세기 전략들을 활용할 수도 있다. 덧셈 표준 알고리즘에 매몰된 수업을 하는 교사도, 이렇게 배운 학생도 다양한 전략을 사용하지 못한다. 박현미의 연구(2006)에서도 언급하였고, 학생들이 구성해 낸 다양한 전략들의 예는 김진호 등(2024, 6장)에 소개되어 있다.

수업의 측면에서 이제 실제로 차이와 다양성을 인정하고, 존중하고, 수업의 풍경을 살펴보도록 하자. 교사는 가능한 한 다양한 수준의 학생들에게 자신들이 구성한 전략들을 공유할 수 있는 기회를 제공해 주어야 한다. 교사는 중간 수준, 하위 수준, 상위 수준의 학생들을 골고루 섞어서 호명해야 한다. 학생들이 개별・짝・모둠 활동을 할 때 그들이 구성하는 그리고 사용하는 전략들의 수준을 보고 낮

5) 진입점과 출구점이 다양한 수학 수업을 위한 과제의 예시는 김진호가 시리즈로 사용한 "학생들이 즐거운 수학 교실(김진호, 2020, 2021a, 2021b, 2023)"에 있다. 여기서는 그 책들에 없는 새로운 진입점과 출구점이 다양한 과제인 '주사위 눈의 합 구하기' 과제를 소개한다(부록 p. 87 참고).

은 수준의 전략부터 공유하도록 하는 것이 아니다. 교사가 이렇게 수업을 이끌면, 대체로 낮은 수준의 전략을 사용하는 학생은 대체로 학습 능력이 낮을 것이고, 이런 경험이 누적되면 이들은 암묵적으로 학습 능력이 낮은 학생으로 '낙인' 될 것이다. 이 낙인 효과는 학습에 부정적인 효과를 준다. 그보다는 피그말리온 효과[6]를 학생들에게 암묵적으로 그리고/또는 명시적으로 줄 필요가 있다. 이것이 그들의 학습 효과를 높인다. 각 학생은 동료 학습자들이 구성한 다양한 전략들을 서로 이해하는 과정을 통해서 차이와 다양성을 인정할 수 있다[7]. 학습목표로 정해진 하나의 지식을 이해하는 것을 목적으로 삼는 수업에서 학생들은 이 차이와 다양성을 경험하기 어렵다. 또한 학생들이 보인 다양한 전략들 중 교사가 인지하기에 높은 수준의 전략들을 특별히 강조해서는 안 된다. 이런 강조는 학생들이 학습해야 할 특정한 지식이 있음을 전제로 수업할 때 나타나는 수업 현상이다. 하지만 각 학생이 구성한 아이디어들(전략들)이 존중받는 수업에서는 이런 수업 행위를 교사는 할 수 없다. 교사의 입장에서 어떤 낮은 수준의 전략이라고 할 수 있겠지만, 그것을 구성해 낸 학습자의 입장에서 그 전략을 투영해 보면, 그 전략은 현재 학습이 진행되고 있는 이 시점에서 그에게 최상의 수준인 것이다. 중요한 것은 수업 중에 각 학생이 각자의 수준에서 최선의 전략들을 착상해서 활용하려고 노력하는 데 있지, 모든 학생이 모두 똑같이 높은 수준의 전략을 사용하는 데 있지 않다. 개인차를 고려한 개별 맞춤형 수업이 되려면 이처럼 각 학생이 구

6) 피그말리온 효과란 고대 그리스 신화 속 조각가인 피그말리온이 자신이 조각한 여성상을 진심으로 사랑하게 되었고, 이를 지켜 본 미의 여신인 아프로디테가 그의 소원을 들어주어 이 여성상을 인간으로 만들어 주었다는 고대 그리스 신화에서 유래한다. 즉 간절히 원하면 성취할 수 있다는 것인데, 교육학에서는 교사의 기대에 따라 학습자의 성적이 향상되는 것을 의미한다. 즉 교사가 학생들에게 긍정적인 기대를 하면 학생들은 좋은 학업 성취를 보인다. 반면에 교사가 학생들에게 별 기대를 보이지 않으면 학생들의 성취도는 낮아지는데, 이를 골렘 효과라고 한다.

7) 이처럼 수업 중에 학생들이 스스로 구성한 아이디어들이 충만한 수업을 할 때 학생들은 수업 중에 구성 중인 지식을 그들 자신이 구성한 지식임을 자각할 수 있다. 이런 상황에서 학생들은 그들이 구성 중인 지식에 대한 주인의식(또는 소유권 ownership)을 갖게 된다. 교사가 설명해 준 지식, 즉 교사가 이해해서 학생들이 쉽게 이해할 수 있도록 돕기 위해서 안내해 준 지식으로부터 학생들은 그 지식의 구성자가 자기 자신이라고 생각하지 않는다. 즉 이런 교사 중심 수업을 중심에 둔 수업은 학생들이 2022 개정 교육과정이 강조하는 학습자 주도성을 함양할 수 있도록 해 주지 않는다.

성한 전략들, 아이디어들이 있는 그대로 존중되어야 한다. 이미 관련 지식을 구성한 사람의 입장에서 높은 수준의 사고를 강조하는 발화를 교사가 하는 순간 학생들의 사고는 존중받지 못하는 수업의 늪으로 진입하는 것이다. 이것을 원하는 교사는 없어야겠다.

학생들은 일상생활 속에서도 서로를 배려해야 한다. 하지만 학생들이 학교에서 보내는 많은 시간은 학습을 위한 시간이다. 학습을 하는 가운데 앞서 언급한 차이와 다양성을 인정하고 그 차이와 다양성을 존중하는 수업을 해야 하듯이, 배려 또한 학습 중에 함양해야 한다. 수학을 배우는 가운데 학생들은 어떤 수업 상황을 통해서 배려를 함양할 수 있도록 하기 위해서 교사는 학생들을 모두 수업에 참여시켜야 한다. 수업은 일부 학습 능력이 높은 특정 학생들이 점유하는 시공간이 되어서는 안 된다. 이들이 수업을 지배하는 것은 곧 교사가 깔대기형 발문을 주로 하는 수업임을 반증할 뿐이다. 교사는 늘 학습 능력이 낮은 학생들, 부끄러움이 많아서 손을 자발적으로 들지 않는 학생들을 호명하려고 노력해야 한다. 학기 초부터 교사의 이런 잦은 호명을 통해서 이런 학생도 수업 중에 점차적으로 그리고 적극적으로 참여하는 학생으로 변모해 간다(김진호, 2023). 수업 상황이 다양하겠지만, 교사는 다양한 수준의 학생들을 섞어서 호명하고, 손들지 않은 학생들도 호명하고, 특히 부끄러움이 많아 손을 잘 들지 않던 학생이 손을 들면 얼른 기회를 주고, 끊임없이 학생들이 자신의 아이디어를 공유해 줄 것을 독려한다.

학습 능력이 높은 학생을 위한 배려에 대해 고민해 보자. 학습 능력이 높은 학생이 학습 능력이 낮은 학생들을 돕는 것이 이들을 위한 배려일까? 그렇지 않다. 대신에 이들은 이들에게 맞는 과제를 수행할 수 있는 기회를 제공해 주어서 이들 수준에서 최선의 지식을 구성할 수 있는 기회를 갖는 것이 그들을 위한 배려이다. 학습 능력이 뛰어난 학생이 자신이 이미 알고 있는 내용을 다루면서 수업 시간을 소모하는 것이 그를 위한 배려가 될 수 없다. 2022 개정 교육과정의 비전이 '포용성과 창의성을 갖춘 자기 주도적인 사람'을 기르는 데 있다면, 이들은 주어진 과제를 여러 가지 전략으로 해결할 것이고, 그중에 독창적인 전략도 생각할 것이다. 따라서 수업 중에 여러 가지 방법(전략)으로 해결할 것을 학생들에게 요구하는 것이 그들을 위한 배려 중의 하나이다. 또한 앞서 언급한 바와 같이 진입점과 출구점이 다양한 과제를 제공해 줌으로써 자연스럽게 이들은 다양한 전략들을 구성해서 과제를 수행할 것이다. 그런 점에서 볼 때, 이런 과제를 학생들에게 제공해 주는 것 자체가 이들을 위한 배려이다.[8)]

또한 수업을 준비하는 과정에서 교사는 학급에는 학습 능력이 뛰어난 학생들이 있어서 이들은 기본 과제를 빨리 마칠 것을 예상하고 이들을 위한 심화 과제를 준비해야 한다. 물론 이 심화 과제는 기본 과제의 변형이어야지 기본 과제와 무관한 별개의 과제이어서는 안 된다. 예를 들어, 김진호(2023)는 학생들과 함께 『One Gorilla』라는 책을 통해서 고릴라 한 마리, 나비 두 마리, 앵무새 세 마리, … 고양이 열 마리가 있는 것을 확인하고, 학생들에게 준 기본 과제는 '세 종류의 동물을 선택하고 모두 몇 마리인지 구해 보세요.'로 과제를 설계하였다. 그리고 그는 이 기본 과제를 빨리 마치는 학생들을 위해서 '열 종류의 동물들을 모두 합하면 몇 마리인지 알아보세요.'를 심화 과제로 설계하였다. 물론 교사가 수업을 하는 학생들의 수준에 따라서 '일곱 종류', '여덟 종류' 등으로 변경할 수도 있다. 실제 김진호(2023)는 네 종류, 다섯 종류의 동물을 선택한 후 이들이 전부 몇 마리인지를 자발적으로 구하는 학생도 있음을 보고한다. 진입점과 출구점이 다양한 과제를 사용하는 것은 이처럼 학습 능력이 높은 학생뿐만 아니라 낮은 학생까지 모두를 배려한 수업 과제이다.

교사는 학생들이 개별 · 짝 · 모둠 활동 후 의사소통(전체학급토론) 시간을 가질 때 또한 학생들에게 배려를 경험하게 할 수 있다. 교사가 한 학생을 호명하면 다른 학생들은 이 학생이 하는 이야기 속의 아이디어들을 잘 경청해 주는 것이 발표자를 위한 배려이다. 또한 말하는 학생은 멀리 있는 학생도 잘 들을 수 있도록 큰 소리로 그리고 또박또박 말해주는 것이 듣는 학생들을 위한 배려이다. 말하는 학생이 자기 아이디어를 어눌하고 불분명하게 표현할 때, 교사가 이 아이디

8) 진입점과 출구점이 다양한 과제를 학생들에게 제공하는 것은 학습 능력이 높은 학생을 위한 배려일 뿐만 아니라 학습 능력이 낮은 학생을 위한 배려이기도 하다. 왜냐하면 이들도 이런 과제를 수행할 것을 요청받게 되면 그들 수준에서 접근할 수 있는 전략들을 착상해서 수행하기 때문이다. 관련한 연구는 이재윤(2020), 남인혜 · 신보미(2023)를 참고하기 바란다.

어를 대신 정리해 주는 것이 이 학생을 위한 배려가 아니다. 어렵지만, 교사가 이 학생이 자신이 한 아이디어를 현재보다 더 잘 설득력 있게 말할 수 있도록 돕는 수업을 하는 것이 그 학생을 위한 배려이다. 교사가 이런 상황에서 사용할 수 있는 관행은 '조금 더 시간 주기', '(학생들이 자신이 한 아이디어를 말로만 설명하기는 어렵기 때문에) 칠판에 나와서 수, 그림, 식, 교구 등을 이용해서 설명할 수 있도록 하기', '같은 모둠에 있던 학생의 도움을 받기', '다른 학생들의 도움을 받기' 등 다양한 관행을 사용할 수 있다. 이런 수업 관행을 교사가 사용해야 하는 것은 이런 관행들이 바로 개별 맞춤형 수업과 학습자 주도성을 강화한 수업의 실제에 근접하기 때문이다.

마. 선택권을 존중하는 수업하기

학습자 주도성에 관한 논의들이 공통적으로 강조하는 단어는 학생의 '판단', '선택', '책임'과 같은 수행 요소들이다. 사실 이 세 가지 요소는 서로 유기적으로 작동한다. 앞서 '가' 절에서 문제해결자가 주어진 과제를 수행하기 위해서는 판단, 선택, 책임이 동시에 작동하지 분리되어 작동하는 요소들이 아니라는 점을 설명한 바 있다. 주어진 과제를 학생이 이해하면서 다양한 판단을 내릴 것이고, 수업 상황에서는 교사 및 동료 학습자들과 함께 문제를 이해하면서 여러 가지 판단을 내릴 것이다. 교육부(2024, p. 108)는 이런 기능을 위해서 "함께 이야기해요"란 활동을 제시하고 있다. 학생들에게 가장 강력한 힘을 실어 주는 선택권 부여는 각자가 구상해 낸 전략 중 하나를 스스로 선택하게 하는 것이다(위의 '가' 참고).

학생들에게 선택권을 부과하는 차선책은 수학 교과서에 주어진 과제를 해결하는 데 적합할 수 있는 여러 가지 전략을 제시하고 학생들은 이 전략 중 한 가지를 선택해서 수행하도록 하는 것이다. 이런 접근은 학생들이 적절한 전략을 스스로 구성해 내기 어렵다고 판단될 때 사용될 수 있다. 이 진술이 의미하는 바는 교사가 이 선택을 학생들에게 지정해서 부과하지 않는다는 것이다. 학생들이 자신들이 선택한 전략을 수행하는 가운데 그들은 또 다른 선택을 할 수 있다. 예를 들어, 제시된 여러 전략 중의 몇 가지를 조합하는 전략을 사용할 수도 있고, 모든 것을 다 사용할 수도 있고, 다른 전략으로 수정할 수도 있고, 제시되지 않은 자신만의 전략을 사용할 수도 있다. 이 모든 경우를 허용해 주어야 한다. 교사가 자신이 처음에 정한 그 전략으로만 과제를 수행하도록 압박한다면, 그것은 교사가 학습자의 주도성을 발현하지 못하도록 막는 것이다. 학생들은 각자가 선택한 전략이므로 그 전략의 활용에 대해 책임감을 갖고 수행해야 한다. 학생들이 과제를 수행한 후, 학생들은 자신들이 수행한 과정을 스스로 공유해야 한다. 이 과정에서 앉아 있는 학생들은 공유자의 발표만으로 자신이 수행하지 않은 전략을 간접 경험을 할 수는 있으나 그것이 그의 지식으로 전환되지는 않는다. 꼭 필요한 것이 타인의 생각 이해를 강화하는 교사의 발문을 통해서, 동료 학습자가 사용한 전략 그 자체에 대한 이해, 자신이 선택한 전략과 비교한 점 등을 이야기하는 시간을 가져야 한다. 듣는 것에서 나아가 말하기까지 이어졌을 때 학생들은 선택하지 않은 전략도 선택한 것과 유사한 효과를 볼 수 있다. 학생들이 제시한 전략들이 다른 학생들도 이해할 가치가 있을 때, 이 전략들을 하나씩 모두 다루는 수업 행위는 학습자 주도성을 강화하는 수업 행위가 아니다. 왜냐하면 그 가치는 학생들의 현재의 이해상태에 따라서 학생마다 다를 수 있기 때문이다. 즉 이런 수업 관행의 실행은 2022 개정 교육과정에 따른 수업 관행을 실천하지 않는 것이다.

선택과 관련해서 고려할 점이 한 가지 더 있다. 그것은 학생들이 과제 수행 중 여러 가지 접근을 할 것이고, 과제 수행 후 토론 국면에 그 여러 가지 접근 중 어느 것을 선택해서 발표할 것인가이다. 이 선택도 학생이 자발적으로 할 수 있고, 교사와 상의해서 할 수 있다. 또는 교사가 학생이 한 접근들 중 독창적인 접근, 수학적 의미가 있는 접근 등을 고려해 선택한 후 발표해 줄 것을 과제를 수행한 학생에게 권유할 수 있다.

• 토의 과제: 우리 학교 학생 수 과제로 수업하기

"우리 학교 학생 수" 과제는 3학년 첫 곱셈 수업, 즉 2학년에서 곱셈구구를 학습한 후 이루어지는 곱셈 수업을 위한 진입점과 출구점이 다양한 과제이다. 이 활동의 순서는 다음과 같다.

〈과제 1: 우리 학년 학생 수 구하기〉

- 우리 반 학생 수와 우리 학년의 학급 수를 확인한다. 전학 온 학생이 있으면 이전 학교의 학생 수를 말해 보도록 한다. 또는 형, 동생, 언니, 누나 등의 학급 학생 수를 말해 보게 한다.
- 교사가 다른 학급의 학생 수도 알려 준다. 이를 토대로 우리 학년의 학생 수를 구한다.
- 학생들은 자신만의 방법으로 구하도록 한다. (학생들은 아직 두 자리 수 곱하기 한 자리 수 등을 학교에서 배우지 않은 상태이기 때문에 자신들이 알고 있는 곱셈구구, 다양한 덧셈 전략들을 활용할 것이다. 앞서 언급한 동화를 활용한 이해의 시도이다.)
- 학생들이 구한 방법을 공유하는 시간을 갖는다.

〈과제 2: 우리 학교 학생 수 구하기〉

- 교사는 1-3학년 학생들의 학급당 학생 수를 알려준다. (학년당 학급의 수에 따라 3학년과 4학년의 학급들의 학생 수를 제공해 줄 수 있다. 또는 1학년부터 6학년까지의 학생 수를 알려 줄 수도 있다. 또는 옆 학교의 학급 당 학생 수와 합한 수를 고려할 수도 있다.)
- 학생들은 자신만의 방법으로 이 3개 학년의 학생 수를 구하도록 한다.
- 학생들이 구한 방법을 공유하는 시간을 갖는다.

〈과제 3: 나만의 학교 만들기〉

- 학생들은 자신이 이름을 붙인 초등학교를 세우고 각 학년의 학급 수, 학생 수를 정한다. 학생 수를 정할 때는 곱셈 수업 중이므로 수들이 중복해서 나타나야 하므로 두 수 또는 세 수만 사용하도록 한다.
- 자신이 구한 학교의 학생 수는 모두 몇 명인지 구한다.
- 각자 구한 방법을 공유하는 시간을 갖는다.

탐구 1. 이 과제로 수업하는 상황을 상상하며 개별 맞춤형 수업을 실천할 수 있는지 토의하시오.

탐구 2. 이 과제로 수업하는 상황을 상상하며 학생 주도성 수업을 실천할 수 있는지 토의하시오.

탐구 3. 이 과제로 수업하는 상황을 상상하며 학생들은 포용성을 함양할 수 있는지 토의하시오.

탐구 4. 이 과제를 수행하는 학교의 상황에 따라 달라질 수 있지만, 어떤 학급에서는 분명히 이 곱셈을 처음하는 시간에 받아올림이 있는 곱셈을 해야 하는 상황이 발생할 것이다. 이럴 가능성이 있는 과제로 3학년 첫 곱셈 수업하기에 대해 찬반토론을 하시오.

3 실천하기 어렵지만 도전하기

2022 개정 교육과정은 포용성, 창의성, 맞춤형 수업, 학습자 주도성 등을 강조한다. 이런 강조를 구현하기 위해서 새롭게 내용 체계를 완성하였고, 이 내용 체계에 따라 성취기준을 설정하였다. 즉 성취기준에 있는 표현들을 보면, 지식 · 이해 범주에 있는 내용뿐만 아니라 과정 · 기능, 가치 · 태도 범주에 있는 내용들까지 포함하고 있다. 교사들은 성취기준에 이런 변화가 있음을 인식해야 하고, 이런 인식을 바탕으로 자신들의 수업을 바꾸어 주어야 한다. 즉 교사들은 학생들이 수업 중에 포용성, 맞춤형 수업, 학습자 주도성뿐만 아니라 5개 교과 역량을 모두 경험할 수 있도록 노력해야 한다. 분명히 이런 접근은 교사들에게 생소한 접근이다. 그럼에도 불구하고, 교사들은 이를 위해서 노력해야 한다. 왜? 우리 아이들의 미래를 위해서.

본 장은 이런 노력의 일환으로 교사들이 수업 중에 수행해야 할 관행들에 대해서 논의를 하였다. 낯선 행위들을 처음 볼 때 느끼는 어색함이 자주 경험하면서 익숙해지듯이, 포용성, 맞춤형 수업, 학습자 주도성 등을 강조하는 수업 관행을 교사들이 수학 수업 시간에 수행하는 것이 익숙하지 않을 수 있지만, 시도를 하면 할수록 그래서 점차 익숙해져서 익숙한 수업 관행이 되고, 많은 교사가 이들 관행을 사용해서 이들 관행을 사용한 수업이 보편적인 수업이 되어서 우리 학생들이 포용성이 있고, 창의성이 있는 그리고 자기 주도적인 사회 구성원으로 성장하기를 기대한다. 교사들이 이들을 실천하지 않으면 우리 학생들은 학교 교육을 통해서 타인에 의존적인 사람으로 성장해 갈 것이다. 학생들이 교사보이(마마보이에 빗대어)가 되어서는 안 될 것이다.

〈부록〉 주사위의 점이 모두 몇 개일까?

준비물: 교사용 - 칠판용 주사위 눈 그림(뒷면에 자석스티커 부착)
학생용 - 주사위 최소 200개(2인 1모둠당 주사위 20개씩), 모둠별 주사위 20개를 담아 굴릴 수 있는 투명 용기 10개(학급인원 수가 20명을 기준으로)(예를 들어, 뚜껑 있는 투명 반찬통), 주사위 눈 그림 스티커, 학습지 〈1〉, 〈2〉
- 심화과제: 모둠당 주사위 10개씩 추가

〈도입〉

1. 10개의 주사위를 던져 나온 점의 수 세기

- 교사는 학생들과 함께 한 주사위를 탐구하는 시간을 갖는다. (1-6까지의 점이 있음을 확인함)
- 그러고 나서, 교사가 10개의 주사위가 들어 있는 투명 용기를 흔들어 책상 위에 놓는다. 이것을 태블릿PC로 미러링하여 학생들에게 보여준 후 다음과 같은 질문을 한다.
  - 여기에 전부 몇 개의 점이 있을까요?
  - 점이 모두 몇 개인지 알아보려면 어떻게 해야 할까요?
- 교사는 10개의 주사위의 눈을 '주사위 눈 그림 스티커'를 이용해서 칠판에 옮겨준다.
- 자원자를 받아서 자원자가 자신의 방법으로 칠판에 붙어있는 '스티커'를 옮겨가며 눈의 수를 센다.
- 자원자의 방법에 대해서 이야기하는 시간을 갖는다.
- 다른 방법으로 할 자원자를 지원받는다. 두 번째 자원자도 '스티커'를 이용해서 10개의 주사위의 눈의 수를 알아본다. 가능한 여러 명의 자원자를 받는다. 이때 학생들은 각 자원자가 사용한 방법도 이해하고 센 결괏값이 같은지도 확인한다. 값이 다르면 각 방법을 재검한다.
- 교사는 학생들에게 주사위의 점들의 수를 세기 위한 또 다른 좋은 방법들을 말할 것을 요청한다. 학생들이 새로운 방법을 제시하지 못하면 그대로 넘어간다. (왜냐하면 학생들이 지금 이 시점에서 새로운 방법을 말하지 않더라도 실제로 과제를 수행하면서 새로운 방법을 찾아낼 수 있다.)

  〈예시〉 순서대로 센다 / 주사위를 두 개씩 묶어서 센다 / 같은 숫자끼리 묶는다.
- 교사는 학생들이 제안한 방법들을 칠판에 판서해 준다. 그리고 학생들은 이들 방법 중 자신이 좋은 방법이라고 생각하는 방법을 자신의 공책에 적도록 하고, 이후의 짝 활동에서 활용하도록 한다.

〈탐구〉

2. 〈모둠 활동〉 20개[9]의 주사위를 던져 나온 점의 수 세기

- 교사는 아래와 같이 학생들에게 활동의 순서를 안내해 준다.
  - 20개의 주사위를 넣은 투명용기를 닫은 채로 굴린다.
  - '주사위 스티커'로 이들 점을 학습지 〈1〉에 표시한다.
  - 20개 주사위의 점이 모두 몇 개인지 세는 방법을 짝과 이야기한다.
  - 짝과 함께 정한 방법대로 20개의 주사위를 이용해서 수를 구한다.
  - 그리고 이용한 방법을 주사위 스티커, 그림, 수로 학습지 〈2: 위〉에 표시한다.
  - 첫 번째 방법으로 구한 모둠은 다른 방법으로 주사위 수를 구한다. 이때 어떻게 묶음을 지었는지 학습지 〈2: 아래〉에 표시한다.
- 심화 과제: 빨리 두 번째 방법까지 시도한 모둠은 주사위 10개를 추가해서, 즉 30개의 주사위의 눈의 수를 구한다. 또는 10개의 주사위가 들어 있는 투명용기를 흔들어서 다른 눈을 발생시키고 이들 눈의 수를 구한다.
- 위의 과제를 안내할 때 교사의 언어적 설명뿐만 아니라 실제적 예시를 들어 준다.
- 교사는 학생들이 활동 중에 그들에게 주어진 과제를 충실히 수행할 수 있도록 촉진한다. 이를 위한 한 가지 교수 관행은 학생들이 수행하는 전략들을 관찰하고 이들 전략 중 다른 학생들을 자극할 수 있는 전략을 언급하는 것이다. 학생들이 활동 중 교사가 수행해야 하는 또 다른 교수 관행은 학생들이 과제를 수행하는 것을 보면서 재안내하는 것이다. 고학년이라면 위의 안내를 활자화하여 전자칠판이나 프린트물로 학생들에게 제공해 주는 것이 학생들이 과제를 충실하게 수행하게 하는 방안이다. 하지만 1학년 학생들 중에는 아직 한글 해독에 문제가 있을 수 있는 학생들이 있으므로, 과제 수행에 어려움을 겪고 있는 학생들에게 필요한 부분을 재안내해 준다. 이때 교사는 20개의 주사위의 눈의 수를 구하는 전략을 학생들이 스스로 생각해 내도록 촉진한다. 교사가 특정한 방법들을 강조하거나 안내해 주지 않도록 한다. 이것이 학습자 주도성을 강조하는 수업의 풍경이다.

〈토론〉

3. 주사위의 점의 개수를 구한 전략 공유하기

- 자원하는 학생이 자신의 모둠의 20개의 주사위의 눈의 개수를 구한 방법들을 공유한다. 교사는 자원자에게 다음과 같은 추가 발문을 한다.
  - 혹시 정한 방법대로 구하다가 그 방법을 다른 방법으로 바꾸었나요?
  - 네가 한 방법의 좋은 점은 무엇인가요? (자원자에게) 지금 발표하면서 바꾸고 싶은 것이 있나요? (앉아 있는 학생들에게) 너희들은 바꾸고 싶은 것이 있을까요? 있으면

---

9) 각 학급의 학생들의 지적 능력에 대한 교사의 판단으로 주사위를 10개, 15개 등으로 변화를 줄 수 있다.

바꿔 보세요.
• 이전 시간에 배운 것을 사용할 수 있을까요?

- 교사는 학생들이 공유하는 방법들을 칠판에 정리해 준다. 그리고 학생들에게도 자신의 공책에 동료 학습자의 방법들을 적도록 한다. 그리고 교사는 학생이 하는 말을 있는 그대로 '재진술하기'를 하고, 학생들은 발표자의 방법을 이해한다. 이 이해를 위해서 교사는 학생들에게 발표자의 방법을 자기 말로 발표할 것을 요청한다. 교사는 이 교수 관행은 동시다발적으로 발생하는 상황이지 순차적으로 발생하는 상황이 아님을 유념할 필요가 있다. 학생들은 듣고, 보고, 필기하고, 사고하고, 생각을 수정하고 하는 것을 동시에 수행해야 한다. 이들 학생이 이런 동시성에 익숙하지 않을 수 있어서 이들이 이런 지적 사고의 동시적 수행에 익숙해질 때까지 기다려 줄 수 없다. 왜냐하면 기다려 준다는 것은 결국은 매 수업 시간을 단순 과제, 순차적 과제 중심으로 한다는 것을 의미한다. 그런 수업에서 학생들은 동시적 사고 수행을 발달시킬 수 없다. 이것이 2022 개정 교육과정에서 추구하는 연결 역량을 실행하는 수업 풍경이다.
- 자원자의 방법을 수정할 필요가 있을 때는 자원자가 또는 동료학습자들이 함께 수정하는 기회를 갖는다.
- 또는 자원자의 방법을 변형할 지원자가 있으면 이 변형을 시도한다.
- 교사는 각 방법을 범주화시킨다. 예를 들어, 개별적으로 센 것과 묶음을 지어서 센 것 등이 있다. 그리고 학생들에게 교사가 범주화시킨 세는 목록들의 차이점을 추상해서 발표하도록 한다. 교사는 가능한 한 여러 가지 방법으로 범주화를 시도한다.
  • 개별로 센 것
  • 10묶음이 아닌 묶음으로 묶은 것
  • 10묶음으로 묶은 것
  • 여러 작은 단위로 묶은 것
  • 여러 작은 단위들의 조합으로 묶은 것

4. 핵심 발문

- 한 번 10개의 주사위를 굴려서 얻은 주사위의 눈들을 여러 가지 방법으로 세어도 여전히 눈들의 수는 같을까요? 아니면 다를까요?
- 여러 가지 방법으로 시도하는 것의 좋은 점은 무엇인가요? 안 좋은 점이 있었다면 무엇인가요?
- 친구들이 한 여러 가지 방법 중 자신에게 편리한 방법은 무엇이었나요? (각 학생에게 편리한 방법이 무엇인지 발표하기. 특정한 방법을 강조하지 않기.)
- 10개의 주사위의 눈의 수를 구할 때, 10씩 묶는 방법에는 어떤 것들이 있었나요?
  〈예시〉 5, 5 / 6, 4 / 6, 1, 3 / 3, 3, 3, 1 / 2, 2, 2, 2, 2 등

주사위의 점이 모두 몇 개일까?

이름: (,)

굴려서 나온 주사위들
※ 굴려서 나온 주사위를 스티커로 붙이세요.

주사위의 점을 세기 위한 우리의 방법 〈1〉
모두 [ ] 개

주사위의 점을 세기 위한 우리의 방법 〈2〉
모두 [ ] 개

참고문헌

강인애(1997). 객관주의와 구성주의: 대립에서 대화로. 교육공학연구, 13(1), 3-19.

교육부(2015). 수학과 교육과정. 교육부 고시 제2015-74 [별책 8]. 교육부.

교육부(2021). 2022 개정 교육과정 총론 주요사항. 교육부 보도자료(2021. 11. 24).

교육부(2022). 2022 수학과 교육과정. 교육부 고시 제2022-33호 [별책 8]. 교육부.

교육부(2024). 초등학교 1~2학년군 수학 2-1 교사용 지도서. 교육부.

김정민(2006). 피아제의 인지발달이론. 학지사. (Ginsburg, H. P., & Opper, S., 1988).

김진호(2009). 수학 수업 중 원활한 의사소통이 이루어지는 교실문화 형성하기. 초등수학교육, 12(2), 99-115.

김진호(2020). 학생들이 즐거운 수학교실: 3학년 1학기 덧셈・뺄셈. 교육과학사.

김진호(2021a). 학생들이 즐거운 수학교실: 3학년 1학기 나눗셈. 교육과학사.

김진호(2021b). 학생들이 즐거운 수학교실: 1학년 2학기 연산 수업. 교육과학사.

김진호(2023). 학생들이 즐거운 맞춤형 수학교실: 1학년 1학기 나눗셈. 교육과학사.

김진호, 차소정, 주서령(2024). 검정 초등 수학교과서에 나타난 의사소통 역량 분석. 교육연구, 91, 73-94.

김진호, 홍은숙, 황혜진(2007). 구성주의 수학교실: 나눗셈. 경문사.

김진호, 강홍재, 권미선, 권성룡, 김남균, 김민정, 김성준, 박주경, 선우진, 이대현, 조호윤, 한채린(2024). 2022 개정 교육과정을 반영한 초등수학 교재연구 및 지도법. 교우사.

남인혜, 신보미(2023). 개방형 과제를 활용하는 초등 수학 수업에서 학생의 참여 분석. 수학교육, 62(1), 57-78.

박영대, 정철현(2015). 쿤(Kuhn)의 과학혁명의 구조: 과학과 그 너머를 질문하다. 작은길.

박현미(2006). 자연수의 나눗셈에 관한 초등학교 학생의 비형식적 지식. 서울교육대학교 석사학위논문.

서민지, 김진호(2012). 구성주의 수학 수업 – 3학년 나눗셈의 적용 사례 –. 한국수학교육학회 2012 추계학술대회 프로시딩, 193-204.

이재윤(2020). 개방형 과제를 활용한 수학 학습부진아 수업에 관한 연구. 청주교육대학교 교육대학원 미간행 석사학위논문.

장하석(2015). 장하석의 과학, 철학을 만나다. 지식플러스.

조수윤, 김진호(2011). 구성주의 수학 수업이 추론 능력에 미치는 영향: 초등학교 3학년 나눗셈을 중심으로. 초등수학교육, 14(2), 165-185.

홍은숙(2007). 분수 개념에 관한 초등학생의 비형식적 지식. 서울교육대학교 석사학위논문.

Boaler, J. (2016). Mathematical mindsets. Jossey-Bass.

Chapin, S., O'Connor, C., & Anderson, N. (2016). 『수학교실토론』(김진호, 이지은, Jung Colen, 이대현, 김상미 공역). 경문사. (Original work published 2013).

Cooper, A. (2006). Get the process right-Look at the research. New Zealand Principal, 21(2), 16-18.

Dick, W. (1992). An instructional designer's view of constructivism. In T. Duffy & D. Jonassen (Eds.), Constructivism and the technology of instruction: A conversation (pp. 91-98). Lawrence Erlbaum Associates.

Dillon, J. T. (1988). Questioning and teaching: A manual of practice. Croom Helm.

Johnson, D. R. Every minute counts-Making your math class work. Dale Seymour Publications.

Kamii, C. (1994). Young children continue to reinvent arithmetic: Implications of Piaget's theory. Teachers College Press.

Kuhn, T. (1970). The structure of scientific revolution. The University of Chicago Press.

Lee, J., & Zeppelin, M. (2014). Using drawings to bridge the transition from student to future teacher of mathematics. International Electronic Journal of Elementary Education, 6(2), 333-346.

Riley, J. P. (1986). The effect of teachers' wait-time and knowledge comprehension questioning on pupil science achievement. Journal of Research in Science Teaching, 23(4), 335-342.

Rowe, M. B. (1972). Wait-time and rewards as instructional variables: Their influence on language, logic, and fate control: part one-wait-time. Research in Science Teaching, 11(2), 81-94.

Rowe, M. B. (1974). Wait time and rewards as instructional variables, their influence on language, logic and fate control. Journal of Research in Science Teaching, 11, 81-94.

Rowe, M. B. (1986). Wait time: Slowing down may be a way of speeding up! Journal of Teacher Education, 37(1), 43-50.

Rowe, M. B. (1987). Using wait time to stimulate inquiry. In W. W. Wilen (Ed.), Questions, questioning techniques, and effective teaching (pp. 95-106). NEA Professional Library.

Tobin, K. (1987). The role of wait time in higher cognitive level learning. Reviews of Educational Research, 57(1), 16-95.

Taylor, F. S. (1949). A short history of science and scientific thought. Norton.

von Graserfelt, E. (1995). Radical constructivism: A way of knowing and learning. Routledge & Falmer.

제 4 장

수학학습심리학 I

수학교육학에서 수학학습심리학 이론은 학습자의 수학적 행동에 대해 심리학적으로 이해하여 학습자를 효과적으로 지도하기 위해 필요한 이론이다. 학습자는 수학 수준이나 학습 경로에 따라 특정한 행동을 보이게 되는데, 이때 교사는 학생의 행동을 유발하는 발문을 통해 또는 학생 행동의 결과에 대한 피드백을 통해 학생을 지도하게 된다. 경우에 따라 교사는 학습 과정에서 학생이 잘못 이해하고 있거나 학생의 반응에서 나타나는 오류와 오개념을 이해하여 적절한 조치를 할 필요가 있다. 이처럼 수학을 가르치고 배우는 과정은 인식론적 이해를 필요로 하며, 학습 지도 과정에서 나타나는 학습자의 심리에 대해 함께 논의할 필요가 있는데, 이와 관련하여 수학학습심리학에 대해 살펴본다.

수학교육 관련 심리학 이론들은 1900년대 이후 영국의 페리(J. Perry), 독일의 클라인(F. Klein), 미국의 무어(E. H. Moore) 등이 수학교육에 대한 개선을 주장하면서 등장하여 이후 수학교육 근대화 운동을 촉발시켰다. 수학교육 근대화 운동에서 대표적인 학자로 행동주의와 연합주의 관점에서 수학 학습을 설명한 손다이크(E. L. Thorndike), 이를 발전시켜 강화 이론을 주장한 스키너(B. Skinner)에 대해 먼저 살펴본다. 그런 다음 구성주의 이론에 바탕을 둔 피아제(J. Piaget), EIS 이론과 함께 수학의 구조를 강조한 브루너(J. S. Bruner), 수학 학습에서의 교구 활용과 놀이를 강조한 디에네시(Z. P. Dienes)를 생각해 볼 수 있다. 4장 수학학습심리학 I 에서는 자극반응이론(손다이크, 스키너)과 브라우넬의 유의미 학습 이론에 대해, 그리고 피아제의 인지 발달 단계 이론을 중심으로 하는 조작적 구성주의, 브루너의 지식의 구조와 발견 학습, 그리고 디에네시의 수학 학습 원리와 놀이 학습에 대해 살펴본다.

피아제, 브루너, 디에네시를 거쳐 스켐프(R. R. Skemp)는 초등교육 현장과 연계하여 연구한 결과를 초등수학 학습심리학으로 정리하여 제시하였다. 그리고 1980년대는 포여(G. Polya)의 이론을 중심으로 한 문제해결이 강조되었는데, 이는 9장 문제해결에서 살펴본다. 이와 함께 프로이덴탈(H. Freudenthal)의 현실주의 수학교육(Realistic Mathematics Education)과 수학 학습 수준 이론을 생각해 볼 수 있고, 이에 기반한 반 힐레(van Hiele, P.)의 기하 학습 수준 이론을 들 수 있다. 한편 피아제의 조작적 구성주의를 발전시킨 폰 그래서스펠트(E. von Glasersfeld)의 급진적 구성주의와 비고츠키(L. S. Vygotsky, L. S.)의 사고와 언어로 대표되는 사회 문화 이론, 그리고 그의 영향을 받은 캅(P. Cobb)의 사회적 구성주의 이론 등을 생각해 볼 수 있다(강완 외, 2014; 박만구 외, 2024c). 다음 장인 5장 수학학습심리학Ⅱ에서는 스켐프의 초등수학 학습심리학을 비롯하여 프로이덴탈의 현실주의 수학교육과 수학화 이론, 반 힐레의 기하 학습 수준 이론, 그리고 비고츠키의 학습에 따른 인지 발달에 대해 살펴본다.

1 자극반응이론

가. 손다이크(Edward L. Thorndike, 1874~1949)

연합주의적 관점과 행동주의적 관점을 통합해서 손다이크는 사고는 감각 인상과 행동 충동 사이의 연합(connection)이라고 주장하며 '효과의 법칙'을 제시했다. 효과의 법칙은 인간의 모든 행동과 사고는 기본적으로 외부 자극과 그에 대한 반응으로 이루어져 있어서, 학습은 주어진 상황에서의 자극과 반응에 뒤따르는 결과에 따라 좌우된다는 것이다. 즉 어떤 자극과 반응 사이의 결합이 형성되고 만족스러운 결과가 뒤따르면 자극-반응의 결합은 강화되고, 불만족스러운 결과가 수반되면 자극-반응의 결합이 약화된다는 것이다. 효과의 법칙은 보상이 뒤

따르는 학습이 효과적이라는 것을 말하고 있는데, 손다이크는 자신의 이론을 '연결주의(connectionism)'라고 불렀다(우정호, 2016).

손다이크에게 학습은 결합을 의미한다. 지식은 개념 또는 원리의 연결이며, 인간의 정신은 이러한 연결 체계이다(류성림 외, 2024). 이를 설명하기 위해 손다이크는 학습의 법칙으로 효과의 법칙, 연습의 법칙, 준비성의 법칙, 분석의 법칙을 제시한다. 그는 특히 효과의 법칙을 이용한 자극과 반응의 결합원리를 산술 능력의 개발에 적용하기 위한 방법을 연구하였으며, 『산술심리학』(The Psychology of Arithmetic)을 통해 그 결과를 제시하였다.

앞서 설명했듯이 '효과의 법칙'은 어떤 반응 후에 만족스러운 상태가 따라오면 자극과 반응 간의 결합이 강해지고 불만족스러운 상태가 따라오면 결합이 약해진다는 것이다. 그는 먼저 산술을 구성하는 여러 가지 능력을 세분화하고, 이것을 구성하고 있는 구체적인 자극-반응 연결 고리(결합, bonds)를 분석한 다음 쉬운 것부터 차례대로 나열한 자극-반응 연결 고리의 목록을 작성하고, 연습을 통해 각각의 연결 고리가 형성되는 것을 산술 학습이라고 보았다. 여기서 중요한 것은 하나의 결합이 형성되면 이것은 다른 결합을 최대한 도와야 한다는 것이다. 손다이크에게 산술 계산의 부정확성은 그것을 구성하는 결합이 약하다는 것을 말하기에 기본적인 계산에 포함된 결합은 보다 강력하게 형성되어야 한다. 그에 따르면 단순 계산에 숙달되는 것도 상당히 유의미하다. 즉 사고를 필요로 하지 않고 획득된 단순한 사실이 때로는 의미를 가지며 능동적인 사고를 자극할 수도 있다고 보았다.

한편 손다이크는 구체물을 사용한 계산은 초기 산술 교육에서 기초를 탄탄하게 한다는 데 의미가 있으나, 기본 계산이 익숙해진 이후에도 계속 사용하면 산술의 자연스러운 발달을 방해할 수 있다고 보았다. 이를 극복하기 위한 방안으로 그는 산술 교육에서 '연습의 법칙'을 강조한다. 연습의 법칙은 결합이 형성된 자극과 반응이라고 해도 사용하지 않고 방치하면 그 결합이 약해지기에 반복해서 경험하게 함으로써 이후에도 옳은 반응을 하게 만드는 것이다. [그림 4-1]은 핀란드 초등수학 1-2 교과서에서 '연습의 법칙'을 강조한 부분에 해당한다.

1. 18 − 10 = ___	18 − 15 = ___	18 − 16 = ___	2. 19 − 10 = ___	19 − 13 = ___	19 − 15 = ___
18 − 18 = ___	18 − 12 = ___	18 − 13 = ___	19 − 17 = ___	19 − 16 = ___	19 − 18 = ___
18 − 11 = ___	18 − 14 = ___	18 − 17 = ___	19 − 12 = ___	19 − 14 = ___	19 − 11 = ___

[그림 4-1] WSOY pro., Ltd (2016), 핀란드 초등 수학 교과서: Laskutato 1-2, p. 14

다음으로 손다이크에게 아동의 산술 학습에 대한 흥미는 산술 자체의 동기 유발과 그에 따른 성취에서 비롯된다. 그러므로 산술 학습에 진정으로 흥미를 느끼게 하는 방법은 문제의식을 통해 산술의 필요성을 느끼고 그 진가를 깨닫게 하는 것이다. 문제의식에서 출발한 정보는 집중되고 더 잘 이해되고 기억되며, 목표를 달성하기 위한 행동은 적절한 상황과 잘 연결되고 이러한 연결은 오래 기억된다. 따라서 그는 연습문제를 아동에게 흥미로운 실제적인 문제 상황, 산술을 실제적으로 적용하여 해결할 수 있는 생활 속에서 일어나는 문제와 관련지어 구성하고, 경쟁과 함께 보상에 따른 연결 고리를 강화해야 한다고 보았다. 그는 이것을 '준비성의 법칙'이라고 했는데, 결합이 연합을 형성할 준비가 되어 있을 때 형성되면 만족감을 가져오지만, 그렇지 않으면 오히려 방해가 되기에 어떤 결합을 목표로 한다면 그에 따른 준비가 우선 필요하다는 것을 말한다.

마지막으로 '분석의 법칙'은 많은 제재를 분석하고 고찰할 때 이들 제재가 모두 1개의 요소를 공통으로 가지고 나머지 요소는 모두 다르다면 그 공통인 요소가 결합된다는 것이다(류성림 외, 2024). 예를 들어, 초등학교 1학년 덧셈에서 3+2를 지도한다고 할 때, 이때 [그림 4−2]와 같이 손가락, 연결 모형, 그리고 십 배열판 등을 이용하여 5가 된다는 것은 나머지 요소에 해당하는 것으로 1개의 요소인 3+2를 설명하기 위한 것으로, 이 경우 3+2=5가 공통인 요소로 3+2와 5의 결합이 이루어진다고 보는 것이다. 이처럼 손다이크는 일련의 자극-반응을 분석, 종합함으로써 3+2=5라는 관계를 추상하여 학생의 마음속에 결합으로 자리 잡게 하는 것이 중요하다고 보았다.

[그림 4-2] 교육부(2024a), 수학 1-1, p. 69

• 탐구 과제: 준비성의 법칙

다음은 2022 개정 수학 2-2에 제시된 '수학을 만나요' 차시이다. 수학 2-2에서 단원별로 수학 학습 내용을 찾고, '준비성의 법칙'과 관련하여 함께 이야기해 보세요.

교육부(2024d), 수학 2-2, pp. 6-7

나. 스키너(Burrhus F. Skinner, 1904~1990)

스키너는 행동을 실험적이고 과학적으로 분석했으며 이를 교수 학습에 적용하였는데, 그의 이론은 프로그램 학습(programmed instruction), 개별화 학습(individualized learning), 컴퓨터 보조 학습(CAI: Computer Assisted Instruction) 등의 기초를 제공하였다.

스키너는 행동의 유형을 반응 행동과 조작 행동으로 구분하고, 반응 행동의 경우 행동을 유발하는 자극을 강조한 반면, 조작 행동에서는 적절한 강화(reinforcement)를 통하여 학습이 가능하다고 보았다. 작동[1]이 일어난 다음 그 결과로 강화가 뒤따르면 작동이 다시 일어날 가능성이 증대된다는 것이 스키너의 '작동 조건화의 법칙'이다. 여기서 강화란 어떤 특정한 행동의 변화가 일어날 확률을 높이는 자극의 효과를 말한다.[2] 작동이란 자극에 의해서가 아니라 강화에 의해 통제되는 행동이므로 스키너는 반응에 뒤따르는 강화에 관심을 두었다. 작동은 신별적 강화에 의해 바라는 마지막 행동에 도달할 때까지 일련의 점진적 접근 과정을 통해 변화시켜 갈 수 있다. 이러한 점진적 접근법을 '작동 형성'이라고 한다. 스키너의 많은 연구는 여러 가지 강화 패턴과 강화 스케줄의 효과에 관한 것으로, 이러한 연구 결과는 유기체에 대한 효과적인 행동 조종이 가능함을 보여주었다(우정호, 2016).

스키너는 강화 계획을 통해 바람직한 목표 행동에 대해서 언제 얼마나 자주 강화할 것인지를 결정하기 위한 계획이 필요하다고 보았다. 특히 그는 강화의 양보다는 방법이 더 중요하며, 적절한 방법으로 강화를 할 경우 효과적으로 행동을 통제할 수 있다고 보았다. 강화 패턴에는 고정 간격 강화 패턴과 고정 비율 강화 패턴이 있다. 고정 간격 강화 패턴은 일정한 시간 간격이 지난 다음에 반응에 대해 강화하는 것이고, 고정 비율 강화 패턴은 일정한 반응 횟수마다 보상하는 것이다. 또 변동 간격이나 변동 비율 강화 패턴을 사용할 경우 휴지기 없이 긴 시간 반응을 보이게 된다. 학습 속도를 높이기 위해서는 계속적 강화가 효과적이며, 고정 간격 강화보다는 고정 비율 강화가 더 효과적이다. 작동의 소멸은 이러한 강화 스케줄에 의해 크게 영향을 받으므로 어떤 스케줄을 적절하게 사용하느냐가 관건이 될 수 있다. 스키너의 관점에서 보면, 전통적인 수학교육에서는 강화의 횟수가 너무 부족하고, 학생의 반응과 강화 사이의 시간적 간격이 너무 크고, 부

1) 작동은 어떤 특별한 자극 없이도 일어나는 자발적인 반응으로, 반사적 행동과 같은 어떤 자극에 의해 일어나는 수동과 대비된다. 스키너는 자극이 아니라 강화에 의해 통제되는 행동을 작동으로 보았다.

2) 정적(positive) 강화는 행동의 결과로 유쾌한 요소를 제공해 줌으로써 행동의 발생 빈도를 증가시키는 것인데 비해, 부적(negative) 강화는 행동의 결과로 불쾌한 요소를 제거함으로써 행동의 발생 빈도를 증가시키는 것이다.

적 강화가 주로 사용되며, 강화 스케줄이 부족하며, 이와 함께 최종행위에 점진적으로 접근해 가는 프로그램 학습이 부족하다는 문제점을 갖고 있다. 따라서 그는 효과적인 수학적 행동을 하려면 주어진 강화의 수보다 훨씬 많은 수의 강화를 통한 프로그램 학습이 요구된다고 보았다.

여기서 스키너는 프로그램 학습-지도 방법을 제안한다. 수학 학습-지도에서 어떤 행동을 구성해야 하며, 어떤 강화를 이용할 수 있고, 어떤 반응을 이용하면 행동을 강력하게 유지할 수 있는지, 이를 위해 강화 스케줄을 어떻게 효과적으로 할 수 있는지가 중요하다. 스키너는 학습은 인간의 조정 능력을 벗어나는 미세한 강화에 의해 영향을 받으므로 기계 장치와 같은 학습 기계의 사용이 필요하다고 보았다. 이러한 프로그램은 정답에 대한 강화가 즉각적이며 단순한 조작으로 적절한 시간 동안 학습을 지속하는 데 충분한 강화를 받는다는 장점이 있다. 이 경우 교사는 전체 학습자를 동시에 관리할 수 있으며, 각 학습자는 가능한 많은 문제를 자신의 속도에 따라 풀 수 있게 된다. 이때 충분한 강화를 제공해 주지 못하는 경우 교사의 보충 강화가 있을 수 있다. 이러한 이론은 프로그램 학습(programmed instruction) 및 개별화 학습(individualized learning)을 위한 근거가 된다.

한편 프로그램을 사용하는 수학 수업에 대한 반대 의견도 있다. 일부는 아동을 단순히 동물과 같이 취급하며 인간의 지적인 성취를 부당하게 기계적으로 분해하고 있다고 비판하기도 한다. 그러나 보수적, 문화적 관성만 사라진다면 프로그램 학습으로 아동의 계산 기능이 신장되어 교사는 아동과 더 지적이고 정서적인 접촉을 통해 더 나은 효과를 거둘 수 있을 것이다. 행동주의적 접근은 교육과 훈련을 동일시하며, 기존 지식의 습득과 계산 기능의 개발을 강조하는 측면에서 적합해 보이지만 이해와 사고 교육, 문제해결 교육을 지향하는 학교 수학의 본질적인 부분은 소홀하기 쉽다. 따라서 개인차를 고려한 프로그램 학습을 적절히 이용하는 방안이 요구된다. 여기서 스키너의 프로그램 학습은 학생의 최초 지식으로부터 작은 단계를 거쳐서 최종 학습 목표로 나아가기 위한 것으로, 다음과 같은 학습 원리를 기반으로 한다(류성림 외, 2024).

- 점진적 접근의 원리: 학습 목표에 도달하기 위한 학습 과정상의 오류와 장애를 최소화하기 위하여 교재 내용을 가급적 세분화하여 이를 현재의 학습 활동이 성립된 시점에 제공하면 다음 단계의 학습으로 성공적인 이행이 가능할 것이다.
- 능동적 반응의 원리: 학습자는 스스로 행동을 확인하면서 학습을 진행하는 자기 관리가 잘 이루어지면 다음 단계로의 도전은 성공의 기쁨을 배경으로 하는 학습자 자신의 의지를 기초로 해야 한다.
- 즉각적 강화의 원리: 자신이 한 것이 맞고 틀렸는지에 대해 즉시 학습자가 확인해야 한다.
- 자기 속도의 원리: 학습자의 개인차에 대해 각 개인의 정보처리 능력에 따른 학습을 진행해야 한다.
- 자기 검증의 원리: 학습자는 프로그램의 지시에 따라 모르는 것과 할 수 없는 것에 해당하는 프레임에 표시해서 교사에게 제출함으로써 학습자의 학습 과정, 프로그램의 질을 판별할 수 있다. 프로그램의 질적인 판단은 학습 결과에 의해 판정된다.

이러한 프로그램 학습의 원리는 컴퓨터 보조 학습(Computer Assisted Instruction)에 적용될 수 있다. 이는 교육을 자극-반응-강화의 3요소가 바람직한 목적을 이루어 가는 것으로 본 스키너의 학습 이론을 반영하고 있다. 교수 기계(teaching machine)는 이러한 프로그램 학습을 성립시키기 위해 고안된 장치이며, 오늘날 컴퓨터 보조 학습 등은 이러한 교수 기계에서 구현하고자 했던 목표를 일정 부분 수정 구현하고 있다고 볼 수 있다.

• 토의 과제: 스키너의 프로그램 학습 이론과 에듀테크(Edutech)

오늘날 에듀테크(Edutech)를 활용한 수학교육에서 컴퓨터 보조 학습(CAI)의 역할을 하고 있는 AI 디지털 교과서, 다양한 온라인 수업 시스템(구글 클래스룸 등)이나 공학 도구(패들렛 등)를 살펴보고, 이 과정에서 프로그램 학습과 개별화 학습이 어떻게 구현될 수 있는지 토의해 보세요.

다. 브라우넬(William A. Brownell, 1895~1977)

1930년대 이후 진보주의 교육 운동이 영향력을 발휘하고 있는 동안 '생활을 위한 학습'이 강조되었다. 이 시기 수학교육에서의 주된 변화는 연습과 훈련 그 자체를 위한 반복을 대신하여 의미 충실한 방법으로 산술적 개념을 개발하는 데 초점을 두었다(강완 외, 2014). 브라우넬은 손다이크의 이론에 대해 실험을 통해 반박하였는데, 연습을 바탕으로 습관화된 기능을 강조했던 이전의 수학이 상대적으로 의미 없는 수업이라고 보고 이러한 수업은 수학적 능력을 길러주는 데 실패했다고 보았다. 그에 따르면, 연습을 통해서는 의미를 이해할 수 없으며, 연습은 이해를 증진할 수 있을 때에만 가치를 갖게 된다. 곧 유의미한 방법으로 수학을 가르치는 것이 필요한 것이다. 브라우넬은 실험 수업을 통해 연습과 훈련을 중심으로 하는 학습 방법의 문제점을 지적했는데, 아동과 성인의 계산에서 비롯되는 질적 차이를 고려하지 않았다는 점과 훈련 방법이 학습의 목적을 왜곡하고 있다고 보았다. 이는 산술 기능의 성취는 주어진 산술 문제에 대한 단순 반응이 아니라 양적으로 사고할 수 있는 능력을 필요로 하기 때문이다. 즉 산술 기능이 연습을 통해 결합이 되었다 하더라도 그 결합이 의미 있을 때까지는, 다시 말해 그 결합에 대해 이유를 이해하고 다른 사람에게 설명하고 스스로 확신하여 그것을 이용할 수 있을 때까지는 학습이 이루어졌다고 볼 수 없다는 것이다. 이로부터 의미 충실한 수학 학습을 위해 체계적인 이해가 필수적이라는 주장이 등장하게 되었다.

브라우넬의 유의미한 학습(meaningful learning) 이론은 이러한 인식에서부터 출발한다. 그는 훈련이 자동적인 반응에는 도움이 되지만 의미의 축적에는 도움이 되지 않는다고 보았다. 결국 반복 연습을 통해서는 이해를 기를 수 없기 때문에 아무리 많은 훈련을 하더라도 수학적 지식의 의미를 깨달을 수 없고 이해가 향상되지도 않는다. 또 의미를 무시한 상태에서 훈련과 연습만을 강조한 수학 학습은 수학이 단편적인 사실, 규칙, 절차에 지나지 않는다는 잘못된 인식을 낳을 수도 있으며, 수학 학습에서 요구하는 모든 결합을 훈련과 연습을 통한다는 것도 모순이라고 보았다. 여기서 브라우넬이 강조한 산술의 의미를 살펴보면, 산술은 많은 기본 개념으로 이루어져 있으며, 기본적인 연산에 대한 이해를 바탕으로 하며, 다양한 원리와 관계를 이해할 수 있어야 하는데, 이를테면 산술은 십진기수법 체계를 이해하고 이와 함께 계산 과정에 대한 알고리즘을 이해하는 것이다. 그는 이러한 산술의 의미를 수학적으로 다루는 경험과 함께 주어진 상황에서 산술적으로 무엇을 해야 하는지를 알고 학습하는 것이 산술을 이해하는 것이라고 보았다. [그림 4-3]은 브라우넬이 참여한 3학년 산술 교과서의 일부분이다.

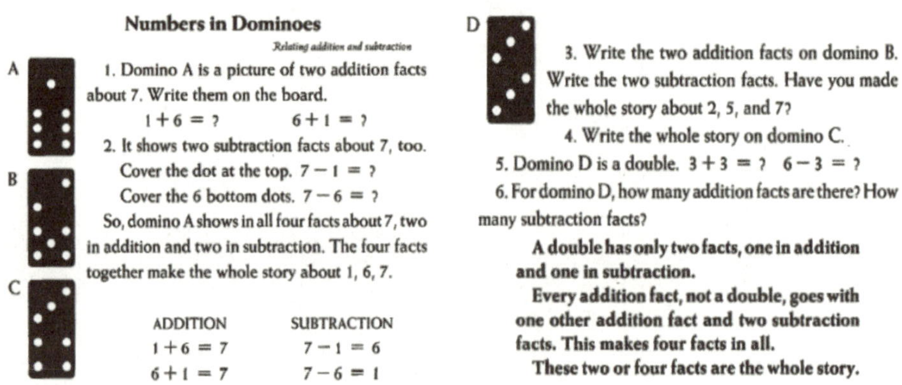

Numbers in Dominoes

Relating addition and subtraction

A B C

1. Domino A is a picture of two addition facts about 7. Write them on the board.
   1 + 6 = ?   6 + 1 = ?
2. It shows two subtraction facts about 7, too.
   Cover the dot at the top. 7 − 1 = ?
   Cover the 6 bottom dots. 7 − 6 = ?

So, domino A shows in all four facts about 7, two in addition and two in subtraction. The four facts together make the whole story about 1, 6, 7.

ADDITION	SUBTRACTION
1 + 6 = 7	7 − 1 = 6
6 + 1 = 7	7 − 6 = 1

D

3. Write the two addition facts on domino B. Write the two subtraction facts. Have you made the whole story about 2, 5, and 7?
4. Write the whole story on domino C.
5. Domino D is a double. 3 + 3 = ? 6 − 3 = ?
6. For domino D, how many addition facts are there? How many subtraction facts?

A double has only two facts, one in addition and one in subtraction.

Every addition fact, not a double, goes with one other addition fact and two subtraction facts. This makes four facts in all.

These two or four facts are the whole story.

[그림 4-3] Buswell, Brownell, and Sauble(1959), Arithmetic We Need(3rd-grade)

2 피아제(Jean Piaget)의 수학 학습 이론

피아제는 스위스의 심리학자로, 그의 연구는 손다이크의 동물 실험이나 형태 심리학자들의 침팬지 실험과는 달리, 인간을 실험 대상으로 하는 임상실험을 통해 발달 과정에 따른 인지 발달을 연구하였다. 인지 발달과 학습에 대한 그의 이론은 초기 생물학자로서의 경험에 많은 영향을 받았다. 여기서 발달은 출생에서 죽음까지 인간에게서 일어나는 변화를 일컫는 보편적인 심리학적 용어이며, 인지 발달이란 인간의 생각하는 방식에 있어서의 변화를 말한다. 따라서 그가 주장한 인지 발달 단계 이론은 인간의 인지 발달과 지적 성장을 돕는 학습 지도에 적용할 수 있다.

피아제는 발생론적 인식론을 연구하면서 특히, 인간의 논리, 수학적 개념의 인지 발달을 규명하려고 하였다. 피아제 이론의 교육에 대한 공헌으로는 그의 인지 발달 이론이 교육 활동을 위한 몇 가지 일반적 원리를 제공해 주었으며, 아동의 물리적 개념과 논리 수학적 개념 발달과 관련하여 교육과정 및 학습 방법 개발에 도움을 주었으며, 또 피아제의 임상적 실험법은 진단 및 평가 도구를 제공해 주었다는 점을 들 수 있다. 이처럼 피아제는 자신의 이론이 교육 활동에 적절함을 강조하고 있으나, 실제로 교육 문제를 해결하려는 연구를 시도한 것은 아니었다. 따라서 이러한 인지 발달 이론이 수학교육에서 어떻게 적용되어야 하는가는 수학교육 연구에서 중요한 과제가 된다. 이를테면 수학적 개념형성이 아동의 인지 발달 과정을 중시한 동화와 조절이라는 두 가지 상보적인 기제의 평형화(균형) 과정을 통해서 이루어진다는 것과 같은 주장은 보다 심화된 논의를 필요로 한다.

한편 피아제는 수학적 지식 및 사고의 본질을 조작(operation)으로 보고, 그 발생 과정을 분석하고자 하였다. 이 과정은 논리 수학적 개념을 규명하는 것과 연결되며 반영적 추상화와 경험적 추상화를 비교하는 발단이 된다. 이러한 피아제의 논의는 '조작적 구성주의' 입장에서 설명할 수 있다. 그는 인지 발달은 일정한 순서를 가지고 있으며, 수학적 지식의 습득은 경험과 이성의 상호작용에 의해 이루어지며, 이는 조작을 중심으로 하는 추상화 과정을 통해 진행된다고 보았다(우정호, 2016). 그에 따르면, 평형화는 인지적 균형이나 안정감의 상태를 말한다. 인간은 인지적으로 균형 상태를 추구하며 불균형 상태에 도달하면 다시 평형화를 추구하기 위해 노력하며, 이 과정은 동화(assimilation)와 조절(accommodation)을 통해 이루어진다. 인간의 지적 행동은 환경에 대한 순응으로 해석할 수 있는데, 이 순응이 동화와 조절의 두 가지 상보적인 평형화 과정을 통해 이루어지며, 이는 일련의 자기 조절(self-regulations) 작용이라고 할 수 있다.

이처럼 피아제는 발생론적 인식론에 근거하여 인간이 태어날 때부터 성인에 이르기까지 성장 과정에 따르는 환경에의 적응, 내부 구조의 형성에 따른 지적 적응, 개체와 환경의 상호작용에 따른 인지 발달에 근거를 두고 연구하였다. 그 결과 그는 인지 발달 단계를 감각운동기, 전조작기, 구체적 조작기, 형식적 조작기의 4단계로 구분하였으며, 이러한 단계를 구분하는 핵심적인 개념으로 '조작'을 강조하였다.

다음에서는 이러한 피아제의 이론을 조작적 구성주의, 평형화(균형) 이론, 인지 발달 단계 이론을 중심으로 살펴본다.

가. 조작적 구성주의

피아제는 수학적 지식 및 사고의 본질을 '조작'(operation)으로 보고, 그 발생 과정을 분석하였는데, 피아제 이론은 수학교육에서 이해, 문제해결 능력 및 창조성의 개발 등에서 살펴볼 수 있다. 피아제 연구의 주된 목적은 과학 자체와 개인에 있어서 지식 발생의 구조를 밝히는 것이었다. 어떤 발달단계에서 개인의 지능이란 그 개인이 주변 세계와 효과적으로 상호작용할 수 있는 구체적 활동으로 이는 정신적 활동의 총체라고 할 수 있으며, 지능은 개인의 고정된 특성이 아니라 발달에 따라 변화하는 것이다. 즉 지능의 실제적인 메커니즘은 조작으로 표현되는 내면화된 행동이므로 이러한 실제적인 행동이 지능의 기원이며 지능을 키우는 토양이 되는 셈이다(우정호, 2016). 피아제의 이론은 유기체의 생물학적 진화 과정이 환경에 대해 적응하는 과정으로서의 기본 아이디어를 인식론에 전용한 것으로, 지식의 발달은 더 지적인 행동양식과 사고양식의 구성을 의미하며 이는 인식 주체가 환경과의 균형을 이루기 위한 과정에서 나타난다. 인간만이 내면적인 행동으로 사고하며, 미래의 잠재적인 가능성을 부단히 조정하고 수정해 가면서, 그의 행동 방향과 동기에 따라 현실을 능동적으로 변화시킬 수 있다.

피아제에 따르면 수학과 논리학에서 개발된 기호적인 사고모델은 질적으로 가장 높은 형태의 지능이 된다. '논리 수학적 개념'은 유기체의 구조에서 출발하여, 감각 운동의 형태로 나타나고, 다시 행동의 일반적 조정(regulation)이 이루어지면서 '반영적 추상화(reflective abstraction)'가 일어나면서 이러한 추상화로부터 구성된 조작에 의해 형성된다. 다시 말해 논리 수학적 개념은 대상으로부터 단순 추상에 의한 정적인 이미지가 아니라, 주체의 대상에 대한 행동을 조정하는 반영적 추상화에 의해 구성된다. 이에 피아제는 수학적 사고를 내면화된 행동, 즉 조작으로 보고 아동의 활동과 구성 과정에서 그 근원을 찾고자 하였다. 조작적 구성주의는 이러한 수학적 지식과 수학적 사고에 관한 피아제의 인식에 기초한다(우정호, 2016). 특히 그는 수학적 사고의 조작적 특성을 명확히 인식하고, 인간의 일반적인 지적 행위가 조작적 특성에 기인한다는 것을 주장함으로써 조작적 구성주의를 설명하고 있다.

여기서 반영적 추상화를 이해하기 위해 경험적 추상화를 함께 살펴보면, 우선 경험적 추상화는 외부 대상이 갖는 성질로부터 일반화된 지식을 이끌어내는 것을 의미한다. 그 예로 대상이 갖는 물리적인 속성에 대한 지식을 들 수 있다. 이 속성들은 대상 자체에 속하는 것으로 인식 주체는 대상을 보거나 만져보는 행동을 통해 지식을 추상화하게 된다. 이에 비해 반영적 추상화는 대상으로부터의 직접적 추상화가 아닌 대상에 대한 인식 주제의 행동으로부터의 추상화이다. 이는 외부 대상에서부터 직접적으로 얻어지는 물리적 경험과 달리 내면화되어 조작으로 변환될 수 있는 행동을 포함하고 있으며, 일반적으로 조정된 객관적이고 필연적인 행동의 결과를 추상화함으로써 나타난다. 반영적 추상화에는 '반사'와 '반성'이라는 두 요소가 있는데, 반사와 반성을 통해 '내용 → 형식 → 보다 세련된 내용 → 새로운 형식' 등과 같은 교차 과정을 통해 반영적 추상화가 일어나게 된다.

• 탐구 과제: 반영적 추상화 vs 의사경험적 추상화

반영적 추상화와 유사하지만 이와 달리 구체적인 대상에서부터 이루어지는 추상화로 '의사-경험적(pseudo-empirical) 추상화'가 있다. 그 정의와 예를 찾아보고 경험적 추상화, 반영적 추상화와 비교하여 이야기해 보세요.

나. 평형화(균형) 이론

피아제 이론의 출발점은 생물학적 발생적 인식론이며 이를 기반으로 하는 발달 심리학이기도 하다. 그에 따르면, 인간은 환경에 수동적으로 머물러 있지 않고, 가능한 범위 내에서 환경을 조절하고 자신의 의도대로 변화시켜 균형(equilibration) 상태에 도달하기 위한 상호작용을 한다. 그는 환경에 적응하기 위한 끊임없는 상호작용과 함께 발달 이론의 기본이 되는 균형의 개념을 도입하였다. 인지적 적응은 환경에의 순응을 통해서 추구되거나, 그때그때 인지적 양식과 환경의 병합을 통해서도 추구된다. 인간은 환경과 상호작용의 결과를 내면화하여 가능한 한 통일적이고 관련성을 갖는 행동이나 사고 양식을 구성하려고 하며, 이는 발달과 함께 심화되고 미래의 행동이 더 나은 결과를 얻을 수 있는 방향으로 조종된다.

이처럼 피아제는 인간의 인지 문제를 심리학적으로 접근하여, 외부 세계에 대한 인식이 성장기의 인지 발달 과정에서 형성됨을 증명하였다. 그에 따르면, 인식 주체는 인식하는 대상과 상호작용하여, 변화하고 성장하며, 발달의 방향은 정해져 있지만, 실제로 언제, 어떻게 발달하는가는 인식 주체의 경험에 의한다고 보았다. 이것이 바로 발생론적 인식론이다. 피아제의 인식론에 대한 견해는 경험론에서 말하는 개인의 감각기관을 통해 외부에서 내부로 들어오는 감각적인 정보에 의한 것이라는 주장과, 합리론에서 말하는 진리는 이성에 의하여 가장 명확하게 보증된다는 주장을 종합한 입장이다. 즉 감각적 경험과 이성과의 밀접한 상호작용에서부터 지식이 구성된다고 보았다. 그래서 그는 "경험은 이성을 만들고, 이성은 경험을 만든다"고 주장하면서 인지 발달 과정에서 경험과 이성은 분리될 수 없고 서로 융합되어 하나의 전체를 이룬다고 주장하였다. 이러한 피아제의 발생론적 인식론은 인간의 정신 과정 또는 인지과정을 생물학적 발생 과정의 일부로 보고, 인간이 외부의 지식을 습득하기 위해 '동화'(assimilation)와 '조절'(accommodation)에 의한 환경에의 적응을 기본으로 하고 있다. 그는 유기체의 생물학적인 기능인 환경에의 적응 기능과 인간의 지적인 적응 기능을 본질적으로 같은 것으로 보고,

적응 기능으로 동화와 조절, 그리고 조직 기능인 불변적 인지기능에 따르는 인지 구조의 변화를 인지 발달로 설명하고 있다.

동화와 조절에 대해 살펴보면, '동화'는 기존의 인지 구조에 의한 대상의 해석 곧 인지 구조의 일반화이며, '조절'은 그것이 원활하지 않을 때 동화를 위한 인지 구조의 분화와 조정이다.[3] 동화는 새로운 정보나 경험을 받아들이고 그것을 기존의 쉠(schème)에 편입시키는 과정이다. 예를 들어, 집에 강아지만 기르는 집에서 자란 아동은 네 발 달린 동물을 개라고 인식하고, 색이나 형태가 다른 개를 보더라도 원래 가지고 있는 기존의 '개'라는 쉠에 편입하여 개로 부르고 인식하게 되는 현상이 동화이다. 이에 비해 조절은 새로운 정보가 기존의 쉠에 맞지 않을 때, 기존의 쉠을 수정하는 과정이다. 본질적으로, 아동은 나이가 들면서 더 복잡하고 구체적인 지식의 범주를 형성하기 위해 그들이 기존에 가지고 있는 쉠을 수정해 간다. 한 예로, 네 발 달린 동물을 '개'라고만 인식하는 아이에게 고양이가 나타나면, '개'라고 말할 것이다. 그런데 부모가 방금 본 것은 개가 아니라 고양이라고 말하면, 기존에 가지고 있는 '개'라는 쉠에 맞지 않으므로 이 쉠을 변형해야 한다. 이와 같이 기존의 쉠을 새로운 상황을 포괄할 수 있도록 변형하는 과정이 조절인 것이다. 이러한 동화와 조절의 궁극적인 목표는 평형화(equilibrium)에 도달하는 것이다. 평형화는 아동이 갖고 있는 모든 쉠이 주변의 새로운 정보와 일치할 때 도달할 수 있게 된다.

피아제는 합리적 사고와 지식의 본질을 내면화된 가역적 행동을 조작(operation)이라고 보았는데, 행동과 조작을 반복하며 일반화할 수 있게 하는 인지 구조를 쉠(schème)이라고 불렀다. 행동과 조작의 쉠은 적응 상황에서 일반화되거나 분화되고 다른 쉠과 조정되면서 보다 동적이고 일반적인 구조로 재구성되어 간다. 그에 따르면, 환경에의 적응 과정에서 끊임없이 일어나는 인지적 균형의 파괴와 동화, 조절에 의한 새로운 평형화(균형)가 반복되는 재구성 과정이 곧 인지 발달이다. 외부 세계와의 인지적 만남은 항상 동화와 조절의 상보적인 측면을 지닌

3) 동화는 새로운 지식을 현존하는 인지 구조에 합체시키는 것이고, 조절은 새로운 지식이 개인의 현존하는 인지 구조에 합체되기에 부적절할 때, 필요한 자신의 인지 구조를 분화하고 조종하는 것으로 볼 수 있다.

다. 새로운 환경 요소들은 자신에게 동화시키고 이들에 맞추어 스스로 조절하려는 반복적인 시도를 통해 인지 체계의 내부적 구조는 점차 변화하여 인지 발달, 곧 학습이 이루어진다.

평형화 이론을 수학 학습에 적용해서 살펴보면 다음과 같다.

피아제는 형태 심리학과 달리 '전체 구조'가 처음부터 인간 정신 속에 갖추어져 있지 않고, 전체 구조가 어떤 순서를 거쳐 만들어지는가를 규명하고자 하였다. 이에 따르면 '전체 구조'는 이상적인 균형 상태를 이루고 있어, 이 구조의 내부에서 여러 가지 지적 조작이 이루어질 수 있다. 아동의 사고구조는 불안정한 상태인데, 그 구조 중의 일부분만 변해도 전체 구조가 완전히 변하게 되며(비가산성), 한 번 변한 것은 결코 이전과 같은 상태로는 되지 않는다(비가역성). 이것을 양의 보존성에서 살펴보면 둥근 진흙 덩어리가 평평하게 되면 무게가 변했다고 생각하거나, 처음의 둥근 진흙 덩어리로 되돌려 생각하지 못하는 경우이다. 이처럼 불완전한 상태에서 점차 균형 상태로 변화해 가는 과정을 파악하기 위해, 피아제는 수 개념, 양 개념, 공간 개념, 시간 개념, 운동 개념, 확률 개념(우연의 개념), 순열, 조합의 개념 등에서의 각각의 개념 발달 과정을 연구하였다. 특히 수학적 개념은 실제적이고 동적인 조작 활동을 통해 구성되는데, 이를테면 수 개념에서 자연수는 조약돌을 1 대 1로 대응시키거나 직접 세거나 하면서, 공간 개념에서 도형은 색종이를 잘라서 직접 구성하거나 분해하는 조작을 통한 반성적 사고를 함으로써 곧 반영적 추상화를 통해 이러한 수학 논리적 개념이 발생하고 형성되며 이러한 과정은 끊임없는 동화와 조절을 통한 균형화의 과정이라고 할 수 있다.

• 탐구 과제: 동화와 조절을 통한 평형화

다음에서 왼쪽은 2학년 1학기 길이 비교에서 처음으로 간접 비교의 상황이 등장하는 것이다. 그리고 오른쪽은 5학년 1학기 분수의 덧셈에서 분모가 다른 분수의 덧셈을 처음으로 도입하는 차시이다. 이들 각각의 수학적 개념과 원리를 학습하는 과정에서 동화와 조절을 통한 적응이 어떻게 나타나는지 이야기해 보세요.

교육부(2024c), 수학 2-1, p. 94

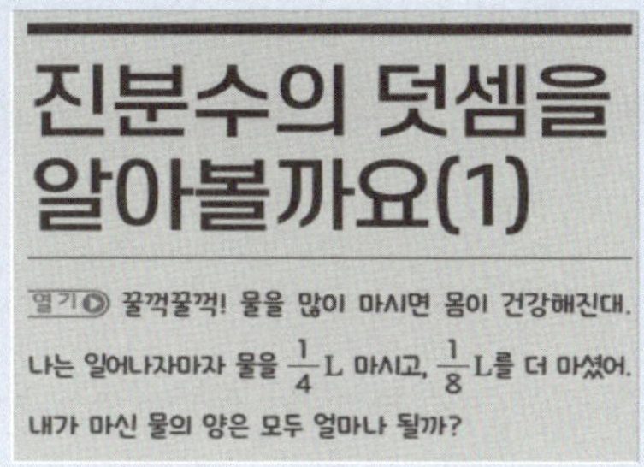

박만구 외(2024a), 수학 5-1, p. 88

다. 인지 발달 단계 이론

피아제에 따르면, 인간은 타고난 기본적인 쉠(schème)을 바탕으로 적응 기능에 의하여 환경과 상호작용하는 가운데 보다 유연하고 포괄적인 인지 쉠을 구성함으로써 인지 구조를 변화시켜 간다. 여기서 쉠이란 행동과 조작을 반복 가능하고 일반화할 수 있게 하는 인지 구조를 의미하는데, 단순히 본능적인 행동에서부터 시작하여 연산 알고리즘, 도형을 개념에 따라 분류하는 등 수학 학습에서 요구하는 조작적 쉠으로 발달하게 된다. 환경에의 적응 과정은 앞서 살펴본 균형 이론에서와 같이 동화와 조절을 통해 이루어지며, 피아제는 이미 도달한 인지적 균형 상태에서 새로운 균형화가 반복되는 곧 쉠의 끊임없는 재구성 과정을 인지 발달로 보았다. 그에 의하면 인지 발달은 감각운동기, 전조작기, 구체적 조작기, 형식적 조작기의 4단계를 단계적으로 통과하게 된다.[4] 이때 단계를 구분하는 핵

4) 피아제의 인지 발달 단계는 그 순서대로 진행이 이루어지지만, 각 단계의 시점과 종점이 시기적으로 엄격하게 구분되는 것은 아니다. 경우에 따라서 한 단계와 그 다음 단계의 과도

심적인 개념이 바로 조작(operation)이다(우정호, 2016).

(1) 감각운동기(sensorimotor stage, 0~2세)

감각운동기는 언어와 상징이 나타나기 전 단계이다. 곧 사고 활동을 겸하지 않은 감각 운동의 시기로, 서서히 지능의 몇 가지 특징이 나타나지만 조작적이지는 않은 시기이다. 태어나면서부터 대략 2세 정도까지 지속되는 이 시기의 출발점은 삼키기, 빨기, 혀 움직이기, 울기와 같은 타고난 생물학적인 반사 작용과 순환 반응이다. 반사 작용이란 단순 감각에 따른 반작용의 형태를 띠고 있으며, 순환 반응은 우연히 획득된 어떤 새로운 결과의 능동적인 재생 행위를 말한다(황혜정 외, 2023). 이 시기의 아동은 자신의 행동에 상황을 반복적으로 동화하면서 자기의 행동을 조정해 나아간다. 감각운동기의 마지막 시기가 되면 위치와 위치의 변경이 조정되어 대상의 항존성이 의식되고, 자기 자신이 하나의 대상이라고 의식하게 되며, 여러 가지 주변의 대상이 공간적으로 결합되고 관련되는 통일적인 주변 공간을 구성하게 된다. 이와 함께 행동의 목표를 설정하고 이를 달성하기 위한 절차를 개발하게 된다(김성준 외, 2014).

(2) 전조작기(pre-operational stage, 2~7세)

이 시기는 언어와 상징기능의 습득과 더불어 시작된다. 아동들은 자신이 살고 있는 물리적 환경의 기호나 표상을 조작하기 시작한다. 이 시기의 아동은 대상과 자기의 경험을 언어와 이미지로 나타낼 수 있지만, 그러한 표현 자체를 사고의 대상으로 다룰 수는 없고, 사물을 직접 다루고 직관적인 외형에 지배되는 사고에 머물러 있다(황혜정 외, 2023). 전조작기의 아동은 언어를 사용하고 이미지를 그리며 상징기능이 생겨 행동의 내면화가 가능하게 되며, 시간적으로 공간적으로 멀리 떨어진 사건을 동시에 파악할 수 있게 되어, 과거의 행동을 반성하고 그것을 표현할 수 있게 된다. 또 상징적 규약을 받아들이게 됨으로써 사회적 상호작

기적 시기가 존재하기도 하며, 완전하게 한 단계에 도달했음에도 그 이전 단계의 속성을 보여주기도 한다(강완 외, 2014).

용이 가능하게 되므로, 이는 아동의 인지 발달에 결정적 의미를 갖게 된다.

하지만 아동의 사고는 아직 자기 자신의 관점이나 행동에만 집중하는 상태로, 타인의 입장을 생각하지 못하며, 어떤 상태의 한 가지 특징만 주목하고, 여러 가지 특징을 동시에 비교하여 생각하지 못한다. 피아제는 이러한 특성을 '자기중심성'이라고 부르는데, 이러한 입장에서 인지 발달은 점진적인 '탈중심화' 과정이라고도 할 수 있다. 피아제는 자기중심성의 중요한 특징을 사고의 '가역성' 결여로 설명하고 있다. 즉 아동은 머릿속에서 한 행동을 거꾸로 출발점에 되돌아가기 어려우며, 일단 실행된 행동에 집착하고 앞에서 했던 행동들을 조정하지 못한다. 내면화된 가역적 행동이 조작이므로, 이러한 조작의 결여가 전조작기의 특징이다(김성준 외, 2014).

(3) 구체적 조작기(concrete operational stage, 7~11세)

구체적 조작에 대한 가역성, 결합성을 획득하여 지능의 조작이 완성되지만, 가설적 사고와 형식적 사고는 미발달된 시기이다. 가역성의 출현으로 지적 활동이 조정되어 유연성과 가동성을 가지면서 여러 가지 기본적인 조작이 형성된다. 이 시기의 사고는 여러 가지 다른 관점이 조정되어 전체성을 갖는 체계, 곧 조작 체계로 조직되게 되므로, 조작과 그 역조작이 함께 관련되게 된다. 예를 들어, 분해한다-합성한다, 더한다 - 뺀다, 틈을 좁힌다-틈을 늘린다, 길게 한다-짧게 한다, 연다-닫는다 등과 같이 조작과 역조작이 짝을 이루어 형성된다(김성준 외, 2014). 구체적 조작기에 아동은 사물을 실제적으로 다루지 않고 개념 사이의 관계를 내면적으로 취급할 수 있다. 즉 개념적 표상과 그 관계를 다룰 수 있어 문제를 내면적으로 시행착오를 통하거나 가설의 검증을 통하여 해결할 수 있으며 새로운 아이디어를 이해하고 이미 확득된 개념과 관련지을 수 있다. 하지만 이러한 조작은 당시의, 혹은 전에 행하여진 구체적인 대상의 취급과 직접 관련되며, 구체적 대상 없이 언어적 명제만을 다루는 형식적 수준에는 이르지 못한다(황혜정 외, 2023). 즉 실제 경험과 결부되지 않은 추상적 명제나 관계를 이해하지 못하므로 일반성과 엄밀성은 결여되어 있다.

구체적 조작기는 초등교사에게 특히 중요하다. 왜냐하면 대부분의 초등학생이 이 단계에 속하기 때문이다. 이 단계에서는 논리-수학적 사고가 나타나기 시작한다. 구체적 조작이라는 이름을 붙인 것은 이러한 논리적인 사고를 함에 있어서 대상을 물리적으로 조작하는 것이 필요하기 때문이다. 피아제는 보존성과 불변성을 구체적 조작기의 특징이라고 보았다. 이를테면 수의 보존은 원소의 배열과 관계없이 집합수가 불변이라는 사실을 인식하는 것이며, 이동이나 분해, 변형과 관계없이 길이가 불변이라는 사실에서 길이의 보존성을 받아들이게 된다.

• 탐구 과제: 양의 보존성

다음 들이와 넓이에서 양의 보존성에 대해 각각 이야기해 보세요.

박만구 외(2025b), 수학 3-2, p. 88

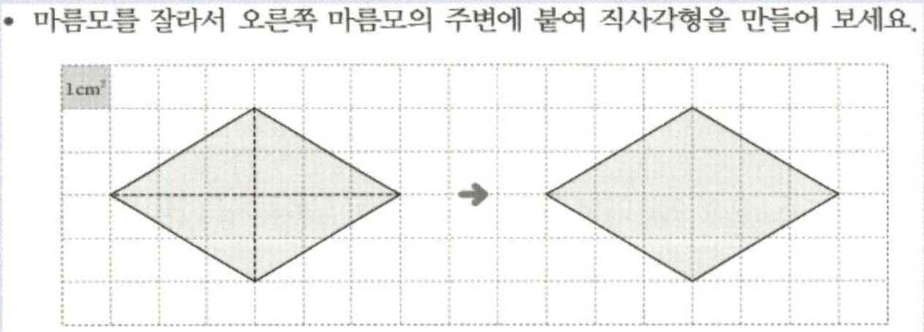

박만구 외(2024a), 수학 5-1, p. 132

(4) 형식적 조작기(formal operational stage, 11~15세)

이 시기에는 대상, 성질, 개념 등이 명사로 파악되고 구체적인 상태나 조작이 명제로 표현된다. 정신활동의 영역은 보다 확대되어 구체적 조작뿐만 아니라 언어적 가설에 근거하여 추론할 수 있게 된다(황혜정 외, 2023). 즉 형식적인 명제

논리의 조작이 가능하게 된다. 이를 위해 다양한 관점을 이해하며, 자신의 행동을 객관적으로 파악하며, 또 자신의 사고 과정을 반성할 수 있게 된다. 이 시기의 인지 발달에 관한 외적 기준은, 구체적 경험과 무관한 언어만으로 추론할 수 있고, 실험에서 있을 수 있는 요인을 조직적으로 고려하여 검증하며, 사고에 대한 사고를 할 수 있다는 것이다. 따라서 학생들은 정의, 규칙, 정리 등을 상황에 따라 이해할 수 있게 되며, 이론을 구성하거나 가설을 세우며 다양한 가설을 검증해 볼 수 있게 된다.

3 브루너(J. S. Bruner)의 수학 학습 지도 원리

지식의 구조를 강조하는 1960년대 학문 중심 교육과정은 브루너의 저서 『교육의 과정』(The Process of Education, 1963)에 나오는 구조, 발견, 학습의 준비성, 직관적 사고와 같은 핵심어에 잘 나타나 있다. 그에 따르면, 각 학문 분야는 그 학문의 독특한 기본적인 구조, 곧 기본적인 개념이나 원리 및 탐구 방법을 가지고 있으며, 학교 교육과정은 그것을 중심으로 하여 조직되어야 한다(우정호, 2016). 이러한 브루너의 주장은 1960년대 새수학(New Math)의 심리학적 근거를 제공한 것으로 알려져 있는데, 각 교과에서 구조의 지도, 학습의 준비성, 직관적이고 분석적인 사고, 그리고 학습의 동기 등이 그 핵심에 놓여 있다. 지식의 구조를 강조하는 학문 중심 교육과정을 이해하기 위해서는 1959년 우즈홀 회의(Woods Hole Conference)에서 논의한 학습과 지도의 일반 원리를 살펴볼 필요가 있다. 그 내용은 다음과 같다(류성림 외, 2024).

첫째, 학습자에게 각 교과의 핵심적인 내용인 지식의 구조를 지도해야만 한다. 둘째, 어떤 교과 내용이든 어떤 발달 단계에 있는 어떤 아동에게든 어떤 지적으로 정직한 형태로든 효과적으로 지도할 수 있다. 셋째, 인간의 지적 행위는 지식의 최전선에 있는 학자나 초등학교 3학년이나 같다. 넷째, 학습자가 학습하는 방법을 학습할 수 있도록 해야 한다. 다섯째, 교과에 대한 최선의 동기 부여는 그 교과에 대한 흥미이다. 이 가운데 브루너가 말하는 학습의 준비성과 교과에서의 구조에 대해 간략하게 살펴본다.

브루너는 학습의 준비성과 관련하여 "어떤 교과 내용이든 어떤 발달단계에 있는 어떤 아동에게든 어떤 지적으로 정직한 형태로 효과적으로 지도할 수 있다."고 가정하고 있다. 이는 각 교과의 교육에서는 관련 학문의 구조, 곧 기본적인 아이디어를 다루어야 하며, 그러한 기본적인 아이디어는 학문적인 표현 방식으로 표현하는 것이 아니라, 아동의 사고 양식에 맞게 적절한 표현 수단으로 재구성하여 제시하면 초등학교 단계의 아동에게도 지도할 수 있다는 주장이다. 그렇다면 교사의 역할은 교과의 구조를 학생 스스로 발견할 수 있는 문제 상황을 제공하는 것이다. 다음으로 교과에서의 구조와 관련하여 살펴보면, 그가 말하는 구조는 그 교과에 필수적인 정보로 기본적인 아이디어, 개념, 규칙 등으로 구성된 것이다. 예를 들어, 수학의 기본적인 구조는 여러 개념으로 구성되어 있고 또 이러한 개념은 서로 밀접하게 연결되어 하나의 구조를 이루고 있다. 초등수학에서 사각형 개념을 살펴보면, 1학년 2학기에 네모 모양을, 2학년 1학기에 예시적 정의를 통해 사각형을, 3학년 1학기에 선분(직선, 반직선)과 각(직각), 직사각형(정사각형)을 학습하고, 4학년 2학기에 수직과 평행을 학습한 이후 여러 가지 사각형을 학습하게 된다. 이때 사각형은 넓은 의미에서는 평면도형, 폐(closed) 다각형과도 연결되며, 선분, 각, 수직, 평행 등의 개념은 사각형을 분류하고 이해하는 바탕이 된다. 결국 사각형 개념에서 기본적 개념은 각각의 구조가 될 수 있으며, 이들 사이의 관계를 통해 또 하나의 구조인 사각형 개념을 완성하게 된다. 마찬가지로 사각형은 다시 다각형에서, 다각형은 평면도형에서 기본 개념이 될 수 있다. 한편 브루너는 피아제가 주장하는 개인에 의한 자주적 형성보다 교육적 전달을 강조한다. 곧 브루너는 지적 발달에서 피아제가 중시하는 내적인 자기조정 요인을 인정하면서도 외적인 사회 · 문화적 요인과 교육적, 언어적 요인을 강조한다. 그는 사고의 발달에 있어서 문화 환경의 영향 및 교육의 역할을 높게 평가하고 있으며, 또한 사회, 역사적 경험의 전달 수단인 언어의 역할을 중요하게 보았다.

가. 발견 학습

브루너의 교수 이론을 구성하는 요소는 다음 네 가지로 정리해 볼 수 있다. 첫째, 학습자의 학습 성향(학습 의욕)을 효과적으로 만들어내는 경험을 제시해야 한다. 여기에는 문화적 요인, 동기 유발 요인, 개인적 요인 등을 고려해야 한다. 둘째, 지식은 학습자에 의해 쉽게 파악될 수 있도록 구조화를 거쳐 제시되어야 한다. 지식의 구조를 강조하는 1960년대 학문 중심 교육과정에 의하면, 각 학문 분야의 지식은 고유한 기본 구조(기본적인 아이디어, 개념, 원리 등)를 가지며, 학교 교육과정은 그 구조를 중심으로 조직되어야 한다. 셋째, 학습에서 이해나 탐구 활동은 학습 자료의 순서에 필연적으로 영향을 받으므로, 효과적으로 학습 자료를 제시하기 위한 순서를 살펴볼 필요가 있다. 넷째, 학습-지도 과정에서 보상과 처벌의 본질과 조정 방식의 문제를 구체화해서 제시해야 한다(우정호, 2016).

브루너는 자신의 지적 능력을 사용하여 스스로 지식을 획득하는 모든 형태를 '발견'으로 보았다. 즉 기존의 정보를 재조직하거나 변형해서 이 정보에 더해져서 추가적인 통찰을 가능하게 하는 것이 '발견'인 셈이다. 브루너는 발견의 과정을 경험하는 것이 지적 발달에 결정적인 역할을 하며, 이러한 발견 학습을 하나의 교수학적 방법으로 제시하였다(류성림 외, 2024). 이와 관련하여 브루너는 수학 지도 방법으로 두 가지를 제시하는데, 하나는 경험적인 문제해결의 이면에 있는 추상적인 성질을 발견하게 하는 방법이고, 다른 하나는 수학 자체를 직접 다루는 방법이다.

특히 브루너는 수학 지도 방법으로 발견의 역할, 직관, 준비성의 문제 등을 중요하게 다루고 있다(우정호, 2016). 교사들은 학생들이 수학적인 아이디어를 스스로 발견하게 할 수 있으며, 학생이 발견할 수 있도록 그들을 자극하는 방법을 고안해야 한다. 발견은 발견된 산물이 아닌 활동 과정에 따라 결정된다. 곧 브루너가 말하는 발견은 학습과 사고에서의 보다 더 활동적인 접근을 강조하기 위한 것이다. 그에 따르면, 일반적인 수학 학습 과정은 먼저 구체적인 자료를 다루는 동안 이미 이해하고 있는 직관과 대응하는 규칙성을 발견하면서 시작된다. 이는 아동이 하는 활동이 이미 파악한 어떤 모델과 대응이 이루어지고 있음을 의미한다. 결국 학습은 발견을 통해 이미 알고 있는 아이디어를 내적으로 재구성하는 과정이다. 따라서 발견이란 그냥 일어나는 것이 아니라 주어진 상황에서 규칙과 관계를 찾으려는 과정에서 일어나며, 아동은 이러한 규칙과 관계를 찾기 위해 나름의 전략을 고안하면서 학습을 하게 된다. 따라서 발견을 가능하도록 하기 위해서는 잘 준비된 상태에서 아동이 스스로 발견할 수 있도록 도와주는 모델이 필요하다. 이때 교육과정은 발견을 자극하고 강조할 수 있도록 능동적인 태도, 직관 및 지식을 아동들의 사고형식으로 보여주기 위해 구성되어야 한다.

교사가 발견 학습으로 수업을 진행하기 위해서는 학생들이 적극적인 수업 활동에 참여하고 교과 내용을 이해할 수 있도록 수업을 조직화할 수 있어야 한다. 교사가 제시한 문제 상황이나 발문을 통해 학습 방향을 제시하는 학습 형태를 '안내된 발견 학습'이라고 한다. 안내된 발견 학습을 위해서 교사는 학생에게 흥미를 자극하기 위한 동기 유발 상황을 제공하고, 그런 다음 직접적인 방법을 제시하지 않고 자료와 정보를 통해 학생들이 활동할 수 있는 수업을 계획해야 한다. 학생은 이러한 환경에서 스스로 탐구하고 관찰하면서 답을 찾게 되며 이것을 검증하게 된다. 따라서 교사는 발견 학습의 역할과 함께 준비성에 대해 점검할 수 있어야 하며, 아울러 학생의 활동 과정에서 직관적이고 분석적인 사고가 점진적으로 이루어지면서 발견의 과정이 어떻게 나타나는지를 살펴볼 수 있어야 한다.

나. 수학 학습 지도 원리

피아제의 인지 발달 이론은 학생의 지적 수준이 어떤 단계를 거치면서 발달하는지, 각 단계별로 나타나는 인지 능력에는 어떤 것이 있는지를 밝힘으로써 발달에 따른 학습을 추구하는 학습 이론이다. 다만 그의 학습 이론은 학습 과정에서 어떤 것들이 발생하고 발생할 것인지를 기술하는 데 그치고 있어서 교수 과정에 대한 구체적인 처방은 제시되지 않고 있다. 브루너는 학습 이론과 지도 이론을 구분하였는데, 지도 이론은 처방적(prescriptive)이고 학습 목표를 포함해야 한다고 주장한다. 여기서 '처방적'이라는 의미는 어떤 내용을 지도하든 그 내용의 지도 과정이 효과적이기 위해서는 지도를 위한 어떤 원리들을 포함하고 있어야 한다는 것이다. 또 지도 이론은 '규범적'이어야 한다고 보았는데, 이는 지도 이론이 학습 지도 전략을 평가하거나 수정할 수 있는 기능을 갖추고 있어야 하기 때문이다. 즉 지도 이론이 규범적이기 위해서는 일반적인 학습 기준(학습 목표)과 함께 그 기준에 도달하기 위한 조건을 포함하고 있어야 한다. 이처럼 학습 이론은 특정 연령에서 학생들이 어떤 학습 능력이 있는지를 설명하지만, 지도 이론은 특정 연령의 학생이 어떤 학습 능력을 준비하고 있을 때 어떻게 지도하면 그 학습 목표에 도달할 수 있는지에 대해 설명한다. 수학 학습 이론과 지도 이론은 효과적인 수학교육을 위해 모두 필수적인 것이다. 피아제 연구가 학습의 일반적 원리 구축에 있지만 지도 이론과 연결되며, 마찬가지로 브루너는 자신의 지도 이론 개발에 피아제의 학습 이론을 적용하고 있다.

브루너는 일반적인 학습 지도 원리를 개발하기 위해 수학 교과를 소재로 하였는데, 그가 도출한 수학 학습을 위한 지도 원리는 구성(construction), 표기(notation), 대조와 다양화(contrast and variation), 연결(connectivity)의 4가지 원리이다.

(1) 구성(Construction)의 원리

구성의 원리는 학생이 수학적인 아이디어, 개념, 규칙 등을 형성하기 위해서 항상 그 아이디어, 개념, 규칙에 대한 구체적인 표현을 구성해야 한다는 것이다. 즉 수학을 지도하는 과정에서 학생들 스스로 자신의 표현을 구성하는 것이 중요하다. 이는 학생 자신의 힘으로 어떤 개념이나 규칙의 예를 만들 수 있을 때, 학생은 그 개념과 규칙을 학습할 수 있기 때문이다. 따라서 교사는 완성된 형태의 수학적 개념이나 규칙을 직접적으로 제시하는 것보다 학생 스스로 개념이나 규칙을 구성할 수 있도록 도와줄 수 있어야 하며, 이를 통해 학생의 동기를 유발하고 수학적 개념이나 규칙을 이해할 수 있도록 해야 한다.

예를 들어, 2학년 1학기 길이 재기 단원에서 '간접비교'의 상황이 처음 제시되는 상황에서, 이때 학생들은 단위와 간접비교의 개념을 형성하기 이전에 여러 가지 단위로 길이를 재고 비교하는 활동을 먼저 하게 된다. 이 활동은 개념을 형성하기에 앞서 학생들이 이야기를 나누면서 스스로 이 개념을 구성하기 위한 것으로, 이로부터 임의단위를 이용한 간접비교에 대한 개념을 형성하고 다음 차시 활동으로 이어지게 된다.

[그림 4-4] 교육부(2024c), 수학 2-1, p. 95

(2) 표기(Notation)의 원리

표기의 원리는 개념을 형성하는 데 학생들의 인지 발달 수준에 따라 개념이나 규칙에 대한 체계적인 기호 표현을 사용하게 되면 이들이 개념이나 규칙을 더 잘 이해하고 표현할 수 있다는 것이다. 수학에서 효과적인 표기 체계는 수학적 개념이나 원리를 확장하거나 새로운 원리를 찾고 만들어내는 것을 돕는다. 학생들은 주어진 수학적 개념 또는 규칙에 대해 이것을 나타내는 방법을 학습해야 하며 또한 여러 가지 표현 중 적합한 표기 방법을 선택할 수 있어야 한다. 예를 들어, 6학년 1학기 비와 비율에서는 양과 양 사이의 관계를 덧셈 구조가 아니라 곱셈 구조에서 파악하게 된다. 이때 학생들은 두 양을 비교하는 방법을 다양하게 이야기하면서 어떤 기호를 사용하여 어떻게 표현할 수 있는지 학습하게 되는데, 그 결과 두 양을 나눗셈으로 비교하기 위한 기호(:)를 도입하여 나타낼 수 있게 된다. 그리고 이렇게 기호와 함께 학습한 비의 개념은 비율, 비례식 등 새로운 수학적 개념으로 확장된다.

• 표를 완성하여 두부의 양에 따른 콩의 양과 물의 양을 비교해 보세요.

두부의 양(판)	1	2	3	4	5
콩의 양(kg)	2				
물의 양(L)	3				

• 두부를 만드는 데 필요한 콩의 양과 물의 양을 비교한 방법을 이야기해 보세요.

[그림 4-5] 박만구 외(2024b), 수학 6-1, p. 78

(3) 대조와 다양화(Contrast and Variation)의 원리

대조와 다양화의 원리는 학생이 어떤 개념이나 표현을 학습할 때, 대비하여 살펴보거나 다양하게 변화하는 과정을 통해 구체적이고 특수한 표현 단계부터 추상적이고 일반적인 표현 단계로 나아갈 수 있음을 의미한다. 수학적 개념의 일반화는 그 개념의 구체적인 표현에서 추상적인 표현으로 발전하는 과정에서 나타나는데, 이를 위해서는 개념의 표현이나 구체적인 예에서 서로 다른 부분을 대비하거나 또는 다양하게 변화시킬 수 있어야 한다. 즉 학생이 수학의 일반적인 개념을 학습하려면 각각의 새로운 개념이 다양한 예를 통해 설명되는 과정에서 기존의 개념과 비교하여 유사점과 차이점을 확인하거나 또는 구체적인 예를 다양하게 변화시키면서 개념의 일반화가 가능하다는 사실을 확인할 수 있어야 한다.

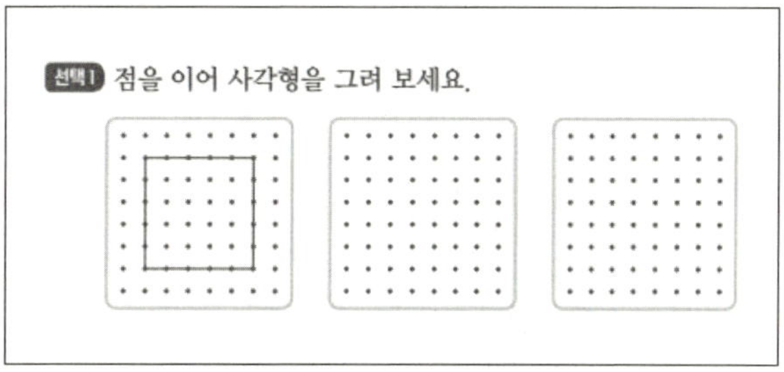

[그림 4-6] 교육부(2024c), 수학 2-1, p. 42

이를테면 2학년 1학기 여러 가지 도형에서 학생들은 사각형을 정의한 다음 사각형의 개념을 일반화하게 되는데, 이때 앞서 학습한 삼각형의 개념과 대조하거나 또는 4개의 곧은 선을 이용하여 여러 가지 모양의 사각형을 다양하게 그려보게 함으로써 사각형 개념에 대한 일반화를 파악하게 된다.

(4) 연결(Connectivity)의 원리

연결의 원리는 수학과 같은 형식적 체계 내에서 각각의 개념, 원리 등은 또 다른 개념, 원리 등과 연결되어 있다는 것이다. 다시 말해 수학의 다양한 요소들은 각기 다른 요소들과 연결되어 있는데, 교사는 이러한 수학에서의 개념이나 원리들이 서로 연결되어 있음을 강조할 수 있어야 한다. 이를테면 덧셈과 곱셈에서 두 연산 사이의 연결, 분수와 소수 개념 사이의 연결 등을 비롯하여 수학의 개념과 원리 사이의 연결은 수학 내적 연결뿐만 아니라 수학 외적 연결까지도 고려하여 지도해야 한다.

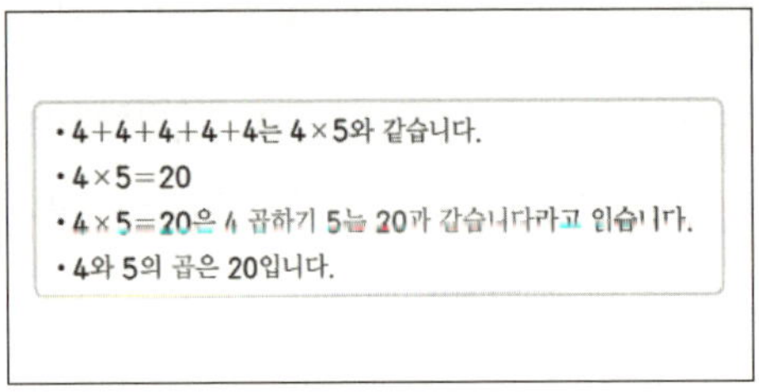

[그림 4-7] 교육부(2024c), 수학 2-1, p. 149

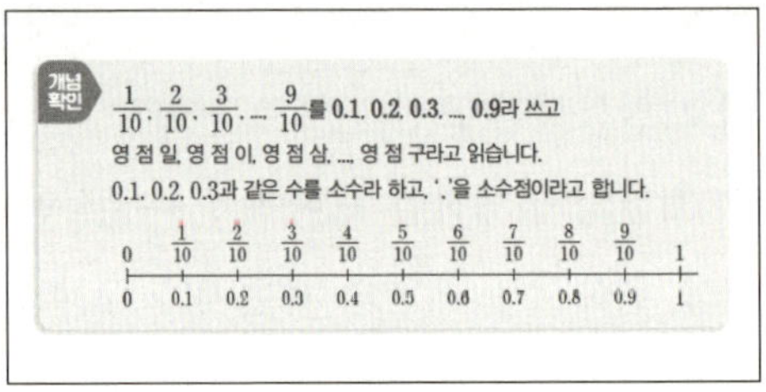

[그림 4-8] 박만구 외(2025a), 수학 3-1, p. 138

• 탐구 과제: 브루너의 수학 학습 지도 원리

다음 초등학교 6학년 1학기 소수의 나눗셈에서 브루너의 4가지 수학 학습 지도 원리에 근거하여 각각에 대해 이야기해 보세요.

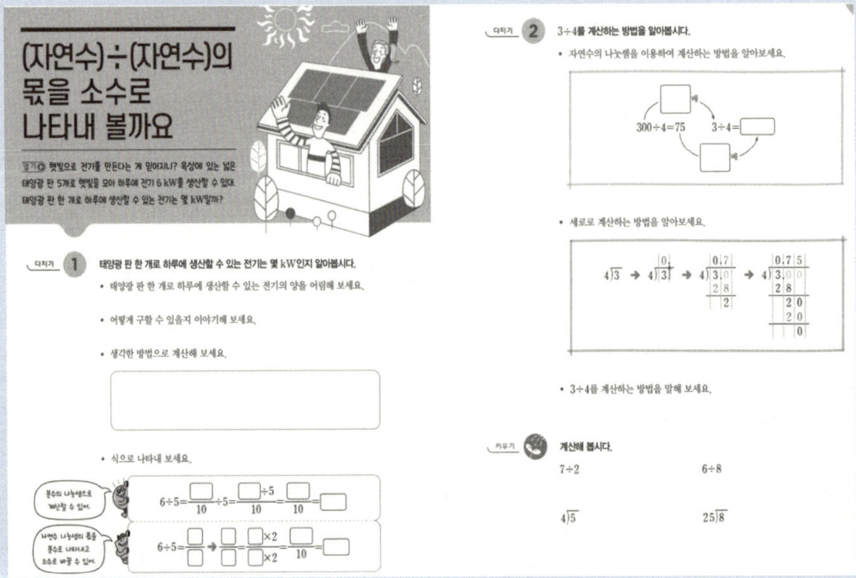

박만구 외(2024b), 수학 6-1, pp. 66-67

다. EIS 이론

브루너에 따르면 학생의 지능은 표현 수단이 발달하는 순서와 그 사이의 조정 능력이 증가함에 따라 발달할 수 있다. EIS 이론은 학생의 인식 능력과 사고 방법의 발달을 이끄는 표현 수단의 순서를 나타낸 것으로, 활동적 표상(Enactive representation), 영상적 표상(Iconic representation), 기호(상징)적 표상(Symbolic representation)의 순서를 의미한다.[5)]

(1) 활동적 표상(Enactive representation)

활동적 표상은 인지 발달에 기초가 되는 것으로, 조작적인 활동이나 행동이 중심이 된다. 이러한 활동적 표상은 구체적 조작기까지의 행동 발달에 지배적인 역할을 하는데, 인지 발달에 따라 내면화되어 간다. 이를테면 자연수의 개념을 형성시키고자 할 때, 구체물을 하나씩 움직이면서 '하나', '둘', '셋' 등을 말하게 하거나, 계단을 오르내리면서 '하나', '둘', '셋'으로 육체적인 활동과 소리내어 말하게 하는 등은 활동적 표상에 해당한다. 이를테면 유아나 초등학교 저학년 단계에서 수학에서 개념을 형성하기 위해서 여러 가지 조작이나 활동을 통해 자연스럽게 수학을 학습하도록 하고 있다.

(2) 영상적 표상(Iconic representation)

영상적 표상은 학생이 행동을 기억할 뿐만 아니라 필요할 때 재생할 수 있는 양식으로, 구체적 조작이나 관계를 간단한 도식이나 이미지로 나타내는 것이다. 이는 활동적 표상의 다음 단계로 구체물의 조작이 충분히 이루어졌다고 판단되거나, 실제 조작이 어려운 경우에 그림이나 도식, 이미지 등을 제시하여 개념을 형성하게 하는 것이다. 수학적 구조를 도식으로 표현하는 것은 일종의 기하적 언어라고 할 수 있으며 수학적으로 사고하는 수단이 된다. 영상적 표상은 활동적 표

---

5) 여기서 'representation'을 표상으로 번역한 것은 그 의미가 겉으로 나타나는 표현뿐만 아니라 머릿속에서 떠오르는 표현까지 모두 포함할 수 있기 때문이다.

상이 내면화된 것으로 실행하기 어려운 활동을 동시에 파악하게 하거나 또는 활동의 결과를 정리하여 나타내는 역할을 한다. 이와 함께 활동의 결과를 서로 비교하게 함으로써 학생의 인식 능력과 사고 방법의 발달에 중요한 역할을 하게 된다.

(3) 기호(상징)적 표상(Symbolic representation)

기호(상징)적 표상은 언어 능력의 발달과 더불어 나타나게 된다. 기호적 표상은 초기 단계에서는 활동 및 영상적 표상의 뒷받침을 받다가 구체적 조작기를 지나 형식적 조작기에 이르러 독립적인 의미를 갖게 된다.[6] 즉 기호적 표상은 추상화가 이루어진 단계이므로 형식적 수학 체계에 대한 이해가 가능하다고 볼 수 있고, 그 본질은 기호를 사용한다는 점이다. 그림이나 이미지로 표현하는 것은 구체물과의 유사성을 나타내는 경우가 많지만, 이에 비해 기호는 독립적으로 존재할 수 있다. 기호적 표상의 가치는 개별적인 기호에 있지 않고, 기호 체계나 공식과 같이 유한개의 기호로 무한히 많은 경우를 나타내는 수학적 언어의 응집성에 있다.

• 탐구 과제: 브루너의 EIS 이론

초등학교 1학년 2학기 세 수의 덧셈에서 브루너의 EIS 이론에 대해 이야기해 보세요.

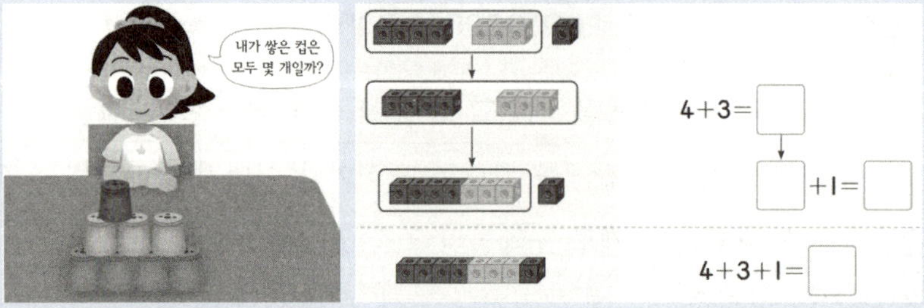

교육부(2024b), 수학 1-2, pp. 42-43

6) 구체적 조작기에도 수학에서의 기호적 표상을 사용하게 되는데, 여기서 말하는 독립적인 의미를 획득한다는 것은 기호적 표상 자체로 수학을 이해할 수 있다는 것을 말한다.

4 디에네시(Z. P. Dienes)의 수학 학습 원리

디에네시는 수학 학습은 교사의 일방적인 지도에 의해 이루어지는 것이 아니라, 학생의 내부에서 자연스럽게 생성되는 내적 동기에 따라 이루어진다고 보았다. 수학 학습은 학생의 자발적 동기에 근거하는 것이 바람직하다는 것이다. 이와 함께 '놀이' 형태로 조직된 상황에 수학적 구조가 내포되어 있도록 만든 다음 이를 통해 학생이 수학적 구조를 구성하고 이해하는 것을 강조했는데, 이는 피아제의 조작적 구성주의에 기초한다고 볼 수 있다.

디에네시의 학습 이론 중 개념형성을 위한 3단계 이론은 피아제가 제시한 수학 개념의 발달 이론에 따른 것이다. 이는 놀이 활동에서 출발하여 구조화를 거치면서 개념이 형성되어 가는 과정으로 다음과 같이 설명할 수 있다.

1단계는 어떤 의식적인 목적이 없는 상태에서 놀이 활동에 따른 자의적인 반응 단계로, 여기서는 의도된 목적이 없이 놀이 자체가 기본 경험이 되면서 수학 개념을 형성하기 위한 기초가 되는 단계이다. 2단계는 중간단계로서 놀이 경험에서부터 어떤 형식의 구조화가 필요한 것을 이해하기 시작하여, 부분적으로 개념 구성이 이루어지면서 최종단계를 향한 목적 지향적인 단계이다. 그리고 3단계는 최종적으로 개념이 형성되는 단계이다. 이는 모든 구성에 있어서 그 개념과 구조가 파악되는 단계이며, 각 부분이 전체를 이루고 있다는 것을 파악하고 그 구조를 이해하는 단계를 말한다. 이러한 단계를 거쳐 개념이 형성되며 이어서 개념이 정착된다. 또 형성된 개념은 보다 높은 수준의 새로운 개념형성을 위한 자료, 즉 '놀이'의 대상이 되고, 보다 높은 수준에서의 개념형성이 시작된다. 디에네시는 이러한 연속적인 개념형성 과정(개폐 연속체, open-closed continuum)을 통해 수학 학습이 이루어진다고 보았다.

디에네시는 수학 학습에서의 개념 형성 과정에서 학습 자료의 사용을 강조하였다. 그는 학생이 수학을 학습할 때, 수학적으로 다양한 양식과 물리적으로 다양한 교구 자료로 활동하는 것이 수학의 구조를 이해하는 데 도움이 된다고 주장하였다. 그는 수학에서 많이 사용하는 다진수 블록(multi-base arithmetic blocks) 등을 개발하여 기수법의 구조를 이해하는 데 도움이 되도록 하였다. 또 속성블록(attribute blocks)을 개발하였는데, 이것은 삼각형, 정삼각형, 원, 육각형 등의 모양을 크기, 두께, 색깔의 속성을 달리하여 분류 활동을 하면서 집합의 개념을 이해하도록 한 것이다. 디에네시는 효과적인 수학 학습의 필요조건으로 역동적 원리, 구성의 원리, 수학적 다양성의 원리, 지각적 다양성의 원리를 제시하였다. 이와 함께 수학 학습을 위한 6단계를 주장하였는데, 그는 자유롭게 놀이하는 단계에서부터 규칙적인 게임, 공통성 탐구, 표현, 기호화, 그리고 형식화의 단계를 거치면서 수학적 개념을 학습할 수 있다고 보았다.

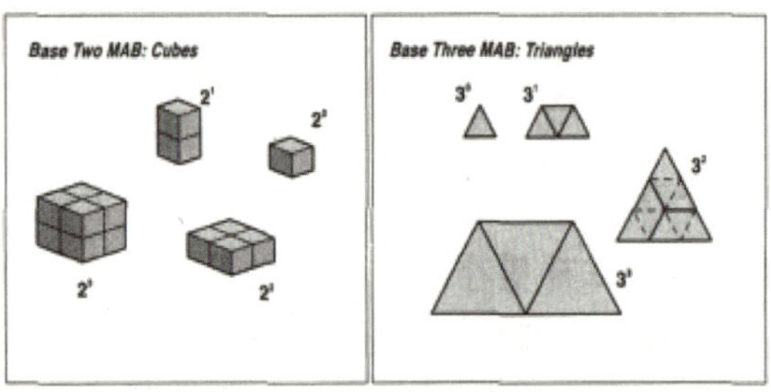

[그림 4-9] 디에네시의 다진수 블록

[그림 4-10] 속성블록

가. 수학 학습 원리

디에네시는 수학 학습에서의 개념형성을 확인하기 위해 실험적이고 실제적인 연구를 진행하였는데, 이 과정에서 수학 학습을 위한 4가지 학습 원리를 제안하였다.

(1) 역동적 원리(Dynamic principle)

디에네시는 수학 학습을 위한 6단계 중 자유 놀이와 구조화된 게임, 공통성을 탐구하는 단계뿐만 아니라 표현, 기호화, 공리화에 이르기까지 모든 단계에서 수학적 활동의 중요성을 강조하였다. 이는 수학 개념형성에서 활동이 우선되어야 하기 때문으로, 이러한 활동과 조작은 수학 학습을 위한 각 단계가 유기적으로 연결되는 데 중요한 역할을 한다.[7] 즉 학생들이 수학적 개념을 학습할 수 있도록 수 모형, 점판, 칠교, 모양조각 등을 활용하여 다양한 놀이와 게임을 하는 경험을 제공해야 한다. 이를테면 수 모형을 통해 십진 위치적 기수법의 개념과 원리, 자연수의 덧셈과 뺄셈의 계산 과정을, 점판과 칠교 등을 통해 평면도형의 기본 개념과 성질 등을 이해하는 데 도움이 된다. 이때 역동적 원리는 구체물 또는 조작 교구를 활용한 놀이와 게임을 통해 수학을 학습할 수 있도록 하는 것이다.

(2) 구성의 원리(Constructivity Principle)

수학 개념은 구체물에 대한 활동으로부터 추상화되는 것이며, 개념을 인식하기 위해서는 개념에 대한 직관적인 구성이 선행되어야 한다는 것이다. 즉 구성의 원리는 자유 놀이에서 구조화된 게임으로, 또 게임에서 공통성을 탐구하는 단계를 비롯하여 각 단계에서 구조를 파악하기 위해서는 구성이 분석보다 앞서야 한다는 것을 의미한다. 여기서 구성은 부분에서 전체로 나아가는 과정으로, 일반적으로 어떤 대상을 만들거나 전체를 파악하는 것을 의미한다. 이에 비해 분석은 전체에서 부분을 향하는데, 일반적으로 전체를 분해하여 작은 부분으로 나열하여 부분을 검토하거나 이에 대한 근거를 제시하는 것이다.

디에네시는 다양한 실험을 통해 구성적 사고는 피아제의 인지 발달 과정의 구체적 조작기에, 분석적 사고는 형식적 조작기에 주로 나타나는 것을 확인하였는데, 이로부터 수학 개념의 형성에서 구성이 분석에 선행한다는 원리를 주장한 것이다. 예를 들어, 삼각형을 지도할 때 아동들에게 삼각형을 먼저 그리고(구성), 그런 다음에 변이나 각, 꼭짓점 등을 분석적으로 지도하는 것이 일반적이다. 하지만 수학 학습의 실제 과정은 구성 또는 분석 중 어느 한 가지만으로 전개되는 것이 아니라 구성적 사고와 분석적 사고가 필요한 상황이 서로 교차되거나 동시

7) 디에네시는 조작이 형성되는 심리 역학 과정으로 '예비 게임 → 구조화된 게임 → 연습 게임'의 자연스러운 과정에 따라 학습 상황과 그 경험이 조직되어야 한다고 보았다.

에 나타날 수도 있는데, 학생의 수준과 수업 내용을 전개하는 방식에 따라 구성과 분석을 종합하여 효과적으로 제시하는 것이 필요하다.

(3) 수학적 다양성의 원리(Mathematical Variability Principle)

수학적 다양성의 원리는 수학 학습에서 개념을 지도하기 위해 다양한 변수를 포함하는 경험으로부터 학습하는 것을 말한다. 즉 어떤 수학적 개념이 서로 다른 변수를 포함하고 있다면, 그 개념을 효과적으로 학습하기 위해서는 이들 변수 중 개념과 관련된 핵심 변수(불변인 특성)는 고정하고 관련 없는 변수(비본질적인 특성)는 다양하게 제시하는 것이 바람직하다. 예를 들어, 삼각형을 지도할 때, 변의 길이나 각의 크기가 다양한 삼각형을 제시하여 삼각형의 개념을 형성하는 것을 생각해 볼 수 있다. 이등변삼각형의 경우 두 변의 길이(또는 두 밑각의 크기)가 같다는 사실이 핵심 변수이며 이때 주어진 삼각형의 모양이나 다른 한 변의 길이, 다른 한 각의 크기 등은 관련 없는 변수가 된다. 또 입체도형에서 각기둥의 경우에서도 전형적인(또는 이상적인) 모양만을 제시할 것이 아니라 두 밑면이 평행이고 합동이라는 핵심 변수는 고정한 채 이와 관련 없는 높이나 밑면의 모양 등은 다양한 형태를 제시함으로써 각기둥의 본질적인 성질에 주목하게 할 수 있다. 이처럼 수학적 다양성의 원리는 학생이 수학 개념을 학습할 때, 개념의 본질에 해당하는 핵심 변수와 직접 관련되지 않은 변인들을 체계적으로 구분하게 함으로써 수학적 개념을 일반화하는 데 도움이 된다.

[그림 4-11] 교육부(2024c), 수학 2-1, p. 37

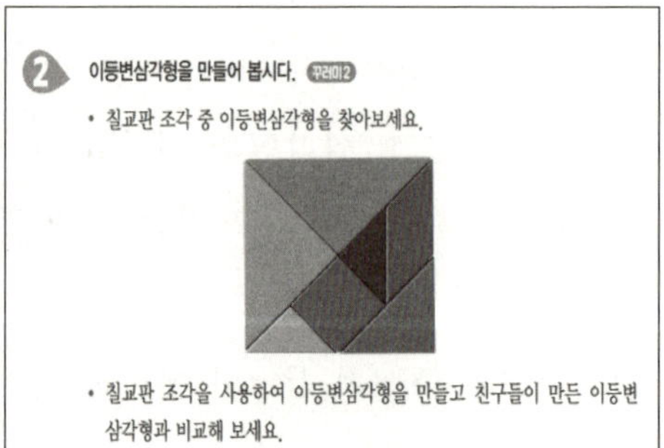

[그림 4-12] 박만구 외(2025c), 수학 4-2, p. 17

(4) 지각적 다양성의 원리(Perceptual Variability Principle)

지각적 다양성의 원리는 수학 개념을 지도할 때, 지각적으로 다르지만 구조적으로 동일한 형태의 구체물을 활용하여 지도하는 것을 말한다. 수학 학습에서 학생은 개인차가 많이 나타나므로 가능하면 이러한 개인차를 존중해야 한다. 특히 수학적 개념은 추상적인 경우가 많으므로 학생들이 이러한 수학 개념을 파악할 수 있으려면 개념적인 측면에서 동일한 구조를 갖는 동형의 다양한 구체물을 활용하여 지각적으로 다양한 상황에서 학습할 수 있어야 한다.[8] 예를 들어, 자연수의 십진 기수법의 개념을 지도하는 과정에서 수 모형과 같은 비례적 모형을 사용할 수도 있지만, 동전 모형과 같은 비(非)비례적 모형을 사용할 수도 있다. 또한 자연수의 덧셈을 지도하는 과정에서 수 모형, 퀴즈네어 막대, 동전 모형, 연결큐브 등을 활용함으로써 각 모형에서 학생들이 지각적으로 다양한 상황을 경험하고 이로부터 다른 관점에서 동일한 구조를 파악할 수 있도록 할 수 있다. 이와 같이 지각적 다양성을 통해 구체물에서 공통성을 탐구함으로써 수학 개념을 형성하는 것이 수학 학습에서 요구된다.

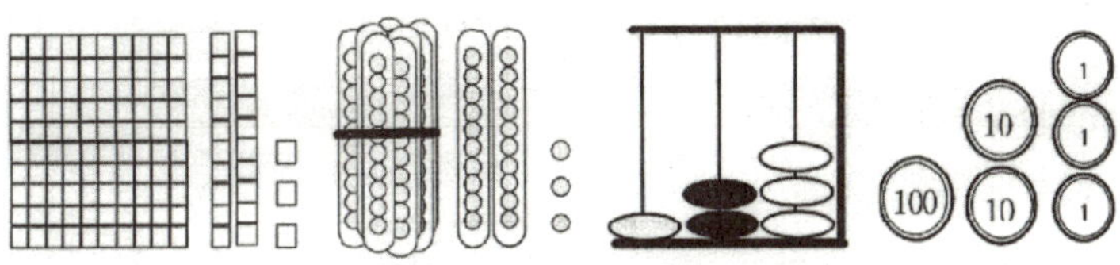

[그림 4-13] 십진기수법 지도 모형

• 토의 과제: 디에네시의 수학 학습 원리

초등학교 수학 교과서 내용 또는 활동에서 디에네시의 수학 학습 원리를 적용할 수 있는 대표적인 사례를 찾아 4가지 수학 학습 원리에 적용하여 토의해 보세요.

---

8) 수학에서 추상화의 본질은 여러 가지 다른 상황에서 공통의 성질을 추출하는 것이다. 지각적 다양성의 원리는 다중 구체화의 원리(multiple-embodiment principle)라고도 하는데, 이는 추상화를 용이하게 하기 위한 전략이다.

나. 수학 학습을 위한 6단계

디에네시의 개념형성에 관한 기본 신념은 학생의 수학 학습은 자발적인 학습 동기에서 시작하여, 수학적인 상황인 '놀이(play)'를 통해 조직된 학습으로 발전하고, 수학적 구조를 내포하고 있는 학습 상황에서 수학적 구조의 구성과 그 구조를 응용하는 학습의 과정을 통해 완성된다는 것이다. 그는 장기간에 걸친 실험적이고 실제적인 연구를 통해 개념형성이 이루어지는 과정을 세밀히 분석하였는데, 그 결과 수학 학습 지도 과정이 6개 단계를 거치면서 이루어질 수 있다고 보았다.

(1) 1단계: 자유 놀이(free play)

자유 놀이는 구체물을 통한 자유로운 상호작용, 교구를 자유롭게 다루는 단계를 말한다. 학생은 구조화되어 있지 않은 조작이나 활동과 함께 자유로운 놀이를 하게 된다. 이 단계에서 다양한 조작 활동이 가능한 구체물을 제공하여 학생이 자유롭게 놀이를 하면서 새로운 개념을 경험하도록 한다. 단, 구체물은 수학적 개념을 내포하고 있는 것이 좋은데, 이후 단계에서 구체물에 내재된 수학적 개념이나 구조를 이해하는 데 도움을 주기 때문이다. 자유 놀이를 위한 구체물의 예로 속성블록(attribute blocks)을 들 수 있다. 속성블록은 색, 모양, 두께, 크기의 4가지 속성을 자유롭게 바꿀 수 있다. 물론 변수를 이 4가지로 한정할 필요는 없고, 더 많은 속성으로 변화시킬 수도 있다. 이처럼 다양한 수학적 개념(평면도형에서 모양과 크기 등)이 내재되어 있는 교구를 학습 환경으로 제공하면 학생은 이후 단계에서 자연스럽게 관련 개념을 학습할 수 있게 된다. 학생은 이러한 속성블록을 아무 생각 없이 모양이 같은 것, 크기가 같은 것, 색깔이 같은 것끼리 모으거나 가지고 놀게 되는데, 이를 통해 기준에 따른 분류, 다각형의 모양과 크기 개념을 자연스럽게 형성하게 된다. 따라서 다양한 구체물과 교구를 통해 학생들에게 자유 놀이를 위한 환경을 제공하는 것이 개념을 형성하기 위한 학습에서 첫 단계로 제시된다.

(2) 2단계: 게임(game)

아동은 자유 놀이를 하면서 자연스럽게 어떤 규칙성이 있다는 사실을 깨닫게 된다. 그 결과 정해진 제한이나 조건, 즉 규칙을 지키면서 게임을 할 수 있게 되는데, 여기서 구조화된 게임을 할 수 있게 된다. 이 단계의 학생은 구조화된 규칙이 있는 게임에 집중하게 되며, 주어진 상황에서의 규칙성에 착안하여 규칙에 따른 내용을 설명하거나 어떤 것이 일어날 것을 예측할 수도 있게 된다. 학생은 규칙을 발견하고 그것을 사용하거나 바꾸고 없앨 수도 있으며, 그에 따라 각각의 '게임'을 할 수 있게 된다. 이를테면 속성블록이나 다진수 블록 등의 구조화된 교구를 사용할 경우, 가위바위보를 하여 이긴 사람이 속성블록을 갖는 게임을 할 수 있다. 이와 함께 학생들은 스스로 새로운 규칙을 생각해 내거나, 규칙을 바꾸거나 하여 새로운 자신들의 게임을 만들 수 있게 되며 점차 규칙성을 다루는 데 익숙해지게 된다. 그러면서 일상적인 상황에서도 어떤 규칙이 있음을 알게 되고, 그 규칙을 알게 되면서 구조화된 게임으로 발전시킬 수 있게 된다. 따라서 학생에게 수학적 개념을 학습시키고자 할 때에는, 구조화된 교구를 활용하여 게임의 규칙과 함께 수학적 구조를 포함함으로써 이후 수학적 구조에서 공통성을 탐구할 수 있도록 하는 것이 필요하다.

[그림 4-14] 교육부(2024d), 수학 2-2, p. 27

(3) 3단계: 공통성 탐구(searching for communalities)

공통성 탐구 단계는 다양한 게임을 경험하면서 그 게임 속에 공통으로 포함된 특정 개념의 수학적 구조를 파악하는 단계이다. 이 단계에서 학생은 주어진 특정 개념의 예와 반례를 구분할 수 있게 되며, 여러 가지 예들을 분석하여 각각의 예로부터 서로 공통된 추상적인 성질을 찾아내고, 개념이 갖고 있는 구조적 공통성을 이해할 수 있게 된다. 이를 위해 게임에서 다루는 변수의 존재나 변수가 몇 개인지를 인식하는 것이 중요한데, 이를테면 속성블록의 집합에서 학생 스스로 어떤 요소를 구분하여 분류함으로써 공통성을 탐구할 수 있게 된다. 한편 수학 학습은 수학적 구조에서 수학적 법칙에 따라 구조화되어 있는 게임을 하는 것에 국한되는 것은 아니다. 그렇다면 어떻게 하면 이러한 게임에서 그 속에 있는 수학의 추상적 개념을 찾을 수 있는가? 이를 위한 방법으로 학생에게 같은 구조를 가지면서 전혀 다르게 보이는 게임을 하도록 하는데, 이때 학생은 같은 구조의 게임 사이에서 추상적인 성질 사이의 연관성을 찾아낼 수 있게 된다. 또 공통의 구조를 찾아냄으로써 이와 관계없는 요소는 버릴 수 있게 된다. 예를 들면, 속성블록에서 색이나 모양을 관계가 없는 성질로 버리거나, 크기나 두께를 버리고 다른 요소에 집중해서 생각할 수 있게 하는 것이다. 이처럼 여러 가지 형태로 구조화된 게임을 순차적으로 해 가면서, 학생은 구조의 관점에서 같은 것과 다른 것을 인식하게 된다. 학생이 자신이 경험한 게임에서 공통성을 이해함으로써 이러한 공통성 탐구가 '추상화'로 이어지게 되는 것이다.

2 직사각형 모양의 종이띠를 선을 따라 잘랐을 때, 잘라 낸 도형에 대해 알아봅시다.

- 잘라 낸 도형들 중 사다리꼴을 찾아보세요.
- 사다리꼴이라고 생각한 까닭을 이야기해 보세요.

[그림 4-15] 박만구 외(2025c), 수학 4-2, p. 69

(4) 4단계: 표현(representation)

특정 개념과 관련된 여러 가지 예로부터 공통성을 추출한 이후에, 이러한 공통성을 포함하는 개념을 파악하고 그것을 표현하게 된다. 이때 사용하는 표현 방법은 간단한 그림이나 언어적인 표현, 그래프와 같은 시각적 형태, 또는 이것을 포괄하는 형태 등과 같이 다양할 수 있다. 이와 같은 표현에 해당하는 것은 그림, 표, 그래프, 벤 다이어그램 등이 있다. 수학적 개념을 표현하는 경우 개념을 파악하기 위해 제시된 예보다 추상적이게 되는데, 표현하는 과정에서 학생은 주어진 개념을 보다 추상적으로 사고할 수 있게 한다. 그러나 이 단계는 추상화가 아직 정착된 것은 아니기 때문에, 아동은 추상화된 개념을 완전하게 사용하기는 어렵다. 추상화된 개념을 완전히 파악하기 위해서는 우선 이것을 어떤 형태로 표현하는 과정이 필요하다. 이렇게 표현함으로써 추상화된 개념을 살펴보고 구조화된 게임이나 이러한 게임으로부터 추출한 공통성과 독립적으로 수학적 개념에 대해 다시 생각할 수 있게 된다.

(5) 5단계: 기호화(symbolization)

기호화 단계는 학생이 표현 단계에서 주어진 개념을 표현한 것을 언어 또는 수학적으로 적절하게 기호화할 수 있게 되는 단계이다. 학생은 스스로 기호 표현 방법을 고안하거나 발견해 보는 경험도 필요하지만, 교과서에서 제시한 표준화된 기초체계와 비교할 수 있어야 한다. 이를 위해 상징적인 기호 체계의 사용은 수학 학습에서 중요하다는 사실을 학생에게 인식시켜야 한다. 학생은 개념을 기호화하여 표현하는 방법을 이해하게 되고, 적절한 언어인 기호 체계를 확인하게 된다. 한편 기호화 단계에서 학생은 한 가지 형태의 표현이나 같은 구조를 가진 여러 가지 표현을 비교하는 것도 가능하다. 이는 추상화된 개념의 성질을 이해하기 위함이다. 또 학생은 이렇게 표준화된 기호 체계를 기술하고 설명해야 하므로 '언어'를 필요로 한다. 이와 같이 기호화된 표현을 언어로 기술함으로써 이는 공리계의 기초가 되고, 이렇게 기술한 언어와 기호는 공리가 되며, 이후 정리로 발전하게 된다.

(6) 6단계: 형식화(axiomatization)

수학적 구조의 대부분은 그 성질이 복잡하므로, 그 성질을 모두 기술하기는 어렵다. 수학적 구조의 성질을 기술하는 과정이 곧 증명의 과정이다. 여기서 끝맺는 부분의 기술이 이 체계의 정리에 해당하며, 이렇게 완성된 체계 속에는 몇 가지 공리, 즉 기술의 처음 부분과 게임 규칙을 포함한다. 즉 증명을 위한 논리적이고 수학적인 규칙이 포함되며, 나아가 체계의 정리까지 포함한다. 디에네시가 제시한 수학 학습의 최종 단계인 형식화는 학생이 주어진 개념을 포함하는 수학적 구조를 파악하여, 그 개념이 가지고 있는 여러 가지 성질을 체계화하고 순서관계를 확립하여 공리로부터 정리를 형성하고 증명하는 단계이다. 이는 주어진 개념으로부터 나온 여러 가지 성질들 가운데, 기본적으로 선정된 몇 가지 성질인 공리로부터 다른 성질에 도달하는 과정에서 필요한 규칙으로 정리를 찾아내는 과정이다. 즉 몇 개의 기본적인 공리로부터 하나의 정리가 만들어지는 과정이 수학적인 형식화라고 할 수 있다.

• 토의 과제: 디에네시의 수학 학습 원리

초등학교 수학 교과서에서 디에네시가 제시한 수학 학습을 위한 6단계 중 표현 단계와 기호화 단계에 해당하는 예를 찾아 토의해 보세요.

참고문헌

강완, 김상미, 박만구, 백석윤, 오영열, 장혜원(2014). 초등수학교육론. 경문사.

교육부(2024a). 수학 1-1. ㈜천재교과서.

교육부(2024b). 수학 1-2. ㈜천재교과서.

교육부(2024c). 수학 2-1. ㈜천재교과서.

교육부(2024d). 수학 2-2. ㈜천재교과서.

김성준, 김수환, 신준식, 이대현, 이종영, 임문규, 정은실, 최창우(2014). 2009 교육과정 중심 초등 수학교육론. 동명사.

류성림, 권성룡, 김남균, 이종학, 여승현, 박진형, 임미인, 조진우, 최지선, 탁병주(2024). 2022 개정 교육과정에 따른 초등수학교육론. 경문사.

박만구, 강경은, 김대진, 김도경, 김수정, 김지영, 김진호, 김희웅, 손경호, 유대현, 이진우, 임근광, 조두경, 조수윤(2024a). 초등학교 5~6학년군 수학 5-1. ㈜천재교과서.

박만구, 강경은, 김대진, 김도경, 김수정, 김지영, 김진호, 김희웅, 손경호, 유대현, 이진우, 임근광, 조두경, 조수윤(2024b). 초등학교 5~6학년군 수학 6-1. ㈜천재교과서.

박만구, 강경은, 김대진, 김도경, 김성준, 김지영, 김진호, 김희웅, 박경연, 손경호, 유대현, 이진우, 임근광, 장윤선, 조두경, 조수윤, 최성이, 한채린(2025a). 초등학교 3~4학년군 수학 3-1. ㈜천재교과서.

박만구, 강경은, 김대진, 김도경, 김성준, 김지영, 김진호, 김희웅, 박경연, 손경호, 유대현, 이진우, 임근광, 장윤선, 조두경, 조수윤, 최성이, 한채린(2025b). 초등학교 3~4학년군 수학 3-2. ㈜천재교과서.

박만구, 강경은, 김대진, 김도경, 김성준, 김지영, 김진호, 김희웅, 박경연, 손경호, 유대현, 이진우, 임근광, 장윤선, 조두경, 조수윤, 최성이, 한채린(2025c). 초등학교 3~4학년군 수학 4-2. ㈜천재교과서.

박만구, 강경은, 김대진, 김도경, 김수정, 김지영, 김진호, 김희웅, 손경호, 유대현, 이진우, 임근광, 조두경, 조수윤(2024c). 초등학교 5~6학년군 수학 5-1 교사용 지도서. ㈜천재교과서.

우정호(2016). 수학 학습-지도 원리와 방법(제2개정판 수정판). 서울대학교출판문화원.

황혜정, 나귀수, 최승현, 박경미, 임재훈, 서동엽(2023). 수학교육학신론 1. 문음사.

Buswell, G. T., Brownell, W. A., & Sauble, I. (1959). Arithmetic We Need 3. GINN AND COMPANY.

WSOY pro., Ltd (2016). 핀란드 초등 수학교과서: Laskutato 1-2. 솔빛길출판사.

제 5 장 수학학습심리학 II

앞서 4장에서는 자극반응이론(손다이크, 스키너)과 브라우넬의 유의미 학습 이론에 대해, 그리고 피아제의 인지 발달 단계 이론을 중심으로 하는 조작적 구성주의, 브루너의 지식의 구조와 발견 학습, 그리고 디에네시의 수학 학습 원리와 놀이 학습을 살펴보았다. 5장 수학 학습 심리학 II에서는 스켐프의 수학 학습 심리학을 비롯하여 프로이덴탈의 현실적 수학교육과 수학화 이론, 반 힐레의 기하 사고 수준 이론, 그리고 비고츠키의 근접발달영역과 수학학습을 중심으로 살펴본다.

1 스켐프(R. R. Skemp)의 수학학습심리학

스켐프는 피아제 심리학의 기본적인 아이디어를 수학학습 심리학의 입장에서 해석하여 수학학습이론을 전개하였다. 그는 수학학습의 기초로서 개념학습의 중요성을 강조하면서 학습자의 개념적 구조를 의미하는 스키마(schema)라는 용어를 도입하였고 수학 학습의 주요 목적이 스키마의 형성에 있다고 보았다.

가. 직관적 지능과 반성적 지능

스켐프는 지능의 본성에 대한 논의를 바탕으로 그에 충실한 능동적인 수학학습이 이루어져야 한다고 주장한다. 스켐프에 의하면 지능은 목표지향적인 행동이며, 현 상태와 목표 상태를 파악하고 비교하여 그 간격을 좁히기 위한 계획을 세우고 그에 따라 행동하게 하는 정신적 도구인 지시체계를 본질로 한다. 지시체계는 외부환경으로부터 정보를 수용하여 실제적인 대상에 대하여 행동하게 하는 지시체계와 그러한 지시체계가 경제적이고 적응력을 갖고 작용하도록 하는 지식구조, 곧 스키마를 이루는 지시체계로 나누어진다. 이와 같이 지능을 서로 보완적 역할을 하는 직관적 지능과 반성적 지능으로 구분할 수 있다. 직관적 지능이란 감각기관을 통해 지각된 실제적 대상 사이의 관계 또는 아동 자신의 대상에 대한 행동 사이의 관계를 인식하는 능력을 가리킨다. 반성적 지능은 직관적 지능에 의해 구성된 개념이나 개념 사이의 관계를 인식하고 내면적 활동을 조정하는 능력이다.

스켐프는 인간의 지능을 직관적 지능(Intuitive Intelligence)과 반성적 지능(Reflective Intelligence)으로 구분하며, 수학 학습 과정에서 이 두 지능의 상호작용이 중요한 역할을 한다고 보았다. 직관적 지능은 무의식적으로 작동하며, 즉각적인 반응과 학습에 관여한다. 이는 주로 경험을 통해 자연스럽게 형성된 사고와 문제 해결 방식에 기반을 둔다. 직관적 지능은 자동적이고 빠르게 작동하며, 학습 초기 단계에서 특히 중요하다. 예를 들어, 학생이 여러 번 "2 더하기 3은 5"라는 사실을 접한 후, 이를 빠르게 답할 수 있는 상태가 되는 것은 직관적 지능의 작용이라고 볼 수 있다. 이때 학생은 계산 과정을 의식적으로 떠올리지 않더라도 자동으로 답을 도출할 수 있다. 이러한 지능은 반복적인 경험과 학습을 통해 형성되며, 복잡한 수학 개념을 이해하기 위한 기초를 제공한다. 스켐프는 직관적 지능이 새로운 개념을 탐구하거나 학습 초기의 기초를 다질 때 중요한 역할을 한다고 보았다. 그러나 직관적 지능에는 한계도 있다. 특정 규칙이나 절차에만 의존하면, 학생은 개념의 본질을 이해하지 못한 채 표면적인 암기와 적용만 하게 된다.

반성적 지능은 의식적인 사고와 자기 성찰을 기반으로 작동하며, 문제를 분석하고 논리적으로 접근하는 데 사용된다. 반성적 지능은 직관적 지능과 달리 속도보다는 정확성과 심층적 사고를 중시하며, 새로운 문제 상황에 창의적이고 유연하게 대처할 수 있게 한다. 예를 들어, 학생이 수학 문제를 풀면서 "왜 이 방법이 맞는가?"를 질문하고, 다양한 해결 방법을 비교·분석하는 과정은 반성적 지능의 활동이다. 이는 학습자가 수학적 개념을 보다 깊이 이해하고 다른 문제에 응용할 수 있는 능력을 키우도록 돕는다. 스켐프는 반성적 지능이 학생들이 직관적 지능에 의해 형성된 초기 개념을 재검토하고, 이를 논리적으로 확장할 수 있도록 돕는 도구라고 강조했다. 또한 반성적 지능은 개념의 구조를 파악하는 데 핵심적 역할을 한다.

스켐프는 학습 과정에서 직관적 지능과 반성적 지능이 분리된 것이 아니라 상호보완적으로 작용한다고 보았다. 초기에 직관적 지능이 학습자의 경험과 반복을 통해 기본적인 개념을 형성한다면, 반성적 지능은 이 개념을 분석하고 체계화함으로써 심층적인 이해로 발전시킨다. 예를 들어, 학생이 처음에는 직관적으로 덧셈 규칙을 익히더라도, 이후 반성적 지능을 통해 덧셈의 교환법칙과 같은 이론적 원리를 이해할 수 있다. 이러한 상호작용은 학습자가 단순히 규칙을 암기하는 데 그치지 않고, 새로운 문제를 만났을 때 기존 지식을 유연하게 적용할 수 있도록 한다. 따라서 스켐프는 수학교육에서 직관적 지능과 반성적 지능을 모두 고려한 균형 잡힌 교수 전략의 필요성을 주장하고 있으며 직관적 지능과 반성적 지능의 조화를 통해 학습자가 수학적 사고력을 깊이 있게 기를 수 있다고 보았다.

나. 도구적 이해와 관계적 이해

스켐프는 어떤 것을 이해한다는 것은 그것을 적당한 스키마, 즉 개념적 구조에 동화시키는 것으로 생각했다. 이것은 이해의 주관적 성질을 설명한다. 우리는 부적절한 스키마에 동화하여도 이해했다고 주관적으로 느낄 수 있다. 예를 들어, 고대 그리스인들은 천둥과 번개를 제우스 신이 화가 나서 물건을 마구 집어던지는 스키마에 동화시켜서 이해했다. 천둥과 번개에 적절한 스키마는 전기 방전의 아이디어에 있으므로 이러한 아이디어가 등장한 18세기까지는 진정한 의미의 천둥과 번개에 대한 이해가 가능하지 않았다. 그러나 더욱 완전히 이해하려면 대기에서의 이온화 과정에 대한 지식을 알아야 한다. 즉 기본적인 스키마에 더 많은 것이 첨가되어 더욱 확장된 스키마로 동화가 이루어져야 한다. 이처럼 이해의 과정은 연속적이며 스키마의 지속적인 재구성 과정이라고 볼 수 있다.

스켐프는 수학적 이해를 도구적 이해와 관계적 이해로 구분하여 설명하였다. 도구적 이해(instrumental understanding)란 규칙이나 공식이 구성된 이유는 모르지만 그 공식이나 규칙을 문제해결에 적용하는 상태를 말한다. 예를 들어, 사다리꼴의 넓이를 구하는 공식은 알고 있지만 그 공식이 유도되는 과정을 알지 못하는 학생이 사다리꼴의 넓이를 구했다면 이를 도구적 이해라고 볼 수 있다. 이에 비해 관계적 이해(relational understanding)는 공식의 방법과 이유를 아는 상태, 곧 일반적인 수학적 관계로부터 특정한 법칙이나 알고리즘을 연역할 수 있는 상태를 말한다. 예를 들어, 사다리꼴의 넓이 공식이 어떻게 만들어졌는지에 대한 명확한 설명과 그 적용 방법까지 깊이 있게 아는 것을 말한다. 따라서 관계적 이해는 새로운 상황이나 과제에 대하여 수학적 규칙이나 절차를 도출해 낼 수 있고 적용도 가능하며 장기 기억으로 이어질 수 있으므로 관계적 이해 그 자체는 학습의 목적이 된다.

도구적 이해는 관계적 이해에 비해 상대적으로 용이하고 그 보상이 즉각적이고 분명하게 나타나며, 과학과 같은 다른 교과에서 수학을 도구적 지식으로 요구하기 때문에 많은 학생들이 도구적 이해 상태에 그치는 경우가 많다. 스켐프는 학교 현장에서 많은 교사와 학생들이 도구적 이해로 수학을 가르치고 있는 현상을 언급하면서 도구적 이해가 가지는 세 가지 장점을 다음과 같이 정리하였다.

첫째, 일반적으로 도구적 이해가 더 쉬우며 어떤 경우는 매우 쉽다. 예를 들어, 두 음수의 곱셈이나 분수의 나눗셈과 같은 주제는 관계적 이해가 매우 어렵다. 음수 곱하기 음수는 양수가 된다거나 분수로 나누려면 그 분수의 분모와 분자를 바꾸어 곱하면 된다는 것은 쉽게 기억할 수 있는 공식이다. 만약 학생이 원하는 것이 문제의 정답이라면 도구적 이해는 그 목표를 빠르고 쉽게 달성할 수 있다.

둘째, 보상이 더욱 즉각적이고 명백하다. 어떤 문제의 정답을 얻는 것은 중요한 것이고 우리는 학생들이 이것에서 느끼는 성취감의 중요성을 과소평가해서도

안 된다. 예를 들어, 일부 학생들이 자신을 '수포자'라고 부르며 수학 공부를 포기하려는 사례가 있는데, 이러한 학생들은 수학 학습에 대한 자신감을 키울 필요가 있고 이들에게는 관계적 이해보다는 도구적 이해로 보다 빠르고 쉽게 자신감을 키울 수 있을 것이다.

셋째, 보다 적은 지식이 필요하다. 어떤 학생들은 보다 빨리 올바른 답을 얻을 수 있기 때문에 관계적 이해보다 도구적 이해에 의존하는 경우가 있다.

스켐프는 관계적 이해의 장점을 다음과 같이 네 가지로 정리하였다.

첫째, 관계적 이해는 새로운 과제에 더 잘 적용된다. 관계적 이해는 어떤 방법을 사용하여야 하는지 알 뿐만 아니라 그에게 그 문제에 그 방법이 관련되는지와 새로운 문제에 그 방법이 적절한지를 알게 해준다. 도구적 이해는 어떤 방법이 있을 때, 그 방법을 사용할 수 있는 문제와 사용할 수 없는 문제가 어느 것인지 기억하고, 새로운 부류의 문제마다 다른 방법으로 학습해야 할 필요가 있다.

둘째, 관계적 이해는 기억하기가 더 쉽다. 학생들이 삼각형의 넓이 공식을 외우는 것이 그 이유를 배우는 것보다 더 쉽다. 그러나 이러한 경우 학생들은 삼각형, 사각형, 평행사변형, 사다리꼴의 넓이를 구하는 공식을 별개로 분리하여 배워야 한다. 반면에 관계적 이해는 이러한 공식이 직사각형 넓이와 관련시켜 구성한다. 각각의 공식을 관련된 전체의 부분으로서 기억하여 그들이 어떻게 관련되어 있는지를 안다면 전체를 기억하기가 더 쉬울 것이다. 학습해야 할 것은 많겠지만 일단 학습되면 더 오래 지속된다.

셋째, 관계적 이해는 그 자체가 목적으로서 효과적일 수 있다. 외적인 보상이나 벌에 의존하지 않고 관계적 이해 자체를 추구할 수 있다.

넷째, 관계적 스키마는 질적으로 유기적이다. 만약 사람들이 관계적 이해를 통해서 만족감을 얻게 되면, 그들은 자기 앞에 놓은 새로운 자료를 관계적으로 이해하려고 노력할 것이다. 또한 마치 나무가 영양분을 찾아서 뿌리를 뻗어나가거나 동물이 먹이를 찾아 새로운 지역을 탐험하는 것과 같이 능동적으로 새로운 자료를 찾고 새로운 분야를 탐구하게 된다.

지금까지 살펴본 스켐프의 수학학습이론에 따르면, 수학교육은 반성적 지능 수준의 사고 활동을 통해 개념적 구조, 곧 스키마의 구성을 바탕으로 한 관계적 이해를 목표로 해야 한다. 어떤 수학적 개념을 이해하려면 그 관계망의 형성을 필요로 하며 이것이 이해 활동이다. 따라서 수학 학습지도는 기존의 스키마를 바탕으로 관련된 개념적 관계망의 구성, 곧 스키마의 재구성을 목표로 해야 한다. 나아가 수학적 아이디어를 계속 탐구하여 스키마의 재구성을 스스로 시도하도록 수학을 지도할 필요가 있다.

• 토의 과제: 학생의 이해 상태 분석하기

수학 일기에서 알 수 있는 학생의 이해 상태를 스켐프의 용어를 사용하여 설명해 보세요. 이러한 이해 상태가 발생하는 이유와 이를 개선할 수 있는 방안을 설명해 보세요.

〈학생 B의 수학 일기〉

나는 오늘 진분수끼리 곱하는 것을 배웠다. 분수끼리 곱할 때에는 분모는 분모끼리, 분자는 분자끼리 곱하면 된다는 것을 알았다.

곱하는 방법이 쉬워서 선생님께서 나눠 주신 활동지와 익힘책에 있는 문제를 모두 잘 풀었다. 그런데 진분수의 곱셈에서 분모는 분모끼리, 분자는 분자끼리 곱하는 이류를 잘 모르겠다. 자연수와 분수를 곱할 때에는 원리까지 잘 알아서 친구에게 설명을 해줬는데….

〈2015학년도 공립초등학교 교사 임용시험〉

2 프로이덴탈(Hans Freudenthal)의 현실적 수학교육

프로이덴탈은 네덜란드의 수학자이며 수학교육학자로서 인간활동으로서의 수학을 강조하며 현실적 수학교육(Realistic mathematics education) 이론을 발전시켰다. 그에 따르면 수학은 실제적인 문제상황으로부터 그 정리 수단으로 출발하여 점진적 수학화 과정을 거쳐 구성된 실제적인 지식이다. 따라서 학교수학은 학생들에게 현실적인 맥락으로부터 출발하여야 하며 완성된 수학 지식을 지도하는 것이 아니라 수학화(mathematising)를 지도해야 한다고 주장한다.

가. 수학화

수학을 인간의 정신적 활동이라고 할 때 수학적 활동의 본질적인 특징을 프로이덴탈은 수학화 활동이라고 주장한다. 수학화는 현상을 수학적 수단인 본질로 조직하는 것을 의미하며 수학화 과정은 이런 현상과 본질의 교대 작용에 의해 수준 상승이 이루어지는 불연속적인 과정이다. 이때 현상이란 수학이 현실을 매체로 확장되어 간다고 볼 때 현실적인 경험일 수도 있고 수학적인 경험일 수도 있다. 현실의 경험을 수학적 수단으로 조직하는 것은 그러한 정리 수단인 본질을 찾는 것이다. 수학화 과정은 현실을 수학화하는 것을 출발점으로 해서 수학 자체의 수학화로 이어지며, 이는 처음에는 국소적으로 나중에는 전반적으로 진행된다. 따라서 수학화 활동은 수학적 내용과 표현이든 일상 용어로 표현된 소박하고 직관적인 현실적 체험이든지 간에 모든 수학적인 조직화 활동을 의미한다. 수학화는 인간이 일상생활에서 직면하는 현상을 수학적 개념과 구조로 조직화하는 과정으로, 이를 통해 학습자는 수학적 사고를 발전시키고 현실에 적용할 수 있는 능력을 갖추게 된다. 수학화의 예를 들어 보면, 공간의 여러 가지 형상을 도형으로 파악하는 것은 공간을 수학화하는 것이고, 여러 가지 법칙에 따르는 자연계의 양의 변화 관계를 함수로 파악하는 것은 현실 세계를 수학화하는 것이고, 기하를 대수적 방법으로 다루는 것은 기하를 대수화하는 수학화라고 볼 수 있다.

수학화 과정을 현실에서 출발해서 수학 자체의 수학화에 이르는 과정으로 볼 때, 수학화 과정에서 이루어지는 수학자들의 조직화 활동은 매우 다양하다. 이런 수학화 활동을 경험시키고자 하는 근본적인 의도는 학생들에게 의미를 갖지 못하는 수학의 형식을 처음부터 제시하는 것이 아니라 수학의 여러 가지 내용을 재발명해 보게 함으로써 그 필요성을 알게 하면서 점진적으로 형식화해 나가고자 하는 것과 수학과 현실을 밀접하게 연결 지음으로써 수학의 유용성을 체험케 하고자 하는 것이다. 무엇보다도 수학화 활동을 경험함으로써 형식화된 수학의 의미를 한층 잘 이해할 수 있도록 하려는 것이다. 수학화 활동 중에 학교 수학에서 경험할 수 있는 수학화의 기본적인 활동으로는 규칙과 패턴 찾기, 추론하기, 정의

하기, 알고리즘화 등이 있다.

(1) 규칙과 패턴 찾기

수학의 가장 특징적인 활동이라고 볼 수 있는 것이 규칙과 패턴 찾기이다. 사실상 인간이 선천적으로 타고난 특성이며, 수학교육을 받지 않더라도 거의 모든 사람들이 규칙과 패턴을 찾을 수 있다. 수학이 규칙성과 패턴만을 다루는 것은 아니지만 이 부분에 많은 수학적 노력이 기울여졌다는 것은 사실이다. 학교 수학에서도 이 부분에 많은 시간이 할당되어 있다. 예를 들어, 물체, 무늬, 수 등의 배열에서 규칙을 찾아 여러 가지 방법으로 표현하거나 다양한 변화 규칙을 찾아 설명하고, 그 규칙을 수나 식으로 나타내는 활동을 생각할 수 있다. 수학 내적인 문제뿐만 아니라 현실적인 상황에서 여러 가지 수학적인 패턴과 규칙을 찾는 기회를 제공할 필요가 있다.

(2) 추론하기

추론은 크게 두 가지로 분석적 추론과 직관적 추론으로 나눌 수 있다. 직관적 추론과 분석적 추론은 상보적인 관계에 있다. 분석적 추론에 의해서는 찾을 수 없는 해들이 직관적 추론에 의해서 발견될 수 있다. 반면에 분석적 추론은 직관적인 가설을 더욱 명료하게 하는 데 필요하다. 수학교육에서는 분석적 추론을 강조해 왔으나 직관적 추론 또한 강조되어야 하며, 수학화의 역동적인 측면을 경험시키기 위해서는 교재 구성에서 추측과 예상을 위한 여지를 남겨 둘 필요가 있다.

(3) 정의하기

사전식 정의는 어떤 대상에 대한 서술이나 설명이지만, 수학에서의 정의는 그 이상이다. 정의하는 과정은 국소적인 조직화 활동 중의 하나이며, 암묵적인 아이디어를 사용하다가 정의의 필요성이 대두되면서 정의가 도입되는 경우가 많다.

그리고 수학의 발달사를 보면 여러 가지 개념이 오랜 기간을 거치면서 재정의되어 왔음을 알 수 있다.

학교에서 정의를 다룰 때의 문제점은 언제 어떤 방식으로 정의를 도입할 것인가 하는 것이다. 처음부터 모든 수학적 대상에 대한 정의를 도입할 필요는 없을 것이다. 예를 들어, 초등학교에서 지도하는 도형은 정의를 도입하지 않고 물건의 형태를 인식하는 과정을 통해서 지도하다가 나중에 중고등학교에 가서 정의를 도입하는 것이 보통이다. 형식적인 정의가 주어지기 전에 학습자는 스스로 정의를 발명해 보는 경험을 통해서 정의의 필요성과 의미 그리고 방법 등을 이해할 수 있도록 해야 한다. 예를 들어, 초등학교 1학년 교과서의 모양과 시각 단원에서는 [그림 5-1]과 같이 학생들에게 사각형, 삼각형, 원의 정의를 직접 제시하지 않는다. 학생들은 각각의 도형을 분류하고 그 특징을 직관적으로 파악할 수 있는 활동을 먼저 경험한 뒤에 도형의 이름을 지어야 할 필요를 느끼게 한 뒤에 스스로 이름을 지어보는 활동이 이루어진다. 이때, 학생들이 짝 활동과 모둠 활동을 통해 각자 지어 본 이름과 그 까닭을 들어 보는 기회를 충분히 가져 본 뒤에 가장 합리적인 표현 방법을 찾도록 지도하는 것이 중요하다.

[그림 5-1] 도형의 이름 짓기(교육부, 2024, p. 67)

(4) 알고리즘화

산술, 대수, 미적분 등을 비롯해서 수학은 알고리즘으로 가득 차 있으며, 수학은 알고리즘화의 본성을 갖고 있다. 문제는 알고리즘 자체가 자동적으로 다루게 된다는 본성 때문에 학생들은 기계적인 사고 방식에 젖어들기 쉬우며, 수학적 사고의 특징인 유연성과 발전적 조작 가능성을 저해하기 쉽다는 것이다

학생들은 알고리즘화 과정에는 관심이 적으며, 알고리즘에 따른 기계적인 계산에 빠지기 쉽다. 따라서 알고리즘을 지도할 때에는 점진적인 형식화가 이루어지도록 하는 것이 중요하며, 알고리즘은 학생들의 수준에 맞게 재발명하는 것에 의해 학습하는 것이 바람직하다. 수학화와 알고리즘은 상보적인 관계에 있다. 알고리즘의 숙달은 수학 학습을 위한 중요한 수단이 될 수 있고, 수학화 과정은 알고리즘의 발견에 이르게 할 수 있다. 알고리즘은 발견 과정을 거쳐 기계적인 계산법으로 사용될 수 있도록 지도할 필요가 있다.

나. 현실적 수학교육

현실적 수학교육(Realistic mathematics education)의 핵심적 원칙은 수학은 학생들에게 항상 의미 있는 것이어야만 한다는 것이다. '현실적(realistic)'이라는 용어는 문제 상황이 학생들에게 '경험적으로 실재'이어야만 한다는 것을 강조한다. 이것은 문제 상황이 항상 일상생활과 관련되어 있음을 의미하는 것은 아니다. 학생들에게는 그 문제의 수학이 그들에게 의미 있을 때 추상적인 수학 문제가 실재로써 경험될 수 있다. 현실적 수학교육은 인간 활동으로서의 수학이라는 관점에 뿌리를 두고 안내된 재발명과 점진적인 수학화, 수준 이론, 교수학적 현상학을 그 기본원리로 삼고 있다.

(1) 안내된 재발명

프로이덴탈에 따르면, 인간이 배워야 하는 것은 닫힌 체계로서의 수학이 아니

라 활동, 즉 현실을 수학화하는 과정 그리고 가능하다면 수학을 수학화하는 과정이다(Freudenthal, 1968). 이때 수학화는 현상을 조직화하는 활동을 의미한다. 어린 아동을 위한 수학교육은 무엇보다도 일상적 현실을 수학화하는 것에 목표를 두어야 한다는 것이다. 그러나 그들의 수준에 맞는 수학을 수학화하는 과정도 역시 중요하다. 학생들은 개념학습이나 문제해결 절차에서 이루어지는 일반화하기, 추측하기, 반성하기, 정당화하기, 증명하기, 모델링, 기호화, 정의하기, 도식화하기 등과 같은 수학자들이 수행하는 수학적 활동을 경험할 기회를 가져야 한다.

프로이덴탈이 제안한 안내된 재발명의 원리는 학생들은 교사들의 안내하에 수학화의 경험을 통해 수학이 발명된 과정과 유사한 과정을 경험할 기회를 가져야 한다는 교수학습의 원리를 말한다. 재발명 방법은 기성 수학을 발생 상태의 수학 또는 실행 수학으로 불리는 활동으로서의 수학으로 학습시키려는 것이며, 활동을 배우는 최선의 방법은 그것을 직접 수행해 보는 것이라는 관점을 바탕으로 한 것이다. 프로이덴탈은 이전까지의 수학교육에서의 문제점으로 수학화 경험을 고려하지 않고 수학화의 결과인 기성 지식을 부과하려는 데에 있다고 말한다. 수학화 과정을 거듭된 수준의 비약 과정이라고 볼 때, 수학화 활동을 통해 수학을 재발명한다는 것은 학생들이 한 수준에서 다음 수준으로 한 번에 도약하는 것이 아니라 한 단계씩 한 단계씩 점진적으로 도달해야 한다는 것을 의미한다. 프로이덴탈은 이와 같은 점진적인 수학화를 통한 수학 학습·지도를 실현하기 위해서 안내된 재발명 원리를 제안한 것이다. 프로이덴탈 자신은 아동의 현실을 중시하는 안내된 재발명 방법에 대해서 "어린 학습자는 인류의 학습 과정을 수정된 방식으로지만 재현한다. 그는 역사가 실제로 일어난 대로가 아니라 과거의 사람들이 오늘날 우리가 알고 있는 것과 같은 것을 알았더라면 일어났을 것과 같이 역사를 반복한다. 어린 학습자가 재현하는 것은 역사적 학습 과정의 수정되고 개선된 판이다(우정호, 1994)."라고 말한다. 말하자면, 아동의 정신적 발달은 역사를 그대로 재현하는 것이 아니라 아동의 현실을 출발점으로 해서 이미 발명된 수학을 아동 스스로 개선된 방법에 의해서 재창조해 나간다는 것이다. 이를 위해 수학사나 아동들의 비형식적 지식과 전략이 교육과정 설계를 위한 근원이 될 수 있다. 수학사는 어떤 개념의 발달 또는 수학적 구조의 형성에 있어서의 발생 맥락을 알려 주며, 수학화 과정의 전형적인 예를 제공해 준다. 그러나 이것은 하나의 전형적인 예일 뿐이지 아동들이 그 순서와 방법을 그대로 따르는 것은 아니며, 아동들은 새로운 방법으로 단축화 과정을 발명해 나갈 수 있는 것이다. 따라서 아동들의 비형식적 지식과 전략을 알기 위해서는 아동들을 세심히 관찰할 필요가 있다. 안내된 재발명의 원리의 교육적 장점은 다음과 같다. 첫째, 학습자 자신에 의해 획득되는 능력과 지식은 다른 사람에 의해 부과되는 것보다 파지가 용이하고 전이가 잘 이루어진다. 둘째, 발명은 즐거운 것이고, 따라서 재발명에 의한 학습은 동기를 부여한다. 셋째, 재발명 학습은 인간 활동으로서의 수학, 즉 수학화하는 태도를 길러 준다. 아동들은 인류의 학습 과정을 개선된 방식으로 재현해야 하고, 교육자들은 그들을 돕는 것이 의무이다. 안내된 재발명 원리는 교사의 권위와 학생의 자율 사이의 적절한 균형에 의해서만 실천될 수 있을 것이다(김수미 외, 2022).

(2) 학습 수준 이론

프로이덴탈에 의하면 수학화 과정은 역사적으로는 점진적인 도식화 과정인 거시적 학습과정이며, 심리적으로는 수준의 비약과 관점의 전환이 거듭되는 불연속적인 과정이다. 프로이덴탈은 수학을 현상의 정리 수단인 본질로 보고 있는데, 이는 상대적인 것으로 본질이 다시 현상으로 인식되어 반성의 대상이 되면서 새로운 차원의 본질로 정리되는 교대 작용에 의해 수준의 비약을 거치는 수학화 과정이라고 주장한다. 이처럼 수학화는 수준 상승과 밀접한 관련을 갖는다. 수준 상승이라는 아이디어는 프로이덴탈의 수학 학습 이론의 핵심에 있다. 한 수준에서의 조작 활동이 다음 수준에서 분석의 대상이 된다. 프로이덴탈의 이러한 관점은 그의 지도학생이었던 반 힐레의 학위논문에서 구체화되었다.

프로이덴탈은 수준의 상승은 비약적으로 이루어지는 불연속적인 과정으로 보았고, 이러한 불연속적인 일련의 수학적 사고 수준의 비약을 의식적으로 경험시키는 것이 재발명 방법이라고 생각했다. 프로이덴탈은 수학교육에서 발견학습의 문제점을 이러한 학습 과정의 수준 문제로 설명하기도 하였다. 예를 들어, 디에네시(Dienes)의 놀이를 통한 수학적 개념 학습 실험에서 아동들의 활동은 기초수준, 즉 전수학적인 수준에 머물러 있으며, 이 수준의 아동의 활동은 성인 수학자의 눈으로 볼 때에서는 수학적 활동으로 잘못 해석될 수 있지만 아동은 그것을 의식하지 못한다고 비판하였다. 그 다음 수준에서 그러한 기초수준의 행동을 반성하면서 비로소 수학이 시작되는데, 발견적 방법이 기초수준에서만 논의되고 수준을 높여 보다 높은 수준으로 나아가는 데 적용되지 못하고 있는 것이 문제점이라는 지적이다. 처음부터 곧바로 도형을 제시함으로써 비수학적인 대상을 도형으로 파악하는 수학화 기회를 빼앗거나, 도형의 형식적인 정의를 제시함으로써 정의를 발명할 기회를 빼앗아서는 안 되지만, 수학의 학습과정이 보다 낮은 수준에서의 활동에 머물러 그 다음 수준에서 분석의 대상이 되는 수학화 수준에 이르지 못하는 것도 문제인 것이다. 프로이덴탈은 반성이 수학적 사고수준 상승의 결정적 수단이 된다는 점에서 수학을 자신이나 다른 사람의 수학적 활동을 반성하는 것으로 규정할 정도로 반성적 사고의 중요성을 강조하고 있다.

(3) 교수학적 현상학

교수학적 현상학은 이러한 수준의 비약을 가능하도록 취해야 할 교수학적 조처를 위한 준비가 될 수 있다. 프로이덴탈은 현상학적 방법을 통해 수학을 분석함으로써 수학을 인간의 활동으로 보고 수학적 활동의 본질을 수학화로 인식하였다. 수학화는 현상을 수학적 수단인 본질로 조직하는 것을 의미하며, 수학화 과정은 현상과 본질의 교대 작용에 의한 수준 상승의 불연속적 과정이라고 볼 때, 교수학적 현상학은 이런 현상과 본질의 상대적인 관계를 교수학적 측면에서 논하는 것이라 할 수 있다. 이와 같은 관점에서 보면 역사적으로나 개인적으로나 수학적 개념, 아이디어, 구조의 형성은 많은 현상을 다루어 봄으로써 심상을 구성하고 나중에 이론화할 수 있는 기반을 만들어 주는 것이 중요하다. 또한 교수학적 현상학은 현실을 수학의 응용을 위한 근원으로만 보는 것이 아니라 현실 속에서 직관적 관념이나 심상을 개발하기 위한 개념 형성의 근원을 찾는 것을 목표로 한다. 우리가 수학을 실제적인 문제들을 해결하는 과정에서 역사적으로 발달된 것으로 본다면, 추상적인 수학을 구체화한 구체물에 의존하기보다는 이러한 발달 과정을 가능하게 했던 문제들을 현시대의 응용에서 찾아보는 것이 합리적일 것이다.

다. 현실적 수학교육의 수업이론

현실적 수학교육의 수업이론은 안내된 재발명의 원리와 점진적인 수학화를 구현해 나가기 위한 구체적인 원리로서 Treffers(1987)가 제안하였다. 이는 현상학적 탐구, 교수학적 모델의 사용, 학생들 자신의 구성과 산물, 상호작용 수업, 학습 영역의 연결로 구분할 수 있다.

(1) 현상학적 탐구

현실적 수학교육에서의 수업의 첫 번째 단계는 구체적인 문맥으로 시작된다. 문맥이란 "어떤 구체적인 수업 과정에서 학생들에게 열려 있는, 수학화되어야 할 현실의 영역(Freudenthal, 1991, p. 73)"을 의미한다. 이 단계에서는 수학화를 염두에 두면서 여러 가지 개념과 구조가 내포된 현실 상황을 탐구한다. 이러한 탐구에서 중요한 것은 여러 가지 개념과 구조의 본질적인 측면에 관한 풍부한 직관적인 관련 또는 비형식적 지식과 전략을 개발하도록 하는 것이다. 또한 구체적이라는 의미는 어린이들이 조작할 퀴즈네어 막대나 블록들과 같은 구체물과는 전혀 다른 것이다. 이는 "현실적"이라는 것을 의미하며, 아동이 상상하고, 그 자신의 경험을 활용하고, 자신의 비형식적 전략들이 표출될 수 있는 상황을 의미한다.

(2) 교수학적 모델의 사용

수학적 개념이나 기능을 학습하는 것은 장기간에 걸쳐서 진행되는 과정이고 다양한 추상화 수준에 따라 이해되는 과정이다. 수학교육의 중요한 문제의 하나는 이와 같이 추상적인 수학적 지식을 어떻게 가르치는가의 문제이다. 지금까지의 일반적인 방식은 그러한 추상적 지식을 구체화한 구체물을 제시하는 것이다. 그러나 구체물의 사용이 실제로 아동들이 수학적 통찰에 도달할 수 있도록 도움을 주지는 않는다. 구체물에 의한 접근 방식은 이미 완성된 지름길로 곧바로 접근하도록 되어있기 때문에, 제시된 구체물 자체는 구체적일 수 있지만 그러한 구체물이 드러내야 할 수학이 여전히 아동들에게는 추상적이다. 즉 구체물에 의한 수업은 아동들의 상황적, 비형식적 지식을 간과하기 때문에 아동들의 기존의 인지구조와 맞물리지 못한다고 볼 수 있다. Cobb(1987)은 교수학적 구체물이나 표현에 담긴 수학적 개념은 그 개념을 이미 가지고 있어서 그 구체물에서 그것을 인식할 수 있는 전문가들만 볼 수 있다고 말한다. 즉 "구체물에 의한 외적인 표현과 그 안에 들어 있는 정신적 표상은 일치하기 어렵다는 것이다. 구체물을 가지고 한 행동과 그것을 통해서 도달해야 할 정신적 행동은 동형으로 보기 어렵다"는 것이다. 이에, 현실적 수학교육에서는 아동의 비형식적 지식과 전략에 기초한 수업의 필요성을 주장하며, 이를 위해 모델의 사용을 중시한다. 지금까지의 구체물이 이미 존재하는 모델을 나타낸다면, 현실적 수학교육에서는 모델이란 학생들 스스로가 문제 해결 과정에서 개발한 것이다(Treffers, 1991). 이러한 모델은 다양하며, 모델의 사용은 여러 가지 자료, 화살표 기호와 같은 시각적 모델, 상징 모델, 도식, 다이어그램, 그리고 그 밖의 형태를 포함한다.

(3) 학생들 자신의 구성과 산물

수준 상승은 반성적 사고에 의해서 촉진되며, 갈등이나 학생들 자신의 활동은 반성적 사고가 일어날도록 하는 데 도움이 될 수 있다. 이런 반성적 사고를 가능케 하고 학생들의 활동을 더욱 활성화하기 위해서는 주어진 문맥을 다루어 가는 것도 중요하지만 어떤 단계에 이르러서는 좀 더 새로운 상황에 직면하도록 할 필요가 있다. 현실과 관련된 문제나 수학적인 문제로서 다양한 해결책과 다양한 수준에 따른 해결책을 허용하는 열린 문제나 해결되기 전에 이전의 자료나 준거들을 스스로 보충할 것을 요구하는 불완전한 문제 또는 모순되는 문제를 다루는 것도 필요하다. 또한 스스로 문제를 고안하고 기호나 용어, 도식 또는 모델을 고안하는 등의 활동을 통해서 학생들은 수업에서 수학화 과정을 스스로 경험해 갈 수 있다(Streefland, 1988).

Van den Brink(1987)는 특히 아동의 자유로운 산물 중에 '교과서 저자로서의 아동'을 강조한다. 아동들은 수학을 잘하든 못하든 다음에 입학한 어린 아동들을 위한 수학책을 만드는 데 매번 즉각적인 열의를 보인다. 아동들은 새로운 아이디어들을 많이 생각해 내는데, 교과서와 예제 문제뿐 아니라 교재에서는 보기 어려운 교실 상황을 소재로 문제를 만들기도 한다. 아동들은 유치원 학생들의 현재 수준이나 의문사항을 만들고, 그들이 쉽게 이해할 수 있으며 적당히 기능에 맞도록 쉬운 계산 문제들을 작성하기도 한다. 아동들은 이러한 과정에서 자신들의 수준을 드러내고 자발적으로 더 나은 성취를 하도록 자극한다. 학생들 자신의 구성과 산물을 통해 학생들은 스스로 수학 학습과정에 공헌할 수 있는 기회가 극대화된다고 할 수 있을 것이다.

(4) 상호작용 수업

재발명에 의한 학습은 다양한 현실 문제로부터 출발해서 다양한 기법들을 개발하면서 자유롭게 수학적 절차를 구성하는 과정이다. Streefland(1990)는 이러한 열린 현실적 접근은 개별화되고 다양한 반응 패턴들을 불러일으키기 때문에, 상호작용을 위한 반복적인 기회들이 존재한다고 말한다. 학생들은 아이디어들을 비교하고 교환하여, 서로 다른 수학화 수준에서 문제의 해결책에 관해 논의할 것이고, 때로는 인지적 갈등 상황을 경험하면서 최선의 방법을 협의할 것이다. 일반적으로 자기 자신의 활동과 다른 사람들의 활동을 비교할 기회는 또한 자기 자신의 문제 해결 방법을 반성할 기회도 제공한다. 집단 학습을 촉진하기 위한 상호작용의 요구는 학습을 위한 사회적 문맥으로서의 학교 학습 환경을 존중함으로써 충족될 수 있다. 학생들이 개발한 비형식적인 전략들과 절차들을 구사할 수 있는 기회를 없애기보다는 그것을 허용하고 촉진하도록 하는 것이 중요하다.

(5) 학습 영역의 연결

수학을 배운다는 것은 단편적인 지식과 기능을 수동적으로 받아들이는 것이 아니라 지식과 기능을 하나의 구조화된 전체로 조직하는 것이다. 따라서 새로운 개념과 기능은 기존의 지식체에 동화되거나 아니면 기존의 지식체 자체가 이 새로운 개념과 기능에 의해 새롭게 조직되어야 한다. 따라서 새로운 관점에서 기존의 지식을 살펴보는 기회를 마련해야 하고 교사는 이런 기회를 충분히 제공해야 한다. 하나의 새로운 개념과 기능을 알기 위한 출발점이 되는 예견 학습과 새로운 개념과 기능을 알았을 때 기존의 지식체를 새로운 안목에서 보는 회고학습이 이루어져야 한다. 즉 수학을 학습한다는 것은 단지 지식과 기능의 관련된 요소들의 모임을 마음속에 비축해 두기보다는 잘 조직화되고 의미 있는 전체에 적합한 구조화된 지식과 기능들을 구축하는 것을 의미한다. 예견 학습과 회고 학습의 연장선상에서 학습 영역의 혼합을 생각할 수 있다. 학습은 가능한 일찍부터 지속적으로 서로 얽혀 있는 여러 영역들로 조직되어야 한다. 수학의 다양한 영역들이 횡적, 종적으로 연결되어 전체적인 구조화가 이루어질 때 수학을 응용할 수 있다. 처음부터 응용과 순수 수학이 결합되어야 하며 현실이 수학적 구조와 개념의 근원이자 응용 영역이 되도록 지도해야 한다.

• 탐구 과제: 수학화의 사례 찾기

프로이덴탈은 현상을 수학적 수단인 본질로 조직하는 활동인 수학화를 강조하였다. 초등학교 교과서 내용 중에서 수학화의 사례를 찾아서 이야기해 보세요.

3 반 힐레(van Hieles)의 기하적 사고 수준

반 힐레의 수학 학습수준 이론은 네덜란드의 부부 수학교사였던 P. M. van Hiele와 그의 부인 D. van Hiele-Geldof가 1957년 Utrecht 대학에 제출한 두 편의 학위논문에 의해 그 골격이 제시된 이래 P. M. van Hiele(1959, 1970, 1986)에 의해 개발되어 온 이론이다. 프로이덴탈이 주장하는 수학화를 학습하는 방법적 기초이론으로 제시된 것이 반 힐레의 학습수준 이론이다. 1950년대 네덜란드의 중학교 초임 수학교사였던 반 힐레 부부는 자신들이 지도하고 있는 학생들이 기하학습에 어려움을 겪는 것에 주목하고 그 원인을 밝혀내려고 노력하였다. 이들은 아동에게 제시되는 문제나 과제가 종종 아동의 사고 수준을 넘어서는 용어나 성질에 대한 지식을 요구하는 현실에 주목하였다. 교사의 지도 내용이 아동의 사고 수준 이상의 수준에서 이루어지면 그 내용은 적절히 동화되지 못한다는 것을 밝혔다. 그가 통찰한 것은 서로 다른 수준에서 생각하고 있는 교사와 학생은 서로 다른 문맥 내에서 말하게 되므로 서로를 이해할 수 없다는 것이며, 만약 낮은 수준에 있는 학생이 그 다음 수준의 사고를 요하는 문제에 직면하게 되면 좌절, 불안 등의 심리적 요인을 안고 그 문제에 대해 진전을 보이지 못하게 된다는 것이다.

반 힐레의 수학 학습 수준 이론의 핵심을 정리하면 다음과 같다. 첫째 학생들은 수학 학습에서 n-1 수준을 통과하지 않고 n 수준에 도달할 수 없으며, 수학적 사고는 모든 수준을 차례로 거쳐 발달한다. 둘째, 모든 학생들이 같은 속도로 각 수준을 통과하지는 않으며, 수준의 이행은 적절한 지도에 의해 촉진될 수도 있고 부적절한 지도 때문에 지연될 수도 있다. 셋째, 앞의 수준의 사고에서 내재적이었던 것이 그 다음 수준에서 의식화되어 명확히 인식되게 된다. 각 수준의 수학적 사고는 그 전 수준의 수학적 사고의 내적 질서를 대상으로 하여 연구하는 것이다. 넷째, 각 수준의 사고는 그 자신의 기호와 그를 연결하는 관계망을 갖고 있다. 수준의 이행은 언어의 확장과 관계된다. 다섯째, 서로 다른 수준에서 추리하는 사람은 서로를 이해할 수 없다. 이것이 교사와 학생 사이에 자주 발생하여 학습 지도를 어렵게 만드는 요인이 된다.

가. 기하적 사고 수준

반 힐레는 기하적 학습 수준을 〈표 5-1〉과 같이 5가지 수준으로 구분하였다. 한 수준에서 경험을 정리하는 수단이 상위 수준에서는 새롭게 경험의 대상으로 의식되어 그것을 조직화하는 새로운 수단이 나타난다. 이러한 방식으로 기하적 사고 수준의 상승이 이루어진다. 이제 각 수준의 특징을 자세히 살펴보도록 하겠다.

〈표 5-1〉 반 힐레의 기하적 사고 수준

	1수준	2수준	3수준	4수준	5수준
대상	주변 사물	도형	성질	명제	논리
수단	도형	성질	명제	논리	

(1) 1수준: 시각적 수준

주변 대상을 모양이란 인식 수단에 의해 파악하는 단계이다. 기본적인 도형을 그 구성요소에 대한 명확한 고려 없이 전체로서의 시각적 외관에 의해 판별한다. 세모, 네모, 상자모양 등으로 도형의 이름을 말할 수 있으나 그 성질을 명확히 말하지 못한다.

[그림 5-2] 모양 찾기(교육부, 2024, p. 64)

예를 들어, 1수준의 학생들은 [그림 5-2]와 같이 주어진 그림에서 모양을 보고 분류할 수 있으나 변의 수나 꼭짓점의 수 등과 같은 수학적인 요소나 성질을 기준으로 하여 분류하는 것은 아니다. 1수준의 학생은 도형의 용어를 배울 수 있고, 각 도형을 구분하고 식별하거나 따라 그릴 수 있다.

(2) 2수준: 분석적 수준

주변 대상의 정리 수단이었던 모양이 연구의 대상이 되어 도형의 구성 요소와 성질에 대한 비형식적인 분석을 통해 도형을 파악한다. 사각형은 네 개의 변을 가지고 있다거나 직사각형의 대각선의 길이는 같다든가 마름모의 네 변의 길이가 같다는 등의 성질을 말할 수 있지만 도형과 그 성질을 명확히 상호 관련지을 수 없다. 도형의 성질 사이의 관계를 인식하지 못하고 각 도형의 성질을 독립적으로 이해하는 수준이다.

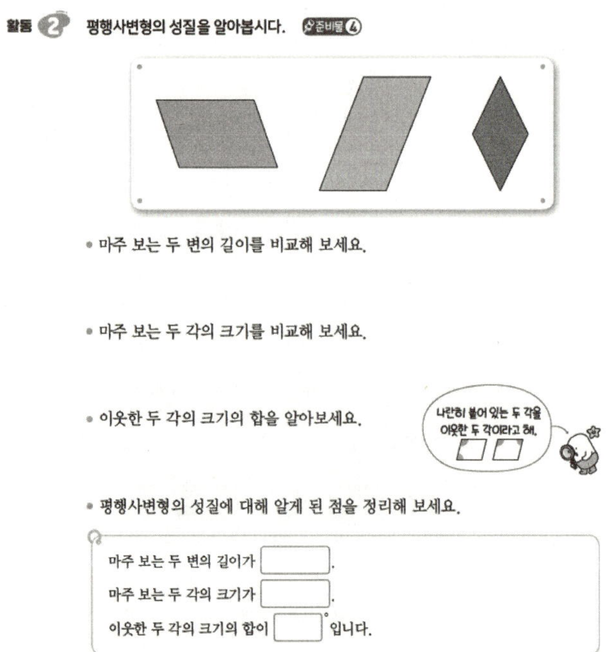
활동 2 평행사변형의 성질을 알아봅시다. 준비물 4

- 마주 보는 두 변의 길이를 비교해 보세요.
- 마주 보는 두 각의 크기를 비교해 보세요.
- 이웃한 두 각의 크기의 합을 알아보세요.

- 평행사변형의 성질에 대해 알게 된 점을 정리해 보세요.

마주 보는 두 변의 길이가 ☐.
마주 보는 두 각의 크기가 ☐.
이웃한 두 각의 크기의 합이 ☐° 입니다.

[그림 5-3] 평행사변형의 성질(강문봉 외, 2025, p. 95)

예를 들어, 2수준의 학생들은 [그림 5-3]과 같이 평행사변형의 성질을 확인하고 그 성질을 말로 정리할 수 있다. 주어진 도형이 평행사변형이거나 평행사변형이 아닌 이유를 모양이나 외관으로 판단하지 않고 마주보는 두 변이 평행한 성질을 만족하는지의 여부로 판단할 수 있다. 그러나 2수준의 학생들은 성질들 사이의 관계나 도형들의 포함관계 등은 파악하지 못한다. 예를 들어, 평행사변형과 마름모의 각각의 성질은 말할 수 있으나 '마름모는 평행사변형이다'와 같은 도형의 성질 사이의 관계를 파악하는 것에는 어려움을 겪는다. 또한 수학적 증명을 이해하기 어렵고 정의와 정리의 필요성이나 관계를 인식하지 못한다.

(3) 3수준: 비형식적 연역 수준

도형의 성질과 도형 사이의 관계가 연구의 대상이 되고 명제가 정리 수단이 된다. 도형의 여러 가지 성질 및 도형 사이의 관계를 파악하고 정의를 이해한다. 예를 들어, 모든 정사각형은 직사각형임을 이해한다. 그러나 도형의 성질을 논리적으로 증명하지는 못한다.

예를 들어, [그림 5-4]의 활동은 사각형 사이의 포함관계를 생각해 볼 수 있는 기회를 제공하는데, 3수준의 학생들은 이러한 활동에서 '정사각형은 직사각형이다', '마름모는 평행사변이다'라고 말할 수 있다. 즉 정사각형은 직사각형이 만족하는 모든 성질을 가지고 있으므로 직사각형이라는 성질 사이의 관계를 인식할 수 있다. 이처럼 3수준의 학생들은 도형 사이의 포함관계를 이해할 수 있고 성질의 논리적인 관계를 이해할 수 있다. 또한 완전한 수학적 증명은 이해할 수 없으나 간단한 연역적 추론은 가능한 수준이다.

활동 3 알맞은 사각형을 모두 찾아 기호를 써 봅시다.

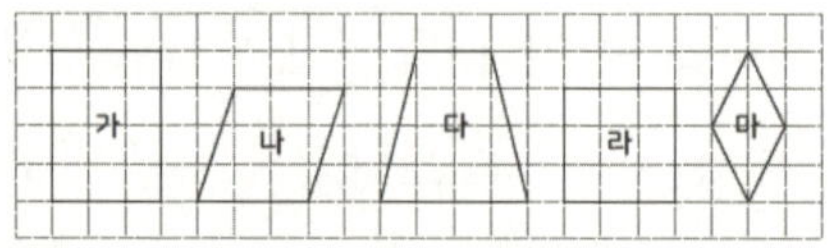

	사다리꼴	평행사변형	마름모	직사각형	정사각형
기호					

- 그렇게 생각한 이유를 이야기해 보세요.
- 다양한 사각형을 찾을 때 어떤 점이 흥미로웠는지 이야기해 보세요.

[그림 5-4] 사각형 사이의 포함관계(강문봉 외, 2025, p. 101)

(4) 4수준: 형식적 연역 수준

명제가 연구의 대상이 되며 명제 사이의 논리적 관계가 정리 수단으로 등장하여 공리, 정의, 정리, 증명의 의미와 역할을 이해하며 전체 기하의 연역체계를 파악한다. 4수준의 학생들은 한 명제들을 논리적으로 연결하여 어떤 명제가 참임을 증명할 수 있다. 예를 들어, 삼각형의 내각의 합이 180°라는 명제를 증명할 수 있다. 그러나 엄밀한 증명의 필요성을 깨닫지 못하며, 다른 공리체계의 가능성을 이해하지 못한다.

(5) 5수준: 엄밀성 수준

기하학 체계 그 자체가 연구의 대상이 되어 여러 가지 공리체계를 비교할 수 있다. 비유클리드 기하학과 같은 다양한 공리체계를 이해하고 학습할 수 있다. 공리의 무모순성, 독립성, 완전성과 같은 공리체계의 성질을 이해한다. 사실상 5수준은 전문 수학자의 수준에 해당한다고 볼 수 있다. 실제로 반 힐레는 5수준에 대해서는 큰 관심을 두지 않았다. 그 이유는 중학교 고등학교 기하는 4수준에서 지도되기 때문이다. 일반적으로 학교 수학에서 기하 교육의 목표는 학생들이 형식적 연역 수준에 도달하는 것이다.

• 탐구 과제: 기학적 사고 수준의 차이

1. 아래 도형에서 삼각형을 찾는 과제를 제시했을 때, 반 힐레의 기하적 사고 수준으로 1수준 학생과 2수준 학생의 답이 어떻게 다를지 생각해 보세요.

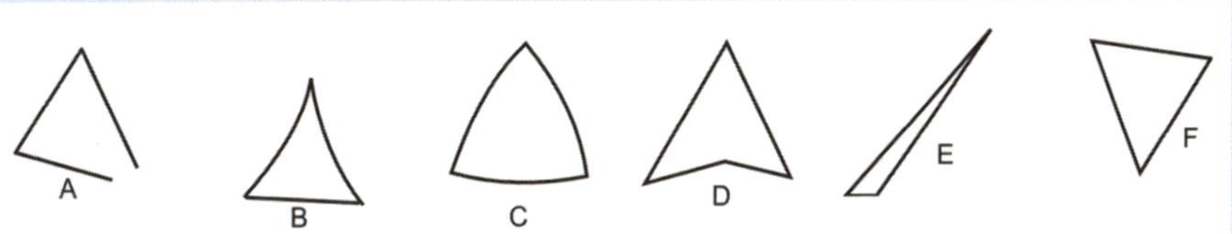

나. 기하 학습 지도 과정

반 힐레는 학습 과정과 발달 과정을 구분한다. 그는 학습을 배우고자 하는 의도의 영향 아래 이루어지는 새로운 기능의 획득이라고 보았다. 어떤 특정한 학습 내용을 배우려는 의도가 학습 과정을 특징짓는다는 것이다. 발달 과정을 통해서도 지식이 늘어나거나 새로운 기능의 획득이 일어나지만 기하 학습과 같이 수준 상승이 본질적인 내용에서는 교사의 지도와 개입이 필수적이라고 보았다. 반 힐레는 사고 수준의 비약은 다음의 5단계를 거쳐 이루어질 수 있다고 하였다.

(1) 안내 단계

자료를 제시하고 필요한 논의를 통해 탐구할 분야에 친숙해지기 위한 활동을 한다. 교사는 학생들과 대화를 하며 새로운 학습 주제를 소개한다. 교사는 제시한 자료를 토대로 학생들이 그 주제를 어떻게 이해하고 있는지 확인하고 학생들은 관련된 배경 지식을 얻게 된다. 마름모의 학습 과정을 예로 들면, 이 단계에서는 교사가 마름모 도형을 보여주고 이것을 마름모라고 부른다. 학생들에게 다른 도형을 보여주면서 그것들도 역시 마름모인지 물어본다.

(2) 안내된 탐구 단계

교사는 학생이 형성해야 할 서로 다른 관계망을 가진 과제를 제시한다. 이 단계에서 교사의 목적은 학생들이 제시된 자료를 탐구하여 앞으로 형성될 관계망에 접속할 수 있도록 하는 것이다. 교사는 학생들이 도달하기를 원하는 수준을 고려하여 과제를 의도적으로 계열하하여 구성해야 한다. 교사는 상위 수준에서의 사고의 기초를 형성할 수 있는 과제를 신택하는 것이 중요하다. 학생들은 교사가 제시한 과제를 단계적으로 따르면서 학습을 하게 된다. 예를 들어, 학생들은 마름모를 대칭축에 따라 접는 활동을 하면서 마름모의 대각선과 각에 관해 무언가를 알아내도록 할 수 있다. 또한 1㎤의 정육면체로 상자를 채우는 활동은 부피 개념의 기초라고 볼 수 있고, 종이를 연속해서 두 번 접는 것은 직각 개념의 기초로 볼 수 있다.

(3) 명확화 단계

이 단계에서는 과제나 활동에 포함된 구조를 명시적으로 드러낸다. 학생들은 발견한 관계를 표현하는 활동을 통해 이를 명확히 하며 전문적인 용어를 학습한다. 교사의 안내하에 학생들은 자신들이 찾은 규칙성에 대해 말하고 교사는 학생들이 올바른 전문 용어를 사용하도록 지도한다. 이때 학생들은 안내된 탐구 단계에서 자신들이 발견한 관계에 대해 서로 이야기하는 것이 중요한지를 인식하고 이때 전문 용어가 중요한 역할을 한다는 것을 깨닫게 된다. 예를 들어, 학생들은 마름모의 성질에 관한 아이디어를 서로 교환하면서 마름모의 대각선이 이루는 각이 직각이거나 마주보는 두 각이 서로 같은 성질을 확인할 수 있다.

(4) 자유로운 탐구 단계

여러 가지 해결방법을 찾아보면서 탐구 분야의 구조에 정통하게 된다. 학생들은 자신이 탐구한 주제가 무엇에 관한 것인지 알고 관련된 용어도 파악한다. 교사는 일반적인 과제를 제시하고 학생들은 자신만의 해결 방식을 찾으며 탐구 대상의 여러 관계를 인식한다. 교사의 역할은 적절한 자료의 해결 방법이 다양한 문제를 선정하여 학생들이 다양한 성취를 경험할 수 있도록 지도한다. 예를 들어, 마름모의 꼭짓점과 변을 몇 개 제시하고 학생들이 마름모의 전체를 완성하는 과제를 제시할 수 있다. 이러한 문제를 해결하는 방법이 다양하기 때문에 자유로운 탐구 단계에 적합한 과제라고 볼 수 있다.

(5) 통합 단계

탐구활동을 개관하여 전체를 조망하게 되면서 사고수준의 비약이 가능하게 된다. 학생들은 주제에 관해 배운 모든 것과 자신이 발견하여 새롭게 형성한 관계망을 통합하게 된다. 교사는 학생들이 참구한 활동을 반성하고 명확하게 정리할 수 있도록 전체적으로 정리해 주면서 학생들이 배운 내용을 통합하도록 도와줄 필요가 있다. 예를 들어, 마름모의 성질을 종합하고 정리하도록 한다.

반 힐레 이론은 수학화 과정의 특성을 반영한 수학 학습수준 이론으로 기하 교육과정 개발과 학습지도 개선에 시사하는 바가 큰 이론이다. 교사가 자신은 이해하고 있지만 학생들은 이해하지 못하는 관계망에 의해서 추론을 하고 그를 근거로 수학적 관계를 학생들에게 제시할 때, 그러한 관계는 참으로 이해되지 않은 상태에서 학생들의 추론의 근거를 이루게 된다. 그러한 관계는 학생들의 경험과 무관하게 부과된 것이기 때문에 학생들은 가르쳐진 것만 기억하게 되고 특정 연습문제에만 적용이 가능하게 된다. 수학교육의 주요 문제는 서로 다른 수준에서 추론하는 교사와 학생이 서로를 이해하지 못하는 데에서 비롯되므로 학생들의 사고 수준을 파악하여 그에 따른 교육이 필요하다고 볼 수 있다.

• 탐구 과제: 초등학생의 기하적 사고 수준 분석 인터뷰

초등학교 도형 영역의 문제를 선정하여 초등학생을 인터뷰한 뒤, 반 힐레의 기하적 사고 수준에 근거하여 초등학생의 사고 수준을 분석해 보세요.

4 비고츠키(Vygotsky)의 근접발달영역과 수학학습

비고츠키는 러시아의 심리학자로서 인간의 인지 발달에 관한 방대한 연구를 발표했으나 그의 연구는 그가 죽은 뒤 서구 세계에 알려지면서 피아제의 인지 발달 이론에 대한 대안으로서 큰 주목을 받았다. 비고츠키는 학습이 사회적 상호작용과 문화적 맥락 속에서 이루어진다고 보았다. 이러한 관점은 수학교육 연구에 큰 영향을 미치게 되었다. 실제로 비고츠키의 연구를 토대로 연구자들은 수학교육에서 이루어지는 다양한 상호작용에 관심을 갖게 되었고, 다른 사람들과 함께 이루어지는 학습이 어떻게 발생하는지, 이때 타자의 역할이 무엇이고 이러한 역할이 학습자들 사이에서 어떻게 변화하는지 등을 연구하였다.

비고츠키는 지식이란 한 사회 집단에 누적된 역사적·문화적 형태로 존재하기 때문에 다른 구성원들과의 사회적 상호작용에 의해 재구성되어야 함을 강조한다. 따라서 그는 학습도 사회적 상호작용을 통해서 이루어져야 하는데, 좀 더 효과적인 학습을 위해서는 근접발달영역(Zone of Proximal Development) 내에서의 사회적 상호작용이 중요하며, 적절한 도움을 받으면 모든 학생은 스스로 할 수 있는 것이 많을 수 있음을 강조한다(Vygotsky, 2021). 이러한 관점은 학생 중심의 수업 교수-학습을 강조하는 관점과는 달리 성인의 도움을 통하여 학생들의 발달 수준을 향상시킬 수 있다는 점에서 교사의 지도에 의한 학교 교육의 중요성을 뒷받침한다고 할 수 있다.

비고츠키 이론이 수학교육에 주는 시사점은 다음과 같다. 학습은 교사나 또래와의 상호작용 속에서 발전하며, 근접발달영역과 비계설정을 통해 단계적으로 독립적인 학습자로 성장하게 된다. 따라서 교사는 학생의 현재 수준을 이해하고, 적절한 지원과 도전 과제를 제공하여 학습이 이루어지도록 돕는 역할을 하는 것이 중요하다. 다음에서는 비고츠키의 이론을 근접발달영역, 비계설정을 중심으로 살펴보고자 한다.

가. 근접발달영역

비고츠키는 근접발달영역의 개념을 사용하여 학습이 어떻게 발달을 이끌어낼 수 있는지를 설명한다. 비고츠키의 근접발달영역은 학습자가 혼자서는 해결할 수 없지만 유능한 타인(교사, 또래)의 도움을 받으면 해결할 수 있는 영역을 의미한다. 이를 좀 더 자세히 설명하면 다음과 같다. 실제적 발달수준(actual development level)이란 학습자가 다른 사람의 도움 없이 독립적으로 문제를 해결할 수 있는 영역, 즉 이미 성숙된 발달의 결과이며 학습자가 혼자서 알고 행동할 수 있는 수준을 의미한다. 잠재적 발달수준(potential development level)은 지식이 풍부한 교사, 부모, 또래의 도움을 얻어 해결할 수 있는 수준을 의미한다. 따라서 근접발달영역이란 이러한 실제적 발달수준과 잠재적 발달수준 사이를 의미한다고 볼 수 있다. 비고츠키는 교육이 실제적 발달수준보다 잠재적 발달수준에 좀 더 관심을 가질 필요가 있음을 강조하였고 잠재적 발달수준의 측정이 실제적 발달수준의 측정만큼이나 중요하다고 주장하였다.

비고츠키는 발달을 어느 한 지점에 고정된 것이 아니라 행동의 연속, 성숙의 정도로 보았기 때문에 영역(zone)이라는 용어를 사용하였다. 이 영역 안에서 활동은 역동적이면서 끊임없이 변화한다. 오늘은 최대한의 도움을 받아야 할 수 있는 기능이 내일은 최소한의 도움을 받아도 할 수 있는 것이 된다. 오늘은 도움을 받아야 할 수 있는 일이 내일이 되면 혼자서 할 수 있게 된다. 이처럼 도움이 필요한 정도는 학생의 능력이 발달해 감에 따라 변해 간다. 이처럼 근접발달영역을 통한 발달은 점진적으로 이루어지는 것으로 그 과정을 [그림 5-5]처럼 나타낼 수 있다.

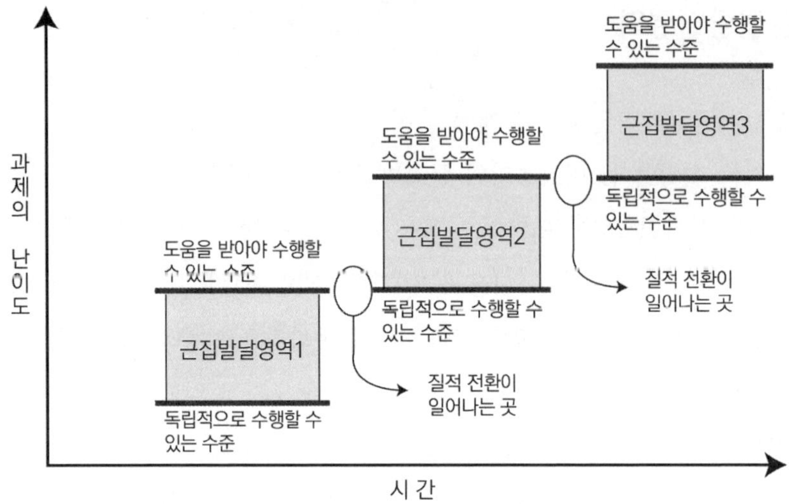

[그림 5-5] 근접발달영역의 역동적 특성(김동수, 2002)

근접발달영역을 통한 발달은 타인의 도움을 받는 수행으로부터 타인의 도움 없이 자기 조절에 의한 수행으로 나아가는데, 이는 점진적으로 이루어진다. Gallimore & Tharp(1990)는 근접발달영역을 통해 인지발달이 이루어지는 과정이 다음의 4단계를 거친다고 하였다. 1단계는 유능한 타인의 도움을 받아 과제를 수행하는 단계이다. 이 단계에서 학생은 독립적으로 과제를 수행할 수 없기 때문에 좀 더 능력 있는 성인이나 동료의 도움을 필요로 하는 순종이나 모방의 단계라고 볼 수 있다. 이때 필요한 도움의 양과 종류는 학생의 연령, 현재 수행도, 과제의 성격에 따라 다르다. 대체로 이 단계에서 학생은 무엇을 성취해야 하는지에 대한 이해도 거의 없는 상태에서 시작하지만 부모, 교사, 혹은 유능한 동료 등의 중재자의 도움을 받아 과제를 수행하는 과정에 대해, 질문, 피드백 등의 상호작용을 통해 점차적으로 해야 할 과제에 대하여 이해하게 된다. 이 단계에서 교사는 학생이 과제를 수행하도록 안내하고 도움을 제공하거나, 전이를 위한 새로운 기회를 제공함으로써 학생이 과제구성의 책임을 갖도록 한다.

2단계는 학생 스스로 과제를 수행하는 단계이다. 1단계에서 개인 간 심리 수준에서 과제 수행에 참여했던 학생이 이제 개인 내 수준에서 다른 중재자의 도움을 받지 않거나 적은 도움으로 과제를 수행할 수 있게 된다. 하지만 아직 이것이 학생 내에서 완전히 발달이 되어 자동화 또는 내면화되지 않았으므로 과도기적 단계라 볼 수 있다. 이 단계에서 학생은 자신의 행동을 모니터링하고 지원하는 역할을 하는 자기 지시적 언어를 통해 행동을 통제한다.

3단계는 과제수행이 완전히 발달되어 내면화, 자동화가 이루어진 단계이다. 이 단계에서 학생은 근접발달영역을 벗어나서 과제를 수행하는 데 더 이상 다른 중재자나 자신으로부터 도움 없이 거의 무의식적으로 과제를 완전하게 수행해 낼 수 있게 된다. 이때 다른 중재자의 도움은 오히려 부정적 영향을 줄 수 있으며, 이 단계는 자기 통제와 사회적 통제를 벗어난 완전한 발달이 이루어진 단계이다.

마지막 4단계는 수행이 탈·자동화됨으로 인해 다음 근접발달영역으로 회귀되는 단계를 말한다. 즉 근접발달영역을 재순환하는 과정이라고 볼 수 있다. 새로운 능력을 발달시키기 위해서는 계속적인 근접발달영역체열의 순환 과정을 거쳐야 한다. 과제해결을 수행하다가 어려움에 봉착하게 되면 더 능력 있는 다른 사람의 도움을 필요로 하게 된다. 탈·자동화와 근접발달영역으로의 재복귀는 정규적으로 발생함으로써 타인의 도움을 받는 과정을 거치고 내면화를 위해 새로운 근접발달영역을 벗어나는 과정을 되풀이하는 것이다(한순미, 1999).

지금까지 살펴본 바와 같이 비고츠키가 말하는 근접발달영역은 혼자서 과제를 수행할 수 있는 현재의 실제적 발달 수준과 다른 사람의 도움을 받아 과제를 수행할 수 있는 잠재적 발달 수준 사이의 영역을 의미하는 것으로 학생의 발달은 이러한 근접발달영역의 순환 과정에 의해 이루어지며, 학생에 따라 근접발달영역의 범위와 순환과정에 차이가 나지만, 중요한 것은 교사의 적절한 도움의 여하에 따라 이를 넓히거나 줄일 수 있으며, 또한 가속화시키거나 지연시킬 수 있음을 인식하는 일이다. 따라서 교사는 학생의 현재의 발달 수준만이 아니라 학생의 잠재적 발달 수준까지를 포함한 근접발달영역을 고려하여 학생을 교육해야 하며, 잠재적 발달 수준이 또 다른 실제적 발달 수준이 되고 그에 따라 기존의 발달 영역이 새로운 근접발달영역으로 나아가면서 한 단계 높은 수준으로 발달되는 순환 과정의 역동성을 생각할 때, 항상 학생들의 현재 수준과 잠재성을 고려하여 적절한 도움을 주는 것으로부터 점차적으로 스스로 수행해 나갈 수 있도록 함으로써 발달이 이루어지게 하여야 한다.

나. 비계설정

(1) 비계설정의 의미와 비계설정 구성요소

비고츠키는 근접발달영역 내에서 효과적인 교수-학습을 묘사하기 위해서 비계(scaffold)라는 개념을 사용하였다. 비계는 사전적으로 건축현장에서 1층과 2층을 연결하는 발판을 의미한다. 비고츠키는 어린이를 능동적으로 그 자신을 구성해 가는 하나의 건물로 본다. 사회적 환경은 아동으로 하여금 계속 새로운 능력들을 구축하게 하는 데 필수적인 비계 혹은 지원체계이다. 교수・학습에서의 비계는 이러한 사전적 의미를 학생의 근접발달영역 내에서의 효과적인 교수・학습을 위해 교사가 학생과 상호작용 중 도움을 적절히 조절하며 제공하는 것을 나타내기 위해 은유적으로 사용하는 말이다.

비계설정(scaffolding)이라는 용어는 비고츠키에 의해서 처음 사용된 개념이 아니라 개별 지도의 가장 중요한 구성 요소들을 판별하기 위해 노력하는 학자들에 의해 소개되었다(송선희, 2003). 비계설정이란 어떤 작업을 수행하는 학습자들을 도와주는 단순한 역할이 아니라 학습자 스스로 할 수 없는 작업을 수행해 내도록 도와주거나, 학습자 스스로 어떤 작업을 완성시킬 수 있도록 이끌어 주는 것이다. 그런 의미에서 단순한 도움과는 차이가 있다. 교육적인 상황에서 비계설정은 교사나 부모, 좀 더 유능한 동료가 학생에게 적절한 안내나 도움을 제공함으로써 학습에 도움을 주어 인지발달을 돕는 발판 역할을 하도록 하는 체계라고 볼 수 있다. 이러한 비계설정 과정에서 중요한 것은 학생의 근접발달영역 내에 있는 과제를 제시하여 학생 자신이 하게 되는 많은 책임을 갖도록 자극하면서 점차 도움을 줄이는 자기 조절 기능을 증진시키는 것이 핵심이라고 할 수 있다. 이러한 비계설정의 구성요소를 〈표 5-2〉와 같이 정리할 수 있다(최순옥, 정영옥, 2005).

〈표 5-2〉 비계설정 구성요소

비계설정 구성요소	의미
따뜻한 반응	학생들을 따뜻한 마음으로 지켜보고 그들의 행동에 적절한 반응으로 보조를 맞추어 격려함으로써 과제에 대한 도전감과 자신감을 유지하고 고양하기
상호작용과 협력	과제에 대해 다르게 이해하던 두 참여자가 상대방의 관점에 맞추도록 공통된 이해 도달 과정을 이해하기 쉬운 수준으로 작게 나눠 제시하기
공동의 문제해결	제시된 과제를 교사와 학생, 또는 학생과 학생이 함께 참여하여 상호작용하며 문제 해결을 의논하고 협력하기
방향유지	학생들이 과제의 목표를 추구하고 유지해 나가도록 지지하기
과제제출	비계 제공을 통해 얻어진 도움으로 학생들이 과제를 구성하도록 돕기
과제완성	과제의 특정한 부분을 완성하기 위한 전략을 제시해 주기
자유정도 감소	학생들이 할 수 있는 활동을 하도록 다른 불필요한 행동을 줄이고 과제는 단순화시키며 해결을 돕기
메타인지적 안내	문제해결의 내면화와 자신의 인지과정을 되돌아보게 하여 자신의 사고 과정이나 인식 개념의 오류를 발견하고 수정하도록 돕기
결정적 특성 표시	과제의 핵심을 해결하는 결정적 방법을 설명하거나 실수를 유도해 지적하고 정확한 결과와의 본질을 제시하기
낮은 단계의 거리두기	과제해결에 적당히 되는 상황적 접근방법을 제시하며 안내
중간 단계의 거리두기	문제해결에 직접 도움이 되는 상반된 안내를 하지 않고 자기 조절을 안내하는 접근하기 방법
높은 단계의 거리두기	학생들이 스스로 과제를 해결하도록 기본적인 방향만 제시하기
시범	과제해결에 대한 시범과 본보기를 제시하기
질문	학생들에게 과제해결에 대한 전략이나 방법, 정보 등을 얻게 하거나 상기시키기 위해 질문하기
자기조절 능력증진	학생들이 타인의 도움에서 벗어나서 자신의 힘으로 과제를 해결하는 능력을 증진하도록 학생들을 점차적으로 독립하여 과제를 해결하도록 유도
근접발달영역에 머물기	학생들이 근접발달영역에서 과제를 설정하도록 도전감을 주고 문제 해결 과제를 적정 수준에서 벗어나지 않게 제시하기
피드백	학생들이 자신의 과제해결에서 오류를 발견하거나 반성하도록 하며 다음 과제를 해결하고 수정하여 나아갈 해법 참고하기
강화	학생들의 성공 경험을 촉진하는 수단을 의미하는 것으로 모자라는 점을 보완하여 더 견고하게 하기

(2) 비계설정 교수-학습 과정

조선미(2001)는 여러 연구자들의 과정을 종합하여 비계설정 교수-학습 단계를 문제 상황 제시 단계, 상호작용과 협력 단계, 비계설정의 제시 단계, 비계설정의 비약적 단계, 자기 조절 단계로 세분화하였는데, 이를 정리하면 다음과 같다.

첫째, 문제 제시 단계에서는 학생의 학습과 실제생활과의 관련을 최대한 줄이기 위하여 현실성을 바탕으로 한 문제를 제시한다. 학생의 근접발달영역을 고려하여 적절한 단서들을 유지하며 스스로 답을 상상하지 않도록 하는 문제를 제시한다.

둘째, 상호작용과 협력 단계에서는 제시된 문제를 해결하기 위해 학생들이 협동할 뿐 아니라 교사는 학생의 이해를 돕기 위해 알고 있는 지식이나 다양한 예를 동원하여 학생의 이해를 도울 수 있다.

셋째, 비계설정의 제공 단계에서는 구체적인 교수-학습의 전개과정으로 언어적 상호작용을 통해 문제해결 방향에 대한 창조 주관성을 확보하는 것이 우선 요구된다. 학생의 요구나 인지발달수준에 맞추어 적절한 비계를 설정하여 제공한다.

넷째, 학생의 내면화 단계에서는 학생 스스로 문제해결의 방향을 찾고 문제를 해결하는 단계에 이르면 교사는 도움 주기를 중지하고, 지식의 내면화를 돕기 위해 비슷한 상황의 문제를 제시하고 만약 해결하지 못하면 다시 적절한 비계설정을 제공하여 지식의 내면화를 돕는다.

다섯째, 반성 단계에서는 학생들이 자신의 학습과정을 되돌아보고 반성의 기회를 갖는 단계이다. 문제해결에 있어서 비합리적인 방법이나 태도를 반성하고 다음 학습 시 오류를 줄일 수 있다. 교사는 자신의 교수과정을 돌아보고 적절한 비계를 설정하여 제공했는지 반성하며 다음 교수에 피드백하여 자신의 교수를 향상시킨다.

• 탐구 과제: 비계설정과 안내된 재발명

비고츠키의 '비계설정'과 프로이덴탈의 '안내된 재발명'의 유사점과 차이점을 설명해 보세요.

참고문헌

강문봉 외(2025). 수학 4-2. 지학사.

교육부(2024). 수학 1-2. 천재교과서.

김동수(2002). 수학교육의 Vygotsky적 접근에 관한 연구. 중앙대학교 대학원 석사학위논문.

송선희(2003). Vygotsky의 비계설정(scaffolding)이론에 대한 고찰. 교육방법연구, 15(1), 77-93.

우정호(1994). H. Freudenthal의 현상학적 수학교육론 연구. 대한수학교육학회논문집, 4(2), 93-128.

조선미(2001). 비고츠키의 근접발달영역 이론에 따른 교수학습 방법 탐색. 경인교육대학교 대학원 석사학위논문.

최순옥, 정영옥(2005). 비계설정을 통한 수학 교수학습에 대한 연구. 수학교육학연구, 15(10), 57-74.

한순미(1999). 비고츠키와 교육: 문화-역사적 접근. 교육과학사.

Cobb, P. (1987). Information-processing psychology and mathematics education - A constructive perspective. The Journal of Mathematics Behavior, 6(1), 4-40.

Freudenthal, H. (1968). Why to teach mathematics so as to be useful. Educational Studies in Mathematics, 1, 3-8.

Freudenthal, H. (1991). Revisiting Mathematics Education. Kluwer Academic.

Gallimore, R., & Tharp, R. (1990). Teaching mind in society: Teaching, schooling, and literate discourse. In L. C. Moll (Ed.), Vygotsky and education: Instructional implications and applications of sociohistorical psychology (pp. 175-205). Cambridge University Press.

Streefland, L. (1988). Reconstructive learning. Proceedings of the 12th International Conference for the Psychology of Mathematics Education, 1(12), 75-91.

Streefland, L. (1990). Realistic mathematics education: What does it mean? In K. Gravemeijer (Ed.), Contexts free productions tests and geometry in realistic mathematics education (pp. 1-9). Technipress.

Treffers, A. (1987). Three dimensions: A model of goal and theory description in mathematics instruction—the Wiskobas Project. D Reidel Publishing Co.

Van den Brink, F. J. (1987). Children as arithmetic book authors. For the Learning of Mathematics, 7(2), 44-47.

Van Hiele, P. (1986). Structure and insight. Academic Publishers.

Vygotsky, L. S. (2021). 사고와 언어. (이병훈 , 이재혁 , 허승철, 역). 연암서가.

제 6 장

맞춤형 교육

맞춤형 교육은 학생 개개인의 필요와 능력에 맞춰 교육 과정을 조정하는 접근 방식으로, 학생의 학습 스타일, 흥미, 선호도, 학습 속도에 따라 다르게 설계된다. 이 장에서는 여러 맞춤형 교육 중 특히 수학 학습 지원 대상 학생과 수학 영재 학생에 집중하고 있다.

수학은 기초적인 산수 능력에서부터 고등 수학에 이르기까지 다양한 개념과 원리를 포함하는 필수적인 교과목이다. 그러나 학생들의 수학 실력은 개인마다 큰 차이를 보이며, 이러한 차이는 특히 수학 학습 지원 대상 학생과 수학 영재라는 두 극단의 상황에서 뚜렷하게 나타난다. 수학 학습 지원 대상 학생들은 기초적인 수학 개념과 기술을 습득하는 데 어려움을 겪고 있으며, 이들은 수학에 대한 자신감이 낮고 학습 동기가 부족한 경우가 많다. 이러한 어려움은 학습 결손을 누적시켜 점점 더 큰 수학적 격차를 초래할 수 있다. 따라서 학습 지원 대상 학생들을 조기에 발견하고 개별화된 교육 지원을 제공하는 것이 중요하다. 학생들은 자신의 학습 속도에 맞춰 기초 개념을 충분히 이해하고, 자신감을 회복할 기회를 가질 수 있다. 반면, 수학 영재 학생들은 또래에 비해 뛰어난 수학적 재능을 보인다. 이들은 새로운 개념을 빠르게 이해하고, 복잡한 문제를 창의적으로 해결하는 능력을 지니고 있다. 그러나 수학 영재 학생들에게 적절한 도전과 자극이 제공되지 않으면, 수학에 대한 흥미와 동기가 저하될 수 있다. 따라서 수학 영재 학생들의 잠재력을 최대한 발휘할 수 있도록 개별화된 교육 프로그램을 제공하는 것이 필요하다. 이러한 프로그램은 학생의 흥미를 유지하고, 도전적인 과제를 통해 그들의 능력을 더욱 발전시킬 기회를 제공한다.

수학 학습 지원 대상 학생과 수학 영재 학생은 서로 다른 특성을 지니고 있지만, 양측 모두 학생들의 수학 학습에 큰 영향을 미칠 수 있다. 따라서 학생 개개인의 수학적 능력과 필요를 파악하여 맞춤형 교육을 제공하는 것이 초등 수학교육의 중요한 과제가 될 수 있다. 맞춤형 교육을 통해 학생들은 자신의 강점을 강화하고, 약점을 보완할 기회를 얻게 된다. 이는 모든 학생이 수학적 사고를 발전시키고, 더 나아가 평생 학습의 기초를 다지는 데 기여할 것이다.

1 수학 학습 지원 대상 학생의 지도

가. 수학 학습 지원 대상 학생의 정의 및 특성

(1) 수학 학습 지원 대상 학생의 정의

학습문제는 단순히 성적 부진이나 하락만의 의미가 아니라, 시험불안, 공부자체에 대한 회의, 집중력 부족, 성적에 대한 걱정, 비효율적 공부 방법, 성적에 대한 부모, 교사, 친구와의 관계에서의 문제, 열악한 공부환경 등 다양한 맥락과 관련된다(김동일, 2001). 이러한 문제를 다양한 시각에서 다루고 접근하는 노력이 필요하다.

우리나라의 기초학력 보장법에서 '기초학력'이란 『초・중등교육법』 제2조에 따른 학교(이하 "학교"라 한다)의 학생이 대통령령으로 정하는 바에 따라 학교 교육과정을 통하여 갖추어야 하는 최소한의 성취기준을 충족하는 학력을 말한다(기초학력 보장법, 2022). 수학교육에서 기초학력 관련 연구는 오랫동안 수학 학습부진이란 주제로 연구되어 왔다. 주로 수학 학습부진의 원인을 밝히고, 수학 학습지원 대상 학생을 위한 효과적인 지도법을 탐색하고, 수학 학습 지원 대상 학생을 지도하는 교사를 위한 진단 자료나 지도 자료를 개발하는 등의 다양한 연구들이 이루어졌다(오민영 외, 2024).

학습부진에 대한 정의는 연구자마다 다르게 제시되어 있지만 한국교육과정평가원의 '학습부진아 지도 프로그램 개발 연구'에 제시된 '학습부진아'란 "정상적인 학교 학습을 할 수 있는 잠재 능력이 있으면서도 환경요인이나, 그것의 영향을 받은 개인 성격이나 태도, 학습습관 등의 요인으로 인하여, 교육과정상에 설정된 교육목표에 비추어 볼 때 최저학업성취 수준에 도달하지 못한 학습자"이다(김수동 외, 1998). 즉 정상적인 학습을 할 수 있는 잠재능력이 있지만 주변 환경, 개인의 성격이나 태도, 학습습관 등의 요인으로 교육과정상에 설정된 교육목표에 비춰볼 때 최저 학업성취 수준에 도달하지 못한 경우이다.

학습부진 현상을 진지하게 바라보고자 할 때 나타나는 가장 큰 문제는 학습부진아에 대한 전반적인 인식이다. 어떤 집단에 대하여 정의가 공식적으로 이루어지면 하나의 명칭이 확정되고 이러한 명칭에 대한 긍정적인 면과 부정적인 면이 나타나게 된다. 그러므로 최대한 낙인효과를 줄이면서 관련 당사자들 간의 의사소통을 원활히 하고 실제적인 도움이 제공될 수 있는 정의와 적절한 교육체제가 필요하다(김동일, 2001). 최근에는 기초학력이 제대로 갖추어지지 않은 학생들을 지칭하는 용어에 부정적인 느낌을 주지 않기 위해 기존에 사용되던 '학습부진아' 대신 '학습 지원 대상 학생'이라는 표현을 주로 사용하고 있다(최윤희, 2024).

본 장에서 사용하는 학습 지원 대상 학생이라는 용어는 학습에 있어 지원이 필요한 학생들을 의미하며, 학습의 특정 부분에서 어려움을 겪고 있거나, 전반적인 학습 능력을 향상하기 위해 추가적인 도움이 필요한 학생들을 포함한다. 이 용어는 학생들의 학습 잠재력을 최대로 발휘할 수 있도록 돕는 것을 지향하며 본 장에서는 수학 과목과 관련지어 살펴볼 것이다.

이때, 학습장애와 수학 학습 지원 대상 학생은 구분되는 개념이다. 이론적으로 학습 장애는 여러 수학 영역(예: 기하학) 중 하나 또는 전부 또는 각 영역 내의 개별 역량 중 하나 또는 집합에서 정보를 표현하거나 처리하는 능력의 결핍으로 인해 발생할 수 있다(Geary, 2004). 이는 신경학적 요인에 의한 것으로 수학의 여러 분야에서 정보를 표현하거나 처리하는 능력의 결핍으로 인해 발생할 수 있으며(Geary, 2004), 치료와 교육적 지원이 필요하다. 반면, 수학 학습 지원 대상 학생은 개인의 지적 능력이나 신경학적 요인과 무관하게 수학 학업 성취도가 낮은 상태를 의미한다.

(2) 수학 학습 지원 대상 학생의 특성

수학 학습 지원 대상 학생들은 다양한 특성을 지니고 있으며, 이로 인해 수학 학습에 어려움을 겪는 경우가 많다. 이러한 특성에 따른 문제를 해결하기 위한 맞춤형 접근이 필요하다.

첫째, 수학 학습 지원 대상 학생들은 기초 수학 능력이 부족한 경우가 많다. 기본적인 덧셈, 뺄셈, 곱셈, 나눗셈 등 수학의 기초 개념을 이해하지 못하는 학생들이 많아, 이러한 기초 개념이 바탕이 되는 더 복잡한 수학 문제를 해결하는 데 어려움을 느끼게 된다. 기초가 부족하면 학생들은 문제를 접근하는 데 필요한 기본적인 기술을 갖추지 못하게 되며, 이는 결국 수학적 사고의 확장을 방해하게 된다. 이러한 기초 부족은 수학에 대한 자신감 결여로 이어져, 학습 동기를 저하시킬 수 있다. 자신감이 결여된 학생들은 새로운 도전에 대한 두려움으로 인해 수학 학습을 회피하게 되는 경향이 있다.

둘째, 수학적 사고력이 저조한 학생들도 많다. 이들은 문제 해결에 필요한 논리적 추론이나 접근 방법을 찾는 데 어려움을 겪으며, 주어진 문제를 분석하고 해결하는 데 필요한 전략을 개발하는 데 더 많은 시간이 소요된다. 이러한 과정에서 학생들은 수학적 개념을 명확히 이해하지 못해 혼란을 느끼고, 결국에는 학습에 대한 흥미를 잃게 되기도 한다. 문제를 해결하기 위해 필요한 기술이나 방법을 습득하지 못하면, 학생들은 점차 수학에 대한 두려움을 느끼게 되며 이는 그들의 전반적인 학습 경험에 부정적인 영향을 미친다.

셋째, 수학에 대한 부정적인 태도를 가진 학생들도 존재한다. 과거의 부정적인 경험이나 실패로 인해 수학에 대한 두려움을 가지게 된 이들은 수학 문제를 회피하는 경향이 강하다. 이러한 부정적인 태도는 학습에 대한 소극적인 접근으로 이어지며, 이는 결국 학습 성과에 부정적인 영향을 미친다. 수학 학습에 대한 불안감이나 자신감 부족은 학생들이 수학을 배우는 데 방해가 될 수 있으며, 친구와의 관계나 가족의 지원 여부도 학습 태도에 중요한 역할을 한다. 학생들이 수학적 문제를 해결하는 과정에서 느끼는 스트레스는 학습 동기를 저하시킬 수 있으며, 이는 지속적으로 악순환을 초래할 가능성이 높다.

따라서 수학 학습 지원 대상 학생의 다양한 특성을 종합적으로 이해하고 적절한 지원을 제공해야 한다. 적절한 지원은 학생들이 수학적 개념을 명확히 이해하고, 문제 해결 능력을 키우며, 긍정적인 학습 태도를 형성하는 데 도움이 된다. 교사와 교육자는 학생 개개인의 특성을 고려하여 맞춤형 교육 전략을 개발해야 하며, 이를 통해 학생들이 자신감을 가지고 수학에 접근가능한 환경을 조성해야 한다. 이러한 통합적 접근이 이루어질 때, 수학 학습 지원 대상 학생들이 더 나은 학습 성과를 거둘 수 있을 것이다.

나. 수학 학습 지원 대상 학생의 발생 요인

수학 학습 지원 대상 학생의 어려움은 복합적인 요인으로 인해 발생한다. 수학 학습 지원 대상 학생은 개인적 요인, 가정 환경적 요인, 학교 환경적 요인이 복합적으로 작용하여 발생하는 문제이다. 따라서 수학 학습 지원 대상 학생을 지도할 때에는 다양한 요인들을 종합적으로 고려하여야 한다. 수학 학습 지원 대상 학생의 발생 요인에 대한 구체적인 내용은 〈표 6-1〉과 같다.

〈표 6-1〉 수학 학습 지원 대상 학생의 발생 요인

학습자 개인적 요인	인지적 요인	주의력, 기억력, 문제 해결 능력 등
	언어적 요인	어휘력, 문해력 등
	정의적 요인	자신감, 학습 동기, 태도 등
	선수학습 결핍	선수학습 결핍의 누적 등
학습자 외적 요인	교육적 요인	교사 요인, 교육 환경 등
	사회적 요인	가정 환경, 부모의 가치관 등

(1) 학습자 개인적 요인

수학 학습 지원 대상 학생은 인지적 요인, 언어적 요인, 선수학습 결핍 등 개인적 요인에 따라 발생할 수 있다.

첫째, 인지적 요인으로 인한 어려움이다. 학생의 인지적 능력은 수학적 개념을 이해하고 문제를 해결하는 데 중요한 역할을 한다. 인지적 요인은 주의력, 기억력, 문제 해결 능력 등으로 구성된다. 학생마다 수학적 사고력이나 문제 해결 능력의 차이가 존재한다. 일부 학생들은 수학적 개념을 빠르게 이해하고 적용할 수 있는 반면, 다른 학생들은 이러한 능력이 부족할 수 있다. 예를 들어, 주의력이 떨어지거나 단기 기억력이 부족한 학생은 수학 문제를 읽고 이해하는 데 어려움을 겪게 된다. 이러한 인지적 결함은 복잡한 수학 문제를 다룰 때 더욱 두드러지며, 학습의 전반적인 성취도에 부정적인 영향을 미친다. 이러한 차이는 학습 방식과 밀접한 관련이 있으며, 기본적인 수학 개념을 이해하지 못할 경우 복잡한 문제를 해결하는 데 큰 어려움을 겪을 수 있다.

둘째, 언어적 요인으로 인한 어려움이다. 수학적 언어는 수학 문제를 이해하는 데 필수적이다. 학생들이 수학 용어와 기호를 이해하지 못하면 문제를 해결하기가 어려워진다. 특히 언어 능력이 부족한 학생들은 문제의 지문을 이해하는 데 어려움을 겪게 되며, 이는 수학적 사고의 전개를 방해한다. 언어적 요인이 낮은 학생들은 문제를 읽고 해석하는 데 오해가 발생할 가능성이 높아 결과적으로 정답을 도출하는 데 실패할 수 있다.

셋째, 정의적 요인으로 인한 어려움이다. 수학을 어려워하는 학생들은 이전의 실패 경험으로 인해 자신감을 잃게 되고 이는 문제 해결 시도에 대한 두려움으로 연결된다. 자신감 부족은 학습을 회피하게 만들며 부정적인 자기 인식을 강화하는 악순환을 초래한다. 또한 학습 동기는 수학 학습에 있어 매우 중요한 요소이다. 내적 동기가 부족한 학생들은 수학을 재미있거나 의미 있는 과목으로 인식하지 못하며 외부의 보상이나 압력에 의존하게 된다. 이러한 경우, 학습의 지속성이 떨어지고 결과적으로 학습부진으로 이어질 수 있다.

넷째, 선수학습 결핍으로 인한 어려움이다. 수학은 누적적인 학문이기 때문에 기초 개념이나 기술이 결핍된 학생들은 새로운 내용을 학습하는 데 큰 어려움을 겪는다. 예를 들어, 분수나 비율에 대한 이해가 부족한 학생은 더 복잡한 수학 개념을 배우는 데 어려움을 느낀다. 선수학습 결핍은 수학적 개념 간의 연결성을 이해하는 데 방해가 되어, 새로운 개념을 배우는 데 심각한 어려움을 초래할 수 있다. 수학적 개념들은 서로 연결되어 있으며, 하나의 개념을 이해하지 못하면 이후 학습해야 할 개념에 대한 이해도 어려워질 수 있다. 따라서 수학적 개념 간의 연결성을 이해하는 것이 중요하며(Hiebert & Carpenter, 1992), 학습 어려움은 이러한 연결성을 파악하지 못할 때 더욱 두드러지게 나타날 수 있다.

이처럼 다양한 개인적 요인들이 학생들의 수학 학습에 영향을 미치며 이를 이해하고 지원하는 것이 학습부진을 극복하는 데 중요하다. 학생들이 자신의 잠재력을 최대한 발휘할 수 있도록 도움을 주어야 한다.

(2) 학습자 외적 요인

학습자 외적 요인은 학생의 학습에 영향을 미치는 다양한 외부 요인으로, 교육적 요인과 사회적 요인으로 나눌 수 있다.

첫째, 교육적 요인으로는 교사 요인과 교육 환경이 있다. 교사는 학생의 학습에 직접적인 영향을 미치는 중요한 요소이다. 교사의 교수 방법, 태도, 기대 수준은 학생의 학습 동기와 성취도에 큰 영향을 미친다. 예를 들어, 학생의 질문에 적극적으로 응답하고, 긍정적인 피드백을 제공하는 교사는 학생의 자신감을 높이고 학습에 대한 흥미를 유도할 수 있다. 반면, 부정적인 피드백이나 무관심한 태도를 보이는 교사는 학생의 학습 의욕을 저하시킬 수 있다. 또한 교사의 전문성도 중요한 역할을 한다. 수학에 대한 깊은 이해와 효과적인 교수 전략을 가진 교사는 학생들이 수학적 개념을 더 잘 이해하도록 도와줄 수 있다. 교육 환경 또한 학습에 큰 영향을 미친다. 안전하고 지원적인 학습 환경은 학생들이 자유롭게 질문하고 실수할 수 있는 공간을 제공한다. 반면, 경쟁이 치열하거나 스트레스가 많은 환경은 학생들이 학습에 대한 두려움을 느끼게 할 수 있다.

둘째, 사회적 요인으로는 가정 환경과 부모의 가치관이 있다. 가정은 학생의 초기 학습 경험을 형성하는 중요한 장소이다. 부모의 교육 수준, 학습에 대한 태도, 그리고 자녀에 대한 기대는 학생의 학습 동기와 성취도에 큰 영향을 미친다. 예를 들어, 부모가 학습의 중요성을 강조하고 자녀의 학습을 지원하는 경우 자녀는 학습에 대한 긍정적인 태도를 가질 가능성이 높다. 반면, 부모가 학습에 무관심하거나 부정적인 태도를 보일 경우 자녀는 학습에 대한 흥미를 잃을 수 있다. 가정의 경제적 여건도 중요한 사회적 요인이다. 경제적으로 어려운 가정의 학생들은 학습 자료나 교육 기회에 접근하기 어려울 수 있으며, 이는 학생의 학습 경험에 깊이 뿌리내려 학습 성과에 부정적인 영향을 미칠 수 있다.

학습자 외적 요인은 학생의 학습에 중대한 영향을 미치며, 이를 고려한 맞춤형 지원이 필요하다. 교육적 요인과 사회적 요인을 종합적으로 분석하고, 학생들이 최적의 학습 환경에서 성장할 수 있도록 돕는 것이 중요하다. 이를 통해 학생들이 자신의 잠재력을 최대한 발휘할 수 있도록 지원해야 한다.

다. 수학 학습 지원 대상 학생의 지원 방안

수학 학습 지원 대상 학생은 개인적, 사회적으로 여러 문제를 야기할 수 있다. 개인적으로는 자아 존중감 저하와 학업 및 진로 선택의 어려움을 겪을 수 있으며, 사회적으로는 교육 격차가 심화되고 인력 양성에 어려움을 겪게 된다. 이에 따라 정부와 교육 당국은 수학 학습 지원 대상 학생을 위한 다양한 정책을 추진해 왔다. 우리나라에서는 '수업 내 지원', '학교 내 지원', '학교 밖 지원'이라는 3단계 안전망을 구축하고 있으며, 학교 단위에서 시작하여 교육청 단위에 이르기까지 각 단계별로 기초학력 보장을 위한 지원 방안 및 정책을 수립하여 학습 지원 대상 학생의 기초학력 보장을 위한 촘촘한 지원이 이루어질 수 있도록 다양한 기초학력 사업을 수행하고 있다(오민영 외, 2024).

(1) 수학 학습 지원 대상 학생의 진단

학습 지원이 필요한 학생을 조기에 진단하고, 이들의 학습 수준과 필요를 평가하여 개별 맞춤형 학습 계획을 수립하는 것은 매우 중요하다.

첫째, 수학 학습 지원 대상 학생들의 개별적인 어려움을 파악하여 맞춤형 지원을 제공할 수 있다. 수학 학습의 어려움은 학생마다 원인이 다양하게 나타날 수 있다. 예를 들어, 어떤 학생은 기초 개념에 대한 이해 부족으로 어려움을 겪을 수 있고, 다른 학생은 문제 해결 전략의 부족으로 인해 수학적 사고에 어려움을 느낄 수 있다. 따라서 정확한 진단을 통해 각 학생의 약점과 강점을 파악하는 것이 필요하며, 이를 바탕으로 개별화된 교육적 지원을 제공하는 것이 중요하다. 이러한 맞춤형 지원은 학생들이 자신의 학습 스타일에 맞는 방법으로 수학을 이해하고 습득할 수 있도록 도와준다.

둘째, 초기 징후를 조기에 발견하여 예방적 개입을 할 수 있다. 수학 학습의 어려움이 지속되면 학생의 자아 개념과 학습 동기에 부정적인 영향을 미칠 수 있으며 장기적으로 학업 성취도에 큰 영향을 미친다. 따라서 조기 진단을 통해 초기 단계에서부터 적절한 지원을 제공하는 것이 중요하다. 이 과정에서 학생들이 느끼는 불안을 줄이고, 자신감을 회복할 수 있도록 도와주는 것이 필요하다. 조기 개입은 학생들이 긍정적인 학습 경험을 쌓을 기회를 제공하며, 이는 그들의 전반적인 학습 태도와 동기에도 긍정적인 영향을 미친다.

셋째, 수학 학습 지원 대상 학생들의 특성에 대한 이해를 바탕으로 교수 방법을 개선할 수 있다. 학생들의 구체적인 어려움을 파악하면 이들의 특성을 고려한 교수 전략을 개발할 수 있다. 예를 들어, 어떤 학생은 시각적 자료를 통해 더 잘 이해할 수 있는 반면, 다른 학생은 논리적 설명이 필요할 수 있다. 따라서 교사는 학생 개개인의 학습 스타일과 필요에 맞춘 교수법을 적용하여 효과적인 학습 환경을 조성해야 한다. 이를 통해 학생들은 더욱 적극적으로 수업에 참여하게 된다.

이처럼 수학 학습 지원 대상 학생들에 대한 체계적인 진단은 이들의 수학 학습 능력 향상과 전반적인 학업 성취 증진을 위해 필수적이다. 이러한 진단 과정은 학생들이 자신의 학습 잠재력을 발휘할 수 있도록 돕는 중요한 첫걸음이 되며, 나아가 학생들이 평생 학습자로 성장하는 데 기여할 수 있다. 이를 통해 학생들은 자신감과 동기를 가지고 수학을 학습하며, 궁극적으로는 자신이 원하는 목표를 이룰 기반을 마련하게 된다.

(2) 학습자 개인적 요인 지원

수학 학습 지원 학생의 개인적 요인에 대한 지원 방안은 인지적 요인, 언어적 요인, 정의적 요인, 선수학습 결핍 등의 측면에서 다음과 같이 제시할 수 있다.

첫째, 인지적 요인에 대한 지원 방안으로 주의력, 기억력, 문제 해결 능력을 향상시키기 위한 다양한 전략을 활용할 수 있다. 주의력을 높이기 위해 수업 중 짧은 집중 시간과 휴식 시간을 번갈아 가며 제공하는 것이 효과적이다. 예를 들어, 20분간 집중하여 학습한 후 5분간의 짧은 휴식을 주는 방식으로, 학생들이 지치지 않고 지속적으로 집중할 수 있도록 도와줄 수 있다. 또한 기억력을 향상시키기 위해 시각적 자료나 기억술을 활용하여 학생들이 정보를 더 잘 기억할 수 있도록 도와줄 수 있다. 예를 들어, 도표, 그래프, 플래시카드 등을 사용하여 시각적으로 정보를 정리하고, 학생들이 스스로 기억술을 개발할 수 있도록 유도할 수 있다. 문제 해결 능력을 기르기 위해서는 다양한 문제 해결 전략을 가르치고, 학생들이 스스로 문제를 해결할 기회를 제공하는 것이 필요하다. 예를 들어, 문제를 단계별로 나누어 해결하도록 유도하거나, 협동 학습을 통해 서로의 생각을 공유하게 하는 방법이 있다. 또한 실제 생활과 연관된 문제를 제시하여 학생들이 수학적 개념을 실생활에 적용할 수 있도록 도와주는 것도 효과적이다.

둘째, 언어적 요인에 대한 지원 방안으로 학생들의 어휘력과 문해력을 향상시키기 위한 프로그램을 운영할 수 있다. 수학적 용어와 기호를 이해하는 데 어려움을 겪는 학생들을 위해, 수학 용어를 쉽게 설명하고 예시를 통해 개념을 명확히 하는 것이 필요하다. 예를 들어, '덧셈'이나 '뺄셈'과 같은 기본 용어부터 시작하여, 점차 복잡한 개념으로 나아가면서 학생들이 자연스럽게 용어를 익힐 수 있도록 도와줄 수 있다. 또한 수학 문제를 읽고 이해하는 데 도움을 주기 위해, 문제의 핵심 내용을 파악하는 연습을 시키고, 다양한 문제 유형을 접할 수 있도록 하는 것이 중요하다. 이를 위해, 학생들이 문제를 읽고 요약하는 연습을 하도록 하거나, 문제를 그림으로 그려보게 하는 방법도 효과적이다. 이러한 접근을 통해 학생들은 수학적 언어에 대한 이해도를 높이고, 문제 해결 능력을 향상시킬 수 있다.

셋째, 정의적 요인에 대한 지원 방안으로 학생들의 자신감과 학습 동기를 높이기 위한 다양한 접근이 필요하다. 긍정적인 피드백을 통해 학생들이 작은 성취를 경험하도록 유도하고, 실패를 두려워하지 않도록 격려하는 것이 중요하다. 학생들이 문제를 풀었을 때 그 과정에서의 노력이나 창의적인 접근을 칭찬함으로써, 자신의 능력을 믿고 도전할 수 있도록 도와줄 수 있다. 또한 학습 동기를 높이기 위해 학생들이 흥미를 느낄 수 있는 수업 활동을 계획하고, 목표 설정을 통해 성취감을 느낄 수 있도록 지원하는 것이 필요하다. 학생들이 스스로 목표를 설정하고 그 목표를 달성하기 위한 계획을 세우도록 유도하는 방법도 효과적이다. 이를 통해 학생들은 자신의 학습 과정을 주도적으로 관리할 수 있게 되고, 성취감을 느끼며 학습에 대한 긍정적인 태도를 가질 수 있다.

넷째, 선수학습 결핍에 대한 지원 방안으로 기초 개념을 강화하는 프로그램을 운영하는 것이 필요하다. 수학은 누적적인 학문이기 때문에, 기초 개념이 부족한 학생들은 새로운 내용을 배우는 데 어려움을 겪는다. 따라서 기초 개념을 복습하고 강화할 수 있는 보충 수업이나 개인 맞춤형 학습 계획을 제공하는 것이 중요하다. 예를 들어, 학생의 현재 수준을 진단하여 필요한 기초 개념을 집중적으로 학습할 수 있는 프로그램을 설계하고 이를 통해 학생들이 자신감을 가질 수 있도록 도와줄 수 있다. 또한 선수학습 결핍이 누적되지 않도록 정기적인 진단 평가를 통해 학생의 이해도를 점검하고 필요한 경우 추가적인 지원을 제공해야 한다. 이와 함께, 학생들이 기초 개념을 이해했는지 확인하기 위해 간단한 퀴즈나 게임을 활용하여 학습의 재미를 더하는 것도 좋은 방법이다.

(3) 학습자 외적 요인 지원

학습자 외적 요인에 대한 지원 방안을 교육적 요인과 사회적 요인의 측면에서 다음과 같이 고려할 수 있다.

첫째, 교육적 요인에 대한 지원 방안으로 교사와 교육 환경의 개선이 필요하다. 교사는 학생의 학습에 큰 영향을 미치는 중요한 요소이므로 교사의 전문성을 높이기 위한 지속적인 연수와 교육이 필요하다. 예를 들어, 최신 교육 방법론이나 심리학적 접근을 배우는 워크숍을 정기적으로 개최하여 교사들이 다양한 교수법을 익히고 이를 수업에 적용할 수 있도록 지원해야 한다. 또한 교사 간의 협업을 통해 서로의 경험과 노하우를 공유하는 것도 중요하다. 이를 위해 팀 티칭이나 공동 수업 계획을 통해 교사들이 함께 수업을 진행하고, 피드백을 주고받는 기회를 마련할 수 있다.

교육 환경 또한 학생의 학습에 큰 영향을 미친다. 따라서 쾌적하고 안전한 학습 환경을 조성하는 것이 필요하다. 예를 들어, 교실의 조명, 온도, 소음 수준 등을 적절히 조절하여 학생들이 집중할 수 있는 환경을 만들어야 한다. 또한 다양한 학습 자료와 도구를 제공하여 학생들이 다양한 방식으로 학습할 수 있도록 지원하는 것이 중요하다. 예를 들어, 수학 학습을 위한 소프트웨어나 온라인 자료를 활용하여 학생들이 자율적으로 학습할 기회를 제공하는 것이 효과적이다.

둘째, 사회적 요인에 대한 지원 방안으로 가정 환경과 부모의 가치관을 고려한 프로그램이 필요하다. 가정은 학생의 학습 태도와 동기에 큰 영향을 미치므로, 부모와의 소통을 강화하는 것이 중요하다. 이를 위해 정기적인 학부모 상담회나 워크숍을 개최하여 부모가 자녀의 학습을 지원하기 위한 방법을 안내하고, 가정에서의 학습 환경을 개선할 수 있도록 도와줄 수 있다. 예를 들어, 부모가 자녀와 함께 수학 문제를 풀어보는 시간을 가지도록 유도하거나, 자녀의 학습 목표를 함께 설정하도록 하는 프로그램을 운영할 수 있다. 또한 부모의 가치관이 학생의 학습에 미치는 영향을 이해하고, 이를 긍정적으로 변화시킬 방법을 모색해야 한다. 예를 들어, 부모가 수학교육의 중요성을 인식하고, 자녀의 학습에 적극적으로 참여하도록 유도하는 캠페인을 진행할 수 있다. 이를 통해 부모가 자녀의 학습에 대한 긍정적인 태도를 가지게 되고, 자녀에게도 학습에 대한 긍정적인 영향을 미칠 수 있다.

마지막으로, 지역 사회와의 연계를 통해 학생들이 다양한 경험을 쌓을 수 있도록 지원하는 것도 중요하다. 지역 사회의 자원이나 프로그램을 활용하여 학생들이 수학을 실생활에 적용할 수 있는 기회를 제공하는 것이 필요하다. 예를 들어, 지역 기업과 협력하여 수학적 개념을 활용한 프로젝트를 진행하거나 지역 사회의 행사에 참여하여 실질적인 문제 해결 경험을 쌓을 수 있도록 하는 방법이 있다. 이러한 경험은 학생들이 수학을 더 잘 이해하고, 학습에 대한 흥미를 높이는 데 도움이 될 것이다.

(4) 수학 학습 지원 대상 학생 지도 시 고려 사항

수학 학습 지원 대상 학생을 지도할 때 고려해야 할 상황은 여러 가지가 있다.

첫째, 원인과 유형을 파악해야 한다. 이는 학생 개인의 심리적, 정서적 요인, 가정환경 등이 영향을 미치는 것인지, 아니면 효과적인 교수 설계로 접근해야 할 문제인지 분석하는 것이다. 이러한 분석을 통해 학생의 특성과 필요에 맞춘 지원을 제공할 수 있다.

둘째, 수업 내용의 조직과 계열화를 통해 효과적인 교수 설계 이론을 반영해야 한다. 수업 내용을 큰 개념 중심으로 조직하고, 학생의 사전 지식을 활성화하며, 명시적 교수와 요령 있는 복습을 포함해야 한다. 또한 전략적 통합과 점진적 지원 감소를 통해 학생들이 효과적인 학습 전략을 습득하도록 돕는 것이 필요하다. 이는 학습 지원 대상 학생 지도의 핵심 부분으로, 성공 여부는 필수 학습 요소를 선정하고 각 단계별 학습 목표를 설정하며, 가장 낮은 수준에서부터 가장 높은 수준까지 이르는 단계를 세분화하는 데 달려 있다.

셋째, 수업 행위를 효과적으로 전개해야 한다. 학생들에게 먼저 질문하거나 스스로 시도하게 하기보다는 교사나 잘 아는 또래가 명확하게 설명하고 직접 시범을 보이는 것이 좋다. 수업 전개 속도는 너무 느리지 않되 적절한 긴장을 유지하도록 하며 각 수업 장면의 전환이나 학생들의 참여를 독려하기 위해 긍정적인 피드백을 제공하고 상호작용을 최대화해야 한다.

넷째, 효과적인 학습 전략과 공부 전략을 습득하도록 지원해야 한다. 학습 지원 대상 학생들의 인지적 특성을 고려하여 일반적인 전략(시험 준비, 노트 정리, 주변 정리, 조직화 등)과 교과 특수적인 전략(문장제 문제 해결 전략, 독해 전략, 문장 작성 전략 등)을 중점으로 추진해야 한다.

다섯째, 학급 및 학교 환경의 조직이 필요하다. 시간표 작성, 학급 및 학교 환경 조성, 자리 배치 등이 이에 해당하며, 이러한 요소들은 모두 학습에 필요한 시간을 최대화하는 방향으로 조성해야 한다. 예를 들어, 학습 지도를 집중적으로 해야 하는 시간 앞뒤에는 이동이 많이 필요한 시간을 배제하고, 자리를 배치할 때는 학습 지원 대상 학생과 교사 간의 상호작용에 유리한 곳에 자리를 마련하는 것이 좋다.

마지막으로, 심리적, 경제적, 사회적, 문화적으로 불리한 여건을 고려해야 한다. 학생들이 자신이 소중한 존재라는 것을 인식하도록 도와주고, 심리적으로 자신감, 긍정적 자아 개념, 뚜렷한 목적 의식, 의욕과 동기를 고취하는 것이 중요하다. 경제적 측면에서는 교재, 학습 자료, 쾌적한 환경, 영양 간식 등을 고려해야 하며, 사회적 측면에서는 대인관계 향상 프로그램을 운영하고, 문화적 측면에서는 현장 체험 학습, 문화 체험 이벤트 등의 기회를 제공하는 것이 중요하다. 다양한 요소를 종합적으로 고려하여야 효과적 지원이 가능하다.

(5) 수학 학습 지원 대상 학생 문제에 대한 해결 과제

수학 학습 지원 대상 학생의 지원을 위한 정책들이 실제 학생들의 학습 향상으로 이어지기 위해서는 여전히 해결해야 할 과제가 존재한다.

첫째, 수학 학습 지원 대상 학생에 대한 체계적인 진단과 지원 체계 구축이 필요하다. 적합한 지원을 제공하기 위해서는 무엇보다 정확한 진단이 필요하기 때문에 부진 원인을 파악하는 일은 중요하다(오민영 외, 2024). 현재 대부분의 정책이 일회성 지원에 그치고 있어 학생들의 지속적인 성장을 도모하기 어려운 실정이다. 따라서 학생들의 수학 학습 수준을 정기적으로 진단하고 이를 바탕으로 개별화된 맞춤형 지원 계획을 수립해야 한다. 이를 위해 학교, 교육청, 지역사회가 연계된 통합적인 지원 체계를 구축하는 것이 중요하다.

둘째, 수학 학습 지원 대상 학생에 대한 교사의 전문성 제고가 중요하다. 교사들은 수학 학습 지원 대상 학생의 특성을 이해하고 이들의 요구에 적합한 교수-학습 방법을 적용할 수 있어야 한다. 이를 위해 교사 연수 프로그램 확대, 수학 교과 전문성 강화, 수업 컨설팅 지원 등이 필요하다. 또한 교사와 학생 간의 상호작용 증진 및 학생 참여 수업 설계 등 교수 방법 개선에 대한 지원도 병행되어야 한다.

셋째, 가정과 지역사회의 협력 강화를 요구한다. 수학 학습 지원 대상 학생은 학교 교육만으로는 해결하기 어려운 문제이므로 학부모 교육 및 상담, 지역사회 멘토링 프로그램 등을 통해 가정과 지역사회의 참여와 지원을 이끌어야 한다. 특히 저소득층 가정 및 다문화 가정 학생들에 대한 지원 강화가 필요하다.

넷째, 수학 학습 지원 대상 학생을 위한 교육 콘텐츠 및 교수-학습 자료 개발이 요구된다. 현재 개발된 자료들이 일부 지역에 국한되거나 부족한 실정이므로 학생들의 수준과 특성을 고려한 다양한 교육 자료를 개발하고 이를 전국적으로 보급할 필요가 있다. 또한 디지털 기술을 활용한 온라인 학습 자료 및 플랫폼 구축도 병행되어야 한다.

다섯째, 수학 학습 지원 대상 학생에 대한 사회적 인식 개선이다. 현재 수학 학습 지원 대상 학생은 개인의 능력 부족으로 인식되는 경향이 있다. 그러나 이는 개인적, 환경적 요인이 복합적으로 작용한 결과라는 인식 전환이 필요하다. 이를 통해 수학 학습 지원 대상 학생들에 대한 편견을 해소하고, 이들에 대한 사회적 관심과 지원을 이끌어낼 수 있을 것이다.

이와 같은 정책적 과제들을 해결하기 위해서는 정부, 교육 당국, 학교, 가정, 지역사회가 유기적으로 협력하는 것이 중요하다. 특히 수학 학습 지원 대상 학생에 대한 체계적인 지원 체계 구축, 교사 전문성 제고, 가정 및 지역사회 참여 활성화, 교육 콘텐츠 개발 등 다각도의 노력이 필요할 것이다. 이를 통해 수학 학습 지원 대상 학생 문제를 효과적으로 해결하고, 모든 학생들이 행복한 학교생활을 영위할 수 있도록 지원해야 한다.

라. 수학 학습 지원 대상 학생의 지원 정책

(1) 우리나라의 수학 학습 지원 대상 학생 지원 정책 변화 과정

우리나라의 기초학력보장정책은 사회 변화에 따라, 그리고 정권이 바뀜에 따라 변화해 왔다(최윤희, 2024). 우리나라 정책의 변화 과정을 도입기, 성장기, 심화기, 위기기로 나누어 살펴볼 수 있다.

첫째, 기초학력보장정책 도입기(1997~2007)이다. 우리나라의 기초학력 보장 정책은 1997년 교육인적자원부가 시・도 교육청과 협력하여 기초학습부진아를 구분하고 단위학교 중심의 학습부진 학생 지도를 시행하면서 시작되었다. 1997년 12월에 개정된 『교육기본법』과 『초・중등 기본법』에 학습부진학생에 대한 지원 조항이 마련되었고, 이를 바탕으로 2001년 '국민 기초교육보장'을 위한 국가인적자원개발 기본계획이 수립되었다. 2002년부터는 학업성취도 평가가 본격적으로 실시되어, 초등학교 6학년, 중학교 3학년, 고등학교 1학년 학생을 대상으로 국가수준 학업 성취도를 평가하였다. 이 평가 결과는 학생들에게 통보되었고, 기초학력이 부족한 학생을 진단하여 지원이 필요한 학교를 파악하는 데 기여하였다. 1997년부터 2007년까지는 기초학력 보장을 위한 정책이 도입되고 법적 기반이 구축된 시기였다.

둘째, 기초학력보장정책 성장기(2008~2012)이다. 2008년 이명박 정부는 '기초학력미달 학생 제로 플랜'을 추진하며 학업성취도 평가를 전수평가 방식으로 전환하였다. 이후 기초학력 미달 학생 비율이 높은 학교를 '학력향상 중점학교'로 선정하여 지원하였다. 이 학교들은 2011년부터 '학력향상형 창의경영학교'로 전환되어, 학생 개별의 학습부진 원인을 파악하고 해결하는 데 중점을 두었다. 또한 정부는 정서적 및 행동적 장애로 인한 학습부진 학생에 대한 맞춤형 지원 방안을 발표하였다. 이 시기에는 학생별 다양한 원인에 의한 기초학력 부진을 개별화하여 지원하려는 기반이 마련되었으며, 데이터 기반의 정책이 교육 실천에 중요한 역할을 하였다. 그러나 학업성취도 평가의 공개로 인한 찬반 논쟁이 있었고, 학교 현장의 부담이 증가하는 문제도 발생하였다.

셋째, 기초학력보장정책 심화기(2013~2019)이다. 2013년 박근혜 정부 출범 이후 기초학력 보장 정책은 시·도 교육청 중심으로 운영되면서 국가의 책무성이 약화되었다. 이 시기에는 학업성취도 평가가 초등학교에서 폐지되고 중등학교에서는 표집조사로 전환되었다. 기초학력 보장 정책은 수업 내 지원, 학교 내 지원, 학교 밖 지원의 3단계 안전망 구축으로 운영되었다. 맞춤형 선도학교와 두드림학교가 운영되어, 다중 지원팀이 학습 지원 대상 학생을 지원하였다. 이러한 변화는 학생의 복합적인 어려움을 고려한 총체적 접근으로 평가되었다. 그러나 시·도 교육청 중심의 정책 시행이 기존 교육 방향과 일관되지 않는다는 비판도 존재했다.

넷째, 기초학력보장정책 위기기(2020~2023)이다. 2020년 코로나19의 확산으로 교육계가 전례 없는 위기를 맞았다. 이에 따라 교육부는 '모든 학생들을 위한 교육안전망 강화 방안'을 발표하고, 학습 격차 해소를 위한 맞춤형 지원과 디지털 격차 예방, 교육 취약계층 맞춤형 지원 등을 제시하였다. 2021년 이후 기초학력 보장 사업은 기존 정책을 유지하며 확대되었고, 코로나19 장기화로 인한 학습, 심리, 사회성 결손 극복을 위한 '교육회복 종합방안'이 마련되었다. 2021년 제정된 『기초학력보장법』에 따라 다양한 기초학력 보장 사업이 운영되었고, 2022년 발표된 『제1차 기초학력 보장 종합계획(2023~2027)』에서는 진단 체계의 정교화와 교수학습 혁신을 위한 다양한 방안이 제시되었다. 제1차 기초학력 보장 종합계획은 모든 학생의 학습 수준을 일정 수준 이상으로 보장하겠다는 예방적이고 선제적인 성격을 띠며, 관련 기초학력 사업을 확대하고 재편하는 데 기여했다고 평가 받고 있다(신하영, 박소영, 2023).

(2) 우리나라의 수학 학습 지원 대상 학생 지원 정책

각 시・도 교육청은 시・도별 교육감의 의지, 지역의 여건과 특성 또한 반영하여 다양한 기초학력보장정책을 구상하고 설계하고 있지만, 교육부의 정책 방향을 기본으로 한다(최윤희, 2024). 각 시・도 교육청은 교육부의 기초학력 보장 종합계획을 토대로 기초학력 보장 시행계획을 수립하고 있다. 교육부(2022a)가 발표한 제1차 기초학력 보장 종합계획(2023년~2027년)의 정책 목표는 2025년까지 인공지능(AI) 기반의 기초학력 진단 및 지원 체계를 구축하고, 2027년까지 국가, 지역, 학교 간 연계된 기초학력 안전망을 완성하는 것이다.

첫째, 진단 측면에서 정확한 진단을 통해 지원 대상 학생을 선정하는 데 중점을 두고 있다. 이를 위해 현장 수요 기반의 진단 도구를 개선하고, 기초학력 맞춤형 진단체계를 강화하며, 학습 지원 대상 학생의 선정 과정을 체계화할 계획이다. 둘째, 지원 측면에서 기초학력 향상을 위한 다중 안전망을 구축한다. 정규 수업과 연계한 기초학력 교수・학습 혁신, 학교 내에서의 통합적 지원, 그리고 학교 밖에서의 전문적 지원을 통해 학생들에게 효과적인 학습 환경을 제공할 예정이다. 셋째, 예방 측면에서 코로나19 대응 교육 결손 해소를 위한 집중 지원을 실시한다. 학습, 심리, 정서 측면에서의 종합적 접근을 통해 학생별 상황과 특성에 따른 맞춤 지원을 제공하는 것이 목표다. 마지막으로, 기반 측면에서는 학습 지원 교육의 내실화를 도모한다. 이를 위해 교과 및 담임교사를 지원하고, 기초학력 보장 업무 여건을 정비하며, 교원 양성 과정을 개선하고, 국가 및 시도 기초학력 지원 센터를 운영할 계획이다.

현재 교육부와 시・도 교육청은 수학 학습 지원 대상 학생을 위한 다양한 교수-학습 자료를 개발하고 보급하고 있다. 17개 시・도 교육청은 종합계획의 내용과 해당 지역의 여건을 고려하여 매년 12월 31일까지 다음 학년도 시행계획을 마련하고, 이에 따른 기초학력보장정책을 추진하게 된다. 이에 따라 시・도 교육청은 매년 3월 학년 초에 진단검사를 실시하여 학습 지원 대상 학생을 선정한다. 선정된 학생들은 맞춤형 학습 지원을 받으며, 6월, 9월, 11월에 향상도 검사를 통해 학습 진행 상황을 점검한다.

17개 시・도 교육청의 기초학력 보장 시행계획에 따르면, 수학 교과의 기초학력 보장을 위한 교실 내 지원 사업이 모든 시도 교육청에서 운영되고 있다. 이 사업에는 학습 지원 튜터와 1수업 2교사제가 포함되며, 일부 교육청에서는 기초학력 전담교사제와 특색 사업도 시행하고 있다. 학교 내 지원 사업으로는 두드림학교와 교과 보충 프로그램이 있다. 두드림학교는 학습, 동기, 정서적 지원을 종합적으로 제공하며, 교과 보충 프로그램은 방과 후나 방학 동안 개별 또는 소규모로 학습 지도를 실시한다. 또한 일부 교육청은 기초학력 선도학교 사업을 운영하여 외부 강사를 활용한 협력 수업을 지원하고, 제주와 경북에서는 맞춤형 지원 방안을 연구하는 기초학력 연구학교가 운영되고 있다.

정부와 교육청은 수학 학습 지원 대상 학생들에게 실질적인 지원을 제공하기 위해' 다양한 정책을 추진하고 있으나, 학생, 학부모, 교사, 지역사회가 참여하는 통합적인 지원 체계가 필요하다. 또한 난산증을 조기에 발견하고 관련 기관과 연계하는 노력이 필요하다(오민영 외, 2024). 난산증은 학습 장애의 한 유형으로 "숫자 인식, 직관적인 수 감각, 수의 의미 이해, 수의 상대직 크기 비교, 수학적 추론의 결함 등을 보이는 것"이다(유한익 외, 2018). 난산증은 일반적인 교수법으로 지도하기 어려운 문제로, 전문적 지원이 필수적이다. 현재 난독증 지원 사업은 모든 교육청에서 운영되지만, 난산 지원은 경북, 부산, 서울, 제주 4곳에서만 이루어지고 있다. 난산 학생 지원 사업은 심층적인 진단과 치료 지원을 포함하고 있으며, 담임 교사에게 난산의 의미와 특징에 대해 연수를 제공하여 조기 발견과 전문 기관 연계의 중요성을 강조한다.

(3) 세계 각국의 수학 학습 지원 대상 학생 지원 정책

미국, 영국, 핀란드의 수학 학습 지원 대상 학생에 관련된 지원 정책에서 강조되는 주요 내용은 다음과 같다(이화진 외, 2009).

첫째, 교육 정책은 교육과 복지를 연계해 나가는 추세이다. 이는 단순히 학습 성과를 높이는 것을 넘어, 학생들의 전반적인 복지와 생활 환경을 개선하려는 노력이 포함되어 있음을 의미한다. 둘째, 학습부진의 개념이 개인적 수준을 넘어 사회적 차원으로 확장되고 있으며, 과거 특수교육의 대상이었던 장애와 학습부진의 경계가 점차 사라지고 있다. 이러한 변화는 학습 지원이 필요한 학생이 단순히 개인의 문제가 아니라 사회적 문제로 인식되고 있다는 점에서 중요하다. 셋째, 적극적인 교육복지 차원에서 발생 후 대처보다 사전 예방이 더욱 강조되고 있다 이는 학습의 어려움이 발생하기 전에 조기 개입을 통해 문제를 해결하고, 학생들이 학습에 어려움을 겪지 않도록 하는 방향으로 나아가고 있다는 것을 보여준다. 넷째, 수학 학습 지원 대상 학생을 집중적으로 지도하는 경향이 있으며, 정규 수업에서 학습의 어려움이 발생하지 않도록 지도하는 것을 우선시한다. 학습 곤란을 느끼는 학생에게는 조기 중재를 통해 신속하게 지원하고, 여전히 학습을 따라가지 못하는 학생들에게는 추가적인 보장 학습이 제공된다. 이러한 측면에서, 수학 학습 지원 대상 학생에 대한 지원은 점점 더 체계적이고 집중적으로 이루어지고 있다. 다섯째, 학교와 지역사회가 협력하여 다중 지원팀을 구성하고, 학생들의 학습을 방해하는 요인(빈곤, 가정 문제, 정서적 및 행동 문제 등)을 확인하여 맞춤형 통합 서비스를 제공하는 추세가 나타나고 있다. 이러한 다중 지원팀의 구성은 학생들의 복합적인 문제를 효과적으로 해결하기 위한 노력의 일환으로, 수학 학습 지원 대상 학생들이 학교 내외에서 지원을 받을 수 있도록 한다. 이러한 세계적 추세는 우리나라의 학습 지원 대상 학생과 관련된 지원 정책에도 영향을 미치고 있다.

• 탐구 과제: 수학 학습 지원 대상 학생의 발생 요인 및 국가적 지원 필요성

탐구 1. 수학 학습 지원 대상 학생의 발생 요인을 개인적 요인과 외적 요인으로 구분하여 설명하시오.

탐구 2. 수학 학습 지원 대상 학생의 문제를 개인적 차원이 아닌 국가적 차원에서 중요하게 다루어야 하는 이유는 무엇인지 논의해 보시오.

2 수학 영재 학생의 지도

가. 수학 영재 학생의 정의 및 특성

(1) 수학 영재 학생의 정의

"영재"란 재능이 뛰어난 사람으로서 타고난 잠재력을 계발하기 위해 특별한 교육이 필요한 자를 의미한다(대한민국 국회, 2000). 영재 교육진흥법의 법적 정의가 내포하고 있는 의미는 다음과 같다(이정규, 박춘성, 2009). 첫째, 용어의 통일이다. 다양한 용어인 영재(英才), 신동(神童), 천재(天才) 등을 '영재'라는 용어로 통일하였다. 그러나 일부 학자들은 이들의 수행 능력 수준과 심리적 특성에 따라 영재, 신동, 천재를 구분하기도 하며, 영재와 재능을 구분하여 영재성은 능력 영역에, 재능은 성취 영역에 적용된다고 보기도 한다. 둘째, 영재성은 타고난 잠재력을 의미한다. 영재는 천부적으로 타고난 사람이며, 외부의 압력에 의해 만들어지는 것이 아님을 강조한다. 셋째, 영재는 잠재력을 계발하기 위해 특별한 교육이 필요한 사람이다. 영재의 잠재력을 계발하기 위해서는 일반적인 정규학교 교육과정 외에도 영재의 특별한 심리적 특성과 교육적 욕구를 충족할 수 있는 '영재교육'이라는 특별한 교육적 서비스가 제공되어야 한다.

수학 영재 학생은 수학 분야에서 창의적인 업적을 산출할 수 있는 재능이나 잠재성을 가진 학생으로서 수학 탐구에 대한 강한 욕구와 잠재능력을 지니고 있다(최영기, 도종훈, 2004). 이론적으로, 수학적으로 영재인 아동은 "수학 개념을 이해하는 데 비정상적으로 높은 자연적(또는 본능적인) 능력을 가진 아동"으로 정의될 수 있다(Parish, 2014). 이러한 아동들은 동료들과 본질적으로 다른 방식으로 수학을 보고, 이해하며, 학습한다. 수학 영재 학생은 종종 또래보다 높은 수학적 이해력과 기술을 보이지만, 일반적인 학습 환경에서는 그 잠재력이 충분히 발휘되지 못하는 경우가 많다. 따라서 수학 영재 학생은 일반적인 수업보다 더 높은 수준의 교육적 도전을 필요로 하며, 자신의 능력을 최대한 발휘할 수 있도록 적절한 교육 프로그램과 환경을 제공해야 한다. 맞춤형 교육 프로그램과 심화 학습 기회, 창의적 문제 해결을 장려하는 교육 방식이 영재의 잠재력을 극대화하는 데 중요하다.

영재에 대한 정의는 Renzulli(1978, 2021)에 의해 폭넓게 적용되고 있으며, 그는 영재를 "종합적인 영재적 특성을 가지고 있으며 자신의 능력을 잠재적으로 가치 있다고 여기는 영역에 적용할 수 있는 사람"으로 정의하였다. 이 정의는 영재성이 단순히 높은 지능 지수(IQ)로 측정되지 않고, 창의성, 문제 해결 능력, 특정 분야에서의 뛰어난 성취를 포함한다는 점에서 중요하다. Renzulli는 영재성을 평균 이상의 능력, 과제 수행 능력, 창의성의 상호작용으로 설명하며, 이 세 가지 특성이 상호작용할 때 비로소 창의적이고 생산적인 성과를 이룰 수 있다고 주장하였다. 이러한 정의는 영재성을 단순한 성취의 척도로 한정하지 않고, 다양한 능력과 특성의 조합으로 이해해야 함을 시사한다. 즉 영재성을 포괄적으로 바라보며, 다양한 잠재력을 가진 아동들이 자신들의 특성을 발휘할 수 있도록 돕는 방향으로 나아가게 한다. Renzulli의 연구는 교육 분야에서 영재 교육 프로그램을 개발하고 평가하는 데 기초가 되었으며, 다양한 재능을 가진 아동들을 이해하고 지원하기 위한 기초 자료로 활용되고 있다.

영재에 대한 정의는 영재 기준과 판별의 준거가 될 수 있으며, 수학 영재 학생에 대한 연구는 계속 진행 중이다. 이들의 특성과 교육 방법에 대한 새로운 발견이 이루어지고 있으며, 이러한 연구는 수학 영재가 자신의 능력을 최대한 발휘하고, 미래의 수학적 문제 해결에 기여할 수 있도록 돕는 데 중요한 역할을 할 수 있다.

(2) 수학 영재 학생의 특성

수학 영재 학생들이 자신의 잠재적 재능을 최대한 발현하도록 교육하기 위해서는 그들의 특성을 면밀히 분석할 필요가 있다. 수학 영재는 일반 학생들과 구별되는 여러 가지 인지적 특성을 지니고 있으며, 이러한 특성은 영재 교육에서 학생들의 잠재력을 최대한 발휘할 수 있도록 지원하는 중요한 요소로 작용한다.

첫째, 수학 영재 학생들은 매우 높은 문제 해결 능력을 보유하고 있다. 이들은 복잡한 문제를 신속하고 정확하게 해결하며, 다양한 관점에서 문제를 분석하고 독창적인 방법으로 접근하는 데 능숙하다. 복잡한 개념을 쉽게 처리하고, 논리적 추론을 통해 문제를 해결하는 뛰어난 능력을 가지고 있으며, 문제 해결 과정에서 유연성과 독창성을 발휘한다. 이들은 문제의 본질을 신속하게 파악하고 최적의 해결 전략을 선택하는 능력을 지니며, 문제 상황을 정확하게 분석하고 적절한 전략을 선택하는 데 강점을 가진다. 또한 문제 해결 과정에서 발생하는 어려움을 극복하고 새로운 해결 방법을 모색하는 능력도 뛰어나다. 둘째, 수학 영재 학생들은 뛰어난 추상적 사고 능력을 갖추고 있다. 이들은 구체적인 사례에서 추상적인 원리를 도출하고 이를 다양한 상황에 적용하는 데 능숙하다. 이러한 능력은 문제를 해결하는 데 중요한 역할을 하며, 다양한 수학적 개념을 더 깊이 이해하는 데 기여하여 실질적인 문제 해결로 이어진다. 셋째, 이들은 논리적 추론 능력이 탁월하다. 논리적으로 사고하고 체계적으로 문제를 해결하는 능력이 뛰어나며, 복잡한 문제를 단계적으로 분석하고 해결하는 과정에서 즐거움을 느낀다. 수학적 관계와 패턴을 쉽게 인식하고, 복잡한 문제를 간단하게 단순화하여 접근할 수 있는 능력도 뛰어나며, 이러한 논리적 접근은 문제 해결의 효율성을 높이고 창의적인 해결책을 찾는 데 도움을 준다. 넷째, 수학 영재 학생들은 매우 높은 학습 속도를 자랑한다. 이들은 새로운 수학적 개념을 빠르게 이해하고 습득할 수 있는 능력이 뛰어나며, 일반 학생들보다 짧은 시간 내에 복잡한 내용을 받아들일 수 있다. 이러한 빠른 학습 속도는 수학적 사고를 더욱 촉진하고 문제 해결에 대한 접근 방식을 확장하는 데 중요한 역할을 한다. 다섯째, 수학 영재 학생들은 뛰어난 창의적 사고를 가지고 있다. 이들은 기존의 방법과 다른 새로운 접근 방식을 통해 문제를 해결하며, 다양한 방법을 시도하고 혁신적이고 독창적인 해결책을 제시하는 데 능숙하다. 문제를 다각도로 탐구하며, 새로운 아이디어를 생성하는 과정에서 다른 사람들과의 협업을 통해 더욱 풍부한 통찰을 얻기도 한다.

수학 영재 학생들은 인지적 특성 외에도 정의적 특성에서도 두드러진 차이를 보인다. 이러한 정의적 특성은 그들이 수학적 성과를 이루는 데 중요한 역할을 한다.

첫째, 수학 영재 학생들은 수학에 대한 강한 흥미와 열정을 보이며, 자발적으로 수학적 활동에 참여하는 경향이 있다. 이들은 내재적 동기가 강해 외부의 보상이나 압력 없이도 지속적으로 수학 학습에 전념한다. 둘째, 수학 영재는 강한 호기심과 탐구심을 가지고 있으며, 수학적 문제와 개념에 대한 깊은 호기심을 지니고 있다. 이들은 새로운 지식을 탐구하고자 하는 욕구가 강하며 필요한 자원을 적극적으로 활용하고 명확한 목표를 설정하여 이를 달성하기 위해 노력한다. 이러한 탐구심은 그들의 학습과 성장에 중요한 기반이 된다. 셋째, 수학 영재 학생들은 수학 문제에 집중하는 능력이 뛰어나며, 장시간 동안 수학 과제에 전념할 수 있다. 이들은 주변 환경의 방해에도 불구하고 과제에 몰입할 수 있는 능력을 지니고 있으며, 이러한 집중력은 수학 문제 해결 과정에서 필수적인 요소로 작용한다. 또한 이들은 특정 문제나 과제에 대해 높은 집중력을 유지하며, 어려운 문제를 해결하기 위해 지속적으로 노력하는 경향이 있다. 이러한 끈기와 인내심은 수학 영재들이 복잡한 수학 문제를 해결하는 데 중요한 역할을 하며, 실패를 경험하더라도 이를 학습의 기회로 삼고 다시 도전하는 자세는 수학 영재의 중요한 특성 중 하나이다. 마지막으로, 수학 영재 학생들은 수학 과목에 대한 자신감이 강하다. 이들은 수학적 문제를 해결하는 과정에서 자신이 가진 능력에 대한 확신이 있으며, 이는 과거의 성공 경험, 자기 반성, 지적 호기심, 사회적 지지 등 다양한 요인에 의해 형성된다. 이러한 자신감은 그들이 수학적 도전에 적극적으로 임할 수 있게 하며, 지속적인 학습과 성취로 이어진다. 그러나 때로는 높은 기대감으로 인해 스트레스를 느끼기도 한다.

나. 수학 영재 학생의 선발

(1) 수학 영재 학생의 선발 방법 및 선발 도구

영재 교육진흥법 제2조 및 제5조(대한민국 국회, 2000)에 의거하여, 영재 교육기관의 장은 뛰어난 재능이나 잠재력을 가진 학생 중 해당 기관의 교육 목표에 적합한 사람을 영재 교육 대상자로 선발해야 한다. 영재 교육은 특정 분야에서 정규 교육과정 수준 이상의 영재성을 지닌 학생을 파악하고 그 잠재력을 최대한 발휘할 수 있도록 체계적인 교육을 제공하는 것으로 시작된다.

우리나라 영재 교육 대상자 선발은 영재 교육기관별로 구분되어 실시된다. 영재학교는 전일제 정규교육을 제공하는 고등학교급 영재 교육기관으로, 각 학교의 설립 목적과 인재상에 부합하는 입학전형을 통해 이공계 인재 양성을 목표로 한다. 이와 함께 영재 교육원 및 영재학급은 비전일제 영재 교육기관으로, 교사관찰추천제를 도입하여 사교육 및 선행학습의 효과를 최소화하고 소외계층의 영재성을 발굴하는 기회를 높인다. 교사관찰추천제는 영재 행동 특성을 보이는 학생들을 관찰하여 추천하는 방식으로, 영재 교육의 본질에 충실한 학생 선발을 가능하게 한다. 특히, 시・도 교육청 영재 교육원에서는 KEDI 영재성 검사와 KEDI 창의적 문제해결력 수행 관찰 도구 등을 포함하여 다양한 정보원을 통해 종합적인 평가를 실시하고 있다.

영재는 뛰어난 지적 능력과 관심 분야에 대한 독창성, 높은 문제 해결 능력 등의 인지적 특성을 지니며, 호기심, 과세집착력, 흥미, 동기, 리더십, 사회성 등의 정의적 특성에서도 두드러진 특징을 보인다. 이러한 영재의 특성을 평가하기 위해 인지적 능력과 정의적 특성을 측정할 수 있는 다양한 선발 도구가 필요하다. 주요 선발 도구로는 '학생 영재 행동 특성 관찰 체크리스트', '관찰 체크리스트 및 산출물 결과 평가 체크리스트', '교사 추천서', '리더십 특성검사', 'KEDI 영재성 검사' 등이 있다. 또한 수학 영재 선발 과정에서는 표준화된 검사 도구(예: 수학 능력 검사, 수학 창의성 검사, 수학 문제 해결 검사)와 교사 추천이 중요한 역할을 한다. 교사는 학생들의 수학적 잠재력을 관찰하여 추천하며, 학생들의 수학 관련 활동 경험과 성과도 중요한 평가 요소로 고려된다.

영재 선발 과정에서는 다양한 평가 방법(표준화된 검사 도구, 교사 추천, 학생 활동 경험, 정의적 특성 평가)을 활용하여 수학적 재능을 가진 학생들을 정확하게 선별하고 있다. 이를 통해 영재 교육의 타당성과 신뢰성을 높이는 지속적인 개선이 필요하다.

(2) 수학 영재 학생의 선발 과정의 문제점 및 개선 방안

영재 교육은 영재 학생의 발달과 성장에 매우 중요하지만 여러 장애물로 인해 그 효과가 저해받고 있다. 이러한 문제들은 수학 영재 교육의 질을 저하시킬 뿐만 아니라, 진정한 영재 학생들이 공정하게 선발되지 못하는 결과를 초래할 수 있다. 따라서 이 문제들을 심도 있게 분석하고 지속적인 개선 방안을 모색하는 것이 필수적이다.

첫째, 수학 영재 선발 과정에서 표준화된 검사 도구의 한계이다. 현재 사용되는 검사 도구들은 주로 기존 지식과 기술의 습득 정도를 평가하는 데 초점을 맞추고 있어, 창의성, 문제 해결력, 비판적 사고 등 다양한 수학적 재능의 측면을 충분히 평가하지 못한다는 한계가 존재한다(Leikin, 2009). 예를 들어, 단순한 계산 문제나 정형화된 문제 해결 능력에 집중함으로써 학생들의 독창적인 사고나 복잡한 문제 해결 능력이 간과될 수 있다. 따라서 신뢰도 높은 새로운 검사 도구의 개발이 필요하며, 영재 진단에는 표준화된 테스트, 교사의 관찰, 포트폴리오 평가, 학생의 프로젝트 작업 등이 포함되어야 한다.

둘째, 교사 추천의 신뢰성과 타당성 문제이다. 영재 진단은 학생의 수학적 재능과 창의성을 평가하여 영재 여부를 판단하는 과정(Leikin, 2011)이지만, 교사의 주관적 판단에 의한 추천은 편향될 수 있다. 교사의 개인적 경험이나 편견이 추천에 영향을 미칠 수 있으며, 이는 영재 선발의 공정성을 해칠 수 있다. 교사들에게 체계적인 연수와 지원이 필요하며, 추천 과정에서의 객관성과 타당성을 높이기 위한 평가 기준과 절차를 마련해야 한다.

셋째, 학생들의 수학 관련 활동 경험과 성과에 대한 평가의 한계이다. 경시대회 수상 실적이나 프로젝트 수행 경험은 수학적 재능의 일부만을 반영할 수 있으며, 이러한 평가 요소들은 학생들의 사회경제적 배경이나 기회의 차이에 따라 영향을 받을 수 있다. 따라서 학생들의 수학 관련 활동 경험을 균형 있게 평가할 수 있는 방안이 마련되어야 하며, 모든 학생들이 동등한 기회를 가질 수 있도록 지원하는 정책이 필요하다.

넷째, 수학 영재 선발 과정에서 정의적 특성 평가의 어려움이다. 수학에 대한 감정, 동기, 태도, 사회적 상호작용 능력은 중요하지만(Leikin, 2011) 이를 객관적으로 평가하기는 쉽지 않다. 이러한 특성은 학생의 경험과 환경에 따라 다양하게 나타나기 때문에 평가가 주관적일 수 있다. 따라서 정의적 특성 평가를 위한 다양한 평가 도구와 방법의 개발이 필요하며, 이를 선발 과정에 체계적으로 반영할 수 있는 방안이 모색되어야 한다.

다. 수학 영재 학생의 교육

(1) 수학 영재 학생의 교육 목표 및 내용

수학 영재 교육은 수학적 재능이 뛰어난 학생들의 잠재력을 최대한 발휘할 수 있도록 지원하는 것을 목표로 한다. 이 교육은 학생들이 수학적 사고와 문제 해결 능력을 발전시킬 기회를 제공하여, 미래의 수학적 리더로 성장할 수 있도록 한다. 영재 교육은 단순히 높은 성취를 보이는 학생들을 위한 것이 아니라, 그들의 독특한 학습 요구를 충족시키고 잠재력을 발휘할 수 있도록 지원하는 방향으로 나아가야 한다(Parish, 2014).

첫째, 수학적 사고력과 문제 해결력 신장이다. 영재 교육은 학생들의 논리적 추론 능력, 창의적 문제 해결 능력, 수학적 모델링 능력을 향상시키는 데 초점을 맞춘다(Krutetskii, 1976). 이를 위해 수학 개념과 원리에 대한 깊이 있는 이해를 도모하고 복잡한 문제에 대한 분석 및 해결 전략 개발을 통해 실제 문제를 효과적으로 해결할 수 있도록 한다. 다양한 수학적 모델링 활동을 통해 학생들이 수학을 실제 상황에 적용할 수 있는 능력을 기르는 것도 중요하다.

둘째, 수학에 대한 흥미와 동기 강화이다. 수학 영재 교육은 학생들의 수학에 대한 호기심과 열정을 높이고 수학 학습에 대한 내적 동기를 강화하는 데 중점을 둔다. 실생활 문제 해결에 수학 개념과 원리를 적용하는 활동을 통해 수학의 실제적 가치를 깨닫게 하고 수학 역사와 문화 탐구를 통해 수학이 인류 발전에 기여한 바를 이해하도록 한다. 또한 수학 관련 프로젝트 수행을 통해 학생들은 팀워크와 협업의 중요성을 배우고 자신이 배운 수학적 지식을 창의적으로 활용하는 경험을 쌓을 수 있다.

셋째, 자기 주도적 학습 능력 신장이다. 수학 영재 교육은 학생들이 스스로 학습 목표를 설정하고 학습 과정을 계획하며 자기 평가를 수행할 수 있는 능력을 기르는 데 중점을 둔다(Zimmerman, 2002). 이를 위해 개별화된 학습 경로를 설계하여야 하며(Parish, 2014), 학생들이 자신의 학습 진행 상황을 스스로 점검할 수 있도록 하는 다양한 자기 성찰 활동과 포트폴리오 구축을 포함시킨다. 이러한 경험은 학생들이 자율적으로 학습할 수 있는 기반을 마련해 주며, 궁극적으로는 평생 학습자로서의 자세를 확립하는 데 도움을 줄 수 있다.

넷째, 수학 영재로서의 바람직한 인성 함양이다. 수학 영재 교육은 학생들의 도덕성, 협동심, 리더십 등 정의적 특성을 기르는 데에도 관심을 기울인다. 이를 위해 윤리 교육, 협력 학습, 봉사 활동 등을 통해 학생들이 타인과의 관계를 중요시하고 사회적 책임을 느끼도록 유도한다. 이러한 인성 교육은 학생들이 수학적 재능을 사회에 긍정적으로 기여할 수 있는 방향으로 발전시키는 데 필수적이다.

이와 같은 목표를 달성하기 위해 영재 교육은 다양한 교육 이론과 접근 방식을 통합하여, 학생들이 자신의 학습 스타일에 맞는 방법으로 수학적 사고를 발전시킬 수 있도록 해야 한다는 점이 강조된다(Parish, 2014). 이러한 통합적 접근을 통해 학생들은 수학적 재능을 극대화할 기회를 갖게 되며, 이는 궁극적으로 그들이 미래의 수학적 혁신을 이끌어 갈 수 있는 밑거름이 될 것이다.

(2) 수학 영재 학생의 교수 학습 방법

영재 교육이 성공하려면 영재 학생을 지도할 수 있는 전문적 능력과 자질을 갖춘 교원에 의해 속진 및 심화 등의 특별한 영재 교육 프로그램으로 영재 학생들의 심리적 특성에 부합하고 교육적 욕구를 충족시켜 줄 수 있는 특별한 행·재정적 지원과 질 높은 교육 서비스가 제공되어야 한다(이정규 외, 2015).

수학과 영재 교육과정 개발에는 다음과 같은 유의점이 있다. 첫째, 수학 내용 설명 시 학생들의 충실한 이해를 돕기 위해 다양한 소재와 방법을 사용한다. 둘째, 실생활과 관련된 문제상황과 과제를 학생들이 협동하여 창의적으로 해결하도록 한다. 셋째, 학생들의 개인차를 반영한 수업 방법을 택한다. 넷째, 수학의 적용 범위, 타 분야와의 관련성, 가치(성)에 대하여 생각하는 기회를 제공한다. 다섯째, 수학지도 시 내용과 과정에 따라 컴퓨터와 계산기를 적극적으로 활용하도록 지도한다. 여섯째, 생활 주변의 많은 정보를 수학적으로 해석하고 자료를 분류・조직・정리하여 처리할 수 있도록 다양한 분야에서 흥미를 유발하며, 구체적인 교구를 이용한다(이신동 외, 2015).

수학 영재 교육의 교수-학습 방법은 다양한 접근을 포함하고 있으며, 이를 통해 학생들의 잠재력을 최대한 발현시키고자 한다. 먼저 문제 해결 중심 학습은 핵심적인 교수-학습 방법 중 하나이다. 개방형 문제, 비정형 문제, 실생활 문제 등 다양한 유형의 문제를 제시하고 학생들이 창의적으로 해결하도록 함으로써, 논리적 사고력, 창의성, 메타인지 능력 등을 신장시킬 수 있다. 이러한 문제 해결 과정은 단순히 답을 찾는 것에 그치지 않고 문제에 대한 깊이 있는 이해와 통찰력을 기를 수 있게 한다. 문제 해결 중심 학습은 학생들이 자기 생각을 표현하고 다른 학생들과의 피드백을 통해 사고를 확장할 기회를 제공한다. 협력 학습은 팀 프로젝트, 토론, 협동 문제 해결 등의 활동을 통해 의사소통 및 협업 능력을 신장시킨다. 또한 협력 학습을 통해 학생들은 사회적 기술을 개발하고 갈등 해결 능력을 기를 기회를 얻게 된다. 자기 주도적 학습은 학생 개개인의 수준과 흥미에 맞는 학습 목표 및 경로 설정, 자기 점검, 성찰, 조절 등의 메타인지 전략 활용을 포함한다(Zimmerman, 2002). 학생들 스스로 자신의 학습을 주도하고 조절할 수 있도록 함으로써, 평생 학습 능력을 기를 수 있다. 탐구 기반 학습은 학생들이 주어진 문제를 스스로 탐구하고 실험을 통해 해결책을 찾아가는 접근 방식을 강조한다. 학생들은 과학적 방법론을 배우고 데이터 분석 능력을 기르며 실험 결과에 대한 비판적 사고를 발전시킬 수 있다. 기술 통합 학습은 최신 기술을 활용하여 학생들이 수학적 개념을 시각화하고 데이터 분석을 수행하며, 프로그래밍을 통해 문제를 해결하도록 돕는다. 이러한 기술 활용은 학생들의 흥미를 높이고 현대 사회에서 필수적인 디지털 역량을 배양하는 데 기여한다.

수학 영재 교육의 효과적인 교수-학습 방법은 학생들의 개별적인 필요와 능력을 고려한 차별화된 접근, 풍부하고 도전적인 교육과정, 그리고 창의적 사고와 문제 해결 능력을 촉진하는 다양한 교수 전략의 활용을 포함한다. 이와 같은 다양한 교수-학습 방법은 수학 영재 학생들의 잠재력을 최대한 발현시키고 이들이 미래 사회를 이끌어 갈 핵심 인재로 성장할 수 있도록 지원한다.

수학적 모델링은 비수학적인 실생활 상황을 수학적으로 표현하고 분석하며 예측하는 과정으로, 여러 연구를 통해 수학적 문제 해결 능력, 추론 능력, 그리고 긍정적인 수학적 태도에 효과적임이 입증되었다. 2022 개정 수학 교육과정에서도 수학적 모델링 능력의 중요성이 강조되고 있으며, 특히 수학 영재 학생들을 위한 모델링 기반 학습 프로그램이 여러 차례 설계되었다. 이러한 프로그램은 학생들이 수학이 실생활에 존재함을 느끼고 관련된 수학적 역량을 함양하도록 돕기 위해 마련되었다.

2024 영재 교육 우수 교수학습자료 공모전에서 입선한 자료(정보화, 2024)를 통해 구체적인 사례를 살펴볼 수 있다.

본 프로그램은 2022 개정 교육과정의 목표에 맞춰 수학의 개념과 원리, 법칙 간의 관련성을 탐구하고 실생활 및 타 교과에 수학을 적용하여 수학의 유용성을 인식하도록 한다. 스마트팜은 ICT 기술을 활용하여 농작물 상태를 실시간으로 모니터링하고 관리할 수 있는 지능형 시스템으로, 기후 위기 상황에서 미래 농업의 형태로 주목받고 있다. 스마트팜에 필요한 CCTV 및 조명 배치와 같은 수학적 문제 해결 요소를 추출하여 수학 학습 프로그램으로 발전시키고 학생들이 사회 현안과 관련된 문제를 수학적으로 해결하는 경험을 제공하였다. 본 프로그램은 2022 개정 수학과 교육과정과 관련하여 다음과 같은 성취기준을 따른다(교육부, 2022b).

[6수02-04] 비례식을 알고, 그 성질을 이해하며, 이를 활용하여 간단한 비례식을 풀 수 있다.

[6수03-15] 여러 가지 원 모양 물체의 원주와 지름을 측정하는 활동을 통하여, 원주율이 일정한 값임을 알고 그 근삿값을 사용할 수 있다.

[6수03-16] 원주와 원의 넓이를 구하는 방법을 이해하고, 이를 구할 수 있다.

본 프로그램의 학습 목표는 두 가지 주요 과제로 나뉘어 있다. 첫 번째 과제는 스마트팜의 CCTV 설계도 작성하기로, 1~4차시에 걸쳐 진행된다. 이 과제의 지식 목표는 학생들이 스마트팜의 개념과 유용성에 대해 설명하도록 하는 것이다. 기능 목표는 학생들이 스마트팜과 관련된 수학적 문제를 찾아내고 주어진 문제에서 필요한 정보와 불필요한 정보를 구분하여 문제 해결을 위한 수학적 모델을 구성할 수 있도록 한다. 또한 학생들은 스마트팜의 가장 최적의 CCTV 배치를 설계할 수 있는 능력을 기르게 된다. 태도 목표는 학생들이 수학적 모델링이 실생활 문제를 해결하는 데 유용하다는 것을 인식하고 일상생활의 다양한 상황에 수학적 사고를 적용하려는 태도를 기르는 것이다. 더불어, 모둠원과 협력하여 다양한 관점을 공유하고 상호작용을 통해 더 나은 해결책을 찾으려는 태도를 함양하도록 한다.

두 번째 과제는 스마트팜의 LED 조명 설계도 작성하기로, 5~8차시에 걸쳐 진행된다. 이 과제의 지식 목표는 학생들이 빛의 세기와 거리 간의 관계를 설명할 수 있도록 하는 것이다. 기능 목표로는 학생들이 다양한 거리에서 빛의 세기를 측정한 데이터를 분석하여 빛의 세기와 거리 간의 관계를 설명할 수 있도록 하고 실험을 통해 이 관계를 수학적으로 설명할 수 있는 능력을 기르게 된다. 또한 학생들은 스마트팜의 가장 최적의 LED 조명 배치를 설계할 수 있는 능력을 갖추게 된다. 태도 목표는 첫 번째 과제와 유사하게, 학생들이 수학적 모델링이 실생활 문제를 해결하는 데 유용하다는 것을 인식하고 일상생활의 다양한 상황에 수학적 사고를 적용하려는 태도를 기르는 것이다. 또한 모둠원과 협력하여 다양한 관점을 공유하고 상호작용을 통해 더 나은 해결책을 찾으려는 태도를 지속적으로 함양하도록 한다.

이러한 목표를 달성하기 위한 각 차시별 지도계획은 〈표 6-2〉와 같다.

〈표 6-2〉 영재 학생 대상 수학적 모델링 프로그램의 차시별 지도계획(정보화, 2024, p. 5)

차시	주제	주요 학습 활동
1	스마트팜에도 수학이?	• 스마트팜의 개념 및 유용성 이해하기 • 스마트팜과 관련된 수학적 문제 찾아보기
2~4	스마트팜의 CCTV 설계도를 작성해 보자!	• CCTV를 설치할 때 필요한 정보 구분하기 • 문제 해결계획 세우기 • CCTV 설계도 작성하기 • CCTV 설계도 발표 및 수정·보완하기 • 문제 해결 방법 다른 사례에 적용하기
5	빛의 세기와 거리와의 관계는?	• 다양한 거리에서 빛의 세기를 측정하고 기록하기 • 실험을 통해 빛의 세기와 거리와의 관계 수학적으로 설명하기
6~8	스마트팜의 LED 조명 설계도를 작성해 보자!	• 조명을 설치할 때 필요한 정보 구분하기 • 문제 해결계획 세우기 • LED 조명설계도 작성하기 • LED 조명설계도 발표 및 수정·보완하기 • 문제 해결 방법 다른 사례에 적용하기

본 프로그램에 교수 학습 모형을 적용하여 주요 활동을 제안한 예시는 〈표 6-3〉과 같다.

〈표 6-3〉 영재 학생 대상 수학적 모델링 프로그램의 교수 학습 모형(정보화, 2024)

	단계	주요 활동	
과제 적용 모형	① 실생활 문제	(과제 1)	• CCTV를 설치할 때 필요한 정보 구분하기
			• 문제 해결계획 세우기
		(과제 2)	• 조명을 설치할 때 필요한 정보 구분하기
			• 문제 해결계획 세우기
	② 모델	(과제 1)	• CCTV 설계도 작성하기
		(과제 2)	• LED 조명설계도 작성하기
	③ 수학적 결론	(과제 1)	• CCTV 설계도 발표 및 수정·보완하기
		(과제 2)	• CCTV 설계도 발표 및 수정·보완하기
	④ 모델 적용	(과제 1)	• 문제 해결 방법 다른 사례에 적용하기
		(과제 2)	• 문제 해결 방법 다른 사례에 적용하기

라. 수학 영재 교육 학생 지원 정책

(1) 우리나라의 수학 영재 교육 학생 지원 정책

영재와 영재 교육에 대한 특별한 교육적 서비스의 제공은 국가 차원의 법률적, 행·재정적 지원의 근거가 있어야 하며, 영재 교육에 대한 국가 차원의 지원은 국민의 지지와 관심, 국회의 합의, 정부부처 간의 협의가 있어야만 가능하다(이정규 외, 2015).

영재 교육이 우리나라에서 시작된 것은 1995년 교육개혁위원회의 『5.31 교육개혁보고서』를 기초로 하고 있다. 이에 따라 1996년 한국교육개발원에 영재 교육 센터가 설립되어 영재 교육의 활성화를 위한 기초 연구가 진행되었으며, 영재 교육 시범학교와 시·도 교육청에서 영재반을 운영하도록 했다. 1997년부터는 과학기술부의 지원을 받아 대학 부설 과학영재 교육원이 운영되고 있다. 이후 2000년에는 영재 교육진흥법이 제정되고, 2002년에는 시행령이 공포되어 영재 교육을 국가적으로 시행할 수 있는 법적·제도적 기반이 마련되었다. 또한 2002년부터 매 5년마다 『영재 교육진흥종합계획』이 수립되어 추진되고 있으며, 2012년에는 제3차 종합계획이 확립되었다.

국가차원의 영재 교육 정책을 살펴보기 위해서는 영재 교육 관련 법률을 살펴볼 필요가 있다. 우리나라 영재 교육진흥원법(대한민국 국회, 2000)은 재능이 뛰어난 사람을 조기에 발굴하여 능력과 소질에 맞는 교육을 실시함으로써 개인의 타고난 잠재력을 계발하고 개인의 자아실현을 도모하며 국가와 사회의 발전에 이바지하는 것을 목표로 한다. 이 법에 따르면 "영재"란 재능이 뛰어난 사람으로, 타고난 잠재력을 계발하기 위해 특별한 교육이 필요한 사람을 의미하며, "영재 교육"은 영재를 대상으로 각 개인의 능력과 소질에 맞는 내용과 방법으로 실시되는 교육을 말한다. 즉 영재 교육의 필요성을 강조하고, 영재들이 교육받을 수 있는 환경을 조성하기 위한 법적 기반을 제공한다. 이 법은 영재를 조기에 발견하고 적절한 교육을 제공함으로써 그들의 재능을 개발하고 사회에 기여할 수 있도록 돕는 것을 목적으로 한다. 영재 교육은 이러한 영재들이 자신의 능력을 최대한 발휘할 수 있도록 지원하는 프로그램으로, 개인의 흥미와 능력에 맞춘 맞춤형 교육이 이루어진다.

정부는 영재 교육진흥법 제3조 및 시행령 제2조에 따라 5개년 '영재 교육진흥 종합계획'을 수립하고 시행해야 한다. 매년 교육부는 "영재 교육 시행계획"을 마련하며, 이에 따라 17개 시 · 도 교육청은 각 지역의 교육 특성에 맞는 영재 교육 시행계획을 수립하여 국가 차원의 영재 교육을 실행하게 된다. 영재 교육진흥법상 영재 교육기관 유형은 〈표 6-4〉와 같다.

〈표 6-4〉 영재 교육진흥법상 영재 교육기관 유형(강병직 외, 2011, p. 22)

유형	운영
영재학급	단위학교나 지역공동으로 운영
영재 교육원	교육청 소속 또는 대학부설 형식으로 운영
영재학교	정부부처와 시 · 도 교육청 간 협약을 통해 선정 및 운영

영재학급은 초 · 중 · 고등학교에서 운영되는 영재반으로, 시 · 도 영재 교육진흥위원회의 심의를 거쳐 시 · 도 교육감이 지정한다. 이 학급은 특별 활동, 재량 활동, 방과 후, 주말 또는 방학을 이용해 운영되며, 독립적으로 또는 여러 학교가 공동으로 참여하는 형태로 진행된다. 주로 수학과 과학 중심으로 주 2~4시간 교육이 이루어지며, 한 학급당 학생 수는 20명 이내로, 교육 대상자는 12~2월에 선발한다.

영재 교육원은 교육청, 대학, 정부출연연구기관, 공익법인 등이 설치하고 운영할 수 있으며, 정규학교가 아닌 만큼 주로 방과 후, 주말 또는 방학에 교육이 진행된다. 학교 수업 중에도 학교장의 허가를 받아 교육을 받을 수 있다. 연간 수업 일수는 교육청별로 70~140시간이며, 주로 12~2월 사이에 영재 교육 대상자를 선발한다.

영재학교는 전문 분야 영재를 대상으로 전일제로 운영되는 고등학교급 학교이다. 가장 뛰어난 잠재력을 가진 영재를 선발하며, 중학교 1, 2학년 학생도 조기

입학할 수 있다.

우리나라의 영재 교육 정책을 시기별로 정리하면 [그림 6-1]과 같다(이정규 외, 2015).

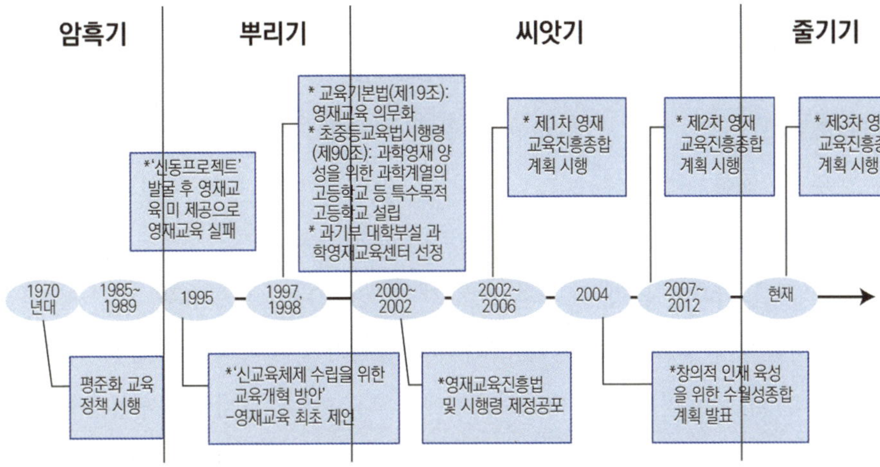

[그림 6-1] 우리나라 영재 교육 정책 발전사(이정규 외, 2015, p. 6)

첫째, 1990년대 이전은 영재 교육의 '암흑기'이다. 1970년대에는 '교육평준화 정책'에 따라 '형평성'의 원리가 강조되었고, 이로 인해 영재 교육은 제대로 시행되지 못했다. 1985년부터 1989년까지 국가 차원의 영재 교육이 이루어지기 전에 잠재된 영재성이 발현되지 못하고 사장된 사례가 많았다. 이는 영재성이 저절로 계발되지 않으며, 가정과 학교, 국가의 특별한 지원이 필요하다는 교훈을 준다.

둘째, 1995~2000년까지는 영재 교육의 '뿌리기'이다. 1995년 '신교육체제 수립을 위한 교육개혁 방안'에서 영재 교육의 제도적 장치의 필요성이 언급되었다. 1997년에는 교육기본법 제19조에 영재 교육 의무화 규정이 포함되었고, 1998년 초중등교육법 시행령 제90조에 따라 과학영재 양성을 위한 특수목적 고등학교의 설립이 가능해졌다. 이 시기에 경기과학고등학교(1983년 설립)와 같은 과학고등학교들이 설치되기 시작했으며, 과학기술부는 대학부설 과학영재 교육센터를 8개 선정하여 운영하였다.

셋째, 2000~2006년까지는 영재 교육의 '씨앗기'이다. 국가 차원에서 '영재 교육진흥법'과 그 시행령이 제정되어 영재 교육을 구체적으로 추진하기 시작했다. 부산과학고등학교가 영재학교로 지정되었고, 이후 전국적으로 영재 교육원과 영재 학급이 운영되기 시작했다. '영재 교육진흥법'에 따라 7개 부처가 공동으로 "제1차 영재 교육진흥종합계획(2002~2006)"을 수립하여 시행하였고, 2004년에는 '창의적 인재 육성을 위한 수월성종합계획'이 발표되어 형평성의 교육원리인 평준화 교육과 조화를 이룰 수 있는 수월성 교육이 강조되기 시작하였다. 이후 "제2차 영재 교육진흥종합계획(2007~2012)"이 시행되면서 영재 교육의 특성화, 운영 개선, 연속성 확보 등을 위한 5대 추진 전략이 마련되었다.

넷째, 2013년 이후는 영재 교육의 '줄기기'이다. 2013년에 발표된 "창조경제를 견인할 창의인재 육성 방안"은 영재 교육의 안정적이고 지속적인 추진을 위한 새로운 중장기 비전이 필요하게 되었다. 이에 따라 "제3차 영재 교육진흥종합계획(2013~ 2017)"이 수립되었고, 오늘날의 영재 교육 발전에 기여하고 있다. 이 시기는 체계적인 국가적 영재 교육 지원이 이루어져 영재 교육이 든든한 기반 위에서 성장해 나가는 과정으로 볼 수 있다.

현재 교육부와 시・도 교육청을 중심으로 다양한 정책이 시행되고 있다. 한국의 수학 영재 교육 프로그램에는 영재고등학교와 과학고등학교가 있다. 현재 16개의 과학고등학교가 운영되고 있으며, 이들 학교는 수학과 과학에 재능 있는 학생들을 위한 특별한 교육과정을 제공한다. 학생 선발 과정은 심층 면접, 구술 시험, 필기 시험을 포함하며, 수학 및 과학 올림피아드나 전국 대회에서 우수한 성적을 거둔 학생들에게 지원 자격이 주어진다. 또한 대학부설 영재 교육원이 운영되고 있으며, 이 프로그램은 각 대학의 특성에 따라 주말과 방학 동안 수학과 과학 분야의 심화 교육을 제공한다. 또한 수학 올림피아드, 수학 경시대회 등 다양한 대회를 개최하여 수학 영재들의 잠재력을 발굴하고 있다. 이 외에도 영재 학생들의 학습 지원, 진로 상담, 멘토링 등 다각도의 지원 정책을 시행하고 있다. 이러한 프로그램들은 수학적 영재들에게 도전적이고 심화된 학습 기회를 제공하여 그들의 잠재력을 최대한 발휘할 수 있도록 돕고 있다. 다양한 접근 방식은 수학 영재 교육의 중요성을 강조하며, 학생들이 자신의 재능을 발전할 환경을 조성하는 데 기여하고 있다.

(2) 세계 각국의 수학 영재 학생 지원 정책

최근 세계 각국은 영재 교육 관련 법률을 제정하고 국가별로 다양하게 영재성을 정의하고 판별 및 선발하여 영재 교육프로그램에 배치시키고 영재 교육 담당 교원을 양성하는 등 영재 교육 발전을 위해 정책적 노력과 예산을 투입하고 있다(이정규 외, 2015). 국가와 지방정부가 나서서 영재 교육을 하고자 하는 목적은 영재학생들이 지니고 있는 잠재력을 최대한 발현할 수 있게 하여 영재 개인의 자아실현뿐 아니라 탁월한 영재들을 통해 국가경쟁력을 재고하기 위함이다(이신동 외, 2015).

미국은 영재를 '미래의 국가 발전, 안보 및 복지 향상에 기여하게 될 절대적으로 필요한 인적 자원'으로 인식하고 영재 교육을 실시하고 있다. 1868년 세인트루이스 학교에서 능력수준별 학습제도를 도입한 것을 시작으로, 21세기를 맞아 미국은 대통령 직속의 위원회를 설치하는 등 미래 사회를 대비하기 위한 여러 가지 전략 중 영재 교육의 진흥을 강조하고 있다. 다양한 형태의 영재 교육 대상자에게 영재 교육을 실시하고 있으며 우수한 영재 교육 프로그램을 이수한 학생은 대학에서 특별한 교육프로그램을 제공받을 수 있는 등 영재 교육을 연계하고 있다(이신동 외, 2015).

싱가포르의 영재 교육은 국가의 교육 체계에서 중요한 역할을 하며, 체계적이고 포괄적인 접근 방식을 채택하고 있다. 싱가포르는 영재 학생을 조기에 발굴하기 위해 다양한 평가 도구와 프로그램을 운영한다. 영재 교육은 주로 초등학교와 중학교 단계에서 시작되며, 학생들은 학업 성취도, 창의성, 문제 해결 능력 등을 평가받아 영재 프로그램에 선정된다. 이러한 프로그램은 일반적으로 심화된 학습 기회를 제공하며, 독립적인 연구 및 프로젝트 기반 학습을 강조한다. 또한 싱가포르의 교육부는 영재 교육을 지원하기 위해 전문 교사 양성 및 교육 자료 개발에 힘쓰고 있으며, 학부모와 지역 사회의 참여도 중요시하고 있다.

이스라엘의 영재 교육은 다양한 학문의 기회를 접할 수 있는 간학문적 접근 방법, 그리고 이웃에 대해 민감하게 하고 사회 및 국가 의식을 계발하게 하는 평등과 민주주의 가치관을 실현하기 위해 영재 교육을 실시하고 있다. 더불어 영재 교육을 담당할 우수한 전문성과 자질을 갖춘 교사양성에 주력하고 있다(이신동 외, 2015).

중국 또한 영재 육성과 활용을 위한 "과학기술 천인계획"을 시행하고 있다(홍성범, 2011). 이 계획은 영재 학생들이 초등학교에서 특별학급을 마친 후 영재들만을 위한 중학교의 특별학급에 배치되는 시스템을 포함한다. 중국 정부는 과학과 기술 분야의 인재 양성에 중점을 두고 있으며 영재 교육을 통해 국가의 경쟁력을 강화하고자 한다. 이외에도, 다양한 영재 교육 프로그램과 대회가 운영되어 학생들의 창의성과 문제 해결 능력을 배양하는 데 기여하고 있다.

일본은 2006년부터 문부과학성이 과학기술 인재 양성과 확보를 위해 조직을 강화하고 초중등 교육부터 대학, 대학원, 사회인까지 연속적인 계획을 추진하는 "과학기술인재 종합계획 2006"에 집중하고 있다. 이 계획은 연구개발 수준의 국제경쟁력을 유지・향상시키고 안전하고 질 높은 생활환경을 실현하기 위해 과학기술과 학술 활동의 기반이 되는 인재를 양성하는 것을 핵심 과제로 삼고 있다. 또한 일본은 Super Science High School과 Super English Language High School을 지정하여 운영하며, 영재 학생들에게 심화된 과학 교육과 창의적 사고를 증진하기 위한 다양한 프로그램을 개발하고 있다. 영재 교육의 질을 높이기 위해 교사 교육과 연구 개발에도 많은 노력을 기울이고 있다.

오스트리아, 영국, 독일 등 유럽 국가들은 영재성을 하나의 고정된 실체적 개념으로 파악하기보다 학생들의 발달 과정에서 변화가능한 유동적인 개념으로 파악하고 있다. 이는 어느 한 시기에 영재성을 평가하는 것의 어려움을 시사하며 이로 인해 지속적인 관찰과 상시적인 영재 판별이 강조되고 있다(강병직 외, 2011). 첫째, 유럽의 영재 교육 프로그램은 주로 영재 교육기관이나 교사들이 직접 제작하는 방식으로 운영된다. 이는 영재 교육이 공교육 체제 내에서 진행되기 때문에 일선 교사가 일반 학생과 영재를 모두 고려한 프로그램을 개발할 수 있음을 반영한다. 둘째, 영재 교육 프로그램은 대부분 프로젝트 수업 형태로 운영되며, 학생들이 스스로 문제를 찾고 해결하는 주도적인 접근 방식을 강조한다. 교사의 지시보다 학생의 자율성이 중요시된다. 셋째, 영재 교육 프로그램은 융복합적이고 다학문적인 특성을 가지고 있다. 예를 들어, 수학 영재 프로그램은 수학뿐만 아니라 관련 분야와 실제적 맥락에서의 교육을 포함하여 다양한 주제를 다룬다.

이처럼 각국 정부는 영재 지원을 위해 다각도의 노력을 기울이고 있다. 각국의 국가적, 사회적 상황에 따라 영재에 접근하는 방향은 다르지만 공통적으로 지능, 창의성, 특수학문적 성과 및 재능을 강조하고 있다. 이러한 영재 교육은 영재들의 잠재력 개발과 국가 경쟁력 향상을 위한 중요한 투자로 이어질 수 있다.

(3) 우리나라의 수학 영재 학생 지원 정책의 과제

수학 영재 학생들에 대한 체계적이고 균형 있는 지원은 개인의 성장뿐만 아니라 국가 경쟁력 향상에도 필수적이다. 수학 영재 지원 정책은 국가 경쟁력 향상을 위해 매우 중요한 요소로 작용하고 있지만, 여전히 해결해야 할 여러 과제가 존재한다.

첫째, 수학 영재 선발 및 지원 체계의 개선이 필요하다. 현재 대부분의 국가에서 수학 경시대회 성적 등 일부 지표에 지나치게 의존하고 있으며, 이는 잠재력 있는 영재를 놓칠 수 있다는 한계가 있다. 따라서 다양한 평가 기준을 마련하고 지속적인 관찰 및 평가를 통해 수학 영재를 발굴하는 시스템이 필요하다. 예를 들어, 교사와 부모의 추천, 일상적인 학습 과정에서의 성과 등을 포함한 다각적인 평가 방식이 도입되어야 하며, 이를 통해 더욱 포괄적으로 영재 학생을 발굴할 수 있을 것이다.

둘째, 수학 영재 교육 프로그램의 내실화가 요구된다. 단순히 교과 내용 위주의 교육에서 벗어나 창의성, 문제 해결력, 협업 능력 등 다양한 역량 함양에 초점을 맞추어야 한다. 수학 영재 교육은 학생들이 실제 문제를 해결하는 데 필요한 실질적 기술을 배울 수 있도록 구성되어야 하며, 이를 위해 프로젝트 기반 학습이나 탐구 학습과 같은 방법이 효과적일 수 있다. 영재 학생들의 정서적 및 사회적 발달을 지원하는 프로그램도 강화되어야 하며, 이는 학생들이 지속적으로 동기를 유지하고 긍정적인 학습 환경을 조성하는 데 기여할 것이다.

셋째, 수학 영재 교육 인프라의 확충이 필요하다. 영재 교육 기관의 양적 확대와 더불어 우수한 교원을 확보하고, 교육 시설 및 교재 개발 등 질적 향상이 요구된다. 특히 지역 간 교육 격차를 해소하기 위해 농산어촌 지역의 영재 교육 기회를 확대하는 것이 중요하다. 이는 단순히 도시 지역에 집중된 교육 자원을 재분배하는 것이 아니라, 지역 사회의 특성을 고려한 맞춤형 영재 교육 프로그램을 개발함으로써 이루어질 수 있다.

넷째, 수학 영재 지원 정책에 대한 범국가적 협력 체계 구축이 필요하다. 각국 간의 우수 사례를 공유하고, 국제 학술대회 및 교류 프로그램을 활성화함으로써 수학 영재 교육의 질적 향상을 도모해야 한다. 이러한 협력은 영재 교육의 국제적인 흐름을 반영하고, 다양한 교육 방식을 서로 배울 기회를 제공하게 된다. 또한 국제적인 네트워크를 통해 영재 교육의 발전 방향을 모색할 수 있을 것이다.

다섯째, 수학 영재 지원 정책에 대한 사회적 인식 제고가 필요하다. 수학 영재 교육의 중요성과 필요성에 대한 사회적 공감대를 형성하고, 이를 위한 정부와 지역사회의 지속적인 노력이 요구된다. 이를 위해 다양한 홍보 활동이나 캠페인을 통해 영재 교육의 필요성을 알리고, 영재 학생들이 사회에 기여할 기회를 마련하는 것이 중요하다.

• 토의 과제: 수학 영재 학생을 위한 교수 학습 설계

토의 1. 수학 영재 학생을 위한 교수 학습 설계 시 고려해야 할 점을 조사하여 설명하시오.

토의 2. 실생활에서 접할 수 있는 소재를 선택하여 수학 영재 학생을 위한 수학 수업을 설계해 보시오. 수학 영재 학생을 위하여 어떤 측면에서 차별점을 두었는지 설명해 보시오.

참고문헌

강병직, 서혜애, 전경남(2011). 해외 영재 교육 사례 연구(I)(연구보고 CR 2011-69).

교육부(2022a). 제1차 기초학력 보장 종합계획. 교육부.

교육부(2022b). 수학과 교육과정. 교육부 고시 제2022-33호 [별책 8]. 교육부.

기초학력 보장법(2022). Retrieved from https://www.law.go.kr/법령/기초학력보장법

김수동, 이화진, 유준희, 임재훈(1998). 학습 부진아 지도프로그램 개발 연구. 한국교육과정평가원.

김동일(2001). 학습부진아 교육체계 발전방안 연구. 청소년상담연구, 9(1), 226-250.

대한민국 국회(2000). 영재 교육진흥법. 법률 제6215호.

신하영, 박소영(2023). 기초학력 향상 지원 정책의 가능성과 한계: 제1차 기초학력보장 종합계획을 중심으로. 교육정치학연구, 30(1), 1-30.

오민영, 유은정, 방정숙(2024). 수학 교과의 기초학력 보장과 관련된 시・도 교육청의 시행계획 분석. 초등수학교육, 27(2), 173-185.

유한익, 허한나, 홍인화, 김중훈, 김희정, 조성진, 양수진, 정재석(2018). 국내 제주지역 초등학생 읽기 및 수학 학습장해 유병률 연구. 신경정신의학, 57(4), 332-338.

이신동, 이정규, 박춘성(2015). 최신영재 교육학개론. 학지사.

이정규, 박춘성(2009). 국가별 영재 교육 정책과 영재성에 대한 비교 연구: 일본 영재 교육의 발전방향. 한국일본교육학연구, 13(2), 1-18.

이정규, 성은현, 이신동(2015). 우리나라 영재 교육 정책의 변화와 향후 전망. 영재와 영재 교육, 14(2), 49-67.

이화진, 김민정, 이대식, 손승현(2009). 학습부진 학생지도・지원의 실효성 제고를 위한 대안 탐색-학습부진학생 지도・지원 종합 계획(안) 제안을 중심으로. 한국교육과정평가원 연구보고 RRI 2009-13.

정보화(2024). 수학적 모델링에 기반한 스마트팜 설계 프로그램. 2024 영재 교육 우수 교수학습자료 공모전 입선 자료.

최영기, 도종훈(2004). 수학 영재 학생들의 인지적, 정의적, 창의적 특성 분석. 학교수학, 6(4), 361-372.

최윤희(2024). 초등학교 교사의 기초학력보장정책 실천 양상 탐색. 서울대학교 대학원 석사학위논문.

홍성범(2011). 중국의 해외핵심인력 영입전략, '천인계획(千人計劃)'. 과학기술정책, 21(2), 98-103.

Geary, D. C. (2004). Mathematics and learning disabilities. Journal of Learning Disabilities, 37(1), 4-15.

Hiebert, J., & Carpenter, T. (1992). Learning and teaching with understanding. In D. A. Grouws (Ed.), Handbook of research on mathematics teaching and learning (pp. 65-97). Macmillan.

Krutetskii, V. A. (1976). The psychology of mathematical abilities in school children. University of Chicago Press.

Leikin, R. (2009). Exploring mathematical creativity using multiple solution tasks. In R. Leikin, A. Berman, & B. Koichu (Eds.), Creativity in mathematics and the education of gifted students (pp. 129-145). Sense Publishers.

Leikin, R. (2011). The education of mathematically gifted students: Some complexities and questions. The Mathematics Enthusiast, 8(1), 167-188.

Parish, L. (2014). Defining mathematical giftedness. In J. Anderson, M. Cavanagh, & A. Prescott (Eds.), Curriculum in focus: Research guided practice (Proceedings of the 37th annual conference of the Mathematics Education Research Group of Australasia) (pp. 509-516). MERGA.

Renzulli, J. S. (1978). What makes giftedness? Reexamining a definition. Phi Delta Kappan, 60, 180-184.

Renzulli, J. S. (2021). The three-ring conception of giftedness: A developmental model for promoting creative productivity. In J. S. Renzulli & S. M. Reis (Eds.), Reflections on gifted education: Critical works by Joseph S. Renzulli and colleagues (pp. 55-90). Routledge.

Zimmerman, B. J. (2002). Becoming a self-regulated learner: An overview. Theory into Practice, 41(2), 64-70.

제 7 장 수학적 역량

지금과는 달라질 미래 사회를 살아갈 어린 학생들을 대비시키기 위해서 수학 교실에서 무엇을 가르쳐야 하는가? 기존과 다른 사회를 살아가기 위해서는 새로운 교육이 필요하다는 공감대에서부터 지식 중심이 아닌 역량 중심의 교육이 주목받기 시작하였다. 이제껏 추구하던 탄탄한 이해를 바탕으로 한 수학적 내용 지식뿐 아니라 수학을 통해 직업 세계에서 당장 요구되는 문제해결 능력, 의사소통 능력과 같은 수학적인 역량을 갖추게 하는 것이 미래를 준비하는 데에 보다 효과적이고 주요한 방향이라고 여기기 시작한 것이다. 이렇듯 수학적 역량은 학생들이 갖추기를 기대하는 능력이자, 사회적 합의를 바탕으로 한다.

세계 각국에서는 수학적 역량 함양을 수학과 교육과정의 목표로 삼고 이를 구체화하려는 노력을 기울이고 있다(김선희 외, 2015). 노력의 중심에는 학교 교육의 책무성에 대한 강조가 놓여 있다. 학교가 현대 사회를 살아가는 학습자에게 필요한 역량을 개발하도록 유도함으로써 학교 교육의 책무성을 높이고자 하는 것이다. 우리나라에서도 2015 개정 교육과정부터 역량 교육을 명시적으로 추구하며 학교가 학생들의 역량을 키워주어야 한다는 책무성을 드러내고 있으며, 수학과 교육과정에서 수학적 역량이 지속적으로 강조되고 있다. 그러므로 이 장에서는 먼저 수학적 역량의 의미에 대한 다양한 논의와 함께 수학적 역량의 종류를 고찰하고, 이를 바탕으로 우리나라 수학과 교육과정에서 추구하는 수학적 역량을 구체적인 수업 장면과 함께 살펴본다. 아울러 교육과정의 변천에 따른 수학적 역량의 변화도 함께 알아본다.

1 수학적 역량의 의미

가. 역량

역량이란 지식정보화 사회를 살아가기 위해 교과 지식과 더불어 이를 실생활에서의 실제적인 목적에 맞추어 활용할 수 있는 능력으로, 인지적 능력과 함께 인성, 사회성이 복합적으로 작용하는 개인의 집합적 능력으로 정의된다(박혜영, 임해미, 2014). 역량 연구의 시초라 할 수 있는 OECD의 DeSeCo(Definition and Selection of Competencies) 프로젝트에서는 역량을 단순한 지식이나 기술 이상의 것으로 보면서, 현대 사회를 살아가는 데 필요한 역량을 '도구를 상호작용적으로 사용하기', '이질적 집단 내에서 상호작용하기', '자율적으로 행동하기'의 세 범주로 구분하고 각 범주에 포함된 핵심적인 역량을 제시하였다(OECD, 2005). 첫째, '도구를 상호작용적으로 사용하기'의 범주는 언어, 상징, 텍스트를 상호작용적으로 사용하는 능력, 지식과 정보를 상호작용적으로 사용하는 능력, 기능을 상호작용적으로 사용하는 능력이 핵심적인 역량으로 포함한다. 둘째, '이질적 집단 내에서 상호작용하기'의 범주는 다른 사람들과 좋은 관계를 맺는 능력, 협력하는 능력, 갈등을 관리하고 해결하는 능력이 포함한다. 셋째, '자율적으로 행동하기'의 범주는 전체를 바라보고 그 안에서 행동하는 능력, 인생 계획과 개인적 프로젝트를 설정하고 실행하는 능력, 권리, 관심사, 한계, 요구를 주장하는 능력이 포함한다. DeSeCo 프로젝트는 기존의 교과 지식 중심의 교육과정을 핵심역량 중심으로 재편하는 단초를 제공하였다(김동원 외, 2015; OECD, 2005).

21세기 사회 변화에 따라 교육에서 강조되어야 할 것을 핵심역량으로 지칭함에 따라 이를 신장시키기 위한 교육과정 개발 및 연구가 이어졌다. 우리나라에서는 이광우 외(2008)가 핵심역량을 "다양한 현상이나 문제를 효율적으로 혹은 합리적으로 해결하기 위해 학습자 혹은 사회인에게 요구되는 지식, 기술, 태도의 총체"로 규정하고, 초, 중등학교 교육에서 강조해야 할 핵심역량으로 창의력, 문제

해결 능력, 의사소통 능력, 정보처리 능력, 대인관계 능력, 자기 관리 능력, 기초 학습 능력, 시민의식, 국제 감각, 진로 개발 능력의 10가지 영역을 설정하였다. 또 이근호 외(2012)는 교과 중심 교육과정을 탈피한 핵심역량 중심 교육과정의 필요성을 주장하면서, 핵심역량이란 '선천적으로 타고나는 것이 아니라 학습될 수 있는 것으로, 지적 능력, 인성(태도), 기술 등을 포괄하는 다차원적 개념이며, 향후 직업 세계를 포함한 미래의 삶에 성공적으로 대처하기 위해 필수적으로 요청되는 능력'으로 정의하고 핵심역량의 범주를 인성 역량, 지적 역량, 사회적 역량의 3가지 대범주로 구분하여 제시한 바 있다. 이러한 역량 교육 연구는 2015 개정 교육과정 총론에서 교과 교육을 포함한 학교 교육 전 과정을 통해 중점적으로 기르고자 하는 핵심역량을 자기 관리 역량, 지식정보처리 역량, 창의적 사고 역량, 심미적 감성 역량, 의사소통 역량, 공동체 역량의 여섯 가지로 규정하는 기반이 되었다.

종합해 보면 역량은 개인의 능력, 패턴으로 개발되는 기술, 시연, 관찰 및 평가할 수 있는 태도 또는 일련의 행동으로, 총체성, 수행성, 맥락성의 특징을 갖는다고 할 수 있다(한혜정 외, 2017). 첫째, 역량의 총체성은 역량이 지식이나 기술과 같이 관찰 가능한 측면뿐만 아니라 동기나 태도와 같이 인간의 심층적인 특성을 포함하는 능력이며, 역량을 구성하는 다양한 요소들이 별개로 구분되어 존재하는 것이 아니라 유기적으로 연결되어 있다는 것을 의미한다(윤정일 외, 2007). 그렇기에 자동화되어 있거나 단계별로 절차화되기 쉬운 능력인 기술과는 달리, 역량은 구체적인 요구를 성공적으로 수행하기 위해 필요한 인지적, 정의적, 의지적 요소들을 모두 포함하는 능력이다. 둘째, 역량의 수행성은 역량이 지식을 활용하는 능력임을 강조한다. 즉 역량은 자신이 가지고 있는 지식, 기술, 전략 등을 능동적이고 반성적으로 사용하여 새로운 상황에 맞는 형태로 번역하고 재조정하는 능력을 의미한다(윤정일 외, 2007). 지능은 실제적 세계의 맥락과 거리가 먼 지필 검사 상황에 기반한 능력이지만, 역량은 구체적인 삶의 요구에 직면하여 실제 수행 상황에서 도출되는 능력이다. 셋째, 역량의 맥락성은 역량이 지속적으로 구성되는 맥락과 맞물려 사용되는 능력으로서 맥락적이고 즉각적인 성격(손민호, 2006)

을 가진다는 것을 의미한다. 기능은 특정 맥락에서 발휘되는 능력을 의미한다는 점에서 역량의 한 부분이라 할 수 있지만, 역량은 그러한 능력 중에서 '성공적인' 능력을 의미한다. 그중에서도 핵심역량(core competencies)은 특히 개인이 필요한 행동을 성공적으로 또는 유능하게 수행하는 능력을 요구하는 기술 또는 절차의 그룹 또는 모음을 나타낸다(Hamel & Prahalad, 1990). 즉 역량 중에서 모든 개인에게 필요한 것으로서 다양한 삶의 요구를 충족시키고 성공적인 사회에 기여할 수 있는 것으로 국가・사회적으로 합의된 것을 핵심역량으로 지칭하는 것이다. 교육학에서는 학교 교육이 직업 세계와 보다 밀착된 내용과 방법으로 이루어져야 한다는 비판과 요청에서 교육과정으로의 '핵심역량' 도입이 시작되었다(이근호 외, 2013).

나. 수학적 역량

수학 교과에서 기르고자 하는 핵심역량을 수학적 역량이라고 할 수 있다. 그러나 단순히 핵심역량의 정의에 수학을 덧붙인다고 해서 수학적 역량을 규정지을 수 있는 것은 아니다. 수학적 역량을 면밀히 살펴보기 위해서는 먼저 수학적 역량과 유사하면서도 교육학 분야에서 먼저 등장하였던 수학적인 소양(literacy)부터 살펴볼 필요가 있다. 수학적 소양의 정의는 OECD 국제 학생 평가 프로그램(Programme for International Student Assessment; 이하 PISA)[1]에서 찾을 수 있다. PISA는 수학적 소양을 "수학이 세계에서 담당하는 역할을 인식하고 이해하는 개인의 능력, 증거가 충분한 수학적 판단을 하는 개인의 능력, 건설적이고 사려깊고 반성적인 시민으로서 개인의 현재와 미래의 삶의 요구를 충족시키는 방식으로 수학을 관련짓는 개인의 능력(OECD, 1999)"으로 정의하였다. 이후 시대의 흐름에 맞춰 수학적 소양의 정의는 지속적으로 수정 및 보완되었으며 가장 최근의 연구인 PISA 2022에서는 학생들이 맞닥뜨리게 되는 도전과 문제가 실세계를 바

1) OECD(Organization for Economic Cooperation and Development; 경제협력개발기구)의 주도하에 회원국을 비롯한 세계 각국에서 만 15세를 대상으로 학생들의 성취도를 평가 및 비교・점검하는 국제 표준 학업성취도 비교 연구이다(OECD, 1999).

탕으로 하고 있음을 강조하며 “다양한 실세계 맥락에서 문제를 해결하기 위하여 수학적으로 추론하고 수학을 형식화하고, 이용하고, 해석하는 개인의 능력이 수학적 소양이며 여기에는 현상을 기술하고 설명하며 예측하기 위한 수학적 개념, 절차 사실, 도구가 포함된다. 수학적 소양은 개인이 실세계에서 수학의 역할을 인식하고, 건설적이고 참여적이며 반성적인 21세기 시민에게 요구되는 근거 있는 판단과 결정을 할 수 있도록 돕는다(조성민 외, 2019; OECD, 2018)”라고 하였다. OECD의 국제 성인 역량 조사(Programme for the International Assessment of Adult Competencies; 이하 PIAAC)에서는 경제활동이 가능한 나이대의 성인(16~65세)에게 수학적 소양과 유사한 개념인 수리력을 평가하는데, 이때 수리력을 “성인의 삶에서 광범위한 상황의 수학적 요구를 관련짓고 관리하기 위해 수학적 정보와 아이디어를 평가하고 사용하고 해석하는 능력(OECD, 2019)”으로 정의하였다. 수학적 소양과 수리력 모두 평가의 맥락에서 실생활 문제를 해결하기 위해 수학을 이용하는 개인의 능력을 의미한다고 볼 수 있다.

수학적 역량은 수학적 소양과 비슷하면서도 그 기원에서 다소 차이가 있다. 사전적으로 소양이란 ‘평소 닦아 놓은 학문이나 지식’으로 UNESCO나 PISA 평가 등에 사용된 교육학적 성격을 띤 용어인 반면, 역량은 ‘어떤 일을 해낼 수 있는 힘’으로 본디 경영 및 경제학에서 먼저 정의된 후 교육학으로 도입된 용어이다. 이를 바탕으로 2002년 덴마크에서 발간된 보고서인 KOM(Kompetencer Og Matematiklæring) 프로젝트에서는 수학적 역량을 ‘수학이 실제로 역할을 하거나 잠재적으로 역할을 할 수 있는 상황과 맥락에서 지식 기반 방식으로 적절하게 행동할 수 있는 개인의 능력과 준비된 상태’로 정의하고 있는데, 수학적인 소양이 비수학적인 문제를 해결하기 위한 도구로써 수학에 초점을 두는 반면, 수학적인 역량은 수학적 문제뿐만 아니라 비수학적인 문제를 해결할 수 있는 능력을 포함하여 수학을 전반적으로 숙달하는 것이 무엇을 의미하는지에 초점을 둔다(Niss & Jablonka, 2020).

미국 전미수학교사협의회(National Council of Teachers of Mathematics; 이하 NCTM)에서는 수학적 역량을 명시적으로 정의하지는 않았지만 2000년 제안한 학교 수학을 위한 규준집에서 수학적 역량과 유사한 맥락으로 문제해결, 추론과 증명, 의사소통, 연결성, 표현의 다섯 가지의 과정 규준을 제시한 바 있다. 또한 NCTM(1989)에서는 학생들이 갖추어야 할 태도로 수학을 가치 있게 여기고 수학을 하는 능력에 자신감을 가지는 것도 포함하였다. 미국 국립 연구 위원회(National Research Council; 이하 NRC)의 보고서(NRC, 2001)에서는 수학을 성공적으로 학습하기 위한 다섯 가지 수학적 능력으로 '개념적 이해(수학 개념, 연산, 관계에 대한 이해)', '절차적 유창성(절차를 유연하고 정확하고 효율적이고 적절하게 수행하는 능력)', '생산적 태도(수학을 가치 있는 학문으로 보는 태도)', '전략적 역량(수학 문제를 구성하고 표현하고 해결하는 능력)', '조정 추론(논리적 사고, 반성, 설명, 정당화하는 능력)', '생산적 태도(수학을 가치 있는 학문으로 보는 태도)'를 제시하였다(NRC, 2001). 이 능력들은 서로 연관되어 있으며 각각의 다섯 가지 요소 가닥이 서로 엮여 한 줄기를 이루는 것으로 비유하였다. 이러한 NCTM 규준과 NRC의 수학적 능력을 바탕으로 미국의 수학교육과정 규준인 수학 공통 핵심 규준(Common Core State Standards for Mathematics; 이하 CCSSM)이 등장하였다. 내용 규준과 과정 규준이 분리되어 있던 NCTM(2000)과 달리 CCSSM에서는 내용 규준이 수학적 실천을 통해 구현되는 것을 목표로 하였다(장혜원, 2012). CCSSM이 제시한 8가지의 수학적 실천은 다음과 같다(NGA & CCSSO, 2010).

- 문제 이해 및 끈기 있게 풀기
- 추상적, 정량적으로 추론하기
- 명확하게 주장하고 동료의 추론 비판하기
- 수학으로 모델링하기
- 전략적으로 적절한 도구 사용하기
- 정확성에 주의하기
- 구조를 찾고 활용하기
- 반복된 추론에서 규칙성을 찾고 표현하기

우리나라 수학과 교육과정에서도 수학적 역량을 강조한다. 2009 개정 수학과 교육과정에서는 역량을 명시하지는 않았지만 학생들 주변의 다양한 현상을 수학과 연결하고 다양한 상황에서 발생하는 문제를 해결할 때 활성화되어야 하는 기능 또는 능력을 '수학적 과정'으로 개념화한 바 있다. '수학적 과정'의 개념은 NCTM (2000)에서 소개된 과정 규준을 차용하여 도입된 것이다(권오남 외, 2021). 역량 중심 교육과정을 표방하였던 2015 개정 수학과 교육과정에서는 수학 교과 역량을 수학교육을 통해 학습자가 길러야 할 기본적이고 필수적인 능력 또는 특성으로 정의하고 2009 개정 교육과정에서 강조한 수학적 과정 이외에 추가로 수학 교과 역량을 설정하여 여섯 가지의 수학 교과 역량을 제시하였고(박경미 외, 2015), 2022 개정 수학과 교육과정에서는 수학 교과 역량을 지식・이해, 과정・기능, 가치・태도를 아우르는 것으로 규정함으로써 2015 개정 수학과 교육과정과 연계된 다섯 가지의 수학 교과 역량을 제시하였다(이경화 외, 2022). 우리나라 수학과 교육과정에서 사용하는 '수학 교과 역량'이라는 용어는 수학적 역량의 의미 외에도 교육과정의 총론에서 추구하는 핵심역량의 함양을 이어주는 매개로서의 의미도 함께 갖는다는 특징이 있다(한혜정 외, 2017). 수학과 교육과정에서 추구하는 수학적 역량은 2절에서 보다 자세히 다루도록 한다.

학교 교육을 통해 길러내고자 하는 능력이 핵심역량이라고 한다면, 방법론적인 측면에서 수학 교과를 기반으로 핵심역량을 어떻게 길러줄 수 있는지에 대한 답은 수학적 역량이 된다. 이상의 논의를 통해 시대의 요구에 따라 수학적 역량의 정의는 지속적으로 수정되어 왔음을 알 수 있다. 그러나 미래 사회를 살아가기 위해 수학 교과를 통해 길러야 하는 학생들의 능력으로서 수학적 역량이 수학교육에서 강조하고 지향해야 하는 목표라는 점은 시대의 흐름에 상관없이 동일하다고 할 수 있다.

다. 수학적 역량과 지식

역량은 각 학문의 개념 및 탐구 방법 중심으로 설계된 기존의 지식 중심 교육과정에 대한 대안을 모색하는 과정에서 대두된 개념이지만 지식과 역량이 배타적인 관계를 갖는 것은 아니다. 최근의 OECD Education 2030 프로젝트에서는 역량을 기르기 위한 핵심 토대로 지식, 기능, 태도 및 가치를 제시하였는데, 역량이라는 것은 지식이나 기능을 단순히 획득하는 것 이상으로 핵심 토대를 바탕으로 길러질 수 있으며, 지식, 기능, 태도 및 가치를 포함하는 통합적인 개념이라고 주장하였다(OECD, 2019). NRC에서도 지식과 기능을 단순히 서로 엮이는 것 이상으로 서로를 강화한다고 보았으며 그러므로 교사가 수학적 역량을 개발시킬 때에는 각 요소들을 서로 관련시켜 총체적으로 접근해야 한다고 하였다(NRC, 2001). CCSSM에서도 교육과정, 평가, 그리고 교사 전문성 개발들 모두는 수학을 지도할 때에 내용 규준과 실천 규준을 연결할 필요성을 인식하고 그 방법을 고안해야 한다고 설명하면서 수학적 실천을 수학 내용 규준의 학습을 위한 수단이자 내면화되어야 할 습관적 행동으로 간주하였다(Larson, 2012).

수학적 지식과 수학적 역량에 대한 통합적인 관점은 우리나라 수학과 교육과정에도 찾아볼 수 있다. 2015 개정 수학과 교육과정에서는 교과 역량을 교과가 기반한 학문의 지식 및 기능을 습득하고 활용함으로써 길러질 수 있는 능력으로 보고(백남진, 온정덕, 2014), 수학 교과 역량을 함양하는 데 필요한 학습 내용을 핵심 개념, 일반화된 지식, 기능을 중심으로 구조화한 바 있다. 이는 수학 교과 역량이 수학 내용과 유리되어 별도로 함양해야 하는 것이 아니라 수학 내용의 수업이 곧 교과 역량의 함양으로 이어진다는 보는 것이다. 2022 개정 수학과 교육과정에서는 지식・이해, 과정・기능, 가치・태도 세 요소 간의 통합에 의한 것으로 수학 교과 역량을 재개념화하였다. 예를 들어, 문제해결 역량은 수학의 개념, 원리, 법칙을 이용하고 적절한 전략을 사용하여 적극적이고 끈기 있게 문제를 해결하는 것으로 정의하는 식이다. 또한 내용 체계 자체를 지식・이해, 과정・기능, 가치・태도의 세 범주로 제시하고, 이를 결합한 성취기준을 제시하여 성취기준이 교과 역량을 드러내게 함으로써 수학 교과 역량 함양이 실효성을 갖도록 하였다(이경화 외, 2022).

2 교육과정과 수학적 역량

전술한 바와 같이 우리나라에서는 2009 개정부터 수학과 교육과정에 수학적 역량이 포함되었고, 2015 개정 수학과 교육과정에서부터 명시적으로 드러나기 시작하였다. 이 절에서는 교육과정의 변천에 따라 수학과 교육과정에서 추구하는 수학적 역량이 어떻게 변화하였는지를 살펴본다.

가. 2009 개정 수학과 교육과정의 수학적 과정

2009 교육과정 개정 당시 핵심역량에 대한 총론 수준의 연구가 다양하게 시행되었고(윤현진 외, 2007; 이광우 외, 2008; 이광우 외, 2009), 이는 각론에도 일정 부분 영향을 미쳐, 개정 수학과 교육과정에 총론의 핵심역량에 대응하는 수학적 과정의 개념이 도입되었다(김동원 외, 2015). 수학적 과정은 학생들 주변의 다양한 현상을 수학과 연결하고 나양한 상황에서 발생하는 문제를 해결할 때 활성화되어야 하는 기능 또는 능력을 의미하며, 수학적 문제해결, 수학적 추론, 수학적 의사소통 등을 구성 요소로 한다(신이섭 외, 2011). 수학적 과정의 개념은 NCTM(2000)에서 소개된 과정 규준을 차용하여 도입된 것이다(권오남 외, 2021). NCTM(2000)에서는 수학적 과정을 문제해결, 추론, 의사소통, 연결성, 표현의 요소로 정의한다. 2009 개정 수학과 교육과정에서 추구한 수학적 과정을 정리하면 〈표 7-1〉과 같다.

〈표 7-1〉 2009 개정 수학과 교육과정의 수학적 과정(신이섭 외, 2011, p. 12)

수학적 과정의 요소	특징
수학적 문제해결	가. 주어진 문제의 해결에 필요한 정보를 확인 또는 보완하고 적절한 전략이나 사고 과정을 활용하여 문제를 해결할 수 있다. 나. 수학적인 방법으로 문제해결의 과정과 결과의 타당성을 설명할 수 있다. 다. 문제해결 과정이나 완결 후 문제 제기를 통하여 문제해결을 발전적으로 이끌 수 있다. 라. 문제해결에서 얻은 결과와 사용된 전략을 일반화하여 새로운 문제 상황에 적용할 수 있다.
수학적 추론	가. 수학적 추측이나 주장을 만들고, 수학적 지식에 근거하여 정당화할 수 있다. 나. 수학적 아이디어나 사고 과정을 수학적으로 검증할 수 있다. 다. 다양하고 독창적인 아이디어를 통하여 수학적으로 추론할 수 있다.
수학적 의사소통	가. 수학적인 방법을 활용하여 자신의 생각을 논리적으로 정확하게 표현하고, 다른 사람을 이해시킬 수 있다. 나. 자신의 수학적인 생각을 다른 사람과 주고받는 활동의 중요성을 인식하고, 이를 통하여 자신의 생각을 개선시킬 수 있다. 다. 다른 사람의 수학적 아이디어나 사고 과정을 이해하고 평가할 수 있다.

2009 개정 수학과 교육과정의 수학적 과정으로 포함되지는 않았지만 수학적 창의성이라는 개념 또한 강조되었다. 수학적 창의성이란 수학적 과제를 해결하는 과정에서 다양하고 독창적인 해결 방법을 산출하거나 새로운 관점에서 과제를 탐구하고 지식을 구성하는 능력을 의미하였다(신이섭 외, 2011).

나. 2015 개정 수학과 교육과정의 수학 교과 역량

2015 개정 교육과정 당시 문·이과를 통합할 수 있는 창의·융합형 인재를 길러낼 필요성이 대두되었다. 관련하여 2015 개정 수학과 교육과정에서도 미래 사회에서 필수적으로 요구되는 창의·융합형 인재 양성을 위하여 창의·융합 능력을 수학 교과 역량의 하나로 포함시켰으며, 지식정보화 사회에서 요구되는 필수

능력인 필요한 정보를 목적에 맞게 수집, 분류, 분석, 해석할 수 있는 능력을 함양하기 위해 정보처리 능력을 포함하게 되었다. 또한 수학 교과 학습이 지적 능력의 함양뿐만 아니라 수학에 흥미를 갖고 수학의 유용성과 가치를 인식하고, 자주적인 태도로 수학을 학습하고, 나아가 사회의 일원으로서 갖추어야 할 시민의식을 함양할 필요성을 반영하여 태도 및 실천 능력을 수학 교과 역량에 포함시켰다.

이에 따라 2015 개정 수학과 교육과정에서는 2009 개정 교육과정에 명시된 문제해결, 추론, 의사소통의 세 가지 수학적 과정에 창의·융합, 정보처리, 태도 및 실천의 세 가지를 추가하여 수학 교과 핵심역량을 여섯 가지로 규정하였다. 수식과 기호 위주의 수학을 기능으로 익히는 것뿐만 아니라 수학 내적 연결성, 수학 외적 연결성을 강화하고자 하는 시도에서 창의·융합 역량을 포함하였는데, 이는 2009 개정 수학과 교육과정에서 강조하였던 수학적 창의성과도 연결된다. 또한 공학적 도구를 사용하여 수학 문제를 해결하는 역량을 의미하는 정보처리 역량도 포함하였다. 우리나라 학생들의 수학 학습 동기가 미약하고, 흥미와 자신감이 매우 낮은 점을 고려하여 태도 및 실천을 수학 교과 역량으로 설정함으로써 수학 교수·학습에서 정의적 영역을 고려할 수 있도록 하였다. 창의·융합, 정보처리, 태도 및 실천 교과 역량의 설정은 PISA 2012, 수학·과학 성취도 변화 추이 국제비교 연구(Trend In International mathematics and Science Study; TIMSS) TIMSS 2011의 결과에서 비롯된 것이다(권오남 외, 2021). 2015 개정 수학과 교육과정에서 제시된 수학 교과 역량을 정리하면 〈표 7-2〉와 같다.

〈표 7-2〉 2015 개정 수학과 교육과정의 수학 교과 역량(박경미 외, 2015, p. 67)

수학 교과 역량	정의
문제해결	해결 방법을 알고 있지 않은 문제 상황에서 수학의 지식과 기능을 활용하여 해결 전략을 탐색하고 최적의 해결 방안을 선택하여 주어진 문제를 해결하는 능력
추론	수학적 사실을 추측하고 논리적으로 분석하고 정당화하며 그 과정을 반성하는 능력

수학 교과 역량	정의
창의 · 융합	수학의 지식과 기능을 토대로 새롭고 의미 있는 아이디어를 다양하고 풍부하게 산출하고 정교화하며, 여러 수학적 지식, 기능, 경험을 연결하거나 수학과 타 교과나 실생활의 지식, 기능, 경험을 연결 · 융합하여 새로운 지식, 기능, 경험을 생성하고 문제를 해결하는 능력
의사소통	수학 지식이나 아이디어, 수학적 활동의 결과, 문제해결 과정, 신념과 태도 등을 말이나 글, 그림, 기호로 표현하고 다른 사람의 아이디어를 이해하는 능력
정보처리	다양한 자료와 정보를 수집 · 정리 · 분석 · 활용하고 적절한 공학적 도구나 교구를 선택 · 이용하여 자료와 정보를 효과적으로 처리하는 능력
태도 및 실천	수학의 가치를 인식하고 자주적 수학 학습 태도와 민주 시민의식을 갖추어 실천하는 능력

2009 개정 수학과 교육과정과 비교하여 2015 개정 교육과정에서는 수학 교과 역량이 수학과 교육과정의 각 항목에 일관성 있게 반영하고자 하였다. 성격 항목에서 6가지 수학 교과 역량의 의미와 각 역량 함양의 의의가 제시되었고, 목표 항목에서도 총괄 목표뿐만 아니라 세부 목표 두 번째와 세 번째에서 역량 함양에 대한 목표가 제시되었다. 또한 내용 체계에서는 내용 영역별로 수학 교과 역량을 구현하기 위한 구체적인 능력을 기능 항목을 제시하기도 하였다.

다. 2022 개정 수학과 교육과정의 수학 교과 역량

2022 개정 수학과 교육과정에서는 2015 개정 교육과정의 수학 교과 역량이 학교 현장에 안착되면서 수학 수업과 평가의 변화가 도모된 만큼, 이전의 수학 교과 역량이 과정 · 기능과 가치 · 태도의 측면에서만 머무르지 않고 교육 목표로서 작동할 수 있는 방안을 모색하였다. 또한 이해의 전이성을 강조하면서 역량의 함양을 깊이 있는 이해와 개념적 이해에 이르러 새로운 상황에 적응할 수 있는 지식과 능력을 갖춘 것으로 보기 시작하였다(교육부, 2024). 이에 따라 2015 개정 교육과정과 달리 수학 교과 역량이 지식 · 이해, 과정 · 기능, 가치 · 태도를 아우

르게 되었기 때문에 교과 역량의 세 가지 범주의 의미가 새롭게 정의되었다. 지식・이해는 해당 교과 영역에서 알고 이해해야 할 내용 요소, 개념, 원리, 법칙이고, 과정・기능은 지식을 습득하는 데 활용되는 사고 및 탐구 과정이며, 가치・태도는 교과의 학습 과정에서 습득되는 교과 내용과 관련된 태도와 교과를 학습하여 내면화한 사람이 습득하게 되는 가치를 의미한다(박경미 외, 2015). 이와 같은 수학 교과 역량의 재개념화를 바탕으로 수학 교과 역량이라는 명칭은 2015 개정 수학과 교육과정과 동일하게 사용하되, '문제해결, 추론, 의사소통, 연결, 정보처리'를 다섯 가지 수학 교과 역량을 선정하여 각각의 교과 역량이 지식・이해, 과정・기능, 가치・태도를 아우르는 것으로 규정하였다. 예를 들어, 문제해결 역량은 수학의 개념, 원리, 법칙을 이용하고 적절한 전략을 사용하여 적극적이고 끈기 있게 문제를 해결하는 것이다. 이렇게 각 교과 역량을 지식・이해, 과정・기능, 가치・태도를 아우르는 것으로 규정함으로써 2015 개정 수학과 교육과정과 2022 개정 수학과 교육과정의 교과 역량의 연계성을 확보하고자 하였다(이경화 외, 2022). 2022 개정 수학과 교육과정에서 제시된 수학 교과 역량을 정리하면 〈표 7-3〉과 같다.

〈표 7-3〉 2022 개정 수학과 교육과정의 수학 교과 역량(이경화 외, 2022)

수학 교과 역량	정의
문제해결	수학적 지식을 이해하고 활용하여 적극적이고 자신감 있게 여러 가지 문제를 해결하는 능력
추론	수학적 사실에 대해 흥미와 관심을 갖고 추측과 정당화를 통해 추론하는 능력
의사소통	수학적 사고와 전략에 대해 의사소통하고 수학적 표현의 편리함을 인식하는 능력
연결	수학의 개념, 원리, 법칙 간의 관련성을 탐구하고 실생활이나 타 교과에 수학을 적용하여 수학의 유용성을 인식하는 능력
정보처리	목적에 맞게 교구나 공학 도구를 활용하여 자료를 수집하고 처리하여 정보에 근거한 합리적 의사 결정을 내리는 능력

2022 개정 수학과 교육과정은 수학 교과 역량 함양을 위하여 교육과정 전반에서 역량을 제시한다는 특징을 갖는다.

첫째, 수학과 목표를 교과 역량 중심으로 기술하였다. 이전 교육과정에서는 교육 목표를 지식, 기능(역량), 태도의 세 측면으로 구분하여 각각을 제시해 왔으나, 2022 개정 수학과 교육과정에서는 지식・이해, 과정・기능, 가치・태도가 어우러진 것으로 제시하고 다섯 가지 교과 역량 각각에 대한 함양을 세부 목표로 제시하였다.

둘째, 내용 체계를 지식・이해, 과정・기능, 가치・태도의 세 범주로 제시하고, 이를 결합한 성취기준을 제시하여 성취기준이 교과 역량을 드러내도록 하였다. 김동원 외(2020)가 성취기준에 교과 역량이 반영되어 있지 않아 역량 교육이 제대로 이루어지지 않았음을 지적한 바, 교과 역량 함양이 실효성을 갖도록 성취기준에 반영하도록 하였다.

셋째, 교과 역량 함양을 위한 교수・학습 방법을 제시하였다. 2015 개정 수학과 교육과정에서는 교수・학습 방법에서 수학 교과 역량의 세부적인 요소를 제시하였으나 2022 개정 수학과 교육과정에서 교과 역량의 세부 범주는 지식・이해, 과정・기능, 가치・태도이므로, 교과 역량 함양을 위해 교사가 수학 수업에서 무엇을 해야 하는지를 안내할 수 있는 내용으로 교수・학습 방법을 제시하였다.

넷째, 수학 교과 역량의 평가에 대한 안내 사항을 평가 방법에 제시하였다. 교과 역량이 목표로 선정되어 수학교육의 방향을 주도하지만, 평가는 지식 위주로만 진행되고 역량을 평가하는 것이 무엇인지 명료하지 않다는 현장의 의견을 반영하여, 수학 교과 역량을 평가할 때의 고려 사항을 제시하였다.

• 토의 과제: 수학적 역량의 변천 살펴보기

토의 1. 교육과정의 변천에 따른 수학적 역량의 변화를 정리하고, 교육과정의 변천에 따라 수학과 교육과정 내에서 수학적 역량의 위치가 어떻게 변화해 왔는지 토의 해 보자.

2009 개정 수학과 교육과정	2015 개정 수학과 교육과정	2022 개정 수학과 교육과정

3 수학적 역량의 종류

수학적 역량을 구성하는 하위 요소는 국가 및 기관에 따라, 혹은 관점에 따라 다양하다. 이 절에서는 2022 개정 수학과 교육과정에 포함된 다섯 가지 수학 교과 역량을 중심으로 각 역량의 의미와 2022 개정 수학과 교과서를 통한 역량 지도 방안을 살펴본다.

가. 문제해결 역량

(1) 문제해결 역량이란?

1980년 NCTM의 『1980년대의 학교 수학을 위한 제안』에서 문제해결 능력 신장을 강조한 이래로 현재까지 문제해결 능력은 수학교육에서 중요한 목표가 되고 있다. 문제해결은 수학 학습이나 생활에서 직면한 문제를 해결하는 데 도움이 될 수 있는 전략과 기능을 의미하며, 수학과 맥락에서의 문제해결 역량은 창의적 탐구 능력을 활용하여 반성적 고찰을 통해 문제해결에서 도출된 지식의 점검까지를 포괄하는 능력을 가리킨다(박경미 외, 2015). 주어진 문제 상황을 해결하는 데서 머무는 것이 아니라, 향후 직면할 문제 상황을 해결하는 데 동원될 수 있는 지식 기반을 확충해 나가는 역량까지를 포괄하는 것이다. 문제해결 능력은 수학을 실생활이나 타 교과에 활용하는 도구적인 측면뿐만 아니라 수학적 사고의 함양, 수학적 탐구 방법의 습득을 위해서 매우 강조되는 수학과의 핵심역량이라고 할 수 있다.

문제해결 역량은 여러 나라의 수학과 교육과정 핵심역량 목록에 명시되어 있다(박경미 외, 2014). 호주의 뉴사우스웨일스주의 교육과정에는(NSW Department of Education and Training, 2005) 문제해결을 "관찰, 질문 등을 통해 적절한 정보를 수집, 문제해결의 대안적 방법을 모색함으로써 문제해결 능력을 향상시키는 것"으로 기술하고 있고, 미국 NCTM(2000)의 문제해결 규준에서는 문제해결을 통해 새로운 수학적 지식을 만들어 내며, 수학과 다른 상황에서 나타나는 문제를 해결할 수 있으며, 문제를 해결하기 위하여 다양하고 적절한 전략을 적용하고 채택할 수 있고 수학 문제해결 과정을 관찰하고 반성할 수 있도록 권고하였으며, CCSSM(NGA & CCSSO, 2010)에서는 '문제를 이해하고 끈기 있게 해결하기'를 문제해결이라고 정의하면서 문제의 이해, 계획, 반성 등의 단계에서 학생들이 무엇을 할 수 있는지를 상세히 설명하였다. 또한 캐나다의 앨버타주(Alberta Education, 2007)에서는 문제해결 역량을 "문제해결 과정에서 새로운 수학적 지식을 적용하고 개발하는 것"이라 하였다. 영국은 문제해결 핵심역량에 대한 구체적인 설명은 없지만, 교육 목표에서 다양한 정형 문제와 비정형 문제를 접하게 하고, 문제를 간단한 단계로 구분하고 답을 찾는 동안 인내심을 가질 것을 언급하였다. 싱가포르는 문제해결을 모든 역량을 아우르는 상위 개념으로 보고 수학과 교수, 학습, 평가의 지향점이 문제해결임을 시각적으로 드러내기 위해 이를 중심에 위치시킨 정오각형 모양의 수학 교육과정 모형을 제시하기도 하였다(Ministry of Education Singapore, 2007). 중국은 문제해결이라는 핵심역량을 성취하기 위한 네 가지 하위목표를 설정하고 '문제 제기, 창의력, 의사소통, 반성하기'의 내용을 포함하였다(중국교육부, 2011). 우리나라의 2022 개정 수학과 교육과정에서도 "수학적 지식을 이해하고 활용하여 적극적이고 자신감 있게 여러 가지 문제를 해결하는 능력(교육부, 2022)"으로 문제해결 역량을 정의하였다. 우리나라와 외국의 교육과정에서 살펴볼 수 있듯이 학생들이 수학적 표상을 개발하고, 실제 상황 속에 내재되어 있는 문제를 탐구하며, 학습한 지식과 정보를 활용하여 예측하며 그 예측을 검증하는 등의 문제해결 역량을 공통적으로 요구하는 것을 알 수 있다. 학생들은 중요한 수학적 또는 실생활 문제를 탐구하는 과정에서 기본적인 수학적 아이디어와 방법, 성질을 사용하고 학습하게 되며 이로부터 새로운 지식과 정보를 발견하고 당면한 과제를 해결함으로써 수학적 사고력과 유용성이 강조된 내용들에 쉽게 접근할 수 있다(박경미 외, 2015).

문제해결 역량의 하위 요소는 Polya(1945)의 문제해결의 4단계 및 각 단계의 발견술적 권고를 참조할 수 있다. Polya는 문제를 해결할 때에 학습자들이 문제의 이해, 계획의 작성, 계획의 실행, 반성의 단계를 거칠 것을 제안한 바 있다. Schoenfeld(1985) 또한 문제해결에 필요한 행동적 요인을 네 범주로 구별하였고, 이 범주는 자원, 발견술, 통제, 신념 체계로 구성되어 있다. PISA 2012의 문제해결력 평가에서는 문제해결의 과정을 4개의 단계인 '탐색과 이해, 표현과 형식화, 계획 수립과 실행, 모니터링과 반성'으로 설명하였으며, PISA 2015에는 문제해결 과정에서의 협력을 강조하면서 협력적 문제해결력 평가가 평가 영역으로 추가되었다. 이상을 통해 박경미 외(2015)는 문제해결 역량의 하위 요소를 문제 이해, 문제해결 전략 탐색, 문제해결 과정 통제 및 반성, 협력적 문제해결, 수학적 모델링, 문제 만들기 6가지로 설명하였다. 각각의 내용은 다음과 같다.

- 문제 이해: 무엇을 구하는 것인지 문제의 목적을 발견하고 조건을 파악하여 문제를 명료화하는 능력
- 문제해결 전략 탐색: 중요한 수학적 원리나 결과를 이용할 수 있는지를 분석하고 적절한 발견술을 탐색하여 풀이 계획을 수립하는 능력
- 문제해결 과정 통제 및 반성: 계획된 풀이과정을 수행하고 검증 및 반성을 통하여 해결책과 해답을 평가하는 능력
- 협력적 문제해결: 집단의 상호작용과 균형 있는 책임의 부여를 통해 집단적인 문제해결을 수행하는 능력
- 수학적 모델링: 실생활의 문제해결을 위해 주어진 상황을 수학적으로 나타내고 분석하여 결론을 도출하고 이를 상황 맥락에서 해석하여 유의미성을 검토하는 능력
- 문제 만들기: 문제의 속성을 파악하고 이에 대한 이해를 기반으로 새로운 문제를 만들어 해결하며 이러한 과정을 검증하는 능력

나귀수 외(2018)는 학교 현장에서의 문제해결 교육이 다소 정형화되고 고착화된 형태로 이루어지고 있음을 지적하며 문제해결의 풍부한 의미가 구현되기 위해서는 문제 만들기 및 문제 발견하기, 협력적 문제해결, 복합적 문제해결[2] 등을 포괄하는 문제해결 역량을 적극적으로 구현하기 위한 다양한 방식을 고려할 필요가 있다고 주장하였다.

(2) 문제해결 역량의 지도

문제해결 역량 교수 시 유의할 점은 다음과 같다(교육부, 2024).

- 학생들에게 다양한 문제를 제공하여 실제 상황에 대한 문제를 경험하도록 하

2) 복합적이고 현실적인 환경에서 새롭거나 잘못 정의된 문제를 해결하는 데에 필요한 역량 (World Economic Forum, 2016).

고, 문제를 해결하는 과정을 적극적으로 유도해야 한다.

- 문제해결 과정을 단계별로 분석하고 전략을 배워서 학생들이 논리적 사고와 추론 역량을 갖출 수 있도록 해야 한다.
- 학생들에게 문제를 스스로 발견하고 제시할 수 있는 기회를 주어 창의적인 문제해결을 유도해야 한다.

[그림 7-1]은 4학년 1학기 수학과 교과서에 제시된 문제해결 역량 관련 차시이다. 해당 차시는 큰 수 단원의 특화 차시로 큰 수를 다루는 실제 상황에 대한 문제를 제시하고 적합한 문제해결 전략을 사용하여 문제를 해결하고 해결 과정을 설명하도록 유도한다. 또한 세계 여러 나라의 인구수를 이용하여 학생이 스스로 문제를 발견하여 제시할 수 있는 기회 또한 함께 제공함으로써 문제해결 역량을 키울 수 있도록 하고 있음을 알 수 있다.

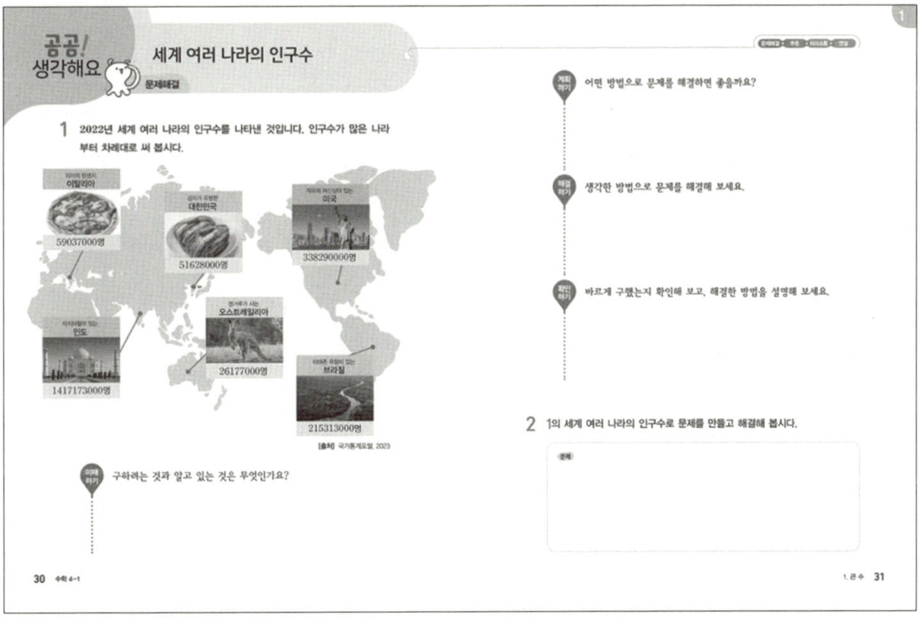

[그림 7-1] 문제해결 역량이 강조된 4-1 수학 교과서 사례(나귀수 외, 2025, pp. 30-31)

나. 추론 역량

(1) 추론 역량이란?

수학을 학습할 때나 수학을 할 때 추론이 수학에서 중요하다는 것은 오랫동안 받아들여져 왔다(Connor et al., 2014). 추론 역량은 수학적 사실을 추측하고 논리적으로 분석하고 정당화하며 그 전반적인 추론 과정을 반성하는 능력을 의미하며, 논리적이고 합리적인 사고력을 신장시키는 교과로서의 수학에 있어 추론은 매우 핵심적이고 중요한 핵심역량이라 할 수 있다(박경미 외, 2015). 추론 역량의 핵심은 수학적 주장을 정당화하기 위해서 구두 혹은 지필 형태로 되어있는 논증을 분석하거나 만들어내는 것이다. 수학적 추론 역량은 수학적 주장의 정당화를 제공하거나 기존의 정당화 혹은 제안된 정당화 시도를 비판적으로 분석하고 평가하는 것이다(Niss & Højgaard, 2019). 이 역량은 정당화의 폭넓은 스펙트럼의 형태를 다루며 발견술과 관련되는 예시를 검토하거나 제공하는 것으로부터 특정 공리로부터 논리적 연역에 기초한 엄밀한 증명으로의 논리적 연역을 다룬다.

추론 역량 역시 여러 나라의 수학과 교육과정 핵심역량 목록에 명시되어 있다(박경미 외, 2014). 미국 CCSSM에서는 '추상적으로 그리고 양적으로 추론하기', '논증을 구성하고 다른 사람의 추론을 비판하기', '반복되는 추론에서 규칙성을 찾고 표현하기'의 세 가지 수학적 실천 규준에서 추론을 언급하고 있고(NGA & CCSSO, 2010), 핀란드는 "학생들이 이끌어 낸 해답이나 결론을 정당화하는 것을 배운다."라고 초등학교 저학년부터 교육 목표에 명시하고 있으며(Finnish National Board of Education, 2003), 홍콩은 초·중학교 교육 목표에 '수학적으로 묻고 추론하고'의 내용을 포함한다(Curriculum Development Council, 2002). 싱가포르는 추론이 수학적 과정의 하나로서 수학적 상황을 분석하고 논증을 구성하는 능력이라 보고, 추론을 '의사소통'과 '연결'과 연동되는 핵심역량으로 규정하였다(Ministry of Education Singapore, 2007). 캐나다 온타리오주는 '추론'과 '증명'을 하나의 핵심역량으로 연결하고 있는데, 추론과 증명 지도에서는 발견한 사실이나 참이라고 알고 있는 것으로부터 추론하게 하고, 수학에서 받아들일 수 있는 논증의 특징을 인식하게 하고, 항상 참이라고 할 수 있는지 되돌아보게 하라고 권고한다(Ontario Ministry of Education, 2005). 우리나라의 2022 개정 수학과 교육과정에서도 '수학적 사실에 대해 흥미와 관심을 갖고 추측과 정당화를 통해 추론하는 능력(교육부, 2022)'으로 추론 역량을 정의하고 있다. 우리나라와 외국의 교육과정에 명시된 추론의 내용을 살펴보면 우리나라를 제외하고는 추론 역량의 정의를 찾기가 어려운데, 이는 수학적 사고와 엄밀히 구분하기가 어렵기 때문이다. 일반적으로 사고(thought)는 어떤 대상에 집중하여 조직적으로 생각하는 것이고, 추론(reasoning)은 근거를 찾는 것, 생각에 체계적인 틀이 부여된 것을 뜻하는데(이성범, 2001), 추론이 포괄하는 범위가 상당히 넓어서 추론과 사고와의 구분이 모호한 측면이 있다(박경미 외, 2015).

박경미 외(2015)는 추론 역량의 하위 요소를 관찰과 추측, 논리적 절차 수행, 수학적 사실 분석, 정당화, 추론 과정의 반성 다섯 가지로 설명하였다. 각각의 내용은 다음과 같다.

- 관찰과 추측: 관찰과 실험을 통해 귀납, 유추 등의 개연적 추론을 사용하여 규칙성이나 원리를 추측하는 능력
- 논리적 절차 수행: 수학적 사실이 도출되는 과정과 수학적 절차를 논리적으로 수행하는 능력
- 수학적 사실 분석: 수학적 개념, 원리, 법칙을 분석하는 능력
- 정당화: 수학적 사실이 참임을 보이기 위해 증거를 제시하고 이유를 설명하는 능력
- 추론 과정의 반성: 자신의 추론 과정이 옳은지 비판적으로 평가하고 되돌아보는 능력

추론 역량은 여러 수학교육계 내부뿐만 아니라 수학교육계 외부라고 할 수 있는 여러 국제기관에서도(UNESCO, 2015; World Economic Forum, 2016) 미래의 필수 역량으로 여겨지고 있다. 세계 경제 포럼(World Economic Forum, 2016)에서는 4차 산업혁명 시대에 필요한 핵심 직무역량의 하나로 수학적 추론을 설정하

였다. 교육 공동체 내부가 아닌 외부에서 논리적 추론, 수학적 추론, 비판적 사고 등을 21세기 필수 역량과 핵심 직무역량으로 설정한 것은, 4차 산업혁명 시대를 중심으로 한 미래 시대에 추론 역량이 얼마나 중요한가를 방증한다고 할 수 있다 (나귀수 외, 2018).

(2) 추론 역량의 지도

추론 역량 지도 시 유의할 점은 다음과 같다(교육부, 2024).

- 수학 문제를 풀면서 학생들이 추론과 논리적 사고를 적극적으로 활용할 수 있도록 독려한다.
- 주어진 조건과 정보를 분석하고, 합리적인 결론을 도출하는 방법에 대해 학생들과 함께 토론하고 공유한다.
- 다양한 문제 유형을 통해 학생들의 추론 역량을 발전시킬 수 있도록 문제를 제공한다.

[그림 7-2]는 3학년 1학기 수학과 교과서에 제시된 문제해결 차시이다.[3] 해당 차시는 나눗셈 단원의 특화 차시로 나눗셈과 관련된 실제 상황을 제시하고 처음 가지고 있던 엽전의 수를 알아보는 과정에서 거꾸로 풀기 전략을 안내하여 추론과 논리적 사고를 경험해 볼 수 있도록 안내한다. 또한 문제해결 방법을 친구에게 이야기해 보도록 하여 주어진 조건과 정보를 분석하고, 합리적인 결론을 도출하는 방법에 대해 학생들과 함께 토론하고 공유함으로써 추론 역량을 키울 수 있게 하고 있다.

3) 다섯 가지 수학 교과 역량은 상호 관련되고 서로 연결되어 있을 수밖에 없는 바, 어떤 역량을 개발할 시에는 다른 역량과의 관련 속에서 상호 관련성을 파악하여 총체적으로 접근해야 한다(교육부, 2024). 이로 인해 교과서에도 하나의 장면이 하나의 역량만을 드러내기보다는 문제해결을 바탕으로 여러 역량이 복합적으로 포함되는 경우가 많다.

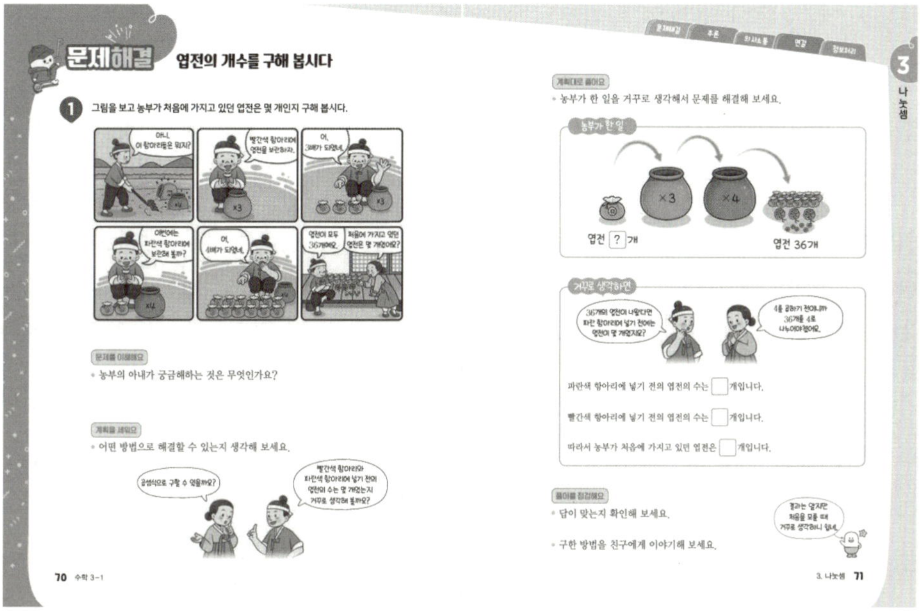

[그림 7-2] 추론 역량이 강조된 3-1 수학 교과서 사례(강문봉 외, 2025, pp. 70-71)

다. 연결 역량

(1) 연결 역량이란?

수학 교수·학습에서 연결 역량은 여러 가지 수학 아이디어를 연결하거나 실생활 사례 혹은 다른 교과의 아이디어를 수학과 연결 지어 이해할 수 있는 능력을 의미한다. NCTM(2000)은 학생들이 수학적 연결성을 인식할 때에 깊은 이해를 유지할 수 있고, 수학을 다른 분야와 관련짓는 상황에서 흥미를 느끼고 수학의 유용성을 파악해 수학을 통합된 전체로서 이해할 수 있다고 주장하였다. NCTM에서는 유치원 이전부터 12학년에 이르기까지 공통으로 적용되는 수학적 연결성 규준을 제시하였는데, 수학적 아이디어 사이의 연결성을 인식하고 사용하는 것과 수학적 아이디어들이 서로 어떻게 연결되어 있는지 이해하고 각각의 아이디어에 기초하여 일관성 있는 전체의 결과를 산출하는 것을 포함하였다. Lampert(2001)는 수학적 연결성이 구현되는 수업의 특징을 맥락과 수학 내용을 연결하는 표현 만들기, 학생들의 추론을 지지하는 연결 만들기, 수학적 아이디어에 대한 의사소통이 가능하도록 공유된 언어 형성하기, 학생들의 활동을 탐색하고 이를 토대로 후속 수업 설계하기로 제시한 바 있다.

연결은 수학 내적 연결과 수학 외적 연결을 포함하는 것이다. 수학 내적 연결이란 수학 내 다른 영역들 사이의 개념적 지식이나 절차적 지식을 관련짓거나 개념이나 절차의 다양한 표현을 서로 연결하여 수학적 아이디어 사이의 관계나 구조를 이해하는 것을 의미한다. 수학 외적 연결이란 수학 교과목 내의 아이디어를 가지고 실생활의 아이디어와 연관 짓는 과정이나 실생활의 아이디어를 수학 교과목 내의 아이디어와 연결 짓는 것을 의미하는 것뿐만 아니라 다른 교과목에서의 아이디어와 연관 지음으로써 수학 개념을 보다 풍부하게 이해하는 것을 의미한다. 이에 따라 우리나라의 2022 개정 수학과 교육과정에서는 연결 역량을 "수학의 개념, 원리, 법칙 간의 관련성을 탐구하고 실생활이나 타 교과에 수학을 적용하여 수학의 유용성을 인식하는 능력(교육부, 2022)"으로 정의한다.

연결 역량은 최근 국내외에서 각광받고 있는 STEAM(Science, Technology, Engineering, Art, and Mathematics) 교육과 관련지어 이해할 수 있다. STEAM 교육은 다학문적 관점, 간학문적 관점, 탈학문적 관점에서 학문의 통합을 추구하는데, 수학 교과에서 다루어지는 지식을 통합적으로 바라보는 STEAM 교육의 관점은 연결 역량과 밀접하게 관련된다고 할 수 있다(권오남 외, 2021).

(2) 연결 역량의 지도

연결 역량 지도 시 유의할 점은 다음과 같다(교육부, 2024).

- 수학 개념과 지식을 다양한 상황과 분야에 연결할 수 있는 경험을 제공한다.
- 학생들이 수학적인 개념을 다른 학문 분야나 일상생활에 적용할 수 있는 문제를 다루도록 유도한다.
- 관련된 주제나 개념 간의 관계를 이해하고 이를 활용하여 문제를 해결하는 연습을 할 수 있도록 한다.

[그림 7－3]은 3학년 1학기 수학과 교과서에 등장하는 준비 단원의 한 차시이다. 해당 차시는 3학년 1학기 이전에 배운 내용을 3학년 1학기에 배울 내용과 연결 지어서 앞으로 배울 내용을 스스로 살펴볼 것을 요구한다. 학생들은 수학 내적 연결성을 파악하고 주제 간의 관계를 검토하는 과정에서 연결 역량을 키울 수 있게 된다.

[그림 7-3] 연결 역량이 강조된 3-1 수학 교과서 사례(박만구 외, 2025a, pp. 10-11)

라. 의사소통 역량

(1) 의사소통 역량이란?

NCTM(1989)에 따르면 수학을 이용하는 능력은 기호 및 수학 용어의 학습을 통해 이루어지며, 수학적 언어가 자연스럽게 사용되는 상황 속에서 학생들이 읽고, 쓰고, 아이디어를 토론하는 기회를 가짐으로써 가장 잘 성취될 수 있다. 수학적 의사소통 역량이란 수학적 지식, 아이디어, 수학적 활동의 결과, 문제해결 과정 등을 말이나 그림, 글로 명확하게 표현하고 다른 사람의 아이디어를 이해하며 함께 협력하는 능력을 의미하며, 구성주의 교육 사조를 기조로 학생들이 수학 학습 활동에 적극적으로 참여할 것을 권장하면서 의사소통 능력은 수학 교과의 교수·학습 방법에서 중요한 것으로 여겨지게 되었다(박경미 외, 2015). 학생들은 수학 수업에서 자신의 수학적 아이디어를 다른 사람이 이해할 수 있도록 표현하고 다른 사람이 표현한 내용을 이해해야 하며, 교사는 의사소통을 지도함과 동시에 의사소통의 모델 역할을 할 수 있어야 한다(이종희, 김선희, 2002).

수학 교과에서 의사소통을 국가 교육과정의 핵심역량으로 선정한 국가로는 미국, 핀란드, 홍콩, 싱가포르, 대만, 캐나다 온타리오주 등이 있다(박경미 외, 2014). 핀란드는 초등학교 저학년에서 "집중하여 듣고 의사소통하는 것을 배우며"를 명시하고 있고(Finnish National Board of Education, 2003), 홍콩은 "수학적 언어를 이용하여 다른 사람들과 의사소통하고 자신의 견해를 명확하고 논리적으로 표현한다."를 교육 목표의 하나로 삼는다(Curriculum Development Council, 2002). 싱가포르는 수학적 과정의 하나로 의사소통을 수학적 아이디어와 주장을 정확하고 간결하고 논리적으로 표현하는 데 수학적 언어를 사용하는 능력으로 규정한다(Ministry of Education Singapore, 2007). 대만은 의사소통의 구체적인 성취기준을 여덟 가지로 선정하고 있으며, 의사소통이 언어의 의미 이해, 수학적 언어의 특성 이해, 수학적 언어의 사용, 해답의 추측/설명/반박, 해결 과정 보여주기, 해결 과정의 설명, 해답의 타당성 설명, 다른 사람의 생각 존중으로써 나타난다고 보았다(교육과학기술부, 2009). 캐나다 온타리오주는 의사소통을 수학 학습의 필수적인 과정으로 보고, 의사소통을 통해 학생들이 아이디어, 이해, 논증을 반성하고 명확히 할 것을 강조하면서, 의사소통을 유도하는 구체적인 방법도 함께 제시하였다(Ontario Ministry of Education, 2005). 우리나라의 2022 개정 수학과 교육과정에서는 의사소통 역량을 "수학적 사고와 전략에 대해 의사소통하고 수학적 표현의 편리함을 인식하는 능력(교육부, 2022)"으로 정의하고 있다.

박경미 외(2015)는 의사소통 역량의 하위 요소를 수학적 표현의 이해, 수학적 표현의 개발 및 변환, 자신의 생각 표현, 타인의 생각 이해, 협력과 존중의 다섯 가지로 설명하였다. 각각의 내용은 다음과 같다.

- 수학적 표현의 이해: 수학적 표현의 의미를 이해하고 정확하게 사용하는 능력
- 수학적 표현의 개발 및 변환: 자신의 아이디어를 나타내기 위한 표현을 만들고 수학적 표현들끼리 변환하는 능력
- 자신의 생각 표현: 수학 학습 활동 과정과 결과를 다른 사람에게 명확히 표현하는 능력
- 타인의 생각 이해: 다른 사람의 생각을 이해하고 평가하는 능력
- 협력과 존중: 수학 학습 상황에서 다양한 시각을 받아들이고 다른 사람을 존중하며 함께 협력하는 능력

수학적 의사소통은 수학적 아이디어를 공유하고 이해를 명확하게 하는 하나의 방법이다. 다른 사람들과 말이나 글로 자신의 생각에 대해서 의사소통하는 과정을 통해 아이디어는 토론의 대상이 되며 학생들은 자신들의 아이디어를 반성하고 정교하게 만들며 수정할 수 있게 된다. 이 과정을 거치면서 학생들은 자신의 생각들을 다듬고 연결하며, 보다 나은 수학적 이해를 하게 된다(나귀수 외, 2018).

(2) 의사소통 역량의 지도

의사소통 역량 지도 시 유의할 점은 다음과 같다(교육부, 2024).

- 학생들에게 수학적인 개념과 해결 방법을 명확하고 효과적으로 전달할 수 있는 기회를 제공한다.
- 학생들끼리 혹은 선생님과의 토론을 통해 문제해결 과정을 공유하고, 아이디어를 교환하여 의사소통 역량을 발전시킨다.
- 발표, 논리적 설명, 문제해결 과정의 기록 등 다양한 방법을 활용하여 의사소통 역량을 강화한다.

[그림 7-4]는 4학년 2학기 수학과 교과서에 등장하는 프로젝트 단원의 한 차시이다. 해당 차시는 '유리창으로부터 새를 지켜 주세요'라는 프로젝트를 진행하는 과정에서 새들이 유리창에 부딪히지 않게 하려면 어떻게 해야 할지에 대한 수학적 아이디어를 공유하고 설명하도록 요구한다. 또한 이를 실천 계획표에 기록하는 등의 다양한 방법을 활용하여 의사소통 역량을 키울 수 있게 하고 있다.

[그림 7-4] 의사소통 역량이 강조된 4-2 수학 교과서 사례(박만구 외, 2025b, pp. 4-5)

마. 정보처리 역량

(1) 정보처리 역량이란?

정보처리 능력은 지식정보화 사회에서 주요한 핵심역량 중 하나이며, 우리나라 교육과정에서도 지속적으로 강조되고 있다. 정보처리 능력은 정보의 진위 및 가치 판단 능력, ICT 소양, 정보 문해력을 포괄하는 것으로, 사실과 현상의 이해와 직면하는 문제의 해결을 위해 다양한 정보와 자료를 수집, 분석, 평가, 분류, 조직하여 자료와 정보에 내재된 의미를 올바르게 파악하고, 그것을 효과적으로 활용할 수 있는 능력(이근호 외, 2013)을 의미한다.

정보처리 능력은 최근 강조되고 있는 컴퓨팅 사고와도 일맥상통한다. 컴퓨팅 사고는 문제를 해결하기 위해 컴퓨터나 다른 도구를 사용할 수 있는 형태로 문제를 형식화하고, 자료를 논리적으로 배치하고 분석하며, 모형 및 모의실험과 같은 추상화를 통해 자료 표현하고, 알고리즘적 사고를 통해 해결 과정을 자동화하며, 가장 효과적이고 효율적으로 목표를 달성하기 위해 가능한 해결책을 확인, 분석, 실행하고, 문제해결과정을 다양한 문제에 적용할 수 있도록 일반화하고 전이할 수 있는 역량을 의미한다(ISTE & CSTA, 2011). 21세기를 살아갈 학생들은 급변하는 정보기술에 적응하고 새로운 분야를 연구하고 새로운 직업에 종사하기 위해서는 현재 읽기, 쓰기, 셈하기가 필수적인 역량인 것과 마찬가지로 다양한 정보를 효과적으로 처리할 수 있는 능력을 갖추어야 한다(Wing, 2006; Barr & Stephenson, 2011).

정보처리 능력은 정보화 시대를 살아가는 다양한 정보와 메시지를 해석하고 비판적으로 평가하며 의사소통하는 능력, 즉 통계적 소양과도 밀접하게 관련된다(Gal, 2002; Watson & Callingham, 2003). 미국 국립 과학 재단(National Science Foundation)은 자료를 분석하는 방법을 이해하고 사용하는 것이 이 시대를 살아가는 데 매우 중요하다고 주장하였으며(Szetela & Beattie, 1991), NCTM(1989)에서는 통계 영역의 규준 중 하나로 자료 분석을 제시하면서, 학생들이 문제를 제안하고 이에 답하기 위하여 자료를 수집, 조직, 표현하며, 탐색적인 방법으로 자료를 해석하여 자료에 근거한 추론, 예측, 논의를 발전시키고 평가하는 것은 학생들의 삶 전체에 유용한 사고 도구와 사고 방법을 제공할 수 있다고 하였다. NCTM(2000)은 이후에도 학생들이 자료를 분석하기 위하여 적절한 통계적 방법을 선택하고 사용할 수 있어야 하며, 관계성을 갖는 두 변수와 관련된 자료를 수집하고, 이를 산점도로 나타내어 개형을 파악한 뒤 테크놀로지를 사용하여 회귀계수, 회귀방정식, 상관계수를 구할 수 있어야 한다고 하였다.

한편, 실생활 및 수학적 문제 상황에서 정보를 효과적으로 처리하기 위해서는 적합한 공학적 도구 및 교구를 선택하고 사용할 수 있어야 한다. NCTM(2000)은 테크놀로지가 수학 교수 학습에서 핵심적인 역할을 하며, 수학을 가르치고 학생들의 학습을 촉진하는 데 영향을 준다고 하였다. 이와 관련하여 교사는 가르칠 내용에 대한 이해, 이를 지도하기 위한 적절한 공학적 도구를 선택하고 활용하여 효과적으로 수업할 수 있는 테크놀로지 내용 교수 지식(TPACK: Technological Pedagogical Content Knowledge)을 갖추어야 하며(Mishra & Koehler, 2006), 학생도 학습에 필요한 테크놀로지를 선택하고 다룰 수 있는 능력을 갖출 필요가 있다고 하였다(Chai et al., 2013).

역량 교육 프로젝트인 ATC 21S[4](Assessment and Teaching of 21st Century Skills)에서도 미래적 변화 방향을 고려할 때 21세기에 강조되어야 할 역량 중 하나로 ICT 소양을 제시한 바 있으며(Binkley et al., 2010), PISA에서도 학생들이 다양한 맥락에서 수학을 형식화하고, 이용하고, 해석하기 위해 디지털 장비, 소프트웨어, 계산 장비 등의 수학적 도구를 사용할 수 있어야 한다고 하면서(조지민 외, 2011) 수학에서의 공학적 도구의 중요성을 제시하였다. 외국의 교육과정에서도 정보처리 능력을 학생들이 갖춰야 할 중요한 역량으로 제시하고 있다. 호주 교육과정에서는 일반 역량 중 하나로 ICT 역량을 제시하였으며, 특히 수학과와 관련하여 학생들이 계산 수행, 그래프 그리기, 자료 수집, 분석 및 해석, 정보와 아이디어의 공유 및 교환, 개념과 관계를 조사하고 모델화하는 데 스프레드시트, 동적 기하 소프트웨어, 디지털 테크놀로지를 활용하는 ICT 역량을 갖추어야 한다고 하였다(ACARA, 2011). 미국 CCSSM에서도 수학적 실천 규준 중 하나로 "적절한 도구를 전략적으로 사용하기"를 제시한 바 있다(NGA & CCSSO, 2010). 우리나라의 2022 개정 수학과 교육과정에서는 정보처리 역량을 "목적에 맞게 교구나 공학 도구를 활용하여 자료를 수집하고 처리하여 정보에 근거한 합리적 의사결정 능력(교육부, 2022)"으로 정의하고 있다.

박경미 외(2015)는 선행 연구를 바탕으로 정보처리 역량의 하위 요소를 정보

---

4) Assessment and Teaching of 21st Century Skills의 약자. 2009년부터 시행된 호주 멜버른 대학을 본부로 한 산학연합 글로벌 역량 교육 프로젝트이다(박혜영, 임해미, 2014).

수집, 정보 분석, 정보 활용, 공학적 도구 및 교구 활용의 4가지로 설명하였다. 각각의 내용은 다음과 같다.

- 정보 수집: 실생활 및 수학적 문제 상황에서 적절한 정보를 탐색 및 생성하여 수집하는 능력
- 정보 분석: 수집한 정보를 목적에 맞게 분류, 정리, 분석, 평가하는 능력
- 정보 활용: 분석한 정보에 내재된 의미를 올바르게 파악하여 해석, 종합, 활용하는 능력
- 공학적 도구 및 교구 활용: 수학적 아이디어와 개념을 탐구하고 문제를 해결하는 데 적합한 공학적 도구 및 교구를 선택하고 활용하는 능력

한편, 단순히 공학적 도구를 활용하거나 자료와 정보를 수집, 정리, 분석, 활용하는 정보처리 역량을 넘어서 주어진 상황을 분해하고, 추상화, 알고리즘화까지 해내는 컴퓨팅・알고리즘적 사고 능력이 근래에 더욱 주목받고 있다. 미래세대 과학교육표준(송진웅 외, 2018)에서 '컴퓨팅・알고리즘적 사고'를 핵심적인 과학적 실천으로 포함한 바 있으며, 2015 개정 정보과 교육과정의 교과 역량으로 포함되기도 한 컴퓨팅 사고는 인공지능의 출현, 기술적 진보 등을 고려했을 때, 수학교육에서도 그 중요성이 점점 더 부상되고 있다(권오남 외, 2021).

(2) 정보처리 역량의 지도

정보처리 역량 지도 시 유의할 점은 다음과 같다(교육부, 2024).

- 학생들에게 다양한 수학적 정보를 수집하고 분석하는 기회를 제공한다.
- 실제 데이터나 문제 상황을 활용하여 정보를 처리하고 이를 기반으로 문제를 해결하는 방법을 학습할 수 있도록 한다.
- 수학적 정보를 적절하게 활용하여 문제를 해결하는 역량을 키울 수 있도록 다양한 예제와 연습 문제를 제공한다.

[그림 7-5]는 4학년 2학기 수학과 교과서에 등장하는 꺾은선 그래프 단원의 본 차시 중 하나이다. 이 차시에서는 누리집을 활용하여 주제를 정하고, 주제에 따라 자료를 수집하여 분석하는 학습을 하게 한다. 나아가 수집한 자료, 꺾은선 그래프, 분석한 내용들을 이용하여 통계 포스터를 만들어보는 일련의 과정에서 정보처리 역량을 기를 수 있게 하고 있다.

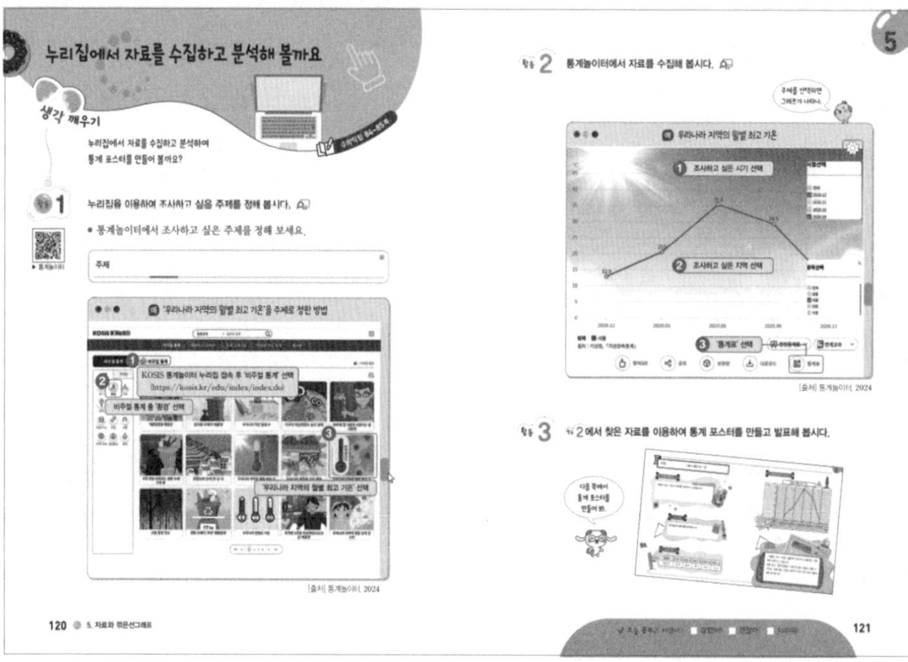

[그림 7-5] 정보처리 역량이 강조된 4-2 수학 교과서 사례(한대희 외, 2025, pp. 120-121)

• 탐구 과제: 수학적 역량을 기를 수 있는 수업 설계하기

탐구 1. 다음은 2022 개정 수학과 교육과정의 도형과 측정 영역 중 각도에 대한 성취기준을 제시한 것이다. 다섯 가지 수학 교과 역량 중 적절한 역량을 선택하여 해당 역량을 강조할 수 있는 수학 수업을 설계해 보자.

> [4수03-24] 각의 크기의 단위인 1도(°)를 알고, 각도기를 이용하여 각의 크기를 측정하고 어림할 수 있다.
>
> [4수03-25] 여러 가지 방법으로 삼각형과 사각형의 내각의 크기의 합을 추론하고, 자신의 추론 과정을 설명할 수 있다.

참고문헌

강문봉, 서동엽, 이동환, 정은실, 조진석, 김정하, … 황우식(2025). 수학 3-1. 지학사.

교육과학기술부(2009). 세계 각국의 교육과정 및 운영사례 (IV)-대만-. 교육과정 자료-438.

교육부(2022). 수학과 교육과정. 교육부 고시 제2022-33호 [별책 8]. 교육부.

교육부(2024). 초등학교 수학 1-1 교사용 지도서. 교육부.

권오남, 김영록, 고호경, 임해미, 박정숙, 박지현(2021). 미래세대 수학교육표준 개발을 위한 미래인재상 및 필요역량 도출. 과학기술정보통신부.

김동원, 박경미, 박미미(2015). 수학의 핵심역량과 정의적 측면에 대한 교사들의 인식 조사 연구. 학교수학, 17(1), 99-118.

김동원, 홍진곤, 김선희, 신보미, 김연, 박진형, … 황지현(2020). 2015 개정 수학과 교육과정 현장 실태 분석. 한국과학창의재단.

김선희, 박경미, 이환철(2015). 수학과 교육과정에 반영된 핵심역량의 국제적 동향 탐색. 수학교육, 54(1), 65-81.

나귀수, 김연, 이수진, 박미미, 김동원(2018). 미래 시대의 수학교육 방향에 대한 연구. 수학교육학연구, 28(4), 437-478.

나귀수, 김민경, 류현아, 최지선, 조진우, 도주원, … 조기성(2025). 수학 4-1. 동아출판(주).

박경미, 권오남, 박선화, 박만구, 변희현, 강은주, 서보억, 이환철, 김동원, 김선희(2014). 문·이과 통합형 수학과 교육과정 재구조화 연구. 교육부.

박경미, 이환철, 박선화, 이화영, 강현영, 이문호, … 이광연(2015). 2015 수학과 교육과정 개정 시안 개발 정책 연구. 한국과학창의재단.

박만구, 강경은, 김대진, 김도경, 김성준, 김지영, … 한채린(2025a). 수학 3-1. 천재교과서.

박만구, 강경은, 김대진, 김도경, 김성준, 김지영, … 한채린(2025b). 수학 4-2. 천재교과서.

박혜영, 임해미(2014). 협력적 문제해결력 교수·학습 및 평가를 위한 PISA와 ATC21S의 특징 비교 분석. 학습자중심교과교육연구, 14(9), 439-462.

백남진, 온정덕(2014). 역량 기반 교과 교육과정에서 기준과 수행의 의미. 교육과정연구, 32(4), 17-46.

손민호(2006). 실천적 지식의 일상적 속성에 비추어 본 역량(competence)의 의미: 지식기반 사회? 사회기반지식!. 교육과정연구, 24(4), 1-25.

송진웅, 강석진, 곽영순, 김동건, 김수환, 나지연, … 김은영(2018). 미래세대를 위한 과학교육표준 개발. 한국과학창의재단.

신이섭, 황혜정, 김동원, 이동환, 송민호, 신항균, … 송혜진(2011). 2009 개정 교육과정에 따른 수학과 교육과정 연구. 한국과학창의재단.

윤정일, 김민성, 윤순경, 박민정(2007). 인간 능력으로서의 역량에 대한 고찰: 역량의 특성과 차원. 교육학연구, 45(3), 233-260.

윤현진, 김영준, 이광우, 전제철(2007). 미래 한국인의 핵심 역량 증진을 위한 초・중등학교 교육과정 비전 연구(Ⅰ): 핵심역량 준거와 영역 설정을 중심으로. 한국교육과정평가원.

이경화, 김선희, 김남균, 이명화, 조성민, 지영명, … 홍영범(2022). 2022 개정 수학과 교육과정 시안(최종안) 개발 정책연구. 한국과학창의재단. 11-B552111-000034-01.

이광우, 민용성, 전제철, 김미영, 김혜진(2008). 미래 한국인의 핵심 역량 증진을 위한 초・중등학교 교육과정 비전 연구(Ⅱ) - 핵심 역량 영역별 하위 요소 설정을 중심으로. 한국교육과정평가원.

이광우, 전제철, 허경철, 홍원표, 김문숙(2009). 미래 한국인의 핵심 역량 증진을 위한 초・중등학교 교육과정 설계 방안 연구. 한국교육과정평가원.

이근호, 곽영순, 이승미, 최정순(2012). 미래 사회 대비 핵심역량 함양을 위한 국가 교육과정 구상. 한국교육과정평가원.

이근호, 이광우, 박지만, 박민정(2013). 핵심역량 중심의 교육과정 재구조화 방안 연구. 한국교육과정평가원.

이성범(2001). 추론의 화용론. 한국문화사.

이종희, 김선희(2002). 수학적 의사소통. 교우사.

장혜원(2012). 미국의 수학교육과정 규준 CCSSM의 수학적 실천에 대한 고찰. 수학교육학연구, 22(4), 557-580.

중국교육부(2011). 의무교육 수학과정표준(2011년판). 중화 인민 공화국 교육부 제정.

조성민, 구남욱, 김현정, 이소연, 이인화(2019). OECD 국제 학업성취도 평가 연구: PISA 2021 예비검사 시행 기반 구축. 한국교육과정평가원.

조지민, 동효관, 옥현진, 임해미, 정혜경, 손수경, 배제성(2012). OECD 국제 학업 성취도 평가 연구: PISA 2012 본검사 시행 보고서. 한국교육과정평가원.

한대희, 고은성, 한상희, 이희석, 신희영, 이자미, … 김태범(2025). 수학 4-2. 천재교과서.

한혜정, 장경숙, 김기철, 이주연(2017). 2015 개정 교육과정의 핵심역량 함양을 위한 초・중학교 교육과정 설계 방안 연구. 한국교육과정평가원. 연구보고 RRC 2017-2.

Alberta Education. (2007). Mathematics: Kindergarten to grade 9. Author. Retrieved from https://education.alberta.ca/media/3115252/2016_k_to_9_math_pos.pdf

Australian Curriculum, Assessment and Reporting Authority [ACARA]. (2012). Australian Curriculum: Mathematics. Retrieved from http://www.australiancurriculum.edu.au/

Barr, V., & Stephenson, C. (2011). Bringing computational thinking to K-12: What is involved and what is the role of the computer science education community?. ACM inroads, 2(1), 48-54.

Binkley, M., Erstad, O., Herman, J., Raizen, S., Ripley, M., & Rumble, M. (2010). Draft White Paper 1: Defining 21st century skills. Retrieved from https://oei.org.ar/ibertic/evaluacion/sites/default/files/biblioteca/24_defining-21st-century-skills.pdf

Chai, C. S., Koh, J. H. L., & Tsai, C. C. (2013). A review of technological pedagogical content knowledge. Educational Technology & Society, 16(2), 31-51.

Conner, A. M., Singletary, L. M., Smith, R. C., Wagner, P. A., & Francisco, R. T. (2014). Identifying kinds of reasoning in collective argumentation. Mathematical Thinking and Learning, 16, 181-200.

Curriculum Development Council. (2002). Mathematics education. Key learning area curriculum guide (primary 1-secondary 3). Hong Kong.

Finnish National Board of Education. (2003). National core curriculum for upper secondary school 2003. Author.

Gal, I. (2002). Adults' statistical literacy: Meaning, components, responsibilities. International Statistical Review, 70, 1-51.

Hamel, G., & Prahalad, C. K. (1990). The core competence of the corporation. Harvard Business Review, 68(3), 79–93.

International Society for Technology in Education & Computer Science Teachers Association (2011). Operational definition of computational thinking for K–12 education. Retrieved from http://csta.acm.org/Curriculum/sub/CurrFiles/CompThinkingFlyer.pdf

Lampert, M. (2001). Teaching problems and the problems of teaching. Yale University Press.

Larson, M. (2012). The common core state standards for mathematics: Will they matter ten years from now?. 2012 Midwest Mathematics Meeting of the Minds Conference. Retrieved from http://sites.google.com/site/m4conference

Ministry of Education Singapore. (2007). Mathematics syllabus primary. Singapore.

Mishra, P., & Koehler, M. (2006). Technological pedagogical content knowledge: A framework for teacher knowledge. The Teachers College Record, 108(6), 1017-1054.

National Council of Teachers of Mathematics [NCTM]. (1980). An agenda for action: Directions for school mathematics for the 1980s. Author.

National Council of Teachers of Mathematics [NCTM]. (1989). The curriculum and evaluation standards for school mathematics. Author.

National Council of Teachers of Mathematics [NCTM]. (2000). Principles and standards for school mathematics. Author.

National Governors Association [NGA] Center for Best Practices & Council of Chief State School Officers [CCSSO] (2010). Common core state standards for mathematics. Authors.

New South Wales Department of Education and Training(2005). Policy standards for curriculum planning and programming, assessing and reporting to parents K-12. Australia: New South Wales Department of Education and Training.

Niss, M., & Højgaard, T. (2019). Mathematical competencies revisited. Educational Studies in Mathematics, 102, 9-28.

Niss, M., & Jablonka, E. (2020). Mathematical literacy. In S. Lerman (Ed.), Encyclopedia of mathematics education (pp. 548–553). Springer. Retrieved from https://doi.org/10.1007/978-3-030-15789-0_100

National Research Council [NRC]. (2001). Adding it up: Helping children learn mathematics. National Academy Press.

Ontario Ministry of Education. (2005). The Ontario mathematics curriculum K-8. Retrieved from http://www.edu.gov.on.ca/eng/curriculum/elementary/math18curr.pdf

Organization for Economic Cooperation and Development [OECD]. (1999). Measuring student knowledge and skills: A new framework for assessment. PISA, OECD Publishing.

Organization for Economic Cooperation and Development [OECD]. (2005). Definition and selection of key competencies-executive summary. PISA, OECD Publishing. Retrieved from http://www.deseco.admin.ch/bfs/deseco/en/index/02.html

Organization for Economic Cooperation and Development [OECD]. (2018). PISA 2022 mathematics framework. PISA, OECD Publishing.

Organization for Economic Cooperation and Development [OECD]. (2019). Skill matter: Additional results from the survey of adult skills. PISA, OECD Publishing. Retrieved from https://doi.org/10.1787/1f029d8f-en

Polya, G. (1945). How to solve it: A new aspect of mathematical model. Princeton University Press.

Schoenfeld, Alan H. (1985). Mathematical problem solving. Academic.

Szetela, W., & Beattie, I. D. (1991). Graphic methods for instruction in data analysis. The Mathematics Teacher, 84(4), 308-313.

United Nations Educational, Scientific and Cultural Organization [UNESCO]. (2018). Defining literacy. Author.

Watson, J. M., & Callingham, R. (2003). Statistical literacy: A complex hierarchical construct. Statistics Education Research Journal, 2(2), 3-46.

Wing, J. M. (2006). Computational thinking. Communications of the ACM, 19(3), 33-35.

World Economic Forum. (2016). The fourth industrial revolution: What it means, how to respond. Author.

제 8 장

수학적 사고

모든 학생은 수학적으로 사고하는 법을 배워야 하며, 배움을 위해 수학적으로 사고해야 한다. (National Research Council, 2001, p. 1)

국립국어원 표준국어대사전에 수록된 사고(思考)의 사전적 의미는 '생각하고 궁리함'이다. 특히 '고(考)'라는 단어에는 '살펴보다 혹은 관찰하다'라는 의미가 담겨 있다. 심리학적 관점에서 보면 사고는 심상이나 지식을 사용하는 마음의 작용으로 정의된다. 이런 의미의 동일성은 Cambridge English Dictionary에 수록된 thinking이라는 단어가 갖는 'the activity of using your mind to consider something'이라는 의미에서도 확인할 수 있다. 이처럼 사고라는 단어의 사전적 의미를 바탕으로 수학적 사고를 잠정적으로 정의하면 수학이라는 학문의 본성, 학문의 실행 방식에 따라 인간의 마음을 사용하여 무언가를 고려하는 행위 혹은 작용이라고 할 수 있다.

수학교육의 목적을 간략히 말하면 수학적 사고의 함양이라고 해도 크게 틀리지 않을 것이다. 우리나라 수학과 교육과정 문서 중 교과의 성격에는 "학생들은 수학 학습을 통해 수학 지식을 이해하고 수학적 사고 과정과 기능을 형성(교육부, 2022, p. 6)"하는 것이 포함되어 있다. 미국 National Research Council에서 발행한 『Adding It Up』에도 명시적으로 모든 학생이 수학적으로 사고하는 법을 배워야 하며, 수학 학습을 위해서는 수학적으로 사고해야 함을 강조하고 있다. 그렇다면 구체적으로 수학적 사고를 어떻게 정의해야 하는지, 또 학생들의 수학적 사고를 어떻게 함양할 수 있는지 등의 후속 질문이 뒤따르게 된다. 이 질문들에 답하기 위해서는 수학이라는 학문의 본성으로부터 도출할 수 있는 수학의 구조와 실제, 수학이라는 학문의 내용이 갖는 분과 특성 혹은 영역 의존적 특성을 종합적으로 고려할 필요가 있다. 동시에 학교 수학에서 교육과정이라는 체제를 통해 인위적으로 구분해 놓은 영역을 고려하여 질문에 대한 답을 찾는 방식을 생각해 볼 수 있다. 이 두 차원의 과정을 종합하여 정리하면 우리는 학생들이 함양해야 할 수학적 사고가 무엇인지 윤곽을 그릴 수 있을 것으로 판단된다.

현재 국내 주요 수학교육학 개론서들이 수학적 사고에 대해 논의하고 있는 공통적인 방식은 수학의 학문적 특성 및 방법이 어떤 요소들로 구성되는지 개관하고, 이에 상응하는 수학적 사고를 분류하여 제시하는 것이다. 실제 고은성 외(2017)는 수학이라는 학문의 특성에는 실용성, 추상성, 이상성, 형식성, 일반성과 특수성, 논리성, 직관성, 계통성, 역동성이 있음을 설명하고 있으며, 이에 상응하여 학생들의 수학적 문제 해결 과정에서 발현되어야 할 수학적 사고에는 귀납적 사고, 유추적 사고, 연역적 사고, 통합적 사고, 발전적 사고, 추상화의 사고, 단순화의 사고, 일반화의 사고, 특수화의 사고, 기호화의 사고, 수량화(도형화)의 사고가 있음을 제시하고 있다. 한편, 류성림 외(2024)는 처음부터 수학적 사고의 두 가지 측면을 수학의 특성 측면과 수학의 방법적 측면으로 구분한 후, 두 측면에 해당하는 수학적 사고를 제시한다. 수학의 특성 측면에서의 수학적 사고에는 추상화, 형식화, 이상화, 일반화, 특수화, 계통성, 논리성이 포함되며, 수학의 방법적 측면에서의 수학적 사고에는 귀납적 사고, 유추적 사고, 연역적 사고가 포함된다. 다음으로, 강문봉 외(2014)는 수학의 방법과 수학의 내용이라는 두 가지 기준으로 수학적 사고를 구분하여 각 기준에 부합하는 수학적 사고 유형을 제시하고 있다. 우선 수학의 방법에 관련된 수학적 사고에는 귀납적 사고, 유추적 사고, 연역적 사고, 통합적 사고, 발전적 사고, 단순화의 사고, 추상화의 사고, 일반화의 사고, 특수화의 사고, 기호화의 사고, 수량화(도형화)의 사고가 포함된다. 다음으로 수학의 내용에 관련된 수학적 사고에는 단위의 사고, 표현의 사고, 조작의 사고, 알고리즘의 사고, 개괄적 파악의 사고, 기반 성질의 사고, 함수적 사고, 식에 대한 사고가 포함된다. 이처럼 수학교육학 개론서들에 담긴 수학적 사고에 관한 논의를 종합해 보면, 기준 제시에서의 차이, 각 기준에 포함되는 요소의 차이는 존재하지만, 수학적 사고는 수학을 하는(Doing Mathematics) 과정에 수반되는 일련의 수학의 학문적 특성과 방법의 총체라는 함의를 도출할 수 있다.

이 책에서는 기존 수학교육학 개론서들이 제시한 방식을 참고하되, 다소 모호한 분류 기준과 요소를 제시하는 것보다는 기존의 논의들이 공통으로 포함하고 있는 주요 수학적 사고들을 중심으로 그 의미와 사례를 설명할 것이다. 더불어 수학이라는 학문의 영역 의존적 특성과 결부된 수학과 교육과정의 내용 영역에 기반을 둔 수학적 사고를 특징적으로 제시할 것이며, 수학하기(Doing Mathematics)의 과정 또는 수학적 문제 해결 과정에서 작동하는 수학적 추론 속에서 여러 수학적 사고가 어떻게 상호 연관성을 유지하며 작동하는지 살펴볼 것이다.

1 수학적 사고의 유형과 의미

수학교육학 개론서들이 공통으로 제시하고 있으며, 그 의미가 명확한 수학적 사고 유형에는 일반화, 특수화, 추상화, 귀납적 사고, 유추적 사고, 연역적 사고가 포함된다. 이 중에서 일반화, 특수화, 추상화는 수학의 학문적 특성과 방법적 측면을 동시에 반영하고 있으며, 귀납적 사고, 유추적 사고, 연역적 사고는 수학적 문제 해결 과정에 수반되는 수학적 추론의 주요 양상이라고 할 수 있다. 여기에서는 여섯 가지 수학적 사고 유형의 의미와 사례를 간략히 살펴볼 것이다.

가. 일반화와 특수화

• 탐구 과제: 악수 문제 해결하기

다음을 읽고 물음에 답하시오.

탐구 1. 25명이 파티에 참석했습니다. 참석자 모두가 자신을 소개하며 서로 악수를 했다고 합니다. 총 악수한 횟수는 얼마일까요?

탐구 2. 다양한 방법으로 생각을 표현해 봅시다.

위 탐구 과제를 초등학생 입장이 되어 해결해 보자. 초등학생들의 사고 및 추론 수준에서 25는 모든 악수 횟수를 직접 세어보기에 부담이 되는 큰 수라고 할 수 있다. 초등학생들이 이 문제를 해결하기 위해서는 소수의 인원이 직접 악수를 해가며 3명일 때의 횟수, 4명일 때의 횟수, 5명일 때의 횟수 등을 세어보고, [그림 8−1]과 같이 식으로도, 그림으로도 나타내어 본 다음, 사람 수와 악수 횟수 사이에 어떤 규칙성이 있는지 파악하는 절차를 밟을 필요가 있다.

● 3명이 악수할 때 ○ 2+1=1+2=3 ● 4명이 악수할 때 ○ 3+2+1=1+2+3=6 ● 5명이 악수할 때 ○ 4+3+2+1=1+2+3+4=10	

[그림 8-1] 3명, 4명, 5명의 악수 횟수를 식과 그림으로 표현하기

그런 다음 초등학생들에게 발견된 규칙이 무엇인지 표현하도록 하고, 다시 원래의 문제로 돌아가서 찾아낸 규칙을 사용하여 25명의 사람이 악수한다면 총 악수 횟수는 얼마인지 해결하도록 안내할 필요가 있다. 학생들은 이제 발견한 규칙을 적용하여 25명의 사람이 악수한 전체 횟수는 1부터 24까지의 자연수의 합이라

고 말할 수 있게 되며, [그림 8-2]와 같이 소위 Gauss 합을 이용하여 문제를 해결할 수 있게 된다. 여기서 우리는 일반화의 의미를 짐작할 수 있다.

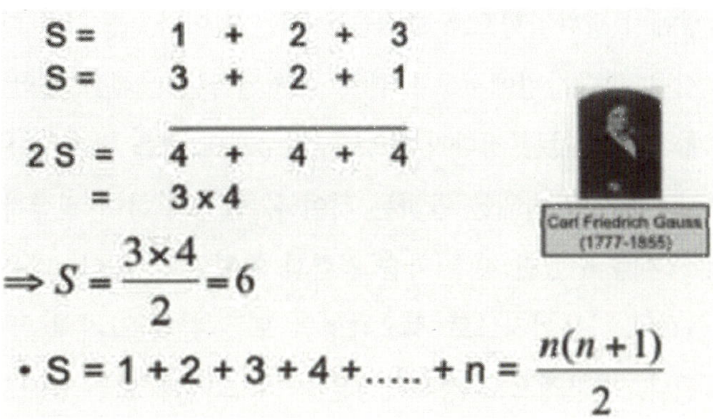

[그림 8-2] 1부터 n까지 자연수의 합

위 사례를 통해 우리는 일반화가 사고 대상들의 집합을 크기가 작은 집합에서 그 집합을 포함하는 더 큰 집합으로 확장하는 사고라는 것을 파악할 수 있다. 가령, 삼각형에서 임의 개의 변을 갖는 다각형으로의 일반화, 삼각 함수에서 예각으로부터 일반각으로의 일반화를 생각할 수 있다. 전자는 정해진 자연수 3에서 임의의 자연수 n으로 확장하는, 즉 상수를 변수로 대체하는 일반화이다. 후자는 예각이라는 제한 조건 또는 범위를 제거하고 일반각으로 확장하는 일반화이다.

이제 일반화와는 대비되는 사고인 특수화의 의미를 탐색하기 위해 다음 탐구 과제를 생각해 보자.

• 탐구 과제: 정다각형의 한 각의 크기와 특수화

탐구 1. 정다각형의 한 각의 크기는 얼마나 될까?

실제 위 탐구 과제는 2009 개정 수학과 교육과정에 따른 초등 수학 교과서 4학년 2학기 3단원(단원명: 다각형) 문제 해결 마당에 실려있다. 초등학생들이 이 문제를 해결하기 위해서는 두 가지 종류의 특수화를 경험할 필요가 있다. 첫 번째는 일반 다각형에서 정다각형으로 초점을 좁히는 것이다. 즉 일반 다각형의 모든 각의 크기의 합은 정다각형에서도 그대로 유지된다는 사실을 파악하는 것이다. 두 번째는 n개의 변을 갖는 정다각형으로부터 3개의 변을 갖는 정삼각형, 4개의 변을 갖는 정사각형으로 범위를 좁히는 것이다. 이렇게 하여 정삼각형과 정사각형의 한 각의 크기를 구했던 선수 학습 경험과 연결할 수 있다. 다음으로 정오각형이 삼각형 3개로 나누어지므로 정오각형의 모든 각의 크기의 합이 $540°$라는 사실을 알게 된다. 결론적으로 정오각형은 각의 크기가 모두 같으므로 한 각의 크기는 $540° \div 5 = 108°$임을 구할 수 있게 된다. 다음 단계로 정삼각형, 정사각형, 정오각형의 한 각의 크기를 구하는 방법에 대한 관찰을 통해 정□각형은 (□−2)개의 삼각형으로 나누어진다는 일반화된 규칙을 적용하여, 정□각형의 모든 각의 크기의 합은 $(\square - 2) \times 180°$가 된다는 사실을 파악하게 되고, 이를 바탕으로 정□각형의 한 각의 크기는 $[(\square - 2) \times 180°] \div \square$라는 결론에 도달하게 된다.

이처럼 특수화는 일반화와는 반대로 주어진 대상들의 집합에 대한 사고로부터 그 집합에 포함된 더 작은 집합에 대한 사고로의 이행을 의미한다. 위의 예에서와 같이, 일반 다각형에서 정다각형으로의 특수화, n개의 변을 갖는 정다각형에서 3개의 변을 갖는 정삼각형으로의 특수화를 생각할 수 있다. 전자는 제한 조건을 도입하는 특수화이며, 후자는 변수 대신 특별한 대상으로 대체하는 특수화이다(Polya, 1954).

나. 추상화

흔히 초등학교 수학에서 수 개념의 형성 혹은 도형 개념의 형성을 구체로부터 추상으로의 도약이라고 일컫기도 한다. 2022 개정 수학과 교육과정의 수와 연산 영역의 첫 번째 핵심 아이디어는 "사물의 양은 자연수, 분수, 소수 등으로 표현되며, 수는 자연수, 정수, 유리수, 실수로 확장된다."이다. 이 핵심 아이디어에는 사물의 양이 수로 표현되는 추상의 과정이 내재되어 있다.

[그림 8-3]은 EBS에서 기획, 제작한 수학 다큐멘터리, 『문명과 수학』에 나오는 한 장면이다. 사람, 태양, 달에서 이질적인 속성은 모두 배제하고 동질적인 속성만 이끌어 내면 1이라는 하나의 수가 된다. 마찬가지로 구름과 나무에서도 2라는 수, 바위와 양에서도 3이라는 동질적인 속성을 지닌 수가 도출된다. 즉 사물의 양에 수를 대응시키는 과정은 사물의 속성이나, 사물들의 집합에서 배열된 순서, 더 작은 사물들의 집합으로 분할된 방법과 무관한 불변의 속성 도출을 수반한다. 이와 같이, 추상화 사고는 사물의 표상에 포함되는 여러 징후 가운데 하나 또는 몇 개를 분리하여 그것만을 단독으로 사유의 대상으로 삼는 정신 작용을 의미한다.

[그림 8-3] 수의 추상화

Whitehead(오채환 역, 2013)는 이와 관련하여 산술에서 가장 특기할 만한 사실이 개체화할 수 있는 모든 것들에 산술을 적용할 수 있다는 점이라고 말한다. 이때 그 개체적 사물의 질적 특성은 산술과 전혀 무관하다는 점에 주목할 필요가 있으며, 이는 수학이라는 학문이 갖는 추상성과 연결된다.

다. 귀납적 사고

귀납이란 "관찰된 특수한 사례의 공통성에 주목하여 그러한 사례 전체에 대하여 성립될 수 있는 숨겨져 있는 일반적인 법칙을 이끌어 내는 추론(우정호, 2016, p. 337)"으로 정의된다. 우리는 이러한 귀납의 의미와 관련하여 Polya의 논의에 주목할 필요가 있다. Polya(1954)는 경험이 인간의 배움의 소산이며, 인간은 경험으로부터 가장 정확한 신념을 추출하며, 주어진 질문에 대한 올바른 신념을 확립하기 위해 가장 적절한 경험을 수집하는 노력을 한다고 말한다. 이렇듯 인간이 경험을 다루는 절차를 귀납이라고 할 수 있다. 즉 인간은 개개의 관찰된 사례들의 집합에서 모종의 유사성에 주목하게 되고, 일반화의 단계를 밟아 추측에 도달하게 되는데, 이 과정을 귀납의 과정이라고 할 수 있다. 이를 확인하기 위해 다음의 예를 살펴보자.

(예)

- 세 식 3+7=10, 3+17=20, 13+17=30을 관찰하고, 이들 사이의 유사성에 주목한다.
- 3, 7, 13, 17은 모두 홀수인 소수이다. 그리고 두 홀수인 소수의 합은 반드시 짝수이다. 그렇다면 다른 짝수들은 어떠한가? 유사한 특징을 갖는가? 두 홀수인 소수의 합이 되는 첫 번째 짝수는 6(3+3)이다. 6보다 큰 짝수들에 대해서도, 다음과 같이 확인할 수 있다. 8=3+5, 10=3+7=5+5, 12=5+7, 14=3+11=7+7, 16=3+13=5+11.
- 이런 특별한 경우들에 대한 관찰을 통해 일반적인 명제를 제안할 수 있다.
  - 4보다 큰 임의의 짝수는 두 홀수인 소수의 합으로 나타낼 수 있다.
- 예외인 경우를 살펴, 보다 일반적으로 진술할 수 있다.
  - 소수도 아니고 소수의 제곱도 아닌 임의의 짝수는 두 홀수인 소수의 합으로 나타낼 수 있다.

위 예는 Goldbach의 추측에 관한 것이다. 일반화된 추측에 도달하게 되는 과정을 살펴보면, 그 시작은 관찰에 있다. 처음 주어진 세 개의 식에 대한 관찰로부터 유사성에 주목하고, 두 홀수인 소수의 합이 되는 첫 번째 짝수인 6으로부터 8, 10, 12, 14, 16이 모두 두 홀수인 소수의 합으로 표현된다는 것을 확인한 후,

일반화의 단계를 거쳐 4보다 큰 임의의 짝수는 두 홀수인 소수의 합으로 나타낼 수 있다는 일반적인 명제를 제안하는 과정이 나타난다. 이것이 귀납의 과정이다. 여기서 유의해야 할 것은 이렇게 얻어진 일반화된 명제, 즉 추측을 완전히 믿지 않아야 한다는 것이다. 소위 증명 또는 반증의 과정, 검사의 과정을 거쳐야만 한다. 60이 두 홀수인 소수 7과 53의 합으로 표현된다는 사실을 확인하는 것으로 해당 추측이 참이 될 거라는 신념을 더 확고히 할 수는 있지만, 그래도 여전히 참인 것은 아니다. 달리 말하면, 귀납 추론은 부분적 사례로부터 일반적인 결론을 도출한 것이므로 경험적 판단 또는 확률적 판단이라고 볼 수 있다. 따라서 해당 결론을 항상 참이라고 주장할 수 없으며, 최선의 가정을 제공해 줄 수 있을 뿐이라는 사실을 수용해야 한다.

이제 귀납이 작동하는 과정을 아래 탐구 과제를 통해 확인해 보자.

• 탐구 과제: 자연수의 제곱의 합과 귀납

탐구 1. 처음 n개의 자연수 제곱의 합 $1+4+9+16+ \cdots +n^2$을 어떻게 구할 수 있을까?

이 탐구 과제는 n의 값이 작은 경우 직접 계산을 통해 합을 구할 수 있다. 하지만 내재되어 있는 규칙을 발견하는 것은 쉽지 않다. 그렇다면 이미 알고 있는, 다양한 방법으로 발견되고 증명된 다음 공식에서 출발할 수 있다.

$$1+2+3+ \cdots +n = \frac{n(n+1)}{2}$$

Polya는 여기서 처음 n개의 자연수의 합을 구하는 것과 처음 n개의 자연수 제곱의 합을 구하는 것 사이의 병렬성을 찾고 함께 관찰할 것을 제안한다. 귀납의 출발은 현상에 대한 관찰에 있기 때문이다. 〈표 8-1〉의 2행과 3행 사이에 어떤 관련이 있는지 살펴보자. 우선은 양자 사이의 비를 조사해 볼 수 있다.

〈표 8-1〉 자연수 합과 자연수 제곱의 합의 비교표

n	1	2	3	4	5	6	…
$1+2+3+\cdots+n$	1	3	6	10	15	21	…
$1^2+2^2+3^2+\cdots+n^2$	1	5	14	30	55	91	…
$\frac{1^2+2^2+3^2+\cdots+n^2}{1+2+3+\cdots+n}$	1	$\frac{5}{3}$	$\frac{7}{3}$	3	$\frac{11}{3}$	$\frac{13}{3}$	…

표의 4행에서 확인된 규칙이 명백하므로, 우리는 확실히 다음과 같이 비율로 나타내어 규칙을 즉각 포착할 수 있다.

$$\frac{3}{3}, \frac{5}{3}, \frac{7}{3}, \frac{9}{3}, \frac{11}{3}, \frac{13}{3}$$

따라서 다음 추측을 일반화하여 공식으로 표현할 수 있다.

$$\frac{1^2+2^2+3^2+\cdots+n^2}{1+2+3+\cdots+n}=\frac{2n+1}{3}$$

이제 위에서 당연하게 받아들였던(이미 참이라고 알고 있는) 좌변의 분모(자연수 합)를 사용하여 다음과 같이 추측을 표현할 수 있다.

$$1^2+2^2+3^2+\cdots+n^2=\frac{n(n+1)(2n+1)}{6}$$

이렇게 하여 우리는 사례에 대한 관찰로부터 일반적인 결론을 도출했다. 하지만 참이 되는지는 확실하지 않다. 즉 모든 자연수 n에 대해 항상 참이 됨을 보증하기 위해서는 또 다른 보증의 절차가 필요하게 된다. 확실히 〈표 8-1〉에서 확인한 것처럼 6까지의 자연수에 대해서는 참이다. 이어져야 할 질문은 7인 경우에도 성립하는가 하는 것이다. 도출된 추측에 따르면 7인 경우에는 다음과 같다.

$$1+4+9+16+25+36+49=\frac{7\cdot 8\cdot 15}{6}$$

실제로 양변은 모두 140이 되므로 등식은 성립한다. 우리는 이 추측을 더 효과적으로 조사하여 참이 되는지 확인할 필요가 있다. 만일 추측이 참이라면 사례의 변이에 독립적이어야 하고 한 사례로부터 다른 사례로의 전이에 대해서도 유효해야 한다. 다음 식이 성립한다고 가정해 보자.

$$1+4+\cdots+n^2=\frac{n(n+1)(2n+1)}{6}$$

이 공식이 일반적으로 참이 되려면 다음 수에 대해서도 참이 되어야 한다. 즉,

$$1+4+\cdots+n^2+(n+1)^2=\frac{(n+1)(n+2)(2n+3)}{6}$$

이 성립해야 한다. 여기서 두 식의 양변을 빼면 다음 식이 나온다.

$$(n+1)^2=\frac{(n+1)(n+2)(2n+3)}{6}-\frac{n(n+1)(2n+1)}{6}$$

추측의 결과가 사실일까? 우변을 간단히 정리하면 좌변과 우변이 같다는 사실을 알 수 있으므로 추측의 결과는 일반적으로 사실이 될 것으로 확인하게 된다. 이를 통해 우리는 귀납을 통해 도출한 추측이 참이 된다는 것을 확인하기 위해서는 소위 수학적 귀납법이라는 연역 추론의 절차를 필연적으로 거쳐야 한다는 것을 알 수 있다.

한편, Polya는 이러한 귀납적 사고를 귀납적 태도와 결부시켜서 설명한다. 즉 과학에서는 귀납적 태도가 요구되는데, 이런 귀납적 태도에는 사실에 우선순위를 두는 것, 관찰로부터 일반화로의 즉각적 상승과 최상위 일반화에서 가장 구체적인 관찰로의 즉각적 하강이 내재되어 있다. Polya는 이런 귀납적 태도를 과학자가 갖추어야 할 도덕적 자질 세 가지로 구분하여 제시한다. 첫 번째는 지적 용기(intellectual courage)인데, 이는 우리 신념의 어떤 것이라도 바꿀 준비가 되어 있어야 한다는 것이다. 두 번째는 지적 정직성(intellectual honesty)인데, 주장 혹은 추측을 바꿀만한 충분한 이유가 있다면 해당 신념을 바꾸어야 한다는 것이다. 세

번째는 현명한 자제(wise restraint)인데, 이는 정당한 사유 없이 함부로 신념을 바꾸지 않아야 한다는 것을 의미한다.

라. 유추적 사고

유추는 “토대(base, B)라고 부르는 하나의 영역에서 목표(target, T)라고 부르는 다른 영역으로 구조적인 정보를 전이시키는 것(권석일 외 역, 2009, p. 5)”으로 정의된다. 즉 유추 “A T is(like) a B.(Gentner, 1983, p. 157)”는 토대에서 목표로의 사상(mapping)으로 정의된다. 여기서 토대는 지식의 원천으로 기능하는 영역이며, 목표는 설명 또는 규명되어야 할 영역이다. 이런 유추의 정의는 Gentner(1983)의 구조-사상(structure-mapping)이론을 기반으로 한다. 구조-사상이론은 유추가 정렬(alignment)과 투사(projection)의 과정을 포함한다는 가정을 기반으로 하는데, “토대 영역에서의 주장이 목표 영역의 주장과 대응되도록 배치되고, 토대 영역에서의 참인 주장은 목표 영역에서 잠재적으로 참인 주장으로 추론(Gentner et al., 1997, p. 5)”된다. 즉 구조-사상이론의 핵심 아이디어는 “유추는 일반적으로 한 영역(토대)에 적용되는 관계 구조가 다른 영역에 적용될 수 있다는 언명(Gentner, 1983, p. 156)”에 있다. Gentner et al.(1997)은 유추가 공통의 구조를 밝히고, 잘 설명된 영역에서 일관성이 부족한 영역으로 구조를 가져옴으로써 주요 이론 변화의 가장 중요한 도구가 된다는 것을 강조하며, 이것이 유추가 갖는 힘이라고 말한다.

이제 유추의 과정에 대해 보다 상세히 고찰해 보자. 영역은 대상, 대상의 속성, 대상 사이의 관계를 포함하는 하나의 집합이다. 그리고 유추는 토대 영역에서 목표 영역으로의 사상으로 정의되기 때문에 대상, 대상 속성, 대상들 사이의 관계 모두가 사상될 수 있다. 하지만 유추에서는 대상과 대상의 속성보다는 관계가 우선한다. 또한 관계라고 하더라도 모든 관계가 사상을 통해 동등하게 보존될 가능성은 낮다. 유추는 본질적으로 연결된 지식 체계(영역)를 전달하는 것이기에, 보존 가능성은 체계 혹은 영역의 속성에 의존한다. 이런 체계는 보통 고차원의 술어(predicate)가 저차원 술어 간의 연결을 강제하는 상호 연결된 술어 구조로 나타난다. 이것이 곧 관계이다. 즉 상호 연결 관계의 사상 가능한 체계에 속하는 술어는 고립된 술어보다 목표 영역으로 전이될 가능성이 더 크게 되며, 이를 Gentner(1983)는 체계성의 원리로 명명한다. 우리가 유추를 학습하며 주목해야 할 부분은 이 체계성의 원리에 기반을 둔 관계의 사상이라고 할 수 있다.

수학의 입장에서는 배경지식을 토대로 하여 유사한 관계를 구성하는 과정으로서의 유추는 수학적 발견과 일반화(우정호 역, 2001), 주요 이론 및 개념적 변화의 촉진(Gentner et al., 1997)에 기여한다. 이를 위해 Polya(1954)의 유추에 대한 언급과 사례를 살펴볼 것이다. Polya는 두 체계의 유사성(analogous)은 두 체계를 구성하는 각 부분의 분명히 정의될 수 있는 관계의 일치에 있다고 말한다. 이와 관련하여 Polya가 제시하고 있는 첫 번째 사례는 평면의 삼각형과 공간의 사면체이다. 삼각형과 사면체 모두가 최소 개수의 단순 경계 구성 요소(평면의 경우 직선, 공간의 경우 평면)로 구성된다는 면에서 평면에 대한 삼각형의 관계는 공간에 대한 사면체의 관계와 유추적이라고 말할 수 있다. Polya가 제시하는 두 번째 사례는 삼각형과 각뿔의 관계와 평행사변형과 각기둥의 관계이다. 삼각형은 선분의 양 끝점을 선분 외부의 한 점과 연결하여 얻을 수 있듯이 각뿔은 다각형의 모든 점을 다각형을 포함하는 평면 밖의 한 점과 연결하면 얻을 수 있는 관계이다. 이와 유사한 방식으로 선분이나 다각형을 본래의 위치와 평행을 유지하면서 움직일 경우, 선분은 평행사변형으로 다각형은 각기둥으로 나타나게 된다. 그렇다면 평면 도형과 입체 도형 사이의 대응 관계를 일종의 비례 관계(삼각형:평행사변형=각뿔:각기둥)처럼 표현할 수 있게 된다. Polya는 유추(analogy)의 어원인 그리스어 "analogia"의 의미 중 하나가 "비례(proportion)"이기 때문에, 이 유추 관계를 [그림 8-4]와 같은 비례 관계로 표현한 바 있다.

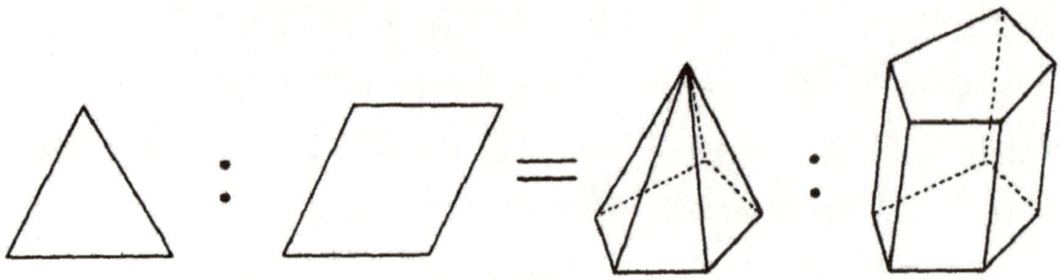

[그림 8-4] 삼각형과 각뿔, 평행사변형과 각기둥의 유추 관계(Polya, 1954, p. 14)

• 탐구 과제: 공간 분할 문제

탐구 1. 일반적 위치에 있는 5개의 평면에 의해 분할되는 공간의 수는 몇 개인가?

탐구 2. 일반적 위치에 있는 평면에 의해 분할되는 공간의 수, 직선으로 분할되는 평면의 수, 점에 의해 분할되는 직선의 수 사이에 어떤 관계가 있는지 탐색해 보자.

위 탐구 과제와 같이 유추가 작동하는 대표적인 사례라고 할 수 있는 공간 분할 문제를 생각해 보자. 탐구 과제의 출발점 질문(탐구 1)은 5개의 평면에 의해 공간은 몇 개로 분할되는가 하는 것이다. 정확히 말하면 일반적 위치에 있는 5개의 평면에 의해 분할되는 공간의 수는 몇 개인가 하는 것이다. Polya(1954)는 이 문제를 해결하기 위해 더 간단한 유추 사례를 조사할 것을 제안하며, 일반적 위치에 있는 4개의 평면에 대해서 생각해 볼 것을 권장한다. 즉 일반적 위치에 있는 4개의 평면은 공간의 다양한 부분을 결정하는데, 그중 하나는 4개의 삼각형 면으로 구성되는 사면체이다. 이 구성은 유추를 통해 일반적 위치에 있는 3개의 직선이 평면의 여러 부분을 결정하는 것을 상기시키며, 그 대표적인 사례가 3개의 선분으로 만들어지는 삼각형이다.

양자 사이의 유추를 고려하면, 4개의 평면으로 분할되는 공간의 수에 대한 간단한 유추 문제는 세 개의 직선으로 분할되는 평면의 수이며, 그 답은 7이다. 여기서 우리는 유추의 의미에 충실하게 두 영역 사이에 존재하는 관계의 사상에 주목해야 한다. 즉 삼각형을 둘러싸는 3개의 직선으로 평면을 분할하는 것을 관찰해 보면, 분할된 하나의 영역은 유한하며 삼각형의 내부이다. 무한한 분할된 영역은 삼각형과 공통 변 또는 공통 꼭짓점을 갖는다. 따라서 모든 분할의 수는 1+3+3=7이다. 유사한 방식으로 정사면체를 경계로 하는 4개의 평면으로 공간을 분할하는 것을 생각해 보면, 분할된 한 영역은 유한하며 사면체의 내부이다. 또한 무한 분할 영역은 사면체와 공통된 면, 또는 공통의 모서리, 또는 공통의 꼭짓점을 갖는다. 따라서 모든 분할의 수는 1+4+6+4=15이다. 이렇게 유추를 작동시켜 원래의 더 어려운 문제를 해결하기 위해 더 쉬운 새로운 유추 문제를 모형으로 사용한 것이다.

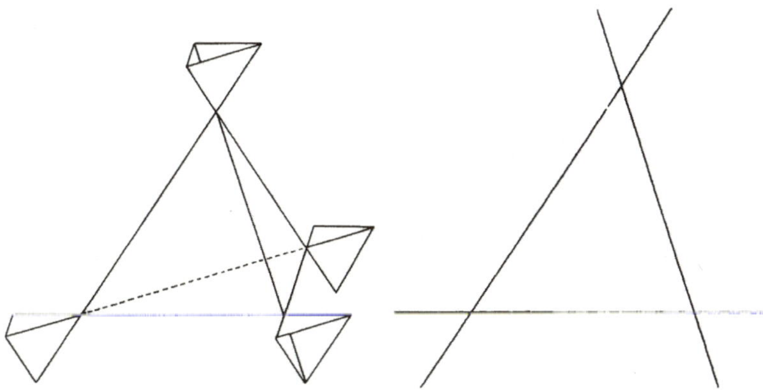

[그림 8-5] 사면체와 삼각형의 유추

하지만, 5개의 평면으로 공간을 분할하는 원래 문제는 아직 해결되지 않았다. 여기서 Polya는 차원을 넘나들되 일반성 수준에서 문제를 고려할 것을 제안한다. 즉 n개의 평면으로 공간 분할, n개의 직선으로 평면 분할, n개의 점으로 직선 분할의 세 차원에 유추를 작동시키는 것이다. 관찰을 통해 쉽게 확인할 수 있는 결과를 정리하면 〈표 8-2〉와 같이 나타낼 수 있다.

〈표 8-2〉를 관찰하면 모종의 연결성 혹은 규칙성을 발견할 수 있다. 우연히도, 같은 행에 있는 두 수의 합이 표 안에 있다는 것을 관찰할 수 있으며, 특이한 연결을 인식하게 된다. 표 안의 한 수는 바로 위의 수, 바로 위의 오른쪽 수의 합이 되는데, 이는 주목할 만한 연결이며 문제 해결을 위한 유용한 단서가 된다.

이 추측이 맞다면, 26은 일반적 위치에 있는 5개의 평면으로 분할되는 공간의 수이다. 그렇다면 제시된 문제를 해결한 것으로 볼 수도 있으며, 지금까지 관찰과 실행을 통해 수집된 모든 증거로 뒷받침되는 개연적 추측에 성공한 것이다. 이 표를 통해서 11이 일반적 위치에 있는 4개의 직선으로 분할되는 평면의 수라고 추측 또는 예측 또한 옳았다는 것을 확인할 수 있어 추측의 정확도는 강화된다.

〈표 8-2〉 공간 분할 결과

분할 요소의 개수	분할 수		
	공간을 평면으로	평면을 직선으로	직선을 점으로
1	1	1	1
2	2	2	2
3	4	4	3
4	8	7	4
5	15		5
…	…	…	…
n			$n+1$

하지만 함정에 빠질 위험은 여전히 남아있기 때문에 면밀히 따져보아야 한다. 그러기 위해 3개의 직선이 평면을 정확히 7개로 분할한다는 사실에서 시작할 필요가 있다. 여기서 4개의 직선, 즉 1개의 직선이 추가되었을 때 평면이 11개로 분할된다고 믿을만한 이유가 있음을 확인할 수 있다.

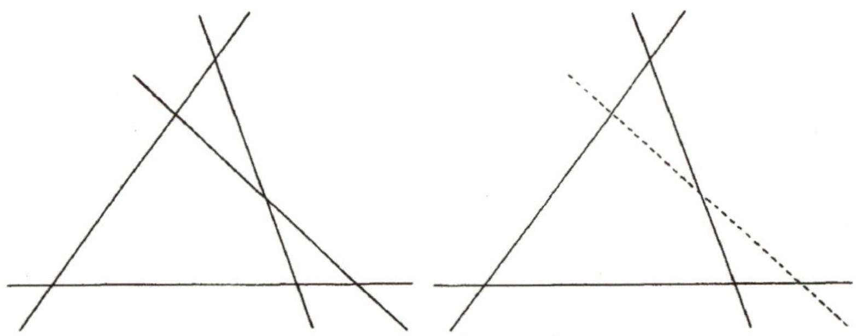

[그림 8-6] 3개의 직선에서 4개의 직선으로

추가된 직선은 무작위로 이전 직선들과 각각 서로 다른 점에서 교차하며, 3개의 교점이 새로 생긴다. 이 3개의 교점에 의해 추가된 직선은 4개의 부분으로 나눠진다. 각 부분은 이전 분할을 양분하여 2개의 새로운 분할을 만든다. 즉 추가된 직선의 4개의 부분은 8개의 새로운 분할을 생성하고, 4개의 이전 분할을 제거한다. 이렇게 하여 현재의 분할 수가 이전보다 4개 더 많아진다. 즉 7+4=11이 된다. 이렇게 분할 수 11에 도달하는 방법은 충분한 설득력을 갖게 된다. 이렇게 하여 우리가 관찰했고, 11에 대한 예측에 근거를 들었던 규칙성에 대한 이유를 알 수 있게 된다.

물론 이렇게 추측할 수는 있지만 아직 우리는 이를 증명할 수는 없다. 〈표 8-2〉와 관찰의 결과로부터 귀납을 통해 개연성 있는 추측을 제기할 수는 있지만, 귀납은 증명을 제공하지는 않기 때문이다. 우리는 여기서 특별한 장치인 수학적 귀납법을 동원하여 남은 여정을 마무리할 수 있다.

마. 연역적 사고

연역적 사고는 수학이라는 기성 학문의 구조와 밀접한 관련을 맺는다. 일반적으로 수학은 정의(Definitions) - 공리(Axioms) - 정리(Theorems) - 논리에 의한 증명(Proof by logic)(이하 D-A-T-P)으로 구성되는 연역 체계로 알려져 있다(Krantz & Parks, 2014). Krantz & Parks는 수학적 사실의 정당성은 증명을 통해 확보되었으며, 증명은 수학적 명제 또는 정리가 참임을 납득시키기 위한 수사적 장치라고 말한다. 또 증명이 작동하기 위해서는 출발점이 되는 정의와 공리가 필요하며, 이로부터 새로운 사실 도출을 보증하는 논리가 필요하다는 주장을 통해 D-A-T-P 구성을 설명한다. 즉 증명은 공리에서 주장을 도출하기 위한 일련의 논리 규칙의 적용 과정이다. 달리 말하면, 전제인 공리나 정의 혹은 이미 증명된 참인 명제로에서 출발하여 논리적 규칙을 적용하여 참이 되는 결론을 도출하는 과정이 연역이며, 이러한 사고 작용을 연역적 사고라고 한다.

Polya(1954)는 추론을 확증적(demonstrative) 추론과 개연적(plausible) 추론으로 구분하며 양자의 차이를 설명한다. 확증적 추론은 안전하고 논란의 여지가 없으며 최종적 특징을 갖는다. 이 확증적 추론이 곧 수학에서의 연역에 해당한다. 하지만 Polya는 이런 확증적 추론은 엄밀한 기준을 가지며, 형식적 또는 확증적 논리, 예를 들어 삼단논법과 같은 논리에 의해 성문화되고 명확해진다고 말한다. 하지만 확증적 추론 그 자체로는 우리를 둘러싼 세계에 대해 본질적으로 새로운 지식을 산출할 수 없는 한계도 있음을 지적하고 있다. 달리 말하면, 연역은 참인 전제로부터 참인 결론을 이끌어 내는 과정이므로 지식의 확립에 기여하지만, 전제에 내재되지 않은 새로운 내용을 도출하기는 어려우며, 근본적으로 새로운 지식으로 확장하기 어렵다는 한계를 갖는다는 것이다(우정호, 2016).

• 토의 과제: 넓이와 부피 사이의 유추

토의 1. 초등학교 5학년에서 학습하는 직사각형의 넓이와 6학년에서 학습하는 직육면체의 부피 사이에 어떤 방식으로 유추가 작동하는지 생각해 보고, 이에 상응하는 넓이 지도의 과정과 부피 지도의 과정의 공통점과 차이점을 생각해 보자.

2 수학과 교육과정 내용 영역에 기반을 둔 수학적 사고

수학이라는 학문의 내용 의존적 특성과 분류에 따라 수학과 교육과정의 내용 영역 또한 교육과정 개정의 역사에 따라 변화를 거듭해 왔다. 특히 2022 개정 수학과 교육과정의 내용 영역은 수와 연산, 변화와 관계, 도형과 측정, 자료와 가능성의 4개 영역으로 구성된다. 또한 교육과정의 내용 체계 및 성취기준에 따르면 각 영역에 해당하는 핵심 아이디어가 제시되는데, 여기서 핵심 아이디어는 영역을 아우르면서 해당 영역의 학습을 통해 일반화할 수 있는 내용을 핵심적으로 진술한 것이며, 이는 해당 영역 학습의 초점을 부여하여 깊이 있는 학습을 가능하게 하는 토대가 되는 것으로 기술되어 있다(교육부, 2022). 실제 교육과정 문서에서는 다음과 같이 기술되어 있다.

> 내용 체계에서 핵심 아이디어는 학년(군) 또는 학교급을 관통하는 수학 내용의 본질 또는 가치를 보여주며, 학생들이 핵심 아이디어를 향한 깊이 있는 학습을 추구하게 하였다. 수학과의 핵심 아이디어는 주요한 수학의 개념, 원리, 법칙 등이 어떻게 발생하고 확장되며 그 결과로 어떤 일반성과 추상성을 획득하는지, 수평적으로 또는 수직적으로 어떻게 상호 관련되는지, 어떤 탐구 과정을 중점적으로 강조하는지 등을 압축하여 제시한 것이다. 핵심 아이디어는 수학 학습 과정에서 전이가 높은 내용을 담은 문장으로 기술하였다. (교육부, 2022, p. 4)

이렇게 볼 때, 수학과 교육과정의 각 영역과 영역에 속한 내용에 기반을 둔 수학적 사고의 연결성은 영역별 핵심 아이디어에 내재되어 있다고 볼 수 있다. 여기에서는 각 영역의 핵심 아이디어 속에 어떤 방식으로 내용에 기반을 둔 수학적 사고가 내재되어 연결성이 모색되는지 살펴볼 것이다.

가. 수와 연산 영역

2022 개정 교육과정의 수와 연산 영역의 핵심 아이디어는 다음과 같이 세 가지 항목으로 제시된다.

- 사물의 양은 자연수, 분수, 소수 등으로 표현되며, 수는 자연수에서 정수, 유리수, 실수로 확장된다.
- 사칙계산은 자연수에 대해 정의되며 정수, 유리수, 실수의 사칙계산으로 확장되고 이때 연산의 성질이 일관되게 성립한다.
- 수와 사칙계산은 수학 학습의 기본이 되며, 실생활 문제를 포함한 다양한 문제를 해결하는 데 유용하게 활용된다.

위의 핵심 아이디어는 양이 추상화된 개념인 수, 그리고 그 수의 확장을 언급하고 있으며, 수를 대상으로 정의되는 연산과 연산의 성질을 강조하고 있다. 여기에는 이미 추상화의 사고와 일반화의 사고가 포함되어 있음을 알 수 있다. 또한 수 개념, 수를 대상으로 하는 사칙계산이 수학 학습의 기본이 됨을 언급하고 있다. 이렇게 볼 때, 수와 연산 영역의 핵심 아이디어는 초등학교 수학 입장으로 볼 때, 산술적 사고와 연결됨을 알 수 있다. 여기서 산술적 사고는 "수를 조작하여 답을 구하고 수와 연산의 성질 및 관계를 인식하며 이를 통해 문제를 해결할 때 수반되는 사고(임미인, 장혜원, 2017, p. 786)"로 정의된다.

임미인, 장혜원(2017)이 제시한 산술적 사고 요소 중에는 핵심 개념이라 할 수 있는 수와 관련된 요소, 수의 연산과 관련된 요소들이 포함되어 있는데, 이 요소들과 교육과정의 수와 연산 영역 과정・기능의 요소들을 연결하면 다음 〈표 8-3〉과 같이 나타낼 수 있다. 여기서 확인할 수 있듯이 수학과 교육과정의 수와 연산 영역의 핵심 아이디어와 과정・기능은 산술적 사고와 상호 밀접하게 연결되어 있다.

〈표 8-3〉 산술적 사고 요소와 수와 연산 영역 과정 기능 관계

구분	산술적 사고 요소	수와 연산 영역 과정・기능
수	• 수의 의미 이해하기 • 수 세기 • 수 표현하기 • 자릿값과 십진법, 위치적 기수법 이해하기 • 수의 크기 및 수 계열 이해하기	• 자연수, 분수, 소수 등 수 관련 개념과 원리를 탐구하기 • 수를 세고 읽고 쓰기 • 자연수, 분수, 소수의 크기를 비교하고 그 방법을 설명하기 • 분수와 소수의 관계를 탐구하기 • 수 감각 기르기
연산	• 사칙연산의 의미와 원리 이해하기 • 사칙연산 수행하기 • 절차에 맞게 순차적으로 계산하기 • 효율적인 계산 방법 개발하기 • 연산의 성질 이해하기 • 식으로 표현하기 • 연산 사이의 관계 이해하기	• 사칙계산의 의미와 계산 원리를 탐구하고 계산하기 • 연산 감각 기르기 • 연산 사이의 관계 탐구하기 • 수의 범위와 올림, 버림, 반올림한 어림값을 실생활과 연결하기 • 자연수, 분수, 소수, 사칙계산을 실생활

구분	산술적 사고 요소	수와 연산 영역 과정 · 기능
	• 예상하고 확인하기 • 연산 과정 및 결과에서 오류 인지하기 • 상황을 수학적으로 모델링하기 • 문제 상황에 적절한 연산 선택하기	및 타 교과와 연결하여 문제해결하기

나. 변화와 관계 영역

2022 개정 교육과정의 변화와 관계 영역의 핵심 아이디어는 다음과 같이 네 가지 항목으로 제시된다.

- 변화하는 현상에 반복적인 요소로 들어 있는 규칙은 수나 식으로 표현될 수 있으며, 규칙을 탐구하는 것은 수학적으로 추측하고 일반화하는 데 기반이 된다.
- 동치 관계, 대응 관계, 비례 관계 등은 여러 현상에 들어 있는 대상들 사이의 다양한 관계를 기술하고 복잡한 문제를 해결하는 데 유용하게 활용된다.
- 수와 그 계산은 문자와 식을 사용하여 일반화되며, 특정한 관계를 만족시키는 미지의 값은 방정식과 부등식을 해결하는 적절한 절차를 거쳐 구해진다.
- 한 양이 변함에 따라 다른 양이 하나씩 정해지는 두 양 사이의 대응 관계를 나타내는 함수와 그 그래프는 변화하는 현상 속의 다양한 관계를 수학적으로 표현한다.

변화와 관계 영역의 핵심 아이디어 네 가지는 분명하게 함수적 사고로 귀결된다고 할 수 있다. 여기서, 함수적 사고란 두 양 사이의 관계를 추론하고 일반화하는 것과 관련된 사고를 의미하기도 하며, 공변하는 두 양 사이의 관계를 말, 그림, 그래프, 표, 식, 기호 등의 다양한 표상으로 나타내며, 이런 다양한 표상을 토대로 하여 함수 행동을 추론하는 사고 과정을 의미하기도 한다. 즉 함수적 사고는 일반화하기, 표현하기, 추론하기, 정당화하기 등의 일련의 과정을 포함한다고 볼 수 있다.

구체적으로 함수적 사고에 포함된다고 볼 수 있는, 두 양 사이의 관계를 탐색할 때 나타나는 학생들의 사고 유형에는 재귀적 패턴, 공변적 사고, 대응 규칙이 있다. 우선 재귀적 패턴은 두 양 중에서 하나의 양의 변화에만 초점을 두어 탐색하는 유형이다. 예를 들어 극장에 있는 의자의 개수와 팔걸이의 개수 사이의 관계를 탐색함에 있어 독립 변수인 의자의 개수보다는 종속 변수인 팔걸이의 개수에만 초점을 두고 팔걸이가 하나씩 늘어나고 있다고 답하는 경우이다. 다음으로, 공변적 사고는 한 양이 변할 때 다른 양이 그에 종속하여 어떻게 변하는지 탐색하는 유형이다. 예를 들어 의자의 개수가 변할 때 팔걸이의 수가 어떻게 변화하는지에 초점을 두어 의자의 개수가 하나씩 늘어날 때마다 팔걸이의 수도 하나씩 늘어난다고 생각하는 경우이다. 즉 공변적 사고는 두 양의 변화를 연결하여 탐색한다는 측면에서 재귀적 패턴보다는 상위의 사고로 이해될 수 있다. 하지만 일반화된 규칙을 찾는 데는 한계가 있으며, 이와 관련해서는 마지막 세 번째 유형인 대응 규칙이 필요하다. 대응 규칙은 두 양의 수평적 관계를 염두에 두고 일반화할 수 있도록 두 양의 변화를 탐색하는 유형이다. 예를 들어, 팔걸이의 개수는 의자의 개수에 1을 더하면 된다는 일반적인 규칙을 말할 수 있게 되며, 이를 기호 또는 문자를 사용한 식으로 나타낼 수 있게 된다.

한편, Blanton 외(2011)은 초등학생들의 함수적 사고 지도를 위해 교사들이 알아야 할 필수 이해 6가지를 〈표 8-4〉와 같이 제시하고 있다(pp. 13-14).

〈표 8-4〉 함수의 필수 이해

필수 이해	설명
두 집합 사이의 관계로서의 함수	함수는 두 집합 사이의 특별한 수학적 관계로, 정의역의 원소 각각이 공역의 원소에 유일하게 관련된다.
공변적 관점	함수는 두 양 사이의 공변을 표현하기 위한 도구이다.
함수에서 변수의 성질	공변하는 두 양 사이의 함수적 관계에서 변수는 독립적 또는 종속적이며, 이산량 또는 연속량을 나타낸다.
다양한 유형의 함수 관계	함수를 다루는 데 있어 서로 관련되어 변하는 양 사이에서 재귀적 패턴, 공변 관계, 대응 규칙과 같은 패턴 또는 관계의 여러 가지 중요한 유형이 관찰된다.
함수의 여러 가지 표상	함수는 말, 기호, 표, 그래프를 포함한 다양한 표상을 갖는다.
함수 행동을 이해하기 위한 변화 분석	서로 다른 유형의 함수는 근본적으로 서로 다른 방식으로 행동하며, 함수 행동에서 변화나 변동을 분석하는 것은 이러한 차이점을 포착하는 하나의 방법이다.

다. 도형과 측정 영역

2022 개정 교육과정의 도형과 측정 영역의 핵심 아이디어는 다음과 같이 세 가지 항목으로 제시된다.

- 평면도형과 입체도형은 여러 가지 모양을 범주화한 것이며, 각각의 평면도형과 입체도형은 고유한 성질을 갖는다.
- 도형의 성질과 관계를 탐구하고 정당화하는 것은 논리적이고 비판적으로 사고하는 데 기반이 된다.
- 측정은 여러 가지 속성의 양을 비교하고 속성에 따른 단위를 이용하여 양을 수치화함으로써 여러 가지 현상을 해석하거나 실생활 문제를 해결하는 데 활용된다.

위의 핵심 아이디어는 여러 가지 모양으로부터 평면도형과 입체도형으로의 추상의 과정을 담고 있으며, 개별 도형의 성질, 도형 사이의 관계를 탐구하는 데 수반되는 사유 양식을 포함하고 있다. 초등학교에서 이러한 사유는 공간 감각(spatial sense)의 함양으로 귀결되는데, 이는 "자기 주위의 상황과 물체에 대한 직관적인 느낌(National Council of Teachers of Mathematics, 1992, p. 75)"으로 정의되며, 우리나라 수학과 교육과정에서는 7차 교육과정기부터 도입되었다.

공간 감각은 공간 시각화와 공간 방향의 두 범주로 구성된다. 공간 시각화는 공간의 대상, 관계, 변환에 대한 정신적 표상을 구성하고 조작하는 사고 능력이며, 공간 방향은 공간에서의 위치, 방향, 거리나 이동 경로를 파악하는 사고 능력이다. 여기서 공간 시각화는 다시 정신적 회전, 정신적 변형, 정신적 차원 변형, 도형 배경 지각이라는 네 가지 하위 요소를 갖는다.

정신적 회전은 평행이동, 회전이동, 대칭이동 등과 같은 변환 전후의 모양과 과정을 떠올리면서 공간의 대상을 정신적으로 변화하는 것과 관련되는데, 이는 주로 초등학교 4학년, 평면도형의 이동 단원에서 다뤄진다. 학생들은 밀기, 뒤집기, 돌리기를 통해 주어진 도형을 평행이동, 대칭이동, 회전이동을 하는 과정과 그 결과를 알아보는 경험을 하게 된다([그림 8-7], [그림 8-8], [그림 8-9] 참조).

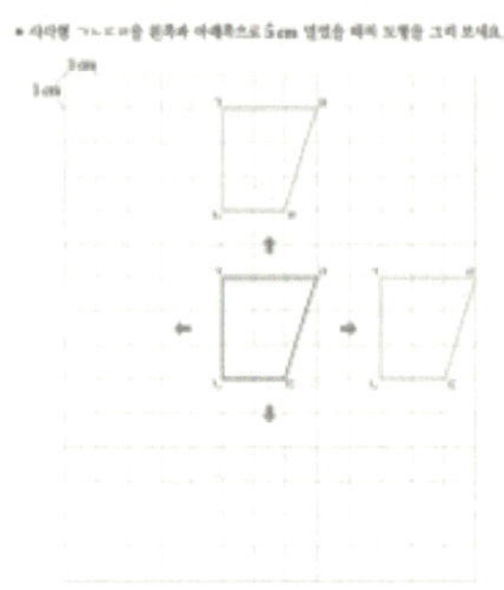

[그림 8-7] 밀기
(교육부, 2018c, p. 86)

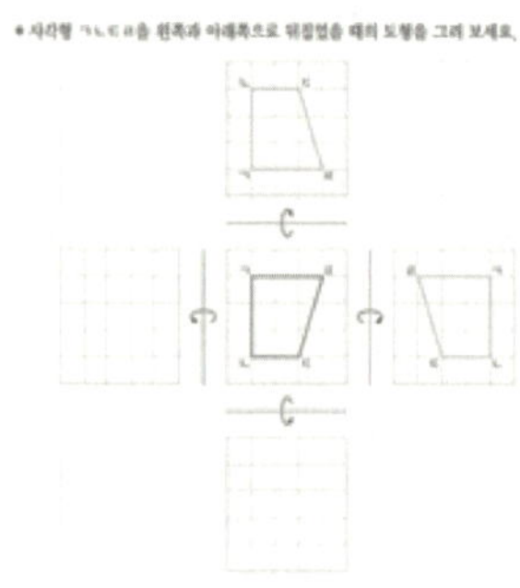

[그림 8-8] 돌리기
(교육부, 2018c, p. 90)

[그림 8-9] 뒤집기
(교육부, 2018c, p. 93)

다음으로, 정신적 변형과 정신적 차원 변형은 대상의 패턴을 변화시켜 재배열하는 것을 의미한다. 특히 정신적 차원 변형은 2차원 표현과 3차원 표현 사이의 변형을 말하는데, 대표적으로 3차원으로 표현된 쌓기나무를 2차원의 위에서 본 모양, 앞에서 본 모양, 옆에서 본 모양으로 표현하는 것을 예로 들 수 있다([그림 8-10] 참조).

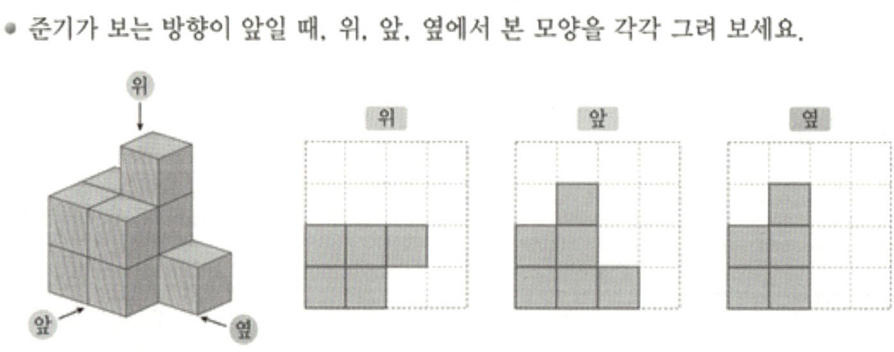

[그림 8-10] 정신적 차원 변형 예시(교육부, 2019c, p. 56)

마지막으로 도형 배경 지각은 복잡한 배경에서 특정한 도형의 모양을 인식하거나, 배경에서 반복되는 기본 모양을 찾는 것을 의미한다([그림 8-11] 참조).

모양을 이용하여 규칙적인 무늬를 만들었습니다. 물음에 답하세요.

● 빈칸을 채워 무늬를 완성해 보세요.

[그림 8-11] 도형 배경 지각 예시(교육부, 2018b, p. 104)

라. 자료와 가능성 영역

2022 개정 교육과정의 자료와 가능성 영역의 핵심 아이디어는 다음과 같이 세 가지 항목으로 제시된다.

- 자료를 수집, 정리, 해석하는 통계는 자료의 특징을 파악하고 두 집단을 비교하며 자료의 관계를 탐구하는 데 활용된다.
- 사건이 일어날 가능성을 여러 가지 방법으로 표현하는 것은 불확실성을 이해하는 데 도움이 되며, 가능성을 확률로 수치화하면 불확실성을 수학적으로 다룰 수 있게 된다.
- 자료를 이용하여 통계적 문제해결 과정을 실천하고 생활 속의 가능성을 탐구하는 것은 미래를 예측하고 합리적인 의사 결정을 하는 데 기반이 된다.

여기서 자료를 수집, 정리, 해석하여 자료의 특징을 파악하고, 집단을 비교하며, 자료의 관계를 탐구하는 과정을 통계적 과정, 혹은 통계적 사고 과정이라고 말할 수 있다. 이런 통계적 사고는 비결정론, 맥락 의존, 자료 기반이라는 특징을 갖는다.

통계학은 불확실성을 지닌 경험적 자료로부터의 귀납적 추론이 강력하고 영향력 있는 위력을 지녔음을 보여주는 학문이며, 따라서 자료의 분석을 통해 상황에 관한 지식을 얻을 수 있다는 통계학의 관점은 불확실성하에서 이루어진 판단과 의사결정 역시 중요한 지적 활동으로 간주될 수 있다는 비결정론적 사고의 전형이 된다. 한편, 통계학에서는 문제 발생부터 자료를 수집, 정리, 분석하고 판단 및 해석 또는 결론을 내릴 때까지 지속적으로 맥락과 의사소통하는 것이 중요하다. 따라서 통계 조사 활동에서 기초가 되는 자료는 통계적 상황을 유발한 배경에 해당하는 맥락에 의존하며, 맥락은 통계 조사 활동의 전반에 걸쳐 자료에 의미를 제공하고 부여한다. 결과적으로 통계 조사 활동에 사용되는 통계적 자료는 값 그 자체가 아니라 맥락을 가진 값이다. 마지막으로, 통계학에서 자료는 매우 중요하며, 특히 표본 추출의 합목적성 및 무작위성이 연구 결과의 일반화를 가능하게 하는 것처럼 통계에서 자료는 도출할 수 있는 결론의 범위 및 정당성을 결정한다.

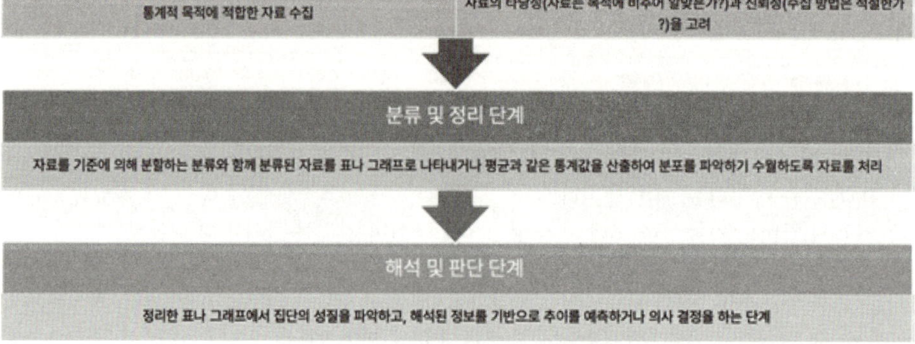

[그림 8-12] 초등학교 통계 조사 활동 과정

초등학교에서 이러한 통계적 사고의 양상은 통계 조사 활동 과정으로 가시화되며, 대체로 자료 수집 단계, 분류 및 정리 단계, 해석과 판단의 단계가 존재하며, 그 내용은 [그림 8-12]와 같다. 실제로 이 과정은 초등학교 수학 교과서에 다음과 같이 구현되어 있다([그림 8-13], [그림 8-14], [그림 8-15], [그림 8-16] 참조).

[그림 8-13] 자료 수집
(교육부, 2018a, p. 128)

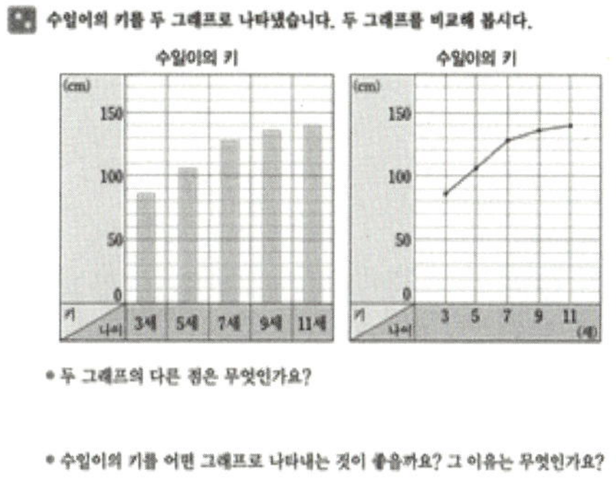

[그림 8-14] 분류 및 정리
(교육부, 2018c, p. 101)

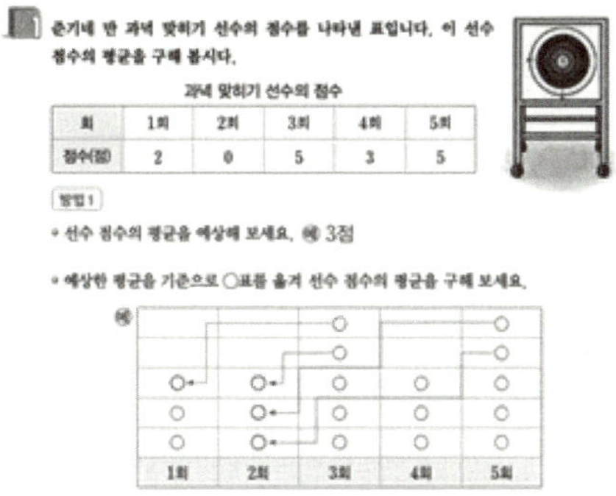

[그림 8-15] 분류 및 정리
(교육부, 2019a, p. 128)

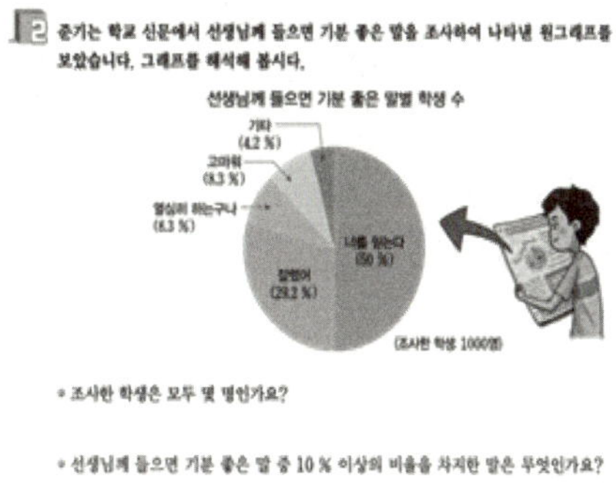

[그림 8-16] 해석과 판단
(교육부, 2019c, p.105)

• 토의 과제: 수학과 교육과정 핵심 아이디어에 담긴 수학적 사고 탐색하기

토의 1. 수학과 교육과정의 영역별 핵심 아이디어에는 내용에 기반을 둔 산술적 사고, 함수적 사고, 공간에 대한 사고, 통계적 사고 등이 담겨 있음을 알 수 있습니다. 이런 내용에 기반을 둔 사고가 작동할 때, 수학의 학문적 특성에 기반을 둔 수학적 사고인 일반화, 특수화, 추상화, 수학의 과정에 기반을 둔 귀납적 사고, 유추적 사고, 연역적 사고가 어떻게 복합적으로 작동하게 되는지 예를 제시하고, 그 예에 기반을 두고 실제 직동 과정을 토의해 봅시다.

3 수학하기와 수학적 추론 과정에서의 수학적 사고의 상호 연관성

지금까지 제시한 수학적 사고는 실제 수학하기의 과정에서 작동하며, 개별화되거나 분리되어 작동하지 않고 상호 연관성을 가지면서 복합적으로 작동한다. 특히 수학적 문제 해결 과정의 중핵이라 할 수 있는 수학적 추론의 과정에서 그 양상을 잘 살펴볼 수 있으며, 대표적으로 일반화가 특수화, 가추, 귀납, 유추, 연역과 맺게 되는 상호 연관성에 주목할 필요가 있다.

가. 일반화와 수학적 추론

일반화는 "주어진 대상들의 집합에 대한 고찰로부터 그 집합을 포함하는 더 큰 집합에 대한 고찰로의 이행(Polya, 1954, p. 12)"으로 표현된다. 우리는 Polya(1954)가 일반화의 의미를 설명하면서 제시한 두 가지 예로부터 특징적으로 서로 다른 방식으로 일반화가 수행될 수 있음을 알 수 있다. 첫 번째 예는 삼각형과 그 성질에 대한 고찰로부터 임의의 다각형으로의 이행이다. 여기서는 상수 3이 변수 n으로 대체된다. 두 번째 예는 예각에 대한 삼각 함수로부터 일반각에 대한 삼각 함수로의 이행이다. 여기서는 예각이라는 제한 조건이 제거된다. 즉 상수를 변수로

대체하기, 제한 조건을 제거하기의 두 가지 방식으로 하나의 대상에서 그 대상을 포함하는 전체 집합에 대한 고찰로 이행하는 것을 일반화라고 할 수 있다.

한편, Davydov(1990)는 일반화의 의미를 일반화의 과정과 일반화의 결과로 구분하여 제시한다. 일반화의 과정을 의미하는 경우, 특정 대상이 갖는 성질을 기술하는 것으로부터 유사한 대상들의 전체 집합에서 성질들을 찾고 선별하는 방향으로 아동의 전이가 일반적으로 나타난다. 또 일반화의 결과를 의미하는 경우, 아동이 한 대상의 특정하고 다양한 성질들로부터 추상화하는 능력으로 나타난다.

일반화는 수학적 추론과 밀접한 관련을 갖는다. Lannin 외(2011)에 따르면 수학적 추론은 “본질적으로 수학적 일반화의 개발, 정당화, 사용에 관한 것(p. 7)”이며, “추측, 일반화, 이유 조사, 논증의 개발 및 평가로 이어지는 진화의 과정(p. 12)”이다. 여기서 일반화는 사례들로부터의 공통점 식별, 추론의 기원이 된 범위의 확장을 포함하며, 관련 영역을 인식함으로써 일반화를 적용하는 범위의 식별 또한 포함한다. 또한 일반화는 수학적 정의의 구성 및 엄밀화와도 밀접한 관련을 맺는다. 수학적 정의는 더 나은 일반화를 가능하게 하는 도구로 작용하며, 학생들은 일반화 과정에 관여하면서 수학적 정의에 대한 추론 과정을 엄밀하게 할 수 있다(Lannin et al., 2011).

수학적 일반화는 가추(abduction), 귀납, 연역이라는 주요 구성 요소를 갖는다. 우선적으로 포함되는 요소는 가추와 귀납이다. Rivera(2010)는 가추와 귀납이라는 두 독립된 행동의 조화가 학생들의 패턴 일반화에 포함된다고 강조한다. Rivera에 따르면 가용한 사례를 기반으로 주어진 패턴에 대한 설명적 가설이 제안되기 시작할 때가 가추 단계이며, 이 가설이 패턴 확장과 반복 점검에 사용되는 단계, 즉 귀납의 단계에서는 규칙의 확정과 또 다른 가추로의 발전으로 이어진다. 다시 말해 일반화는 세부 사항과 세부 사항의 일반화된 성질들을 의미하는 잠정적 가설 사이를 오가며 동적으로 진행되는 과정이다(Otte, 2006). 다음으로 고려해야 할 요소는 연역의 역할이다. 연역은 전제에 함의되어야 하는 필연적 결과를 도출하는 필수 추론이다(Meyer, 2010). 비록 정당화 이상의 형식적 증명을 연역 추론에 기대하는 주장(Hanna, 2000)도 있지만, 정당화 또한 귀납 추론으로부터 연역 추론으로의 발달을 포함한다는 것에 주목한 논의(Simon & Blume, 1996)를 감안해 볼 때 연역 추론의 역할은 형식적 증명 구성과 비형식적 정당화를 통한 일반화의 지원 모두에 있다고 생각할 수 있다. 따라서 가추, 귀납, 연역은 학생들의 일반화 과정을 분석해 낼 수 있는 주요 도구이다.

나. 유추와 일반화, 특수화

이제 유추가 일반화 및 특수화와 어떻게 관계를 맺게 되는지 살펴볼 것이다. 우선 유추에 대한 논의는 대표적으로 기하 교수학습에서의 일반화와 연관시킬 수 있다. Polya는 수학적 문제 해결에서의 일반화, 특수화, 유추 사이의 관계를 강조한다. 이를 위해 우선 평면 기하학과 입체 기하학 사이의 여러 가지 유추의 존재성을 언급한다. Polya는 "삼각형에서 출발하여 일반화에 의해서는 다각형으로 올라갈 수도 있고, 특수화에 의해서는 정삼각형으로 내려갈 수도 있으며, 유추에 의해 다른 입체도형으로 옮겨갈 수 있는데, 이 모든 면에는 유추가 있다(1954, pp. 14-15)"고 주장한다. Polya는 이런 유추 관계를 [그림 8-17]과 같이 제시한다.

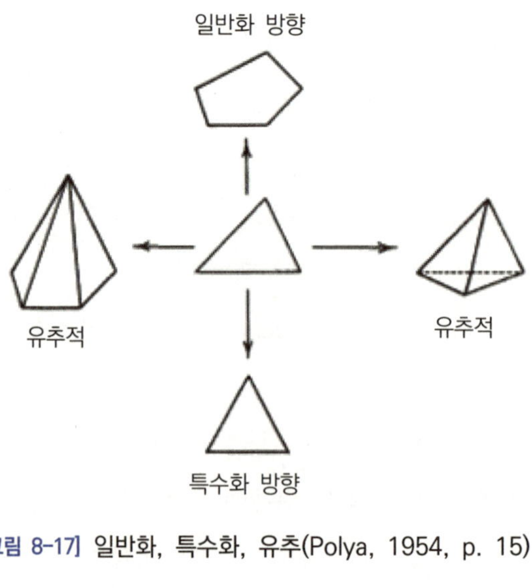

[그림 8-17] 일반화, 특수화, 유추(Polya, 1954, p. 15)

또한 Polya는 [그림 8-18]과 같이 피타고라스 정리를 예로 들어 일반화, 특수화, 유추 사이의 관계를 설명한다.

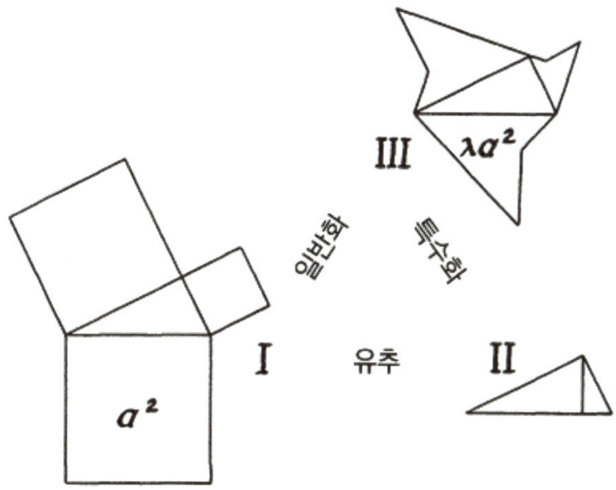

[그림 8-18] 피타고라스 정리에서의 일반화, 특수화, 유추(Polya, 1954, p. 16)

주장의 핵심은 [그림 8-18]의 Ⅰ과 Ⅱ사이의 유추가 Ⅰ과 Ⅱ가 갖는 공통된 일반화인 Ⅲ에서 확인된다는 것이다. 즉 Ⅰ에 표현된 특별한 경우로부터 일반화에 의해 Ⅲ과 같이 더 일반적으로 올라갈 수 있으며, 다시 특수화에 의해 Ⅲ에서 Ⅱ로 내려오는 과정에서 Ⅰ이 어떻게 Ⅱ로 유추될 수 있는지 보여준다는 것이다. 이 예로부터 우리는 "일반화, 특수화, 유추의 인식과 같은 근본적인 정신적 조작의 사용(Polya, 1954, p. 17)"을 배울 수 있다.

• 토의 과제: 초등학교 수학에서 일반화-특수화-유추의 관계 찾기

토의 1. 초등학교 수학에서 학습하는 내용 중 위의 예와 같이 일반화-특수화-유추의 삼원 관계를 구성할 수 있는 예를 찾고, 구체적으로 어떻게 관계가 이루어질 수 있는지 토의해 봅시다.

4 결론

지금까지 수학적 사고의 사전적 의미에서 출발하여, 수학교육의 목적으로서의 수학적 사고는 어떤 의미와 유형을 가지며, 수학하기의 과정에서 어떤 방식으로 작용하는지 살펴보았다. 이 책에서는 수학적 사고와 관련된 기존의 선행 연구를 참고하되, 특히 수학이라는 학문의 영역 의존적 특성과 결부된 수학과 교육과정의 내용 영역에 기반을 둔 수학적 사고를 특징적으로 제시하였으며, 수학적 문제 해결 과정에서 작동하는 수학적 추론 속에서 여러 수학적 사고들이 어떻게 상호 연관성을 유지하며 작동하는지 살펴보았다.

수학이라는 학문의 본성으로부터 도출된 선행 연구에 공통적으로 포함된 일반화, 특수화, 추상화는 개별적으로 고립되어 작동하지 않으며, 부단히 연쇄적으로 작용하여 수학하기의 과정에 개입하고 있다는 사실을 포착하는 것이 중요하다. 특히 수학적 문제 해결 과정에서 작동하는 수학적 추론의 양상이라 할 수 있는 귀납적 사고, 유추적 사고, 연역적 사고의 작동에 필연적으로 일반화, 특수화, 추상화는 상호 연결되어 작동한다는 것에 주목할 필요가 있다. 이러한 수학적 사고의 유형들이 구체적으로 어떻게 연결되어 작동하는지 앞에서 Polya의 사례를 통해 설명한 바 있으므로, 초등학교에서 수학을 가르치는 교사의 입장에서는 아이들의 수학적 사고 함양을 위한 과제를 어떤 방식으로 설계해야 할지 심사숙고할 필요가 있다.

참고문헌

강문봉, 강흥규, 권석일, 김수미, 남진영, 박교식, 박문환, 서동엽, 송상헌, 유현주, 이종영, 임재훈, 정동권, 정은실, 정영옥(2014). 초등수학교육의 이해. 경문사.

고은성, 김상미, 김성준, 김수환, 유현주, 이동환, 이종영, 조영미(2017). 초등수학 교과교육론. 동명사.

교육부(2018a). 수학 3-2. ㈜천재교육.

교육부(2018b). 수학 4-1. ㈜천재교육.

교육부(2018c). 수학 4-2. ㈜천재교육.

교육부(2019a). 수학 5-2. ㈜천재교육.

교육부(2019b). 수학 6-1. ㈜천재교육.

교육부(2019c). 수학 6-2. ㈜천재교육.

교육부(2022). 수학과 교육과정: 교육부고시 제2022-33호 [별책 8]. 교육부.

류성림, 권성룡, 김남균, 이종학, 여승현, 박진형, 임미인, 조진우, 최지선, 탁병주(2024). 2022 개정 교육과정에 따른 초등수학교육론. 경문사.

우정호(2016). 수학 학습-지도 원리와 방법, 제2개정판 수정판. 서울대학교출판문화원.

임미인, 장혜원(2017). 산술적 사고의 의미와 요소 분석. 수학교육학연구, 27(4), 765-789.

Blanton, M., Levi, L., Crites, T., & Dougheryt, B. (2011). Developing essential understanding of algebraic thinking for teaching mathematics in grades 3-5. National Council of Teachers of Mathematics. 방정숙, 최지영, 이지영, 김정원 공역(2016). 대수적 사고의 필수 이해. 교우사.

Davydov, V. V. (1990). Type of generalization in instruction: Logical and psychological problems in the structuring of school curricula. In J. Kilpatrick (Ed.), Soviet studies in mathematics education (Vol. 2). National Council of Teachers of Mathematics.

English, L. D. (Ed.). (1997). Mathematical reasoning: Analogies, metaphors, and images. Lawrence Erlbaum Associates Publishers. 권석일, 김성준, 나귀수, 남진영, 박문환, 박영희, 변희현, 서동엽, 이경화, 장혜원, 최병철, 한대희, 홍진곤 역(2009). 수학적 추론과 유추, 은유, 이미지. 경문사.

Gentner, D. (1983). Structure-mapping: A theoretical framework for analogy. Cognitive Science, 7, 155-170.

Gentner, D., Brem, S., Ferguson, R. W., Markman, A. B., Levidow, B. B., Wolff, P., & Forbus, K. D. (1997). Analogical reasoning and conceptual change: A case study of Johannes Kepler. Journal of the Learning Sciences, 6(1), 3-40. DOI: 10.1207/

s15327809jls0601_2

Hanna, G. (2000). Proof, explanation and exploration: An overview. Educational Studies in Mathematics, 44, 5-23.

Krantz, S. G., & Parks, H. R. (2014). A mathematical odyssey. Springer.

Lannin, J., Ellis A., Elliot, R., & Zbiek, R. M. (2011). Developing essential understanding of mathematical reasoning for teaching mathematics in prekindergarten-grade 8. National Council of Teachers of Mathematics.

Lakatos, I. (1976). Proofs and refutations: The logic of mathematical discovery. 우정호 역(2001). 수학적 발견의 논리. 아르케.

Meyer, M. (2010). Abduction-A logical view for investigating and initiating processes of discovering mathematical coherences. Educational Studies in Mathematics, 74, 185-205.

National Council of Teachers of Mathematics. (1992). 수학교육과정과 평가의 새로운 방향. (구광조, 오병승, 류희찬, 역). 서울: 경문사. (영어 원작은 1989년 출판).

National Research Council. (2001). Adding it up: Helping children learn mathematics. Natinal Academy Press.

Otte, M. (2006). Mathematical epistemology from a Peircean semiotic point of view. Educational Studies in Mathematics, 61, 11-38.

Polya, G. (1954). Induction and analogy in mathematics. Volume I of Mathematics and plausible reasoning. Princeton University Press.

Rivera, F. D. (2010). Visual templates in pattern generalization activity. Educational Studies in Mathematics, 73, 297-328.

Simon, M. A., & Blume, G. W. (1996). Justification in the mathematics classroom: A study of prospective elementary teachers. Journal of mathematical behavior, 15, 3-31.

Whitehead, A. N. (2012). An introduction to mathematics. 오채환 역(2013). 화이트헤드의 수학이란 무엇인가. 궁리출판.

제 9 장

문제해결 지도

오랜 시간에 걸쳐 만들어진 수학의 역사는 문제해결과 함께 해 왔다고 볼 수 있다. 이것은 일상생활에서 부딪치는 여러 가지 문제를 해결하는 과정에서 수학이 태동하였고, 그렇게 만들어진 수학을 이용하여 다시 일상생활 문제를 해결하였다는 것을 의미한다. 따라서 학생들은 수학 문제해결을 통해 수학을 배우고 이해해야 하며, 문제해결은 수학 수업의 중요한 목표가 되어야 한다. 더불어, 학생들의 수학적 활동은 그들이 주도적으로 문제를 해결하는 활동이 통합되어 이루어져야 한다.

문제해결이 수학 수업의 중심이 되어야 한다는 주장은 미국수학교사협의회(National Council of Teachers of Mathematics: NCTM)의 제안을 기점으로 활발하게 제기되어 왔다(NCTM, 1980). 이것은 종전의 교사 중심의 문제해결 활동과 정형화된 문제에 치중하여 정확한 답을 요구하는 교실 문화에 변화를 요구한 것이다. 이에 따라, 문제해결을 통해 수학적 개념과 절차를 가르칠 방안을 탐색함으로써 문제해결이 수학 학습의 목적임과 동시에 방법의 하나로 자리 잡도록 설계할 필요가 있다(NCTM, 1989). 문제해결을 통해 수학을 잘 가르칠 수 있다는 믿음은 학생들이 배워야 할 의미 있는 수학을 생각하고 탐구하도록 적절한 문제를 제시하여 다양한 수학적 사고와 탐구 과정을 통해 문제에 내재된 원리를 발견하도록 이끌 수 있다는 것이다. 문제해결을 통해 가치 있는 수학적 탐구 활동이 가능하도록 이 장에서는 문제와 문제해결의 의미, 문제해결의 의미와 역사, 교과 역량으로서 문제해결, 문제해결 지도 방법에 대해 알아보기로 한다.

1 문제와 문제해결의 의미

우리는 살아가면서 답을 구해야 하는 많은 유형의 문제에 접하게 된다. 그렇다면 '문제란 무엇인가?' 내 앞에 있는 다른 사람에게 "내가 입고 있는 바지 색깔이 무엇입니까?"라고 묻는다면 그것은 문제라고 할 수 있는가? 또는 내 나이를 모르는 사람에게 "내 나이는 몇 살입니까?"라고 묻는다면 그것도 문제라고 할 수 있는가?

수학 문제해결에서 특별한 전략 없이 답을 구할 수 있는 단순한 물음과 문제를 구별하는 것은 중요하다. 또한 단순히 '알지 못함'과 문제를 관련짓는 것도 생각해 볼 필요가 있다. 왜냐하면, 어떤 사람은 그 물음에 관심이 없기 때문에 답에도 관심이 없을 뿐이며, 아마도 그것을 문제로 생각하지도 않을 것이다. 이 관점에서 누군가에게 관심 있는 것이 '문제'라는 아이디어는 중요하다. 그에게는 물음의 답에 관심이 있어야 하고, 답을 얻는 데 장애를 느끼지만, 그 장애를 극복할 방법을 아직 모른다면 '문제'가 될 수 있다. 각자가 가지고 있는 그러한 문제에 대한 관심과 답을 찾는 데 느끼는 어려움의 정도는 다를 수 있다. 결론적으로 문제는 누군가에게 관심이 있는 것, 적절한 장애를 가지는 것으로 볼 수 있다.

마찬가지로 학교 수학에서 학생들은 답을 요구하는 수많은 물음을 접하게 된다. 이들은 답을 찾는 단순한 절차로 쉽게 결과를 얻는 것에서부터, 기존의 지식뿐만이 아니라 다양한 사고 전략을 구사함으로써 결과를 얻을 수 있는 것까지 다양하다. 특히 학생들의 문제해결 능력과 역량을 길러주기 위하여 '좋은 문제'를 제시하는 것이 중요한데, 답을 찾도록 요구하는 모든 물음이 수학 문제로서 의미가 있는 것만은 아니다.

또한 문제에 제시된 조건에서 출발하여 결과에 이르는 과정은 단순한 것에서부터 복잡한 것까지, 그 경로를 따라가는 과정이나 방법도 학생마다 다를 수 있다. 따라서 수학 문제해결 교육론에서 다루는 문제와 문제해결의 의미를 명확히 하는 것은 학생들의 문제해결 역량과 능력을 기르는 교육을 위한 출발점이 될 것이다.

가. 문제의 의미

우리는 살아가면서 많은 문제에 직면하게 된다. 일반적으로 '문제'라고 하면 주어진 문제 상황을 처리할 해결 방법이 필요하지만, 그 해결을 위한 구체적인 방법이 쉽게 떠오르지 않는 상황이라고 할 수 있다. 문제는 물음의 형태로 나타나지만, 모든 물음이 문제가 되는 것은 아니며, 숙고할 필요 없이 답을 알 수 있는 단순한 물음과 문제를 구별할 필요가 있다. 또한 답을 단순히 알지 못한다는 것과 문제를 구별하는 것도 중요하다. 예를 들어 "저 새의 이름은 무엇인가?"라는 물음은 숙고할 필요 없이 답을 알 수 있거나, 또는 그 물음에 개인적 관심이 없어서 아마도 문제가 되지 않을 수도 있다.

이런 측면에서 볼 때, 문제는 개인의 인지적 측면과 정의적 측면을 고려하는 것이 필요한데, 문제 상황의 해결을 위해 필요한 수학적 지식을 소유하고 있는가와 그 상황을 처리할 관심이나 의지가 있는가에 따라 단순한 물음인지, 문제인지가 달라질 수 있다. 일반적으로 수학교육에서 문제와 관련하여 답을 요구하는 물음의 형태를 다음 3가지로 구별할 수 있다(백석윤, 2023; 이대현, 최승현, 2011).

① 문제(problem): 문제해결을 위하여 학습한 내용을 주의 깊게 사고하고 전략을 찾아 적용해야 하는 과제
② 연습문제(exercise): 문제해결의 절차인 알고리즘이 알려져 있어서 알고리즘을 순차적으로 적용하여 풀 수 있는 과제
③ 질문(question): 이미 배운 내용을 회상하도록 요구하는 과제

이러한 구분에도 불구하고, 어떤 과제가 문제인지, 연습문제인지는 개인에 따라 상대적일 수밖에 없다. 왜냐하면, 어떤 과제가 특정 학생에게 문제가 되었던 것이 시간이 흘러 그 학생의 지적 성장이 이루어진 뒤에는 더 이상 문제가 되지 않고, 단순히 알고리즘을 적용하여 해결할 수 있는 연습문제 수준에 그칠 수도 있다. 이것은 개인 간의 차이에서도 마찬가지인데, 동일한 문제일지라도 교실 안

의 어떤 학생에게는 문제 수준이지만 다른 학생에게는 연습문제 수준일 수도 있다. 예를 들어 다음 과제를 살펴보자.

[과제] 다음 그림에 있는 모든 직사각형의 수를 구하시오.

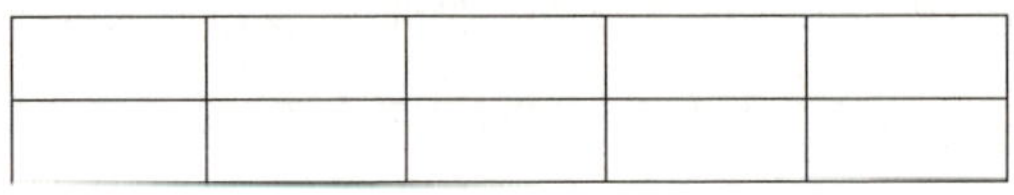

이 과제를 해결하기 위한 알고리즘을 알고 있지 않은 학생은 일일이 직사각형 모양을 찾아 세거나, 규칙을 찾아 해결할 것이다. 그렇지만, 경우의 수를 구할 수 있는 조합을 배운 학생은 ${}_6C_2 \times {}_3C_2$로 쉽게 해결할 수 있을 것이다. 이 과제의 경우에 전자 학생에게는 문제이지만, 후자 학생에게는 연습문제 수준에 불과한 것이다.

문제와 관련하여 중요한 것은 학생들에게 좋은 문제를 제공하는 것이다. 이와 관련하여 교육과정에서는 수학의 개념, 원리, 법칙을 이용하여 해결 가능한 문제이면서, 다양한 방법으로 해결 가능한 문제이거나 여러 가지 해답이 나올 수 있는 문제 등을 활용할 것을 권고하고 있다(교육부, 2022). 더불어, Lenchner(1983)는 흥미 있고 도전적인 문제, 다양한 해결 전략을 구사할 수 있는 문제, 학생들의 수준에 적합한 문제 등을 좋은 문제의 조건으로 제시하고 있다.

• 토의 과제: 문제와 연습문제 구별하기

자신의 문제해결 경험에 비추어 문제 수준이었던 과제가 연습문제 수준의 과제로 바뀐 사례를 구체적인 과제를 들어 이야기해 보세요.

나. 문제해결의 의미와 역사

수학을 지도하는 이유 중 하나로 수학적 사고력을 기르는 것을 들 수 있는데, 수학적 사고는 인간의 내재적 자발성을 바탕으로 추구하는 목표에 도달하려는 과정에서 발현된다. 따라서 수학적 사고는 학생 개개인이 부딪친 문제 상황에서 그 해결을 위한 단편적 지식 외에도, 해결 전략이나 발견술을 적용하여 해결책을 산출하는 문제해결 과정을 통해 발현될 수 있다. 즉 수학적 사고력은 수학 문제해결 경험을 통해 길러질 수 있다는 것이다.

일반적으로 문제해결의 의미에 대해서는 연구자의 목적이나 의도에 따라 다양하게 나타나고 있지만, 수학 문제해결 교육론에서 문제해결은 새로운 수학적 문제 상황을 인식・이해하고, 기존의 지식과 기능뿐만이 아니라 문제해결 전략이나 발견술을 생각하고 적용하여 결과를 산출하는 과정이라고 할 수 있다. 따라서 문제해결은 주어진 문제 상황에 대한 답을 찾는 것을 넘어, 문제 상황에 대한 이해, 해결 방법의 산출, 그 방법의 적용 과정을 통해 결과에 이르는 복합적 과정이라고 할 수 있다.

수학교육에서 문제해결에 대한 강조는 1980년대 학교 수학의 중점을 문제해결에 두어야 한다는 제안을 NCTM(1980)이 제시한 이후로 더욱 커졌다. 이것은 종전의 학교 교육의 강조점이 기본 계산 기능에 치중된 것에 대한 비판과 함께, 학교 수학에서 강조해야 할 것이 무엇이고, 무엇을 가르쳐야 하는가에 대한 방향 전환으로 볼 수 있다. 이후에 문제해결은 학교 수학의 핵심으로 부각되어 수학교육에서 이유나 목적으로서의 문제해결, 수학교육에서 지도되어야 할 과정적 지식으로서의 문제해결, 수학 학습에서 필요로 하는 핵심 기능으로서의 문제해결과 같은 다양한 측면에서 관심과 연구가 진행되었다(백석윤, 2023).

한편, 우리나라에서는 제4차 교육과정에서부터 교과 목표에 "일상생활의 여러 가지 문제를 합리적으로 해결할 수 있는 능력과 태도를 기른다(문교부, 1981)."라고 제시하며 문제해결에 대한 강조가 이루어지기 시작하여 현재에 이르고 있다. 2011 개정 수학과 교육과정에서는 '수학적 과정'의 하나로 문제해결을 강조하였고, 2015 개정 수학과 교육과정에 이어 2022 개정 수학과 교육과정에서는 5개 교과 역량의 하나로 '문제해결'을 제시하고 있는데, 교과 역량으로서 문제해결에 대해서는 2절에서 다루기로 한다.[1)]

한편, 문제해결 지도에서 종전의 관심이 문제를 해결하는 개인에게 초점을 두었다면, 최근 문제해결 지도에서는 학생이 친구들과 함께 문제를 해결해 가는 협력적 문제해결에도 관심을 두고 있다. 협력적 문제해결은 문제해결 과정에 균형 있는 책임 분담과 상호작용을 통해 집단으로 문제해결을 수행하는 능력으로, 문제에 대하여 혼자 해결하는 것보다 여러 동료와 함께 문제를 해결하는 것에 의미를 둔 활동이다. 특히 문제해결 과정에 적절한 책임 분담과 상호작용을 통해 함께 문제를 해결해 나가기 위해서는 학생들이 문제해결 활동에 주도적으로 참여하고 서로의 의견을 상호작용하는 의사소통 활동이 전제되어야 한다. 또한 협력적 문제해결을 위해서는 그에 적합한 문제가 필요한데, 다양한 해결 방법이 있거나 다양한 답이 가능한 개방형 문제를 활용하는 것도 적절한 예시가 될 수 있다.

• 탐구 과제: 우리나라 교육과정에서 문제해결

우리나라 수학과 교육과정에서 문제해결을 강조한 것은 제4차 수학과 교육과정부터이다. 제4차 수학과 교육과정 이후로 우리나라 교육과정에서 문제해결에 대한 강조가 어떻게 변화해 왔는지 조사하여 비교 · 분석해 보세요.

1) 2011 개정 수학과 교육과정에서는 복잡하고 전문화되어 가는 미래 사회에서 사회 구성원에게 필요한 핵심 역량을 길러주기 위하여 수학적 추론, 수학적 문제해결, 수학적 의사소통과 같은 수학적 과정을 강조하였다(교육과학기술부, 2011). 또한 2015 개정 수학과 교육과정에서는 문제해결, 추론, 창의・융합, 의사소통, 정보 처리, 태도 및 실천의 6가지 수학 교과 역량을 제시하고 있다(교육부, 2015).

2 교과 역량으로서 문제해결

'교과 역량' 개념이 처음 도입된 '2015 개정 수학과 교육과정'에서 6개 교과 역량 중 하나였던 '문제해결' 역량은 2022 개정 수학과 교육과정에서도 5개 교과 역량 중 하나로 제시되어 있다. 2015 개정 수학과 교육과정에 따른 교사용 지도서에는 문제해결 역량을 "해결 방법을 모르는 문제 상황에서 수학의 지식과 기능을 활용하여 해결 전략을 탐색하고 최적의 해결 방안을 선택하여 주어진 문제를 해결하는 능력(교육부, 2019, p. 15)"으로 제시하고 있다. 이에 따라 문제해결 역량의 하위 요소로 '문제 이해 및 전략 탐색, 계획 실행 및 반성, 협력적 문제해결, 수학적 모델링, 문제 만들기'를 제시하고 있다. 각각의 하위 요소는 수학 수업에서 하위 요소가 갖는 의미와 기능에 맞는 문제해결 활동을 통하여 문제해결 역량을 신장시킬 수 있도록 설계되었다.

2022 개정 수학과 교육과정에서는 5개 교과 역량 설정의 배경이 그렇듯이, 문제해결 역량에서도 지식을 포함하는 것으로 교과 역량을 재의미화하였다. 즉 2022 개정 수학과 교육과정에서 수학 교과 역량을 지식·이해, 과정·기능, 가치·태도의 세 범주를 통합하여 이들이 핵심 아이디어(핵심 개념 및 일반화된 지식의 재개념화된 통합)를 둘러싼 형태로 제시한 것이다. 구체적으로, 수학과의 4개 영역인 수와 연산, 변화와 관계, 도형과 측정, 자료와 가능성에서 핵심 아이디어를 향한 깊이 있는 학습을 추구하면서 발현될 수 있도록 문제해결 역량을 구조화한 것이다(교육부, 2024).

한편, 2022 개정 수학과 교육과정에서는 교수·학습 방법에 문제해결 역량을 함양하기 위한 지도 방안을 다음과 같이 구체적으로 제시하고 있다(교육부, 2022, p. 44).

㉠ 수학의 개념, 원리, 법칙을 이용하여 해결 가능한 문제를 학생에게 제시한다. 이때 다양한 방법으로 해결 가능한 문제, 여러 가지 해답이 나올 수 있

는 문제 등을 활용할 수 있다.

㉡ 문제에 주어진 조건과 정보를 분석하고 적절한 문제해결 계획을 수립하고 실행하며 문제해결 과정을 반성하도록 구체적인 발문과 권고를 제시한다.

㉢ 문제해결 과정 및 결과의 의미를 재해석하여 주어진 문제를 변형하거나 새로운 문제를 만들어 해결하게 한다.

㉣ 성공적인 문제해결 경험을 바탕으로 적극적이고 자신감 있게 문제해결에 참여하게 하고, 단번에 답이 나오지 않는 문제라도 끈기 있게 도전하여 성취감을 느끼게 한다.

2022 개정 수학과 교육과정의 교수·학습 방법에 제시된 지도 방안을 살펴보면, 수학교육에서 강조하는 방향이나 경향을 고려하고 있음을 알 수 있다. 이는 학생 수준에 맞는 문제와 개방형 문제 제시, Polya의 문제해결 4단계에 따른 지도, 새로운 문제 만들기 활동, 문제해결에 대한 자신감과 끈기 있는 도전을 통해 성취감 느끼기로 구별할 수 있다. 각각에 대한 구체적 지도 방안을 살펴보면 다음과 같다.

첫째, 문제해결 역량을 길러주기 위하여 학생 수준에 맞는 문제와 개방형 문제를 제시할 필요가 있다. 앞 절에서 문제에 대한 정의를 알아보았듯이, 문제는 지식의 소유 여부에 따라서 그 의미가 달라질 수 있으며, 학생마다 다른 난이도를 가질 수 있다. 따라서 무엇보다도 좋은 문제는 학생들이 문제를 해결할 수 있을 정도로 학생 수준에 적합한 것이어야 한다. 아무리 좋은 문제라 할지라도 학생들 수준에 맞지 않으면 그 문제는 제 기능과 역할을 다할 수 없는 것이다. 이를 위해 학생들의 다양한 학습 수준과 역량을 고려하여 이미 학습한 수학적 개념, 원리, 법칙을 이용하여 해결할 수 있는 문제를 제시할 필요가 있다.

수학 학습에서 개개 학생들의 학습 수준에 따라 유사한 학습 내용을 소재로 하여 다양한 해결 기회를 제공할 수 있는 문제가 개방형 문제이다. 개방형 문제는 수학적 발달 수준이 다른 학생들에게 서로 다른 과정이나 전략을 사용하여 문제를 해결할 수 있는 기회를 제공할 수 있기 때문이다. 예를 들어, 다음 그림에 있는 ♡의 개수에 맞는 수학식을 쓰도록 제시할 수 있다.

♡ ♡ ♡ ♡ ♡
♡ ♡ ♡ ♡ ♡
♡ ♡ ♡ ♡ ♡
♡ ♡ ♡ ♡ ♡

이 문제의 경우에 ♡의 개수만을 구하도록 제시할 경우에는 '20'만이 정답이 된다. 그렇지만, 20을 구하는 해결 방법을 개방함으로써 학생들은 곱셈을 이용하여 4×5=20, 5×4=20으로 답을 구할 수 있고, 덧셈식을 이용하여 5+5+5+5=20, 4+4+4+4+4=20, 또는 8+12=20으로도 답을 할 수 있을 것이다. 이러한 문제해결 방법은 같은 문제라 할지라도 학생들의 학습 수준이나 문제 이해 정도에 따라 서로 다른 문제해결 방법을 제시하고, 서로 그 해결 방법을 이야기하는 과정을 통해 수학적 의사소통 활동을 풍부하게 할 수 있다. 이를 통해 교육과정에서 추구하는 협력과 포용을 기르는 교실 문화도 형성할 수 있을 것이다.

• 탐구 과제: 개방형 문제해결

다음 두 문제는 답이 하나로 정해지지 않은 개방형 문제이다. 두 문제를 해결해 보고, 이 문제와 유사한 유형의 문제를 만들어 보세요.

① 두 수 9와 36의 공통점과 차이점을 각각 제시해 보세요.
② 7개의 4를 이용하여 9를 만들어 보세요.

둘째, Polya의 문제해결 4단계에 따른 문제해결 경험을 강조할 필요가 있다. Polya(1957)는 모방과 실천을 통한 발견술을 구현하는 문제해결 방법을 제시하였는데, 문제 이해, 계획 수립, 계획 실행, 반성 단계로 이어지는 4단계가 그것이다.

그는 각각의 단계에 필요한 질문과 권고를 체계적으로 제시함으로써 학생들이 문제를 순차적으로 해결해 갈 수 있을 것으로 판단하였다. Polya(1957)가 제시한 문제해결의 각 단계에서 교사가 사용할 수 있는 발문과 권고의 몇 가지 예는 다음과 같다.

① 문제 이해 단계

- 미지인 것은 무엇인가? 주어진 것은 무엇인가?
- 조건은 충분한가?
- 그림을 그려 보아라. 적절한 기호를 붙여 보아라.
- 조건을 여러 부분으로 분해해 보아라.

② 계획 수립 단계

- 전에 그 문제를 본 적이 있는가? 관련된 문제를 알고 있는가?
- 친숙한 문제 중에 미지인 것이 같거나 유사한 문제를 생각해 보아라.
- 문제를 달리 진술할 수 있을까? 좀 더 다르게 진술할 수 있을까?
- 문제를 보다 일반적인 형태나 특수한 형태로 변형할 수 있을까?

③ 계획 실행 단계

- 풀이의 각 단계를 조심스럽게 실행하도록 하여라.
- 각 단계가 올바른지 명확히 알 수 있는가?
- 그것이 옳다는 것을 설명할 수 있는가?

④ 반성 단계

- 결과를 점검할 수 있는가?
- 풀이 과정을 점검할 수 있는가?
- 결과를 다른 방법으로 이끌어 낼 수 있는가?
- 결과나 방법을 어떤 다른 문제에 활용할 수 있는가?

Polya의 문제해결 4단계에 따른 문제해결 방법의 지도 방안은 수학 교과서에서도 자주 사용하고 있다. 다음에 제시된 [그림 9-1]은 (세 자리 수)+(세 자리 수)의 문장제를 Polya의 문제해결 4단계에 따라 해결하도록 의도한 교과서 내용을 제시한 것이다.

어떤 건축가가 세계에서 가장 높은 건물을 짓고 싶어서, 처음 계획한 564 m보다 388 m 더 높게 만들 계획을 세웠습니다. 이 건물이 완성되면 아랍 에미리트의 부르즈 할리파보다 몇 m 더 높은지 구해 봅시다.

- 구하려는 것은 무엇인가요?
- 알고 있는 것은 무엇인가요?
- 어떤 방법으로 문제를 해결할 수 있나요?
- 생각한 방법으로 문제를 해결해 보세요.
- 문제를 바르게 해결했는지 확인해 보고, 문제를 해결한 방법을 친구들에게 이야기해 보세요.

[그림 9-1] Polya의 문제해결 4단계에 따른 문제해결 방법(박만구 외, 2022, p. 28)

셋째, 새로운 문제 만들기 활동을 통해 문제해결 역량을 길러줄 필요가 있다. 문제 만들기 활동은 '문제를 학생 스스로 만들어 가는 것'을 의미하며, 교사가 제시하는 기존 문제를 학생이 수동적으로 해결하는 것에 비해, 학생들 스스로 문제를 만들고 해결하는 적극적 활동을 통해 문제에 내재된 수학적 원리에 대한 새로운 사고와 접근을 하는 데에도 도움이 된다. 또한 수학에 대한 불안감을 해소하는 역할을 하기도 한다.

그렇지만, 학생들이 새로운 문제를 만드는 활동이 쉬운 것은 아니다. 이에, Brown과 Walter(1983)는 체계적으로 문제를 만드는 방법을 제시하였는데, 이것이 'What If Not 전략'이다. 이 단계는 4개의 단계로 구성되어 있는데, 각각은 다음과 같다.

① 속성을 열거하기: 문제를 구성하고 있는 요소나 속성을 모두 열거해 본다.
② What If Not의 수행하기(속성 부정하기): 전 단계에서 열거한 속성이 '만약-그렇지 않다면 어떻게 될 것인가'라는 의문을 가져 본다.
③ 문제 만들기: 전 단계에서 생각한 의문을 기초로 새로운 문제를 만든다.
④ 설정된 문제 분석하기: 새로 만든 문제를 분석하거나 해를 구한다.

Brown과 Walter(1983)의 What If Not 전략의 사용을 예시하기 위하여 다음 문제를 이용해 보도록 하자.

[문제] 오늘이 목요일이다. 100일 후는 무슨 요일일까?

What If Not 전략의 첫 단계인 이 문제에 포함된 속성을 찾아보면 '오늘, 목요일, 100일' 등임을 알 수 있다. 다음으로 이 중에서 한 가지 속성을 부정해 보자. 목요일을 토요일로 바꾸어 볼 수 있을 것이다. 이를 바탕으로 새로운 문제를 만들어 보면 '오늘이 토요일이다. 100일 후는 무슨 요일일까?'와 같은 문제를 만들 수 있으며, 그에 대한 문제를 해결할 수 있을 것이다.

위의 문제를 해결하기 위한 방법을 찾기 위해 문제에 포함된 수를 작게 하고 문제를 만들어 그 해결책을 모색할 수 있는데, Brown과 Walter(1983)는 이를 '수용(accepting)' 단계라 한다. 즉 수용 단계는 주어진 문제를 이해하고 분석하는 단계로, 원 문제를 그대로 받아들이되 문제에서 요구하는 것보다 더 많은 것을 탐구하게 된다. 또한 What If Not 전략으로 대표되는 새로운 질문을 만드는 과정을 '도전(challenging)' 단계라 하고 있다.

마지막으로, 문제해결에 대한 자신감과 끈기 있는 도전을 통해 성취감을 느끼는 문제해결 경험을 제공할 필요가 있다. 수학 학습이나 문제해결에서 학생들의 흥미나 자신감과 관련된 정의적 영역에 대한 부정적 인식의 결과는 많은 연구 결과에서 나타나고 있다(김나영, 2022). 이러한 결과는 수학을 포기하는 현상으로 이어지기도 한다(고호경 외, 2015).

수학 학습에서 정의적 영역에 대한 관심은 NCTM(1989)에서도 나타나는데, 수학에 대한 가치를 이해하고, 수학을 행하는 자신의 능력에 학생들이 확신을 가져야 한다고 한다. 특히 Schoenfeld(1985)는 수학 문제해결에 필요한 요소로 '신념 체계(Belief system)'가 필요하다고 제시하고 있는데, 신념 체계는 개인의 수학관과 수학에 대한 선입관으로 인지적 자원이나 발견술 이상으로 문제해결에 큰 영향을 끼친다고 한다. 수학 문제해결에 대한 자신감과 끈기 있는 도전은 성공적인 문제해결의 경험에서 생길 수 있으므로, 학생들이 문제해결에서 성공을 맛볼 수 있도록 교육과정에서 권고하는 학생 수준에 맞는 문제와 개방형 문제 제시, Polya의 문제해결 4단계에 따른 지도, 새로운 문제 만들기 활동 등을 통해 결국에는 문제해결에 대한 자신감과 끈기 있는 도전을 할 수 있도록 이끌어 줄 필요가 있다.

3 문제해결 지도 방법론

문제해결 활동은 인간의 사고를 통해 이루어지는 고차원적 활동이므로, 문제해결 지도를 위해서는 문제해결 지도 방법을 살펴볼 필요가 있다. 이 절에서는 문제해결 지도 방법과 관련하여 수학적 발견술, 수학적 모델링과 문제해결, 문제해결과 메타인지, 문제해결 전략, 문제해결력 평가에 대해 살펴보기로 한다.

가. 수학적 발견술

수학적 발견술은 파푸스(Pappus), 데카르트(Descartes), 라이프니츠(Leibniz) 등에 의해 연구되었다. 특히 기원전 3세기경의 그리스의 수학자 파푸스는 분석법(analysis)을 체계적으로 정리하여 제시하였는데, 분석법은 구하고 있는 것을 이미 찾은 것처럼, 증명해야 할 것을 참인 것처럼 가정하고 그로부터 선행하는 어떤 것으로부터 바라는 결과가 유도될 수 있는가를 묻고, 다시 그 선행자의 선행자는 무엇인지 묻기를 계속하여, 결국 이미 알려져 있거나 참인 것으로 가정되는 것에 이르게 하는 발견술을 의미한다(우정호, 2000).

분석법은 조건으로 주어진 가정에서 출발하여 결론으로 진행하는 증명에 이르는 길을 발견할 수 있는 발견술로서, 결론을 가정하고 그 선행 명제를 계속해서 찾아가 참으로 제시된 가정에 이르는 것이다. 이를 다음 그림에 있는 삼각형의 내심에 대한 정리로 예를 들어 실행하는 과정은 다음과 같다.

정리: 모든 삼각형은 내접원이 하나 존재한다.

과정: ① 삼각형 ABC의 내접원이 하나 존재한다(결론).

② 삼각형 ABC의 각 변에 접하는 원이 존재한다.

③ 삼각형 ABC의 각 변으로부터 같은 거리에 있는 한 점이 존재한다.

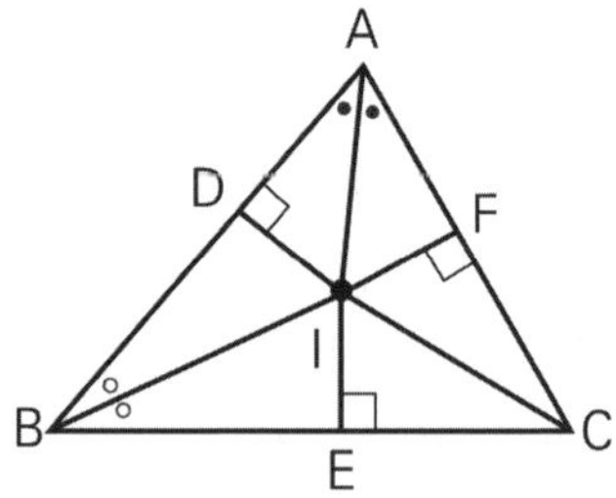

④ 각 A의 이등분선 위의 모든 점은 변 AB, AC로부터 같은 거리에 있다. 마찬가지로 각 B의 이등분선 위의 모든 점은 변 BA, BC로부터 같은 거리에 있다. 각 A와 각 B의 이등분선은 서로 만나며, 그 교점은 변 AB, BC, AC로부터 같은 거리에 있다.

이와 같은 분석법의 실행은 주어진 조건으로부터 증명하고자 하는 결론에 이르는 과정을 찾는 것으로, 명제를 증명하는 데 활용할 수 있다. 분석법에 따라 밝혀진 사실을 바탕으로 명제를 증명하는 과정을 종합법(synthesis)이라 한다. 즉 분석법의 과정을 거꾸로 하여 이미 알려져 있거나 참인 것으로 가정된 명제로부터 출발하여 분석 과정을 거꾸로 되밟아 감으로써 마지막에 요구하는 명제에 도달하는 연역 과정을 종합법이라고 한다. 즉 분석법은 해결 계획을 발견하는 과정이고, 종합법은 그 계획을 실행하는 과정이다.

• 탐구 과제: 분석법 실천하기

다음 문제를 가정과 결론으로 나누어 증명해 보세요. 그리고, 이 문제를 분석법을 적용하여 증명해 보세요.

[문제] 이등변삼각형의 두 밑각의 크기는 같다.

데카르트는 모든 문제를 해결할 수 있는 보편적인 방법을 찾으려는 시도를 하였는데, 해석기하학은 이러한 패턴에 따른 연구로, 유클리드적 방법의 대안으로 대수적 방법을 문제해결의 기본으로 제시하였다. 이것은 고등학교 수학에서 도형의 성질을 밝히기 위해 좌표평면 위에 도형을 위치시키고, 좌표 평면 위에 있는 도형의 점의 좌표를 활용하여 대수적인 관계를 이끌어 냄으로써 도형의 성질을 밝힌 것이 그 예이다. 라이프니츠도 문제를 해결할 수 있는 일반적인 알고리즘을 찾으려는 노력의 결과로, 미적분학 문제를 기호 조작으로 해결하는 길을 열었다.

폴리아는 앞선 연구자들의 기록을 정리하면서 문제해결에 유용한 전략을 질문과 권고 형태의 대화체로 표현하여 제시하였는데, 이것이 2절에서 살펴본 Polya(1957)의 'How to solve it'에 나타나 있다. 특히 폴리아는 수학을 '완성된 수학'과 '발생 과정의 수학'으로 구별하고, 수학적 발견 과정에서 개연적 추론과 추측에 의한 발견을 강조하였다. 그는 수학을 하는 과정에서 귀납과 유추에 의한 추측을 통한 발견적 사고와 문제해결 교육의 중요성을 강조하고 있는데, 이에 따른 실제적인 문제해결 지도 방법론을 제시하였다. 추측의 가치에 대해 폴리아는 추측의 결과에 대해 검증하고, 검증의 토대 위에서 판단을 내리는 것이 전형적인 귀납의 절차임을 밝히고 있다. 그리고 수학을 하는 데 있어서 귀납적 태도를 가지기 위해 지적인 용기, 지적인 정직성, 현명한 안내를 중요한 정신적 자질로 강조하고 있다(Polya, 1990).

나. 문제해결과 수학적 모델링

수학적 모델링은 단지 수식으로 구성된 문제를 해결하게 하는 문제해결 교육에서 벗어나, 주변의 다양한 현상이나 상황 사이의 관계를 수학적으로 다루어 문제를 해결하고, 그 결과를 현상이나 상황에 적용하는 과정을 강조하기 위한 노력의 결과로, 1990년대 초반부터 연구가 활발히 이루어지고 있다. 즉 수학적 모델링은 실세계 상황과 수학적 상황을 연결 지어 실생활 문제 상황을 수학적으로 나타내고 분석하여 결론을 도출하고, 이를 상황에 맞게 해석하고 타당화하는 과정이라고 할 수 있다. NCTM(1989)에서는 수학적 모델링 과정을 [그림 9-2]와 같이 제시하고 있다. 이것은 실세계 문제를 이해하고 이를 단순화, 수학화하여 목표로 하는 결과를 얻은 후에, 다시 이를 처음 주어진 문제에 해석하고 타당화하는 순환적 사고 과정으로 볼 수 있다.

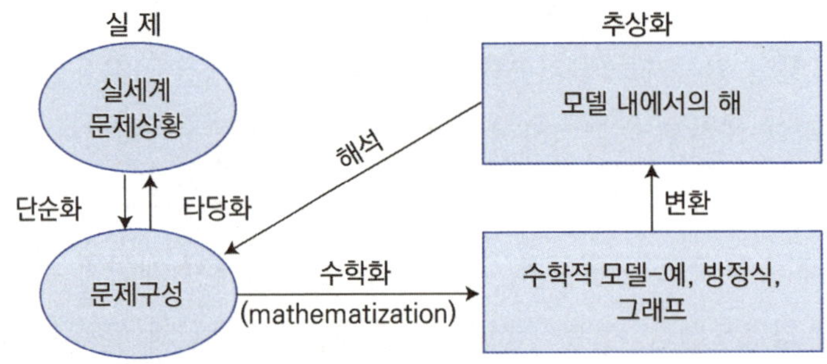

[그림 9-2] 수학적 모델링 과정(NCTM, 1989, p. 138)

수학적 모델링은 교육과정에서도 강조하고 있는 바, 2015 개정 수학과 교육과정에서는 문제해결 교과 역량의 하위 요소로 제시한 바가 있다(교육부, 2015). 여기에서는 실생활 문제 상황을 수학적으로 나타내고 분석하여 결론을 도출하고, 이를 상황에 맞게 해석하는 과정을 통해 문제해결 역량을 기르도록 제안하고 있다. 또한 2022 개정 수학과 교육과정에서는 교수·학습 방법에서 범교과 학습, 또는 타 교과와의 연계를 위해 수학적 모델링을 활용할 수 있게 제시하였다(교육부, 2022). 즉 수학적 모델링을 통해 타 교과의 내용을 맥락으로 수학의 개념, 원리, 법칙 등을 다루는 연계 수업을 할 수 있도록 제시한 것이다.

• 토의 과제: 수학적 모델링

받아올림이 있는 두 자리 수끼리의 덧셈 17+28을 수학적 모델링 과정을 이용하여 지도하는 과정에 대해 토의해 보세요.

다. 문제해결과 메타인지

메타인지는 '사고에 대한 사고'의 개념으로 출발하여, 학생의 학습과 기억 능력을 향상시키기 위한 목적으로 연구가 이루어졌다. 그동안 메타인지 개념은 학생 자신의 학습에 대한 의식, 학생으로서 자기 관리나 인지적 기능에 대한 제어와 조절 및 자신의 지식과 관리 과정에 대한 반성적 사고 능력까지 관심 영역을 확장해 왔다(백석윤, 2023). 수학교육에서 메타인지가 수복받기 시작한 것은 1980년대의 Schoenfeld, Garofalo, Lester 등의 문제해결에 대한 연구와 관련이 있다(이대현, 이봉주, 2002). 이것은 문제해결이라는 상황이 학생의 메타인지적 활동을 활발하게 이루어질 수 있게 하고, 동시에 성공적인 문제해결을 위해서는 메타인지적 활동이 중요한 역할을 수행한다고 생각했기 때문이다. 수학교육에서의 메타인지에 대한 관심은 이론적 측면만 아니라, 실제적 적용을 염두에 두어야 하며, 문제해결 활동 과정에서 전개되는 사고 활동 과정을 메타인지와 관련지어 파악하는 것이 중요하다. 수학 문제해결 과정에서 메타인지의 가치는 문제해결 과정에서 자신이 수행하는 사고 과정에 대한 이해가 중요하기 때문이며, 문제를 해결하는 과정에 자신이 얼마나 주의하고 집중하여 실행하는가를 보여주는 데 있다.

수학 문제해결 과정에 메타인지적 사고 활동을 적용하도록 지도하기 위해서는 수학 문제를 해결하는 과정에 자신의 사고가 얼마나 잘 나타나고 있는지, 문제를 해결하는 과정에서 자신이 실행하고 있는 것에 얼마나 주의하며 실행하고 있는지, 수학 문제를 해결하는 본인의 자세나 의지가 어떠한지 등을 살펴보도록 하는 것이 유용하다. 수학 문제해결 과정에서 적절한 메타인지적 사고 기능의 적용은 자신이 어떤 과정으로 문제를 해결해 가는가와 같은 자신의 사고 과정에 대한 내적 성찰을 통해 자신의 문제해결 과정을 평가할 수 있기 때문에 중요하다. 더불어, 메타인지적 사고 과정은 자신이 알고 있는 수학적 지식이나 전략을 적절히 끌어내어 활용하는가에 대한 평가를 통해 주어진 문제해결에 필요한 수학적 지식이나 전략을 활용할 수 있기 때문에 가치 있다.

메타인지적 사고 과정의 중요성은 문제해결 교육론에 관심을 가진 연구자들에게서도 나타나고 있다. 예를 들어 Schoenfeld(1985)는 문제해결에 영향을 주는 요인으로 네 가지 요소－인지적 자원(cognitive resource), 발견술(heuristics), 제어(control), 신념체계(belief system)－를 들고 있는데, 제어가 메타인지 개념과 맥을 같이 한다. 학생들은 문제를 해결하는 데 필요한 지식을 소유하고 있으면서도 해결에 실패하는 경우가 많이 있다. 이를 극복하기 위하여 자신이 알고 있는 것을 어떻게 이용할 것인가를 조절할 수 있는 제어는 문제해결 과정에서 중요한 역할을 하게 된다.

메타인지적 사고 기능은 학습 가능하다는 것이 여러 연구를 통해 밝혀지고 있다. 문제해결에 메타인지적 사고 능력을 적용하기 위해서는 문제해결에 사용하는 전략과 과정을 모니터하고 통제하는 습관과 능력을 기르도록 하는 것이 필요하다(Van De Walle, Karp, & Bay-Williams, 2004). 이를 위해 문제를 해결하고 있는 학생들에게 “지금 무엇을 하고 있는가? 왜 그것을 하고 있는가? 지금 하고 있는 행동이 문제해결에 도움을 주는가?”와 같은 반성적 질문을 지속적으로 제시하는 것이 도움이 된다. 또한 문제를 해결한 후에도 해결 과정을 모니터하는 습관을 기르도록 하는 것이 중요하다. 예를 들어 “문제를 이해하기 위해 무엇을 했는가? 무엇을 해야 할지 어떻게 결정했는가? 답이 옳다는 것을 어떻게 결정했는가?” 등의 질문과 토론의 기회를 제공하는 것이 유용하다.

한편, 학생들이 수학 문제를 해결하는 과정에서 수학에 대한, 수학 문제해결에 대한 불안과 두려움 등 정신적인 수학 불안 증세를 나타내기도 한다(Tobias, 1993).

이러한 현상의 이유는 다양하지만, 정답과 오답을 명료하게 판단하도록 요구하는 수학 문제해결 경험에서 자신의 답에 대한 불확실한 믿음으로 인해 발생하는 자신감 상실이 하나의 원인일 수 있다.

수학 불안 증세를 쉽게 치료하기는 어렵지만, 지식과 기능에 초점을 둔 반복과 연습의 문제해결 학습에서 벗어나, 다양한 수준의 학생들에게 적합한 여러 가지 해결 방법과 결과가 가능한 융통성 있는 문제와 문제해결 경험을 제시하는 것도 한 가지 방안이 될 수 있다. 예를 들어, 받아내림이 있는 뺄셈 34−17의 경우에 답만을 요구하기보다, 문제를 해결하기 위한 교구의 다양화, 방법의 다양화를 인정하고, 학생들이 고안한 여러 가지 해결 방법에 따라 학생 수준에 적합한 문제해결의 기회를 제공할 수 있다. 특히 문제해결 학습에서는 학생 간의 개인차를 인정하고, 각자가 어떤 아이디어를 가지고 있는지, 어떤 해결 방법을 활용하는지, 각 방법의 가치는 무엇인지를 서로 공유할 수 있는 토론 중심의 문제해결 문화를 조성하는 것도 수학 불안을 해소할 수 있는 방법이 될 수 있다.

• 토의 과제: 수학 불안 해결 방법 모색하기

수학을 가르치고 있거나, 미래에 수학을 가르칠 자신에게 수학 불안은 존재하는가? 학생이 수학에 대한 불안과 두려움을 가지고 있다면 이를 어떻게 해소하도록 도움을 줄 수 있을지 이야기해 보세요.

라. 문제해결 전략

문제해결 전략이란 문제를 해결하기 위한 발견술로서, 문제해결에 도움이 되는 절차나 해법의 단서가 되는 생각, 발견의 단서를 얻는 기술을 의미한다. 수학 문제를 해결하는 전략에는 여러 가지가 존재하며, 하나의 문제를 해결하는 데 단 하나의 문제해결 전략만이 유용한 것은 아니다. 또한 한 문제를 해결하는 과정에서도 여러 가지 문제해결 전략이 함께 이용될 수도 있다. 수학 문제해결에 이용할 수 있는 문제해결 전략에는 다음과 같은 것이 있다.

(1) 실제로 해보기

실제로 해보기 전략은 문제 상황을 모델이나 구체물로 나타내고, 조작 활동을 통하여 해결하는 전략이다. 실제로 해보기 전략에서는 문제에 제시된 실제 구체물을 사용할 필요는 없으며, 문제 상황을 적절히 표현할 수 있는 대체물을 사용하면 된다. 이때 중요한 것은 구체물에 초점을 두는 것이 아니라, 구체물을 이용하여 조작하는 실행 과정에 중점을 두는 것이다.

(예시 문제) 500원짜리 동전 2개와 100원짜리 동전 3개로 물건을 살 수 있는 모든 금액의 종류를 구하시오.

(2) 그림 그리기

그림 그리기 전략은 문제 상황을 그림으로 나타내어 문제에 주어진 정보를 명확히 파악하고 해결하는 전략이다. 이 전략을 이용할 때는 문제 상황에 제시된 정보를 나타내는 자세한 그림보다, 문제에 포함된 정보와 그들 사이의 관계를 명확하게 나타내는 데 초점을 두도록 지도한다.

(예시 문제) 민이네 학교 1학년 학생들이 반별로 발야구를 하기로 하였다. 1학년이 모두 다섯 반인데, 모든 반이 서로 한 번씩 발야구를 하기로 하였다. 모두 몇 번의 경기를 해야 하는지 구하시오.

(3) 식 만들기

식 만들기 전략은 문제 상황을 식으로 변환하여 문제를 해결하는 전략으로, 수학 문제해결에서 가장 보편적으로 사용하는 전략이다. 수학에서 식의 이용은 양적인 수학적 대상 사이의 관계를 나타내는 데 효과적인 방법이다.

(예시 문제) 연속된 세 자연수의 합이 36이다. 세 수를 구하시오.

(4) 규칙 찾기

규칙 찾기 전략은 문제에 주어진 조건을 분석하여 어떤 규칙을 찾아내고, 이 규칙을 이용함으로써 문제를 해결하는 전략이다. 수학이 규칙을 탐구하는 학문이기 때문에 문제해결 과정에서 많이 이용되는 전략이라고 할 수 있다.

(예시 문제) 아래 그림에서 작은 정사각형의 한 변은 한 개의 성냥개비로 만들어졌다. 15번째 도형에 쓰인 모든 성냥개비의 개수를 구하시오.

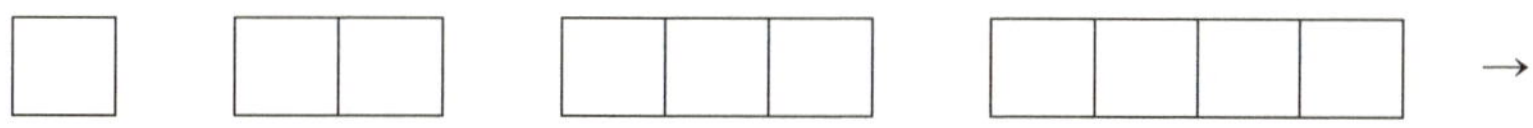

(예시 문제) 다음 그림에 있는 모든 직사각형의 개수를 구하시오.

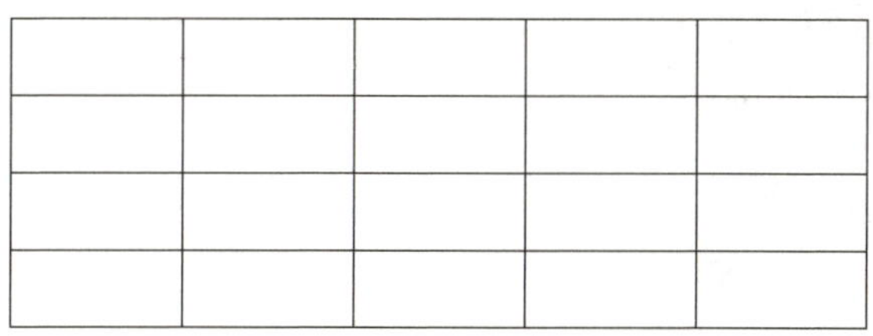

(5) 거꾸로 풀기

거꾸로 풀기 전략은 수학적 절차의 결과나 답을 조건으로 제시하고, 그 시작 단계를 구하는 문제에 적용하는 전략이다. 이러한 유형의 문제를 효율적으로 해결하는 방법은 종점을 설정해 놓고 행동을 거꾸로 실행하는 것으로, 현재 상황이 성립하려면 그 이전 단계에는 어떤 상황이 되어야 하는지를 찾아 해결하도록 한다. 이 전략은 앞에서 알아본 분석법(analysis)과 관련있다. 즉 구하고 있는 것을 이미 구한 것처럼 가정하고 그로부터 선행하는 것을 묻고, 다시 그 선행자의 선행자는 무엇인지 묻기를 계속하여, 결국 구하고자 하는 답을 구하는 것이다.

(예시 문제) 헌이는 얼마의 돈을 가지고 문구점에 가서, 가진 돈의 $\frac{1}{2}$을 쓰고, 2000원을 더 썼다. 그리고 빵집에 가서 남은 돈의 $\frac{1}{2}$을 쓰고 2000원을 더 썼다. 그랬더니 남은 돈이 하나도 없었다. 헌이가 처음 가지고 있던 돈을 구하시오.

(6) 표 만들기

표 만들기 전략은 문제에 주어진 정보나 자료의 수가 많을 때 표를 이용하여 정보나 자료를 분류하여 질서 있게 배열하는 방법이다. 표 만들기 전략은 예상과 확인, 규칙성 찾기 등 다른 전략과 더불어 사용되기도 한다.

(예시 문제) 헌이는 한 자루에 600원인 연필과 한 개에 450원인 지우개를 합쳐서 10개를 사고 5100원을 지불하였다. 헌이가 산 연필과 지우개의 수를 구하시오.

(예시 문제) 원이, 민이, 빈이는 흰색, 분홍색, 녹색 블라우스 중의 하나를 입고, 파랑색, 회색, 갈색 치마 중 하나를 입고 있다. 원이는 회색 치마를 입지 않았고 녹색 블라우스도 입지 않았다. 빈이는 흰색 블라우스와 파랑 치마를 입지 않았다. 민이는 녹색 블라우스를 입었으나 회색 치마를 입지 않았다. 흰색 블라우스를 입은 사람은 파랑 치마를 입고 있다. 각 아이들이 입고 있는 옷의 색깔을 쓰세요.[2)]

(7) 예상하고 확인하기

예상하고 확인하기 전략은 문제를 해결할 때 답을 예상해 보고, 그것이 문제의 조건에 맞는지 순차적으로 확인해 보는 전략이다. 만약, 처음의 예상이 틀리면 다시 예상하고 확인하도록 하는데, 여기에서 예상은 맹목적이고 막연한 추측이

2) 이 문제는 제거 과정(the process of elimination) 전략으로 해결할 수 있으며, 제거 과정 전략은 모든 다른 조건이 제거된 사실에 기초하여 결론을 이끌어내는 전략이다.

아니라, 이전의 경험이나 기지의 지식을 기초로 하여 문제와 관계있는 것을 조직적으로 예상을 하는 것이어야 한다.

(예시 문제) 원이는 4800원을 가지고 볼펜과 공책을 합하여 10개를 사려고 한다. 볼펜은 360원, 공책은 560원인데, 원이는 되도록 공책을 많이 사고 싶었다. 각각 몇 개씩 사면 되는지 구하시오.

(8) 단순화하기

단순화하기 전략은 문제를 보다 단순한 구조를 가진 문제로 바꾸어 해결하고, 이 해결 과정을 본 문제에 적용하는 방법이다. 문제를 단순화하기 전략에는 문제 구조를 간단히 하거나, 문제에 제시된 수보다 더 간단한 수로 바꾸어 보는 방법이 있다.

(예시 문제) 1에서 150까지의 수 중에서 8을 가지고 있는 수의 개수를 구하세요.

(예시 문제) 1에서 150까지의 수 중에서 3을 가지고 있는 수의 개수를 구하세요.

(9) 조직적인 목록 만들기

조직적인 목록 만들기 전략은 일어날 수 있는 모든 가능성을 체계적인 방법으로 확인하는 전략이다. 즉 문제 조건을 만족하는 사례를 여러 가지 가능성으로 범주화하여 체계적으로 확인하는 것으로, 이 전략을 이용함으로써 가능한 경우를 누락시키거나 불필요한 반복을 피할 수 있다.

(예시 문제) 1, 2, 3, 4, 5의 숫자를 한 번씩만 써서 다섯 자리 수를 만들려고 한다. 모두 몇 개의 수를 만들 수 있는지 구하시오.

• 탐구 과제: 여러 가지 방법으로 문제해결하기

특정 수학 문제를 해결하는 방법은 단 한 가지만 존재하는 것이 아니며, 같은 문제일지라도 여러 가지 방법으로 문제를 해결할 수 있다. 다음 문제를 여러 가지 방법으로 해결해 보고, 각 방법의 특징을 비교해 보세요.

[문제] 농장에 토끼와 닭이 10마리가 있는데, 다리의 수를 세어보니 모두 32개였다. 농장에 있는 토끼와 닭은 각각 몇 마리인지 구하시오.

마. 문제해결력 평가

학생들의 문제해결력 평가를 위해서는 평가 의도를 분명히 하고, 그에 따라 적합한 평가 문제를 제시해야 한다. 그러기 위해 문제해결력 평가는 단편적인 지식에 대해 정답과 오답이 분명하게 분류되는 관점에서 벗어나, 평가 주제에 대한 학생들 자신의 사고와 이해가 잘 드러나도록 해야 한다. 학생들의 문제해결력을 평가하는 것은 쉬운 일이 아니지만, 문제해결력 평가를 통해 학생들이 할 수 있는 증거를 수집하는 것이 중요하며, 그 증거로는 다음과 같은 것들이 있다(Reys, Lindquist, Lambdin, & Smith, 2009).

- 문제의 형식화
- 문제해결에 다양한 전략의 활용
- 문제해결 실행
- 결과의 확인 및 해석
- 해의 일반화

문제해결력 평가는 학생들의 현재 상태를 확인하는 데 그치지 말고, 앞으로 수학 문제를 해결해 가는 데 필요한 정보나 도움을 주기 위해 실시되어야 한다. 따라서, 문제해결력 평가는 일회성이 아닌, 수업 전반에 스며들어 있어야 하고 다양한 방가 방법을 사용하여야 한다. 문제해결력 평가를 위한 여러 가지 평가 방법의 예로 서술형 문제, 관찰, 면담 등을 들 수 있다.

서술형 문제는 문제해결 과정을 기술하여, 해결 과정을 올바르게 이해하고 있는가를 파악하는 평가 방식이다. 서술형 문제는 정답을 추측하여 답할 수 없으며 문제해결 과정을 잘 파악할 수 있다는 장점이 있지만, 학생들의 답에 대한 다양한 해석과 부분적인 답이 가능하여 점수 매기기가 어렵다는 단점이 있다. 채점의 신뢰성을 높이는 서술형 문제의 채점을 위해 전체적(holistic) 채점법과 분석적(analystic) 채점법을 활용할 수 있다.

전체적 채점법은 학생의 활동 예를 전체적으로 보았을 때, 학생이 문제를 해결한 것에 대하여 하나의 수치를 만들어 내는 방법이다. 따라서 학생의 답안에 대하여 비교적 신속하게 채점할 수 있고, 해답뿐만이 아니라 과정을 중시할 수 있으며, 학생의 반응에 하나의 수치를 만들어 낸다는 특징이 있다. 다음은 전체적 채점법의 한 가지 예시이다.

[전체적 채점법]

4점: 올바른 답을 제시, 풀이에 대한 설명이 명확하고 완진함
3점: 올바른 답을 제시했으나, 설명의 명확성이 부족함
2점: 올바르지 않은 답을 제시함, 설명의 명확성이 부족하지만 조금은 올바르고 적절한 추론을 포함함
1점: 올바르지 않은 답을 제시함, 설명이 적절하지 못하거나 문제를 반복 기술한 수준임
0점: 무반응

분석적 채점법은 각 학생의 활동에서 서로 다른 특징과 측면에 대하여 따로 채점하는 방법이다. 분석적 채점법은 전체적 채점법보다 더 많은 시간이 소요되지만, 문제해결 단계에 따라 여러 과정을 고려하여 채점할 수 있어서 학생의 강점과 약점에 대한 정보를 찾기 쉬우며, 등급을 구성하는 범주에 대하여 차별화된 가중치를 줄 수 있고, 다양한 문제해결 지도 활동에 대하여 구체적인 정보를 얻을 수 있다는 특징이 있다. 다음은 분석적 채점법의 한 가지 예시이다.

[분석적 채점법]

문제해결 단계	채 점 기 준	배점
문제 이해하기	• 주어진 것과 구하고 하는 것을 모두 이해한 경우	2점
	• 주어진 것과 구하고 하는 것을 명료하게 파악하지 못하는 경우	1점
	• 문제를 파악하지 못한 경우	0점
풀이 계획 세우기	• 문제해결에 필요한 전략을 찾은 경우	2점
	• 문제에 대한 이해를 바탕으로 해결을 위해 필요한 전략을 찾으려고 여러 가지로 시도한 경우	1점
	• 문제해결에 필요한 전략을 찾지 못하거나 시도하지 않은 경우	0점
정답 찾기	• 정확한 답을 구한 경우	2점
	• 계산상의 오류나 답을 적는데 오류, 또는 여러 개의 하위 문제에서 일부만 정답인 경우	1점
	• 오답이거나 답을 제시하지 않은 경우	0점

• 탐구 과제: 채점 기준표 만들기

다음 문제에 대한 학생들의 문제해결 결과를 평가하고자 한다. 전체적 채점표와 분석적 채점법으로 채점 기준표를 만들어 공유해 보세요.

[문제] 길이가 각각 2㎝, 4㎝, 5㎝인 세 개의 막대에서, 막대 하나만 이용하거나 두 개, 또는 세 개를 연결하여 잴 수 있는 길이를 모두 구하시오.

관찰은 아주 오래된 평가 방법으로, 학생이 문제를 해결하는 동안 문제해결 과정을 관찰하고, 이야기 내용을 듣고 질문하면서 문제를 어떻게 해결해 가는지에 중점을 두고 관찰하도록 한다. 이때, 관찰한 상황과 여러 행동을 기록하여 결과를 기록하도록 한다. 관찰을 할 때에는 다음 것에 초점을 둘 필요가 있다.

- 문제를 주의 깊게 읽었다는 증거가 있는가?
- 학생들이 어떤 전략을 이용하여 문제를 해결하는가? 만약, 시도한 전략이 실패하면 유연하게 다른 전략을 사용하는가?

- 문제해결 과정에 실수가 있는가?
- 문제해결에 얼마나 몰두하는가?
- 문제를 해결하는 학생의 흥미나 참여 정도는 어떠한가?

면담은 학생이 작성한 지필 결과지에서 찾을 수 없는 정보를 찾기 위해 실시하는 것으로, 대화(질의와 응답)를 통하여 학생의 문제해결력이나 이해 정도에 대한 자료와 정보를 수집하는 평가이다. 따라서, 면담은 교사에게 학생의 문제해결에 대한 보다 깊이 있는 탐구와 문제해결 과정에 나타난 학생의 행동에 대한 답을 얻을 수 있다. 면담을 할 때에는 학생의 사고 과정, 이해 수준, 연결을 만드는 능력, 개념적 능력에 대한 이해를 얻기 위하여 질문해야 한다. 면접 평가를 할 때에 채점의 객관성을 확보하기 위하여 채점 항목을 미리 정해 두고 결과를 객관적으로 기록해야 한다. 특히 면담 평가를 할 때에는 학생이 편안하고 친근한 분위기에서 평가에 참여할 수 있도록 하고, 명확한 질문을 하며 평가자의 태도(반응)는 중립적 입장을 취하는 것이 필요하다.

참고문헌

고호경, 이환철, 이현숙, 이은정, 백승근, 김형식, 윤경란, 김윤정, 정시훈, 이선재, 이지혜 (2015). 수학학습 실태 조사 및 개선 방안 연구. 한국과학창의재단 연구보고서.

교육과학기술부(2011). 수학과 교육과정 2011-361호 [별책 8]. 교육과학기술부.

교육부(2015). 수학과 교육과정 2015-74호 [별책 8]. 교육부.

교육부(2019). 수학 6-2 교사용지도서. ㈜천재교육.

교육부(2022). 수학과 교육과정-교육부 고시 제2022-33 [별책 8]. 교육부.

교육부(2024). 수학 2-1 교사용지도서. ㈜천재교과서.

김나영(2022). TIMSS로 본 한국 학생들의 수학・과학 성취도 및 정의적 태도 변화 추이. 교육정책포럼, 351, 31-35.

문교부(1981). 국민학교 교육과정: 산수과(문교부 고시 제 442호). 문교부.

박만구, 강경은, 김대진, 김도경, 김수정, 김은혜, 김지영, 김진호, 김희웅, 손경호, 유대현, 이진우, 임근광, 조두경, 조수윤(2022). 수학 3-1. ㈜천재교과서.

백석윤(2023). 수학 문제해결 교육. 경문사.

우정호(2000). 수학 학습-지도 원리와 방법. 서울대학교 출판부.

이대현, 이봉주(2002). 수학 문제해결 과정에서의 직관과 메타인지. 수학교육학연구, 12(2), 265-273.

이대현, 최승현(2011). 문제해결을 통한 수학적 경험(개정판). 경문사.

Brown, S. I., & Walter, M. I. (1983). The Art of problem posing. Lawerence Erlbaum Associates, Publishers.

Lenchner, G. (1983). Creative problem solving in school mathematics. Houghton Mifflin Company.

NCTM. (1980). An agenda for action: Recommendation for school mathematics of the 1980's. The National Council of Teachers of Mathematics, Inc.

NCTM. (1989). Curriculum and evaluation standards for school mathematics. The National Council of Teachers of Mathematics, Inc.

Polya, G. (1957). How to solve it: Vol. 2. Doubleday. 우정호 (역)(1997). 어떻게 풀 것인가: 수학적 사고 방법. ㈜천재교육.

Polya, G. (1990). Mathematics and plausible reasoning, Vol 1. Princeton University Press. 이만근, 최영기, 전병기, 홍갑주, 김민정 (역). 수학과 개연추론. 교우사.

Reys, R. E., Lindquist, M. M., Lambdin, D. V., & Smith, N. L. (2009). Helping children learn mathematics (9th ed.). John Wiley & Sons. 박성선, 김민경, 방정숙, 권점례 공

역(2012). 초등교사를 위한 수학과 교수법. 경문사.
Schoenfeld, A. H. (1985). Mathematical problem solving. Academic Press, Inc.
Tobias, S. (1993). Overcoming math anxiety. W. W. Norton & Company, Inc.
Van De Walle, J. A., Karp K. S., & Bay-Williams, J. M. (2004). Elementary and middle school mathematics: Teaching developmentally. Allyn & Bacon.

제 10 장 수학 교구와 공학 도구

수학적 개념은 어떤 구체물의 집합에서 이질적인 요소들은 제거하고 동질적인 요소만을 추출하여 형성되면서 추상적인 개념으로 발전하며, 이러한 특성으로 인해 학생들은 추상적인 수학적 개념을 학습할 때 어려움을 겪게 된다. 이러한 어려움을 해결하기 위해 추상적 개념을 구체화한 수학 교구와 공학 도구를 활용할 수 있다. 교사는 학습 내용의 특성을 고려하여 적절한 수학 교구를 선정하고 교구를 조작하도록 안내할 수 있으며, 학생들은 선정한 학습 교구를 바탕으로 교사의 안내에 따라 한 단계씩 교구를 조작하면서 구체적인 활동을 실행하고 그 활동 결과를 반성하면서 점차 추상적인 수학적 지식을 구성할 수 있다. 이를 통해 구체적 현상과 추상적 개념 사이의 간극을 좁힐 수 있다. 즉 수학 교구와 공학 도구는 추상적인 수학 개념을 이해하기 위한 효과적인 도구가 될 수 있다.

일반적으로 학습 교구는 학습이 용이하게 이루어지도록 이용될 수 있는 도구 전체를 의미한다. 특히 수학과에서 활용되는 학습 교구로는 일상적으로 사용되는 자와 저울, 바둑돌 등이 있으며, 정삼각형, 평행사변형, 정육각형과 같은 특정 수학 개념이나 원리를 이해시키기 위한 평면도형 모형 또는 입체도형 모형도 있고, 특정 수학적 개념을 구체화한 십진블록, 퀴즈네어 막대 등과 같은 수학적 개념을 구체화하여 고안된 모형이 있다. 또한 특정 수학적 개념이나 원리를 공학적으로 탐구하기 위해 개발된 알지오매스, 엔트리 등도 있다.

이 장에서는 먼저 초등학교 수학에서 활용될 수 있는 교구 중 수학적 구조를 내포한 교구와 공학 도구에 대해 살펴보고, 교구 활용 시 유의해야 할 극단적인 교수 현상 등을 다루고자 한다.

1 수학 교구

가. 퀴즈네어 막대

퀴즈네어 막대는 벨기에의 교사인 퀴즈네어(Georges Cuisenaire)가 만든 교구이다. 규격은 밑면은 1㎠인 정사각형이고 높이는 1cm부터 10cm인 10가지 종류의 직사각기둥 모양이며, 수들의 관계를 서로 다른 길이와 색깔로 구분하였다.

〈표 10-1〉 퀴즈네어 막대의 구성

높이	1	2	3	4	5	6	7	8	9	10
색	하양	빨강	연두	보라	노랑	진녹색	검정	갈색	파랑	오렌지
개수	22	12	10	6	4	4	4	4	4	4

이 교구는 10까지의 자연수에 대한 수 사이의 관계를 익히는 데 도움이 되고, 기계적인 계산보다는 계산의 기초가 되는 수 감각 형성에 도움이 될 수 있다. 또한 낱개로 분리되지 않는 비례모델이기 때문에 수의 크기를 비교할 때 편리하지만 자릿값 개념을 이용해 큰 수를 표기하거나, 묶어 세기를 지도할 때 한계가 있을 수 있다.

퀴즈네어 막대는 다음과 같은 내용을 학습할 때 활용할 수 있다.

① 기본적인 수 개념 및 수 감각을 형성시킬 수 있다.

예를 들어, 퀴즈네어 막대를 [그림 10－1]과 같이 크기 순으로 배열하면, 빨간색은 하얀색보다 1만큼 크며, 연두색은 하얀색보다 2만큼 크고 빨간색보다 1만큼 크다는 것을 시각적으로 파악할 수 있다. 이러한 활동은 수 계열을 이해하는 데 도움이 된다. 또한 빨간색과 연두색을 연결한 길이는 연두색과 빨간색을 연결한 길이와 같다는 사실로부터 덧셈에 대한 교환법칙을 비형식적으로 이해하는 데 도움이 된다.

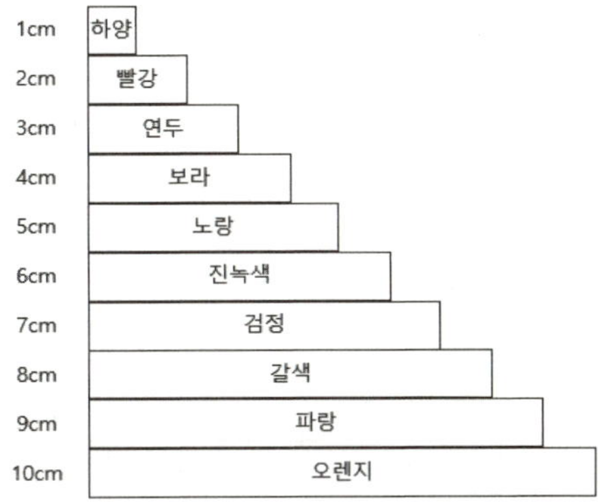

[그림 10-1] 퀴즈네어 막대의 크기순 배열(교육부, 2024b, p. 265)

② 모으기와 가르기 활동에 활용할 수 있다.

두 수를 하나의 수로 모으기 하거나 하나의 수를 다른 두 수로 가르기 하는 활동은 수 개념 이해에 도움이 되며, 또한 모으기와 가르기 활동은 덧셈과 뺄셈의 기초가 된다.

특히 [그림 10-2]를 이용한 합이 10이 되는 모으기와 10을 가르기하는 활동은 받아올림이 있는 덧셈이나 받아내림이 있는 뺄셈 계산의 기초 경험을 제공한다.

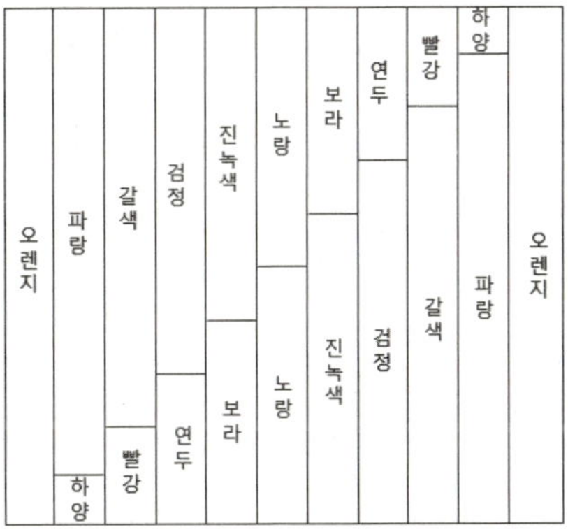

[그림 10-2] 퀴즈네어 막대의 직사각형 배열

③ 약수와 배수 사이의 관계를 탐구할 수 있다.

진녹색 막대의 길이는 빨간색 막대 3개의 길이와 같고 연두색 막대 2개의 길이와 같다는 사실로부터 2와 3은 6의 약수이고, 6은 2와 3의 배수가 된다는 것을 시각적으로 이해할 수 있다.

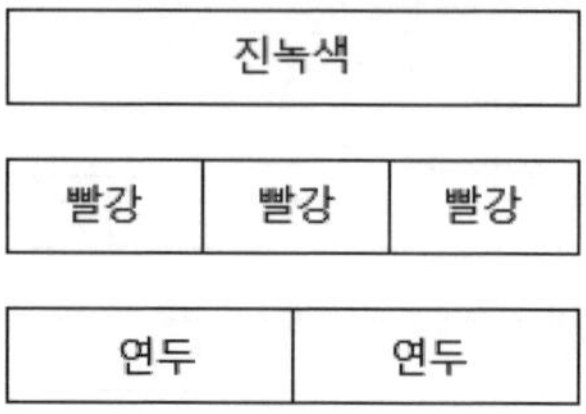

[그림 10-3] 약수와 배수 탐구

나. 십진블록

십진블록은 위치적 기수법의 원리에 따른 수 표기법의 이해를 돕기 위해 헝가리 출신의 디에네스(Dienes)가 고안한 교구이다. 십진블록은 [그림 10－4]와 같이 1, 10, 100, 1000을 나타내는 4종류의 블록으로 구성되며, 각 블록은 부피가 1㎤, 10㎤, 100㎤, 1000㎤인 정육면체 또는 직육면체 모양이며, 낱개로 분리되지 않는 비례모형이다.

학생들은 십진블록을 이용해 자연수를 숫자로 표현하면서 자릿값 개념을 이해할 수 있으며, 덧셈, 뺄셈, 곱셈의 원리를 이해하고 연산을 학습할 수 있다. 십진블록은 다음과 같은 내용을 학습할 때 활용할 수 있다.

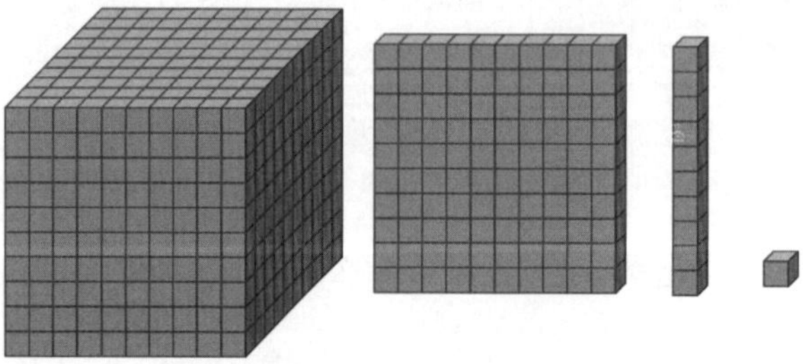

[그림 10-4] 십진블록(교육부, 2018a, p. 187)

① 자릿값에 기초한 자연수 개념과 덧셈 및 뺄셈의 원리를 이해하는 데 활용할 수 있다.

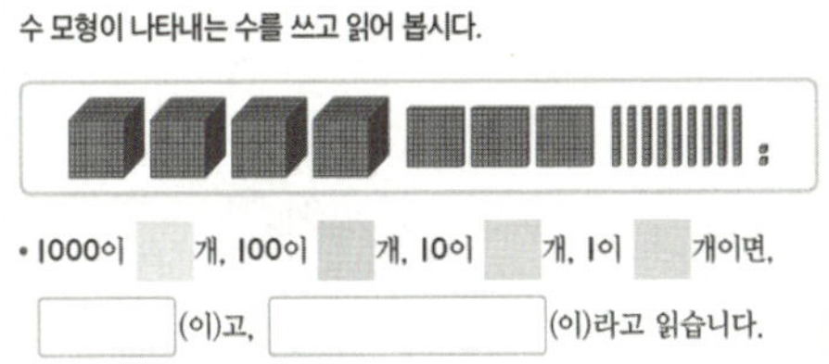

교육부, 2024c, p. 21

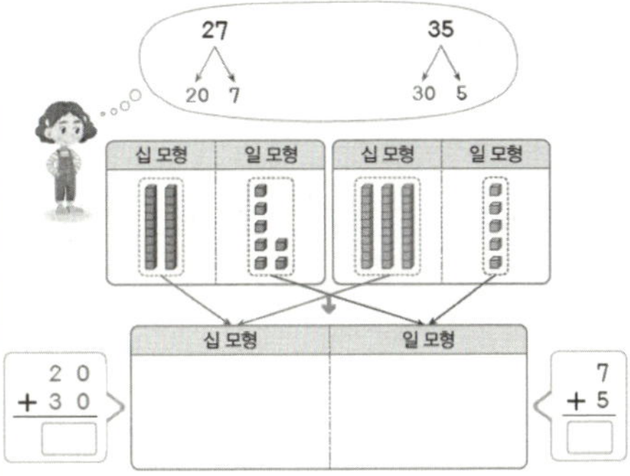

교육부, 2024b, p. 68

[그림 10-5] 자연수의 자릿값 개념과 덧셈 원리 탐구(교육부, 2024)

② 자릿값에 기초한 소수 개념과 덧셈 및 뺄셈의 원리를 이해하는 데 활용할 수 있다.

다만, 자연수 개념을 학습할 때와는 달리, 소수를 학습할 때에는 1을 나타내는 블록에 따라 각 블록이 나타내는 값이 달라지기 때문에 학생들이 학습에 어려움을 겪을 수 있음에 유의해야 한다. 예를 들어, 소수 세 자리 수에 대한 개념을 학습할 때 부피가 1㎤, 10㎤, 100㎤, 1000㎤인 정육면체 또는 직육면체 모양을 각각 0.001, 0.01, 0.1, 1인 수와 대응시켜 학습하고, 소수 두 자리 수에 대한 개념을 학습할 때 부피가 1㎤, 10㎤, 100㎤인 정육면체 또는 직육면체 모양을 각각 0.01, 0.1, 1인 수와 대응시켜 학습한다면 학생들은 인지적 혼란을 느낄 수 있음에 유의해야 한다.

③ 자연수의 곱셈의 원리를 이해하는 데 활용할 수 있다.

[그림 10-6]과 같이 1, 10, 100 블록을 직사각형 모양으로 배열하여 부분 곱을 구한 후, 전체 결과를 구하는 과정과 곱셈의 세로셈 알고리즘과 연결시켜 곱셈의 계산 원리를 이해시킬 수 있다.

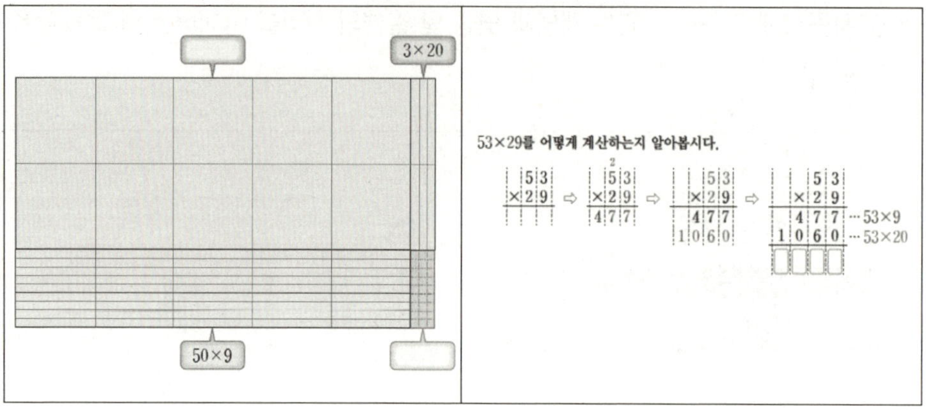

[그림 10-6] 두 자리 자연수의 곱셈 원리 탐구(교육부, 2018b, p. 22-23)

• 토의 과제: 비례하는 수 모형과 비례하지 않는 수 모형

토의 1. 초등학교에서 사용하는 비례하는 수 모형과 비례하지 않는 수 모형을 조사하고 각 모형의 장점을 설명하시오.

토의 2. 초등학교에서 사용하는 수 모형을 학년별로 분류하고, 학년별로 각 모형을 이용한 지도 방법을 비교하여 설명하시오.

다. 속성블록

속성블록은 놀이나 게임을 통해 집합의 개념이나 분류의 원리를 구체적으로 구현하기 위한 목적으로 디에네스(Dienes)가 고안한 교구이다. 속성블록은 색깔, 모양, 크기, 두께에 따른 4가지 속성을 가지며, 4가지 속성은 변화될 수 있다.

예를 들어, 색깔 속성은 빨강, 파랑, 노랑의 3종류, 모양 속성은 원, 정사각형, 직사각형, 삼각형의 4종류, 크기 속성은 큰 것과 작은 것의 2종류, 두께 속성은 얇은 것과 두꺼운 것의 2종류로 이루어져 있다면 총 48개의 블록으로 구성된다. 이때 '빨강이고 원 모양이며 크기가 크고 얇은 블록'이라고 하면 단 1개의 블록이 결정된다.

만약 앞의 예에서 색깔, 크기, 두께 속성은 동일하고, 모양 속성만 원, 정사각형, 직사각형, 삼각형, 정육각형의 5종류로 바뀐다면 총 60개의 블록으로 구성된다.

[그림 10-7] 속성블록(교육부, 2017a, p. 278)

속성블록은 유치원 또는 초등학교 저학년에서 분류 활동을 통해 활용할 수 있으며, 초등학교 고학년에서는 논리곱, 논리합, 부정의 논리와 같은 논리 게임에서 활용할 수 있다. 속성블록은 다음과 같은 내용을 학습할 때 활용할 수 있다.

① 기준에 따라 분류하는 활동에 활용할 수 있다.

분류하기는 먼저 분류를 위한 기준을 정하는 것부터 시작되며, 사물을 다양한 기준에 따라 분류하는 활동은 수학적 사고력을 신장시키는 바탕이 된다. [그림 10-8]은 24개의 속성블록을 크기에 따라 분류하고, 색깔에 따라 분류한 활동의 예이다.

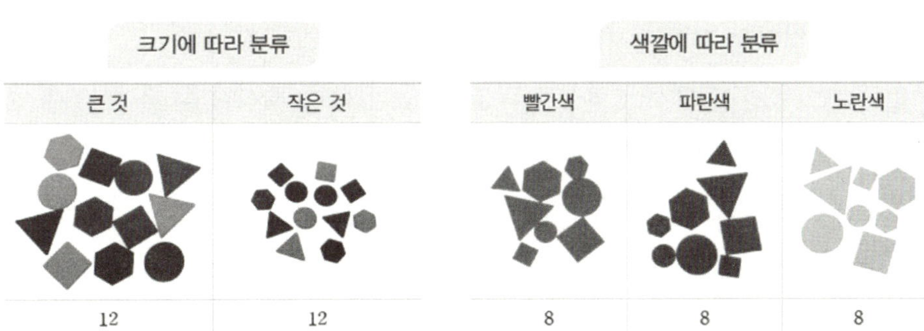

[그림 10-8] 속성에 따른 분류(교육부, 2017a, p. 270)

② 모양 만들기 활동을 통해 도형의 성질을 이해하고 공간감각 능력을 향상시킬 수 있다.

모양 속성에 주목하여 블록의 성질을 추론하고 발표하도록 함으로써 학생들은 그 모양의 이름과 성질을 분명하게 이해할 수 있으며, 이를 통해 추론 능력과 의사소통 능력을 향상시킬 수 있다. 또한 자신이 생각하는 모양을 자유롭게 만들어 보도록 함으로써 공간감각 능력과 창의적 사고력을 신장시킬 수 있다.

③ 논리곱, 논리합, 부정의 논리와 같은 논리 게임에 활용할 수 있다.

교사 또는 동료 학생의 설명을 듣고 속성블록을 찾는 활동이나 분류된 블록을 보고 공통인 속성을 찾는 활동은 논리곱, 논리합, 부정의 논리 등과 연결될 수 있으며, 이는 집합의 연산에서 교집합, 합집합, 여집합과 관련된다.

예를 들어, 교사는 학생들에게 원 모양을 모으고, 나머지는 치우도록 지시한 다음, 다시 모은 모양 중에서 노란색만 모으도록 한다면 이는 교집합과 관련된 활동이다. 이러한 활동을 통해 학생들은 논리적 추론 능력을 기를 수 있으며, 교집합의 교환법칙과 같은 수학적 구조를 이해할 수 있는 발판이 된다.

라. 칠교판(탱그램)

칠교판은 [그림 10-9]와 같이 정사각형 모양을 7개의 조각으로 나눈 것으로, 크고 작은 삼각형 5개, 정사각형 1개, 평행사변형 1개로 구성된다.

칠교판은 초등수학에서 중요하게 다루어지는 삼각형, 정사각형, 평행사변형 조각으로 이루어져 있기에, 초등학교 수준에서 다양한 활용이 가능하다. 예를 들어, 학생들은 칠교판 조각의 형태를 관찰하고 비교하고 설명하면서 삼각형, 사각형, 평행사변형과 같은 도형의 성질을 이해하고 수학적 용어를 사용하여 정확하게 표현할 수 있게 된다. 즉 칠교판은 초등학교에서 직관적이고 비형식적인 탐구를 통해 도형의 성질을 이해할 수 있으며, 조각들의 변의 길이와 각의 크기 사이의 관계를 바탕으로 공간 감각을 신장시킬 수 있다.

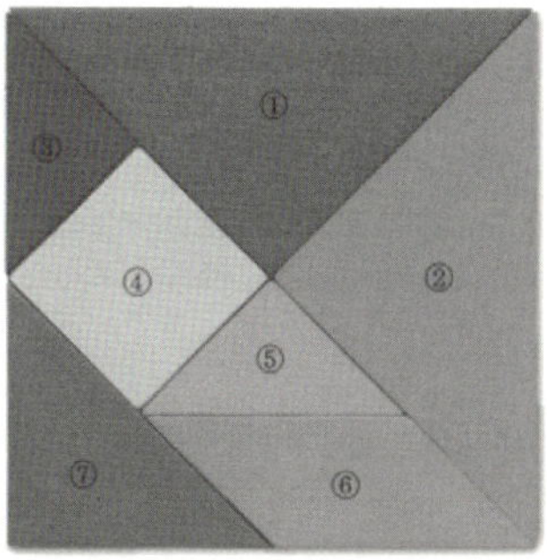

[그림 10-9] 칠교판(교육부, 2017b, p. 42)

또한 칠교판은 수학적 추론 지도, 수와 연산 지도, 측정 지도, 평면도형의 지도, 평행사변형의 넓이 공식 지도, 피타고라스 정리의 지도에 활용할 수 있다(김남희, 2000).

칠교판은 다음과 같은 내용을 학습할 때 활용될 수 있다.

① 칠교판 조각을 적절히 조합하고 배열하여 수와 연산 및 측정 도구로 활용할 수 있다.

합성하고 분해하는 활동을 통해 칠교판의 조각들 사이의 넓이 관계를 직관적으로 이해할 수 있다. 예를 들어, 가장 작은 삼각형 조각 한 개의 넓이를 1인 단위 조각으로 보았을 때, 단위 조각을 겹쳐보는 측정 활동을 통해 정사각형 조각의 넓이는 2이고, 평행사변형의 넓이도 2라는 사실을 직관적으로 추론할 수 있다. 그리고 칠교판 7조각을 모두 사용하여 만든 정사각형의 넓이는 1+1+2+2+2+4+4 =16이 된다는 사실을 추론할 수 있다.

② 여러 가지 모양을 구성하면서 공간감각과 창의적 사고력을 신장시킬 수 있다.

학생들의 수준에 따라 칠교판으로 도형을 다양하게 만들어 보고, 만든 도형을 분류하고 토론하는 과정을 통해 공간감각을 향상시키고 수학적 사고력과 태도에 긍정적인 영향을 미칠 수 있다.

[그림 10-10] 모양 만들기(교육부, 2024b, p. 51)

③ 도형의 분할 및 합성 조작을 통해 도형의 변환과 관련된 공간감각을 신장시킬 수 있다.

칠교판의 7조각으로 이루어진 정사각형 모양에서 일부 조각을 이동하여 다양한 다각형을 구성하는 활동은 초등학교에서 강조되는 밀기, 뒤집기, 돌리기의 실제적 가치를 경험하게 되고 창의력 향상에도 도움을 줄 수 있다.

기본도형	1조각 이동	2조각 이동				3조각 이동

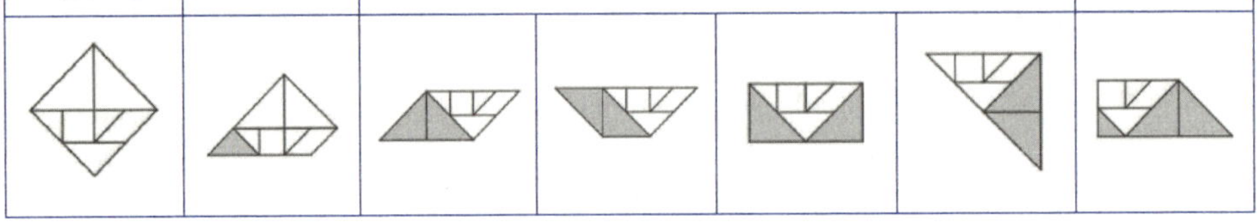

[그림 10-11] 도형의 분할과 합성(유재근 외, 2019)

마. 패턴블록(Pattern Block)

패턴블록은 1960년대 초 미국의 초등과학연구회(Elementary Science Study)에서 평면 위에서의 패턴을 탐구하기 위해 개발한 교구이며 [그림 10-12]와 같이 6개의 기본도형으로 구성되어 있다.

〈표 10-2〉 패턴블록의 구성

도형	정삼각형	정사각형	평행사변형	마름모	사다리꼴	정육각형
색깔	녹색	오렌지	파랑	갈색	빨강	노랑
개수	50	25	50	50	50	25
길이(inch)	모두 1	모두 1	모두 1	모두 1	1, 1, 1, 2	모두 1
각도	모두 60°	모두 90°	60°, 120°	30°, 150°	60°, 120°	모두 120°

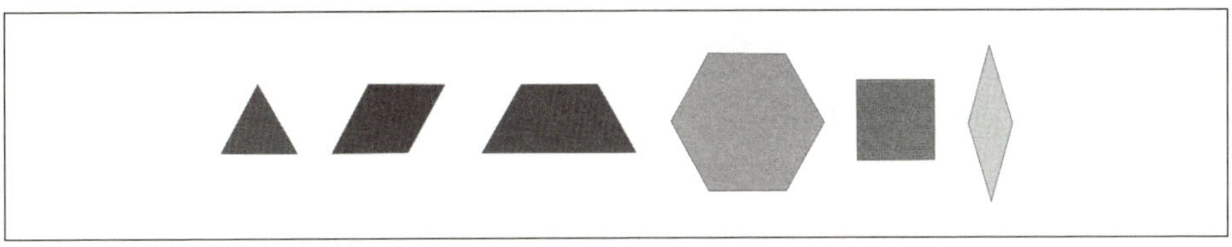

[그림 10-12] 패턴블록의 종류(교육부, 2018a, p. 307)

패턴블록은 평면도형의 합동, 대칭, 넓이, 둘레의 길이, 닮음 등의 수학적 주제를 탐구하기 위해 활용할 수 있다. 또한 패턴블록 조각의 변의 길이는 사다리꼴의 한 변의 길이만 2이고 나머지 변들의 길이는 모두 1이며, 각의 크기는 모두 30°의 배수이기 때문에 조각들을 적절히 배열하여 평면 채우기(tessellation) 활동을 할 수 있다.

패턴블록은 다음과 같은 학습 내용에 활용할 수 있다.

① 패턴블록의 조각은 변의 길이와 각의 크기가 특수하기 때문에 평면 채우기가 가능하며, 이러한 성질을 이용하여 다양한 무늬 꾸미기가 가능하다.

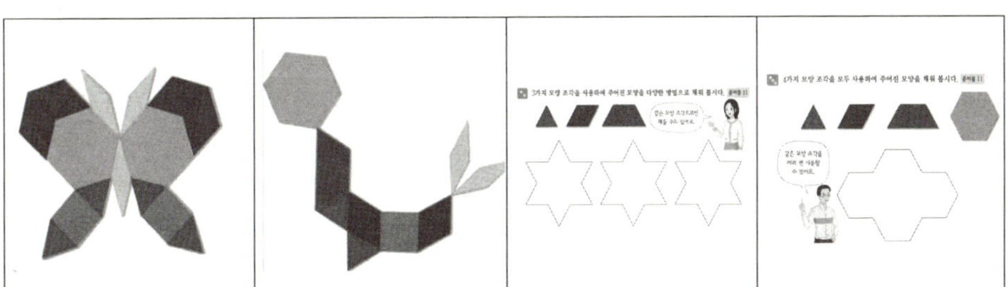

[그림 10-13] 모양 만들기와 모양 채우기(교육부, 2018c, p. 126, p. 129)

② 패턴블록은 도형들 사이의 관계를 파악하는 데 유용하다.

패턴블록 조각을 이용하여 도형 채우기 활동을 하면서 조각들의 변의 길이 사이의 관계, 각의 크기 관계, 넓이 관계 등을 파악하는 데 도움이 될 수 있다.

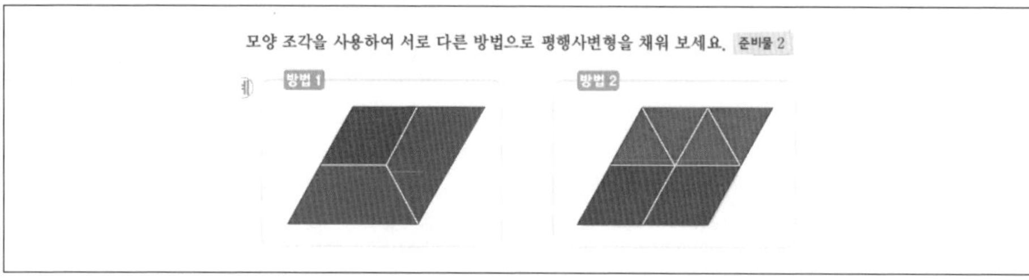

[그림 10-14] 다양한 방법으로 무늬 채우기(교육부, 2018a, p. 307)

③ 합동, 닮음, 대칭, 넓이, 길이, 패턴 등의 수학적인 주제를 탐구할 수 있다.

패턴블록 조각을 이용하여 정육각형 모양을 다양하게 구성하는 활동을 통하여 합동, 길이, 넓이 등의 관계를 탐구할 수 있고, 조각 2-3개를 조합하여 모양을 만든 후 뒤집기, 돌리기 활동을 할 수 있다.

바. 기하판

기하판(geoboard)은 판자 위에서 일정한 간격의 격자점에 못을 박은 것으로 영국의 수학교육자 가테뇨(Gattegno)가 개발하였다. 기하판은 [그림 10－15]와 같이 격자점들이 이루는 모양에 따라 정사각형, 정삼각형, 원형 등으로 구분된다.

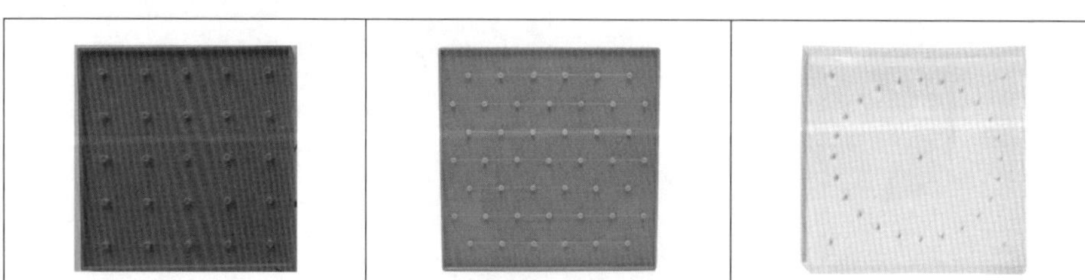

[그림 10-15] 기하판의 종류

기하판은 고무줄이나 실을 못에 걸어 다양한 도형을 구성하거나 수정할 수 있도록 고안된 것으로, 도형 학습에서 도형을 시각적으로 표현하고 구성하고 조작하면서 학생들은 개념을 쉽게 이해하고 도형의 성질을 탐구할 수 있으며 문제해결 능력을 향상시킬 수 있다는 장점이 있다. 기하판은 초등학교에서 기하학적 원리를 실험하고 이해하는 데 유용한 도구가 될 수 있으며, 또한 수학을 즐기면서 학습할 수 있는 도구가 될 수 있다.

기하판은 다음과 같은 내용을 학습할 때 활용할 수 있다.

① 기하판은 다양한 도형을 만들고 조작하면서 공간감각을 향상시킬 수 있다.

예를 들어, 삼각형, 사각형 등의 다양한 도형을 구성하면서 성질을 탐구할 수 있다.

삼각형 구성의 예	사각형 구성의 예
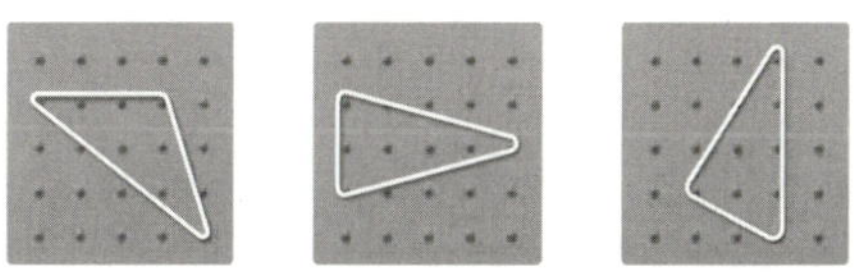	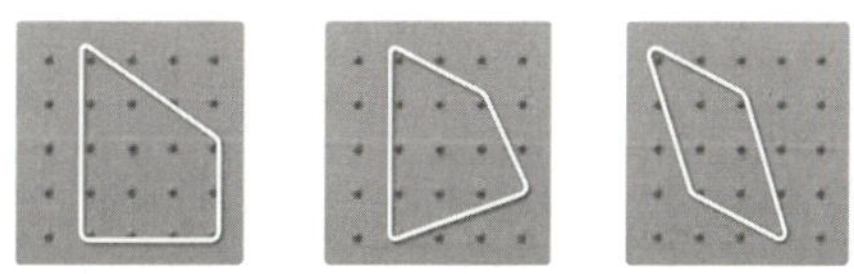

[그림 10-16] 여러 가지 다각형 만들기(교육부, 2017a, p. 154, p.158)

② 도형의 이동과 관련된 실제적인 조작 활동을 실시하면서 공간 추론 능력을 향상시킬 수 있다.

예를 들어, 도형판에 고무줄을 걸어 삼각형을 만들고 도형판을 시계방향이나 시계 반대 방향으로 90° 돌렸을 때의 모양을 예상하여 옆 도형판에 고무줄로 나타내는 활동은 공간 추론 능력과 관련된다.

③ 도형의 넓이와 둘레의 길이를 측정하는 활동을 통해 둘레, 넓이와 관련된 측정 개념을 습득할 수 있다.

예를 들어, 모눈 한 칸으로 이루어진 정사각형을 단위로 하여 직사각형의 넓이를 탐구하면서 직사각형의 넓이 공식을 유도하고 그 원리를 이해할 수 있다. 또한 기하판을 활용하여 넓이가 같은 다양한 평행사변형을 만들어 보는 활동을 통해 등적변형의 원리를 이해할 수 있다. 그리고 도형의 둘레 및 내부에 있는 못의 수 사이의 관계에서 규칙성을 찾아 피크(Pick)의 공식을 유도해 볼 수도 있다.

사. 쌓기나무

쌓기나무는 나무나 플라스틱 재질로 제작된 정육면체 모양이며, 쌓기나무를 쌓아서 여러 가지 모양의 입체도형을 만들 수 있다.

쌓기나무로 다양한 모양 만들기, 쌓은 모양을 보고 똑같은 모양 만들기, 쌓기나무로 쌓은 모양을 위, 앞, 옆에서 본 모양 알아보기 등의 탐구 활동을 통해 수학적 원리를 이해할 수 있고, 쌓기나무를 활용해 자유롭게 도형을 구성하는 활동을 통해 창의적인 사고력과 상상력을 키울 수 있다. 즉 쌓기나무 활동은 입체도형에 대한 재배열 능력과 구조 파악 능력의 향상을 위한 교육적 효과를 발휘하며 창의적 문제해결 능력이나 수학적 사고력을 증진시키는 데 활용될 수 있다.

① 쌓기나무를 사용하여 조작하고 탐구하는 활동을 통해 수학적 개념을 구체화하고 체계적인 사고 능력을 향상시킬 수 있다.

예를 들어, 쌓기나무 5개로 쌓을 수 있는 모양을 알아보는 문제를 해결하는 활동은 체계적인 사고 능력과 문제해결 능력에 도움이 될 수 있다.

[그림 10-17] 쌓기나무 5개로 모양 만들기(교육부, 2017a, p. 147)

② 쌓기나무는 겉넓이와 부피를 탐구하는 데 활용할 수 있다.

예를 들어, 직육면체의 공식을 유도하는 과정을 설명하기 위한 단위로 쌓기나무를 활용할 수 있으며, "겉넓이가 커지면 부피도 커진다"는 가설이 옳은지의 여부를 확인하기 위한 구체적 도구로 활용될 수도 있다.

직육면체의 부피 공식	부피는 같지만 겉넓이가 커지는 경우
 (직육면체의 부피) =(가로)×(세로)×(높이)	

[그림 10-18] 직육면체의 부피 공식과 부피와 겉넓이 관계 탐구(교육부, 2019a, pp. 308-309)

③ 쌓기나무로 쌓은 모양을 평면에 표현하는 활동을 통해, 입체도형과 2차원 표현 사이의 관계를 이해할 수 있다. 이와 관련된 활동으로는 투영도로 나타내기, 투영도와 위에서 본 모양으로 나타내기, 위, 앞, 옆에서 본 모양으로 나타내기 등이 있다.

투영도로 나타내기	투영도와 위에서 본 모양	위, 앞, 옆에서 본 모양
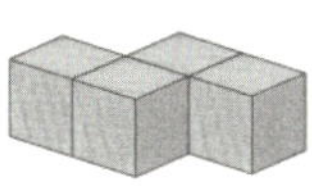		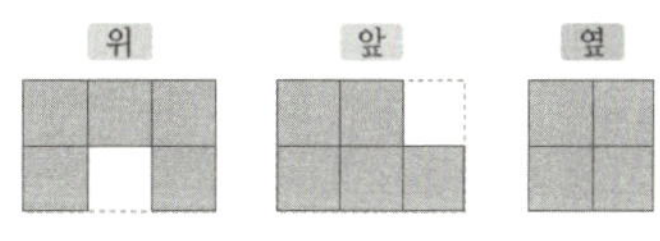

[그림 10-19] 쌓기나무로 쌓은 모양을 다양한 방법으로 표현하기(교육부, 2019b, pp. 201-202)

2 공학 도구의 활용

인공지능을 비롯한 기술 발전에 따른 디지털 및 공학 도구 활용의 중요성이 강조됨에 따라 2022 교육과정의 총론에서는 언어·수리 소양과 더불어 디지털 소양을 기초소양으로 규정하고 총론과 교과에 반영하도록 요구하고 있다. 디지털 소양이란 '디지털 지식과 기술에 대한 이해와 윤리 의식을 바탕으로, 정보를 수집·분석하고 비판적으로 이해·평가하여 새로운 정보와 지식을 생산·활용하는 능력'으로 빠르게 변해가는 미래 사회의 인재에게 필수적인 소양이다(교육부, 2021). 2022 개정 수학과 교육과정에서는 디지털 기초 소양을 함양하기 위해 수와 연산, 변화와 관계, 도형과 측정, 자료와 가능성 모든 영역에서 내용 특성에 따라 공학 도구를 선택한 효율적인 교수·학습을 통해 학생들의 디지털 소양이 신장될 수 있도록 구성하였다(교육부, 2022).

또한 2022 개정 수학과 교육과정에서는 정보처리 역량으로 다음 사항을 강조하였다.

- 실생활 및 수학적 문제 상황에서 자료를 탐색하고 수집하며 수학적으로 처리하여 합리적인 의사결정을 하는 태도를 기르게 한다.
- 교구나 공학 도구를 활용하여 추상적인 수학 내용을 시각화하고 수학의 개념, 원리, 법칙에 대한 직관적 이해와 논리적 사고를 돕는다.
- 학생이 주도적으로 교구나 공학 도구를 활용하여 탐구하게 한다.
- 계산 기능 함양을 목표로 하지 않는 교수·학습 상황에서는 복잡한 계산을 할 때 공학 도구를 이용할 수 있게 한다.

이런 방향에 맞춰 다양한 구체적 조작물인 교구 대신에 PC 또는 모바일 환경에서 유사하게 조작할 수 있는 스마트 교구를 제공하여 활용할 수 있도록 하였다.

교구명	교구 소개	권장 사용 단원
연결 모형	여러 가지 색의 큐브 형태로 제작되어 있고 각 연결 모형 간의 결합, 분해, 회전 등의 기능을 구현하여 수 세기, 규칙 찾기 등의 활동에 사용할 수 있다.	1학년 1학기: 1단원, 3단원, 5단원, 수학이랑 함께해요 1학년 2학기: 수학을 만나요, 1단원, 2단원, 4단원 2학년 1학기: 3단원, 6단원
십 배열판	가로 5칸×세로 1칸의 5개 칸 또는 가로 5칸×세로 2칸의 10개 칸으로 구성된 틀에 ● 모양의 칩을 채워 나가며 수를 셀 수 있고 10개가 넘어가면 십 배열판 밖으로 묶음과 낱개가 구분되어 자릿값을 탐구하는 활동에 사용할 수 있다. 덧셈과 뺄셈의 개념을 이해하는 활동에도 사용할 수 있다.	1학년 1학기: 1단원, 3단원, 5단원 1학년 2학기: 1단원, 2단원, 4단원, 6단원 2학년 1학기: 3단원
수 카드	0부터 9까지의 수 카드로 구성되어 있으며 앞면에는 수가 있어서 수 카드를 활용한 놀이 활동에 사용할 수 있다.	1학년 1학기: 1단원, 3단원 1학년 2학기: 수학을 만나요, 2단원, 4단원
수 세기 칩	● 모양의 칩을 하나씩 끌어서 놓은 것이 10개가 되면 하나로 모을 수 있고 모은 것을 낱개로 가를 수도 있다. 수 세기 활동 등에 사용할 수 있다.	1학년 1학기: 5단원 1학년 2학기: 1단원
수 모형	1, 10, 100, 1000을 나타내는 수 모형을 끌어서 놓아 수를 표현할 수 있으며 각각의 수 모형을 결합, 분해하면서 수 세기 또는 자릿값의 개념을 탐구하는 데 사용할 수 있다. 덧셈과 뺄셈의 개념을 이해하는 활동에도 사용할 수 있다.	1학년 2학기: 1단원, 6단원 2학년 1학기: 수학을 만나요, 1단원, 3단원 2학년 2학기: 1단원
수 배열표	가로 칸과 세로 칸을 원하는 대로 구성할 수 있고 수 배열표 안에 수가 채워지는 방향에 따라 원하는 수 배열표를 만들 수 있다. 수 배열표의 각 칸을 여러 가지 색으로 색칠하거나 ○를 하면서 규칙성을 탐구할 수 있다.	1학년 1학기: 5단원 1학년 2학기: 1단원, 5단원 2학년 1학기: 수학을 만나요, 1단원, 3단원
자릿값 모형	1, 10, 100, 1000을 나타내는 모형을 가르거나 모으는 활동을 통해 자릿값의 개념을 탐구하는 데 사용할 수 있다.	2학년 1학기: 1단원 2학년 2학기: 1단원
수직선	0부터 시작하여 특정 수까지, 또는 특정 수부터 특정 수까지의 수직선을 만들 수 있고 왼쪽에서 오른쪽으로 일정하게 뛰어 세거나 오른쪽에서 왼쪽으로 일정하게 뛰어 세기 활동을 통해 수 감각이나 수의 규칙을 탐구하는 데 사용할 수 있다.	2학년 1학기: 3단원, 6단원 2학년 2학기: 1단원
자릿값 카드	1, 10, 100, 1000의 자리에 맞게 칸이 구분되어 있으며 각 자릿값에 들어갈 수를 설정하여 1, 10, 100, 1000 자릿값의 분해와 결합을 통해 자릿값의 개념을 탐구하는 데 사용할 수 있다.	2학년 1학기: 1단원 2학년 2학기: 1단원
색 막대	1 cm, 2 cm, 3 cm, ……, 10 cm 크기로 구분된 색 막대를 끌어서 놓은 후 색 막대의 길이를 몇의 몇 배로 나타내는 데 사용할 수 있다.	2학년 1학기: 6단원

교구명	교구 소개	권장 사용 단원
수 구슬	빨간색 구슬 5개와 흰색 구슬 5개가 한 줄에 있고 수 구슬 세트를 늘리거나 줄일 수 있다. 구슬을 왼쪽 또는 오른쪽으로 움직이면서 수 감각, 덧셈과 뺄셈, 자릿값 등을 탐구하는 데 사용할 수 있다.	1학년 2학기: 4단원 2학년 1학기: 3단원
쌓기나무	정육면체 모양의 쌓기나무로 쌓은 모양을 확대, 축소할 수 있다. 쌓기나무를 쌓거나 제거하면서 쌓은 모양을 탐구하는 데 사용할 수 있다.	1학년 1학기: 3단원 2학년 1학기: 2단원, 6단원 2학년 2단원: 6단원
분류 조각	사각형, 삼각형, 원 모양의 속성과 여러 가지 색의 속성, 크기의 속성을 자유롭게 선택하여 도형을 분류하거나 규칙을 탐구하는 데 사용할 수 있다.	1학년 2학기: 3단원 2학년 1학기: 5단원
입체도형	상자 모양(직육면체), 기둥 모양(원기둥), 공 모양(구)의 입체 형태로 구현하여 화면을 돌리거나 확대, 축소하면서 쌓은 모양을 탐구하는 데 사용할 수 있다.	1학년 1학기: 2단원, 수학이랑 함께해요
도형판	도형판에 고무줄을 걸어 평면도형을 만드는 활동으로 직사각형, 정사각형, 원 모양의 격자로 구성되어 있다. 다양한 평면도형을 만들고 탐구하는 데 사용할 수 있다.	2학년 1학기: 2단원
점판	스마트 도구를 사용하여 점과 점을 이어 평면도형을 만드는 활동으로 정사각형 모양과 직사각형 모양의 점판으로 구성되어 있다. 다양한 평면도형을 만들고 탐구하는 데 사용할 수 있다.	2학년 1학기: 2단원
칠교판	교과서에 제시된 다양한 예시 작품을 그림자로 제시하고 칠교 조각을 사용하여 모양을 채워 보는 활동으로 도형의 밀기, 뒤집기, 돌리기를 탐구하는 데 사용할 수 있다.	2학년 1학기: 2단원
모형 시계	아날로그시계로 분침이 이동함에 따라 시침이 연동하여 움직이는 시계와 분침과 시침을 자유자재로 조작할 수 있는 시계로 구성된다. 아날로그시계는 디지털시계와 연동되어 아날로그시계의 시각을 디지털시계로 확인할 수 있다.	1학년 2학기: 3단원 2학년 2학기: 수학을 만나요, 4단원
주사위	육면체 주사위와 십면체 주사위를 굴려서 주사위의 눈의 수를 확인할 수 있다. 여러 개의 주사위를 굴렸을 때 주사위의 눈의 수의 합을 구할 수 있고 주사위 놀이 활동에 사용할 수 있다.	1학년 2학기: 2단원 2학년 1학기: 6단원
빙고판	3×3표와 4×4표를 선택할 수 있고 표에 원하는 대로 수를 써넣어 빙고판을 완성할 수 있다. 빙고판의 각 칸을 색칠하거나 ○를 하면서 빙고 놀이를 할 수 있다.	1학년 2학기: 수학을 만나요, 4단원, 6단원

출처: 교육부, 2024a, pp. 126-127

여기서는 먼저 알지오매스와 엔트리에 대해 살펴보고, 계산기와 인공지능을 활용한 수학교육에 대해서도 알아보고자 한다.

가. 알지오매스

알지오매스(AlgeoMath)는 Algebra(대수), Geometry(기하), Mathematics(수학)를 합성한 용어이고, 한국과학창의재단이 교육부와 17개 시・도 교육청과 공동으로 개발하였으며, 초・중・고에서 학생들이 이 소프트웨어를 활용하여 그래프의 개형이나 도형의 성질을 관찰하고 탐구하여 수학 학습이 용이하게 이루어지도록 하기 위한 목적으로 개발된 대수 및 기하 학습용 디지털 공학 도구이다. 알지오매스는 공식 홈페이지(http://www.Algeomath.kr)에 접속하여 사용할 수 있으며, 모바일에서도 구동할 수 있다.

알지오매스의 주요 메뉴는 도형 작도와 블록코딩이 가능한 '알지오 도형', 작도와 도형을 문서를 통해 구체화할 수 있는 '알지오 문서', 이를 공유하고 소통하는 '알지오 모둠'으로 구분할 수 있다. 알지오 도형의 작도 기능은 각도기, 자, 컴퍼스 등을 사용하여 종이에 그리던 활동을 컴퓨터 화면에서 할 수 있도록 구현되어 있으며, 블록코딩 기능은 툴박스의 블록을 작업공간에 끌어다 놓아 퍼즐을 맞추며 코딩을 익힐 수 있게 한다. 알지오 문서는 앞에 언급한 알지오 도형으로 만든 결과물을 문서로 작성하는 도구이며, 동영상이나 이미지를 추가할 수 있고 작성한 문서를 바로 알지오 문서에 업로드하여 공유할 수 있다. 마지막으로 알지오 모둠은 학생, 교사 모두가 개설할 수 있는 학습 커뮤니티이다(곽소정, 권지은, 2021).

알지오매스는 도형 학습에 편리함을 제공하면서 효율적인 탐구 환경을 제공해준다. 또한 인터넷 환경에서 자유롭게 접속하여 조작 활동을 할 수 있기에 교실 상황에서 작도와 관련된 물리적 한계를 극복할 수 있다.

알지오매스는 초등학생용인 알지오매스 키즈와 중등용인 알지오매스가 있는데, 이 중 알지오매스 키즈를 중심으로 살펴보겠다. 알지오매스 키즈의 2D 화면은 [그림 10-20]과 같으며, 화면의 왼쪽에 블록코딩 도구와 기본도구가 있다. 알지오매스 키즈의 초기화면에서 아이콘 위에 마우스를 위치시키면 해당 아이콘의 기능에 대한 설명이 나타나며, 마우스 왼쪽을 클릭하여 각 기능을 이용할 수 있다.

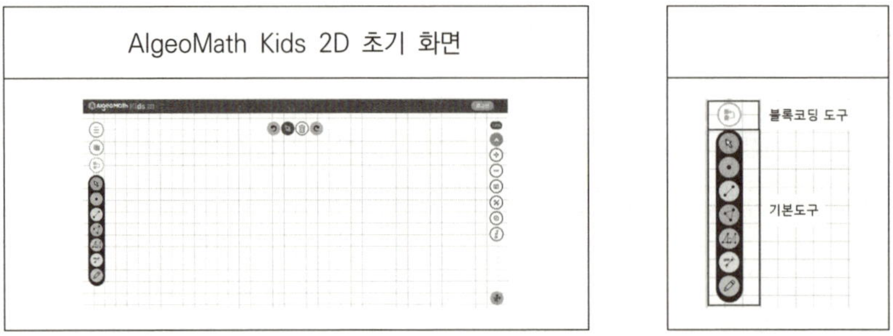

[그림 10-20] 알지오매스 키즈의 초기 화면

① 도형의 이동에 대한 활동이 가능하다.

이동과 관련된 활동인 밀기, 뒤집기, 돌리기 활동을 할 수 있다. 뒤집기 활동의 예는 〈표 10-3〉과 같다.

〈표 10-3〉 알지오매스 키즈를 이용한 뒤집기 활동

삼각형을 그리기	뒤집기 기준 선분 그리기	뒤집기
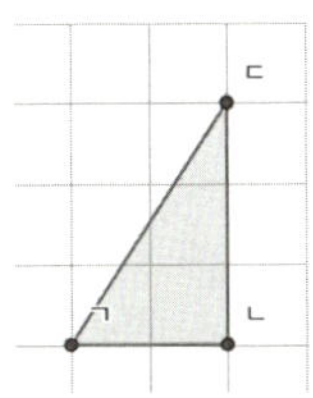	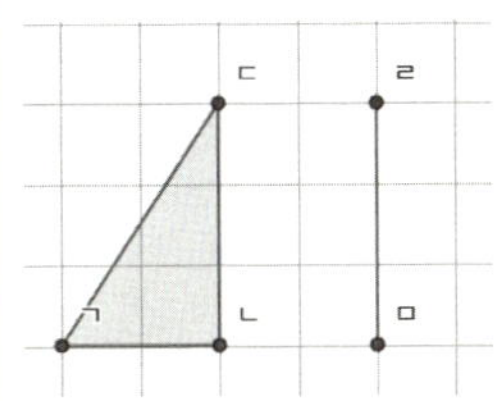	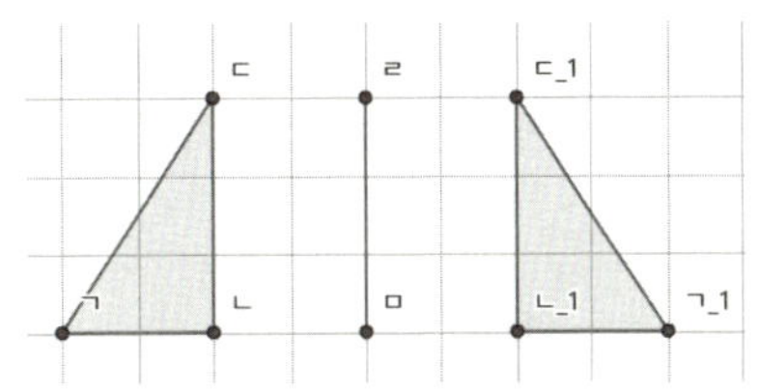
삼각형 그리기: (기본도구 → 삼각형 → 자유로운 삼각형)을 선택하여 삼각형의 세 꼭짓점을 차례로 클릭 뒤집기 기준 선분 그리기: (기본도구 → 선분)을 선택하여 선분의 두 점을 차례로 클릭 뒤집기: (기본도형 → 뒤집기)를 선택하고, 삼각형 ㄱㄴㄷ을 클릭하고 선분 ㄹㅁ 클릭		

② 선분의 길이, 각의 크기, 넓이와 관련된 측정 활동을 할 수 있으며, 이를 이용하여 도형의 성질을 탐구할 수 있다. 선분의 길이를 측정하는 예는 다음과 같다.

〈표 10-4〉 알지오매스 키즈를 이용한 측정 활동

삼각형을 그리기	길이 측정	길이 표시	넓이 표시
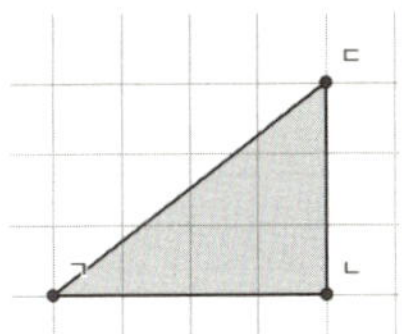	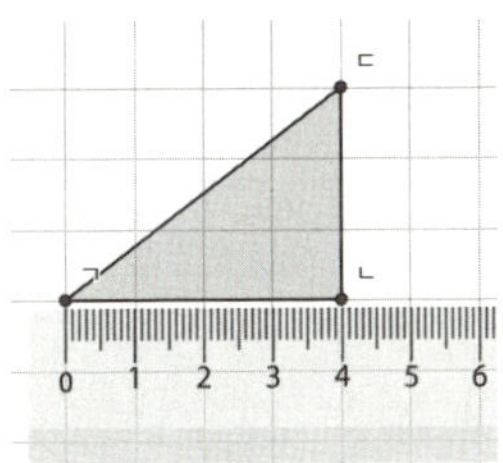	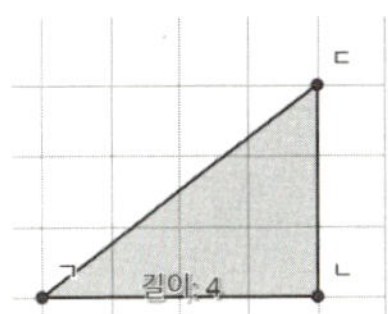	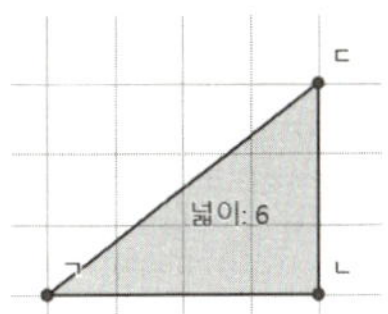
삼각형 그리기: (기본도구 → 삼각형 → 자유로운 삼각형)을 선택하여 삼각형의 세 꼭짓점을 차례로 클릭 길이 측정: (기본도구 → 길이)를 선택하고 선분을 클릭 길이 표시: 자가 보이는 상태에서 선분을 다시 클릭 넓이 표시: (기본도구 → 넓이)를 선택하고 삼각형 ㄱㄴㄷ을 선택			

③ 알지오매스 키즈 3D의 초기 화면은 [그림 10-21]과 같다.

AlgeoMath Kids 3D 초기 화면

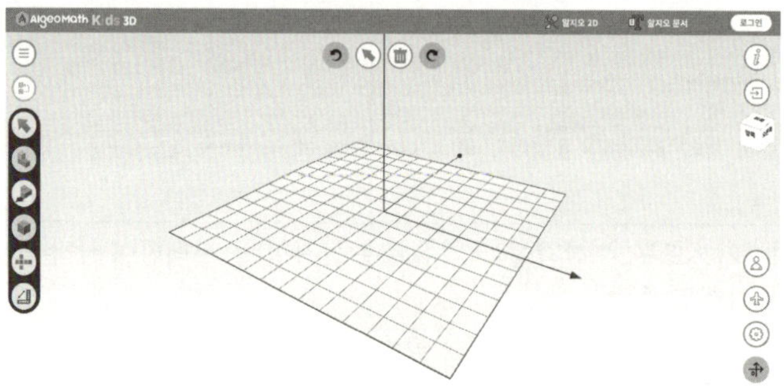

[그림 10-21] 알지오매스 키즈 3D 초기 화면

기본도구에는 쌓기나무, 연결큐브, 각기둥 및 각뿔, 전개도, 겉넓이와 부피 측정 등이 있다. 이 중 쌓기나무를 이용하여 쌓기나무 활동을 하고 위, 앞, 옆에서 본 모양을 관찰할 수 있다.

〈표 10-5〉 쌓기나무 활동과 위, 앞, 옆에서 본 모양

쌓기 나무 쌓기	위에서 본 모양	앞에서 본 모양	옆에서 본 모양
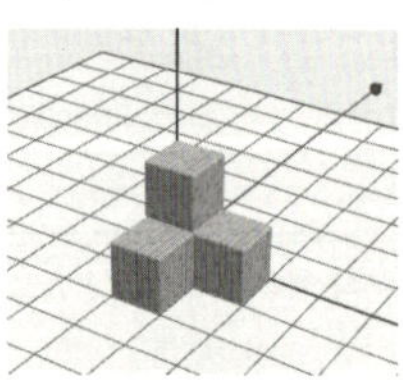	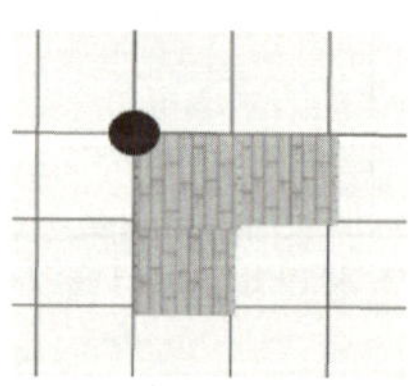	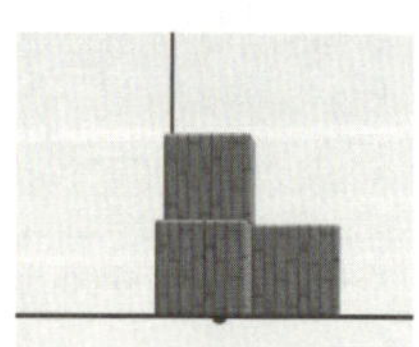	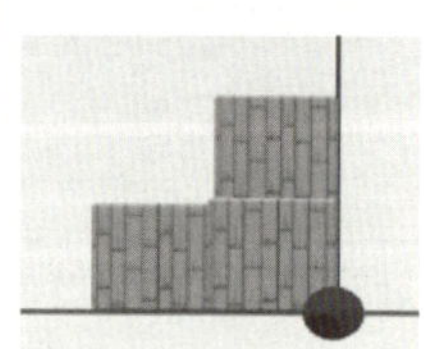

쌓기나무 쌓기: (기본도구 → 쌓기나무)를 선택하여 모양을 구성
'한 방향에서 보기' 기능을 이용: 위, 앞, 옆에서 본 모양을 관찰할 수 있음.

④ 알지오매스의 블록코딩 도구를 이용하여 다양한 모양을 구성하고, 여러 문제 상황을 해결하기 위한 도구로 활용할 수 있다.

블록코딩(Block Coding)은 텍스트 기반 코딩 대신에 블록을 끌어 놓는 방식으로 프로그래밍하는 것이다. 텍스트 기반 코딩 방식은 전문가 수준에서 활용되는 데 비해, 블록코딩은 변수, 반복문, 조건문에 대한 개념을 시각적이고 직관적으로 코딩할 수 있도록 설계되어 있기에 텍스트 기반 코딩을 학습하기 위한 기초적인 이해를 도울 수 있다.

알지오매스의 블록코딩은 학교수학의 내용을 기초로 설계되었기에 이 기능을 활용하여 여러 가지 블록을 조합하고 배열하면서 학교수학의 여러 문제를 해결하고 탐구할 수 있다. 학생들은 자신이 만든 코딩 결과를 직접 실험하고 수정하면서 학습할 수 있기에 활동적이고 역동적인 학습이 가능하며, 자기 주도적인 학습이 가능하고 이를 바탕으로 수학적 사고를 심화시킬 수 있다. 반복문을 활용하여 정삼각형과 별 모양을 만드는 블록코딩의 예는 다음과 같다.

정삼각형 만들기	별 모양 만들기
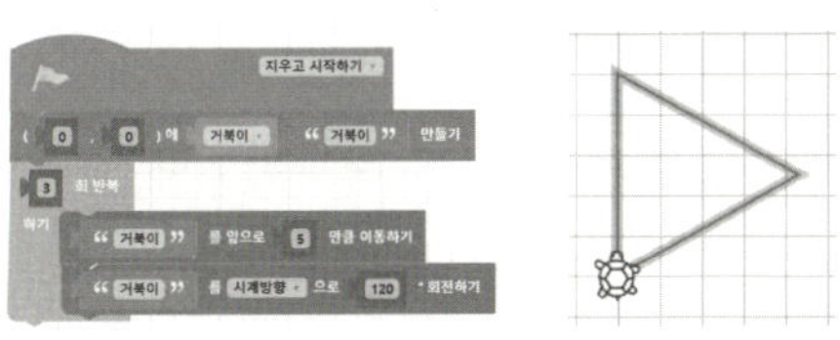	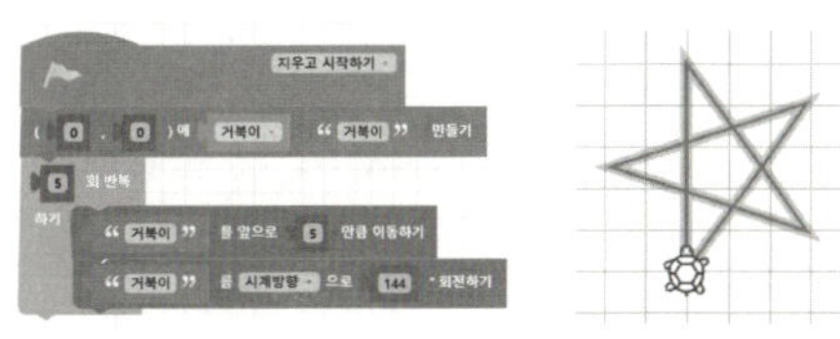

[그림 10-22] 블록코딩을 이용하여 모양 그리기

이러한 활동을 통해 변과 각의 개념을 이해할 수 있고, 반복의 횟수와 각의 크기를 변화시키면서 만들어지는 도형을 관찰하고 예측하면서 창의적인 사고력과 논리적 사고력을 신장시킬 수 있다.

나. 엔트리

엔트리는 초등학생과 중고등학생을 위해 교육용으로 개발된 무료 프로그래밍 도구이며, 명령어 블록을 연결하고 조합하여 애니메이션과 같은 다양한 작품을 만들고 공유할 수 있다.

엔트리는 오브젝트라고 하는 객체의 동작과 형태를 다루는 프로그래밍이다.

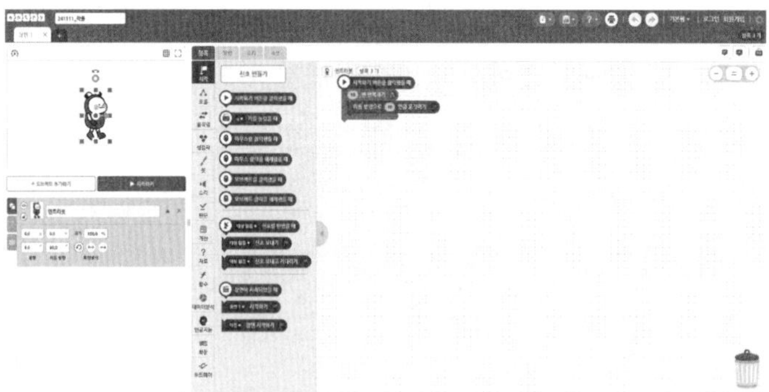

[그림 10-23] 엔트리 초기 화면

또한 엔트리를 활용하여 블록코딩을 작성하고 이를 물리적 하드웨어에 적용하여 실행할 수 있다. 엔트리에 연결 가능한 물리적 하드웨어로는 로봇형, 모듈형, 보드형이 있다.

엔트리는 수학 및 과학뿐만 아니라 음악, 미술, 사회 등 다양한 교과에서 활용할 수 있기에 융합적 활용이 가능하며, 물리적 하드웨어가 실행한 결과를 관찰하고 탐구함으로써 창의적 사고력을 계발할 수 있다.

엔트리를 활용하여 '좌우대칭인 도형'을 실행하는 예는 [그림 10-24]와 같다.

[1단계]	오브젝트 화면
□ 오브젝트 추가하기를 이용하여 '대칭축'과 '연필'을 추가 □ 대칭축은 '오브젝트 추가하기' → '새로 그리기' 메뉴를 이용하여 만듦. □ 연필은 '오브젝트 추가하기' → '오브젝트 선택' → '물건' 클릭하여 연필 선택한 후 크기 조정	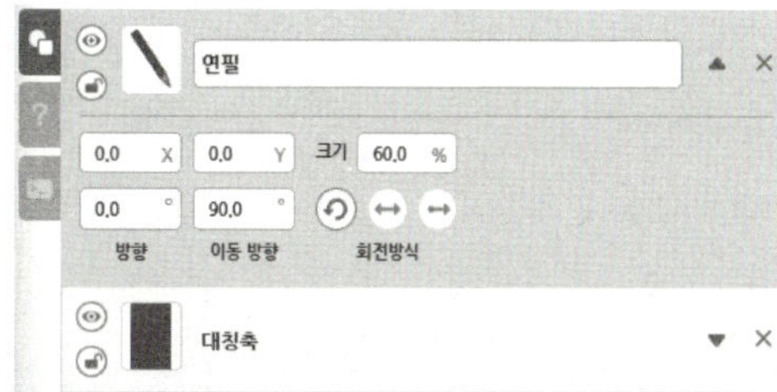
[2단계]	**'연필' 오브젝트의 코딩 화면**
□ '연필' 오브젝트 선택 후 '블록'에서 코딩을 실시	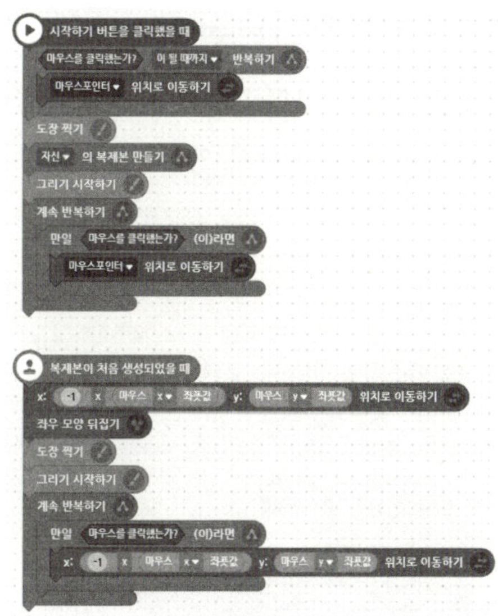
[3단계]	**실행 화면**
□ '시작하기'를 클릭하고 마우스를 클릭하여 적당히 다각형을 그리면 좌우 대칭인 도형이 완성됨.	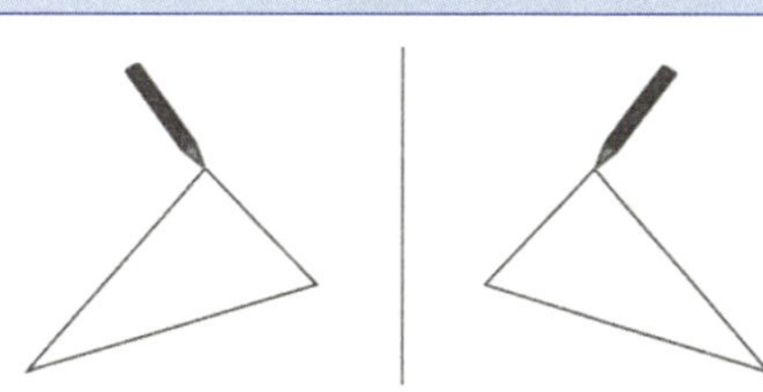

[그림 10-24] 좌우 대칭인 도형 실행하기

다음으로 엔트리와 연결 가능한 로봇형 하드웨어인 햄스터에 대해 살펴보자.

[그림 10-26] 햄스터

햄스터는 블루투스로 PC 또는 모바일과 무선 연결 가능한 큐브 모양의 미니 로봇이다. 햄스터에는 다양한 센서(근접, 가속도, 온도, 밝기)와 2개의 LED, 스피커 등이 부착되어 있으며 이를 이용해 다양한 동작을 실행할 수 있도록 만들어졌다.

여기서는 PC 환경에서 엔트리를 실행시킨 후 햄스터를 연결한 상태에서, 정해진 경로를 따라 햄스터가 움직이도록 코딩한 예와 햄스터에 부착된 근접 센서와 LED를 이용해 코딩한 예를 소개하면 〈표 10-6〉과 같다.

〈표 10-6〉 햄스터를 이용한 코딩

코딩 예	동작
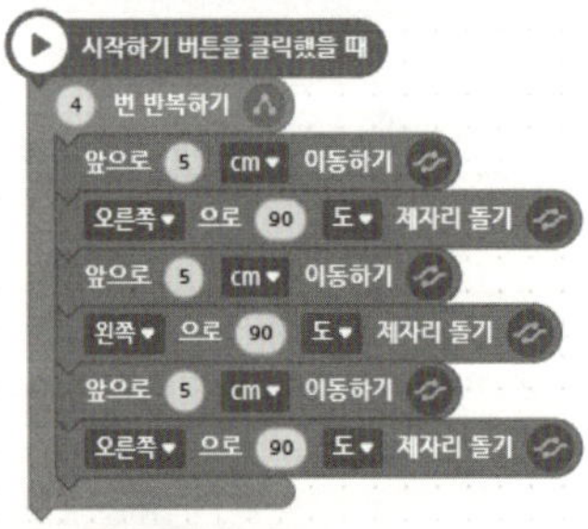	□ 시작하기 버튼을 클릭하면 햄스터는 화살표 방향으로 다음 모양을 그리면서 움직인다. 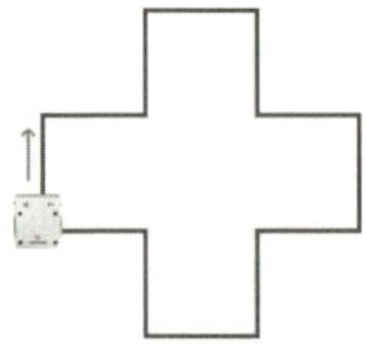
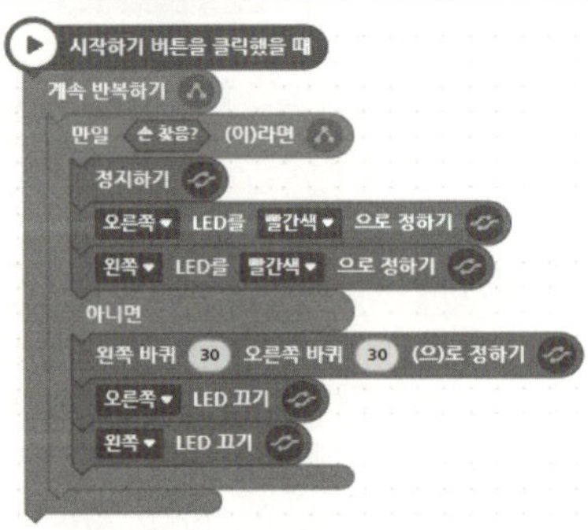	□ 시작하기 버튼을 클릭하면 햄스터는 앞으로 진행한다. □ 앞으로 진행하는 햄스터 앞에 손바닥을 가져가면 햄스터는 멈추면서 좌우 LED는 빨간불을 켠다. □ 다시 손바닥을 치우면 햄스터는 앞으로 진행하면서 좌우 LED는 끈다.

블록코딩을 활용한 교육적 효과는 다음과 같다.

블록코딩은 수학적 문제나 기하학적 문제를 해결할 때, 학생들은 자동화된 계산, 도형의 변형, 패턴 생성 등을 프로그래밍하면서 단계적 사고와 알고리즘적 사고를 거치며 논리적 사고를 훈련하는 데 효과적이다. 또한 코딩한 것을 실행하였을 때 예상한 방식으로 동작하지 않았다면 사용한 블록이 부적절한지 또는 블록의 순서가 잘못되었는지를 점검하면서 논리적 오류를 수정하는 과정을 통해 반성적 사고를 할 수 있다.

블록코딩은 수학과 과학, 컴퓨터 및 다른 교과와의 융합을 위한 교육 환경을 제공한다.

도형이나 패턴을 다루는 과정에서 프로그래밍을 통해 컴퓨터의 기본 원리와 정보처리 방법을 이해하게 되며, 물리적 도구와 연결하여 코딩하고 실험하고 탐구하면서 융합적인 이해를 도울 수 있다. 또한 모둠별로 과제를 제시하고, 블록코딩을 이용해 모둠별로 협력하여 문제를 해결하도록 할 수 있다. 학생들은 협력학습을 통해 의사소통 능력을 향상시킬 수 있다.

• 토의 과제: 알지오매스와 엔트리 비교하기

토의 1. 알지오매스와 엔트리를 서로 비교하여 알지오매스의 장점과 엔트리의 장점을 각각 제시하시오.

토의 2. 알지오매스를 이용하여 수업하였을 때 효과적인 초등학교 내용을 선정하고, 선정 이유와 지도 방법을 설명하시오.

토의 3. 엔트리를 이용하여 수업하였을 때 효과적인 초등학교 내용을 선정하고, 선정 이유와 지도 방법을 설명하시오.

다. 계산기

초등학교 수학에서 수와 연산 영역은 상당히 비중 있게 다루어지며, 특히 기본 계산 능력은 수학적 개념과 원리를 이해하는 기초가 된다. 따라서 전통적으로 초등학교 수학에서 계산 능력의 숙달에 많은 시간을 할애하였다. 하지만 계산 처리 기능이 강력한 계산 도구가 발달하면서 계산기는 일상적으로 널리 이용되었으며 학교 수학에도 영향을 미치게 되었다.

초등학교 수학에서 기본 계산 능력은 수 세기, 수의 분해와 합성, 자릿값 개념과 관련될 뿐 아니라 사칙연산의 원리와 수학적 구조를 이해하기 위한 기초가 되기에 수 감각 형성에 중요한 요소로 인식되고 있다. 따라서 기본적인 계산 기능을 숙달하는 것은 교육적으로 여전히 중요하게 인식되고 있다. 하지만 표준화된 계산 알고리즘을 단순히 기계적으로 적용하여 신속하고 정확하게 정답을 산출하는 능력은 지양해야 할 방향으로 인식되고 있으며, 이와 관련하여 2022 개정 수학과 교육과정에서는 "계산 기능 함양을 목표로 하지 않는 교수·학습 상황에서는 복잡한 계산을 할 때 공학 도구를 이용할 수 있게 한다."라고 기술하고 있다.

즉 학교 수학에서는 단순히 계산 기능을 숙달하는 데서 벗어나 능동적이고 발견적인 탐구를 위한 학습이 이루어지도록 하여야 한다. 단순 계산 기능의 함양 목표가 아닌 수학적 사고력을 토대로 창의력을 발휘해야 하는 상황에서는 계산기와 같은 공학 도구를 활용할 수 있으며, 이 경우 다음과 같은 장점을 얻을 수 있다.

첫째, 계산 결과의 규칙성을 관찰하여, 복잡한 계산 결과를 예측하고 적용하여 수학적 추론 능력을 향상시킬 수 있다.

예를 들어, 계산기를 사용하여 '34×34=, 334×334=, 3334×3334='를 계산하고, 구한 답의 규칙과 패턴을 추론하여 '333334×333334='의 계산 결과를 예측하고 일반화하여 정답을 산출함으로써 문제해결력을 증진시킬 수 있다.

둘째, 계산 결과를 기계적으로 적용하기보다는 상황에 맞는 해결 전략을 탐색함으로써 계산 결과와 문제 상황 사이의 관계에 집중하여 진정한 문제해결 활동을 할 수 있다.

예를 들어, 다음과 같은 문제를 해결하기 위해 계산기를 사용하여 '142÷8=17.75'를 산출하였을 때, 문제 상황을 이해하여야 정답은 '17.75'가 아닌 '18번'이 됨을 설명할 수 있다.

> 등산객 142명이 전망대에 오르려고 케이블카 앞에 줄을 서 있습니다. 케이블카 한 대에 탈 수 있는 정원이 8명일 때 케이블카를 최소 몇 번 운행해야 합니까?

셋째, 문제를 해결하는 가운데 발생하는 복잡한 계산 때문에 시간과 노력을 허비하는 대신에, 본래의 학습 목표에 집중하면서 수업 전반을 통찰할 수 있다.

예를 들어, 원주율에 대해 학습할 때 여러 물건의 원주와 지름을 재고 (원주)÷(지름)을 지필에 의해 계산한다면, 원래의 학습 목표인 원주율에 주목하지 못하는 현상이 발생할 수 있다. 따라서 교과서에서는 [그림 10-26]과 같이 계산기 아이콘을 첨가하여 계산기의 활용을 권장하고 있다.

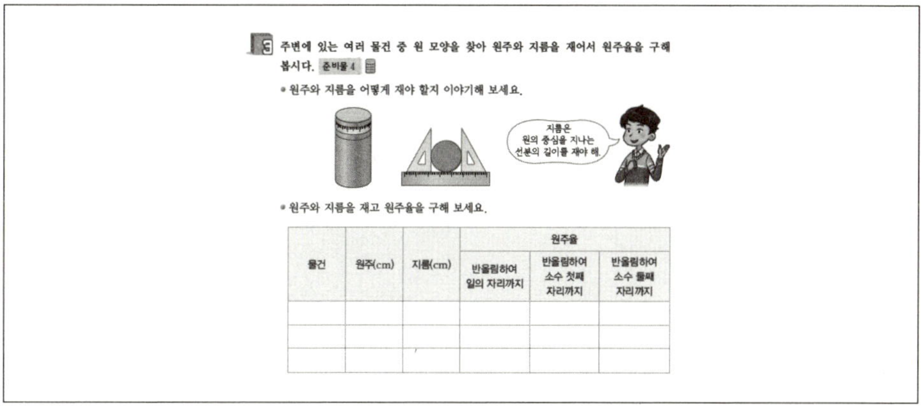
3 주변에 있는 여러 물건 중 원 모양을 찾아 원주와 지름을 재어서 원주율을 구해 봅시다. 준비물 4

* 원주와 지름을 어떻게 재야 할지 이야기해 보세요.

* 원주와 지름을 재고 원주율을 구해 보세요.

물건	원주(cm)	지름(cm)	원주율		
			반올림하여 일의 자리까지	반올림하여 소수 첫째 자리까지	반올림하여 소수 둘째 자리까지

[그림 10-26] 계산기를 이용한 원주율 계산(교육부, 2019c, p. 95)

또 다른 예로는 [그림 10-27]과 같은 문제 상황을 생각해 볼 수 있다. 이 문제를 해결하기 위해서는 계산에 집중하기보다 참가권을 받을 학생을 선택하는 기준과 방법에 집중할 필요가 있다. 학생들은 여러 기준과 방법을 다양하게 고려하고 그 타당성을 검토하고 각 방법에 맞는 다양한 정답을 산출하고 비교하면서 확산적 사고를 경험할 수 있다.

아이스 쇼 참가권 1장을 받기 위해 준기, 슬기, 연수, 지혜가 대회에 참가했습니다. 평가 결과를 보고, 아이스 쇼 참가권을 받게 될 친구를 선택해 봅시다.

평가 결과

심사 위원 / 이름	심사 위원 1	심사 위원 2	심사 위원 3	심사 위원 4	심사 위원 5
준기	94	91	88	96	91
슬기	96	85	93	94	92
연수	94	97	93	95	81
지혜	91	90	94	92	93

[그림 10-27] 다양한 방법으로 참가권을 받을 학생 선택하기(교육부, 2019c, p. 140)

결론적으로 계산기를 이용한 활동은 단순히 계산을 신속하게 처리하는 것 이상의 가치를 제공할 수 있다. 즉 실험하고 탐구하는 수학적 활동을 통해 다양한 측면에서 수학교육의 목표를 달성할 수 있으며, 계산기는 학생들이 수학을 깊이 있게 이해할 수 있는 도구로 활용될 수 있다. 이를 통해, 수학적 사고를 자극하고 문제해결력, 창의력을 신장시키는 데 기여할 수 있다. 다만, 계산기의 활용은 기본 계산 기능을 훼손하지 않는 범위에서 조심스럽게 활용해야 함을 유의해야 한다.

라. 인공지능(Artificial Intelligence)과 수학교육

인공지능은 인간이 가지고 있는 지적 능력을 소유한 컴퓨터 시스템이며, 인간이 사고하는 방법을 구현한 것이다.

1956년 영국 다트머스 회의(Dartmouth Conference)에서 기계가 인간처럼 학습하고 발전할 수 있는지에 대한 토론이 열렸으며, 인공지능이란 용어가 처음 사용되었다. 1980년대에는 사람이 입력한 규칙을 기반으로 자동 판정을 내리는 시스템이 등장했으며, 1990년대 들어서 스스로 규칙을 찾아 학습하게 된다. 2006년 AI 기술을 대표하는 알고리즘인 딥러닝(Deep Learning)의 기초 개념이 정립되었으며, 2010년 이후 딥러닝은 급속도로 성장하게 된다. 2016년 구글 딥마인드가 딥러닝 알고리즘과 강화학습, 몬테카를로 트리 탐색 알고리즘을 결합해 개발한 알파고가 전문바둑기사 이세돌을 4승 1패로 꺾으며 AI 시대의 시작을 알린 신호탄이 되었다. 2022년 말 오픈 AI는 거대언어모델(LLM) GPT 3.5를 탑재한 Chat GPT를 출시하면서 생성형 AI(Generative AI)의 시대를 열게 되었다. 생성형 AI는 인간의 고유 영역으로만 여겨지던 창작의 영역에 침투하여 다양한 포맷의 수준 높은 콘텐츠를 생성할 수 있다. 데이터를 바탕으로 예측하거나 분류하는 딥러닝의 수준을 넘어 사용자의 요구에 따라 LLM이나 다양한 이미지 생성 모형을 활용해 스스로 결과물을 생성하는 것이 특징이다. 오픈 AI는 2023년 기술적으로 한 단계 도약한 GPT-4를 출시하였다(김지현, 2024). 그리고 2024년 5월 Chat GPT 4-o를 발표했다.

생성형 AI는 새로운 데이터를 생성하기 위해, 기존 데이터를 학습하여 데이터의 분포를 파악하는 '학습 단계'와 이를 기반으로 새로운 데이터를 생성하는 '샘플링 및 생성 단계'를 거친다(김동현, 2024).

생성형 AI는 금융, 법률, 제조, 예술, 교육 분야 등 다방면에서 많은 주목을 받으면서 다양한 활용 방안을 모색하고 있다. 교육 분야에서의 생성형 AI 활용 시 지켜야 할 원칙은 다음과 같다(경북교육청, 2023).

- 챗 GPT를 포함한 생성형 AI의 기본적인 원리를 이해하고, 장단점 파악
- 생성형 AI를 활용하여 고품질의 결과를 도출하기 위하여 프롬프트 활용 방법 숙지
- 생성형 AI가 도출한 결과물을 맹목적으로 신뢰하지 않고, 결과물을 사용하기 전에 출력된 글의 사실관계를 재확인
- 생성형 AI를 이용한 결과물의 진실성에 대한 책임은 사용자에게 있음
- 수업에 적용되는 생성형 AI 활용에 대한 지침을 수업계획서에 명시
- 학생들에게 생성형 인공지능의 장점과 한계점을 설명할 것을 권고
- 생성된 정보가 편향적일 수 있어 왜곡된 사실이 포함될 수 있음을 유의
- 생성형 AI를 부적절하게 사용한 것으로 판단될 시 부정행위로 간주될 수 있음을 인지시킴

생성형 AI는 프롬프트를 어떻게 작성하는가에 따라 그 결과가 상당히 달라질 수 있다. 일반적으로 프롬프트란 '컴퓨터 터미널에서의 명령줄 대기모드'이지만 생성형 AI에서의 프롬프트는 '사람이 말하는 대로 내리는 명령', 즉 '생성형 AI와 대화할 때 작성하는 모든 채팅'을 의미한다. 이와 관련하여 더 좋은 결과를 얻어내기 위한 질문 방법을 살펴보면 다음과 같다(경북교육청, 2023).

- 질문을 시작하기 전, 대답하는 챗 GPT의 역할 부여하기 (Act as ~)
- 질문하는 사용자 목표 제시하기 (블로그, 에세이, 유튜브, 요약, 분석)
- 구체적인 대답 방법 제시하기 (쉽게, 예를 들어, 초등학생이 알 수 있게 등)
- 결과 형식을 제시하기 (문단 구분, 글머리 표형식, 순서형 등)
- 여러 작업을 한 번에 요청하기 ([output] 쓰고 추가)
- 챗 GPT 대답 길이 제시하기 (1000자 이내)
- 중요 키워드는 "큰 따옴표"로 강조하기
- 대답에 따른 추가적인 질문 이어가기

다음은 수업을 위해 ChatGPT를 활용한 예이다.

〈표 10-7〉 ChatGPT 활용 예

〈역할을 부여하고, 대답 방법을 제시한 예〉
너는 초등학교 선생님이야. 초등학생이 알 수 있게 합동에 대해 설명해 줘
합동에 대해 설명해 줄게! "합동"은 두 개의 물건이나 도형이 크기나 모양이 똑같다는 뜻이야. 쉽게 말해서, 한 도형을 다른 도형 위에 딱 맞게 놓을 수 있으면 그 도형들은 합동이라고 해. 예를 들어, 두 개의 삼각형이 있을 때, 한 삼각형을 다른 삼각형 위에 놓았을 때 모양도 똑같고, 길이도 똑같고, 각도도 똑같으면 그 두 삼각형은 합동인 거야. (이하 생략)

〈여러 작업을 요청하고, 대답 길이와 중요 키워드를 제시한 예〉

합동인 도형의 성질을 설명해 줘
[output] 용어 "대응점", "대응변", "대응각"에 대해 설명하고 성질을 설명
[output] 용어별로 200자 이내로 설명

1. 대응점

- **대응점**은 두 합동 도형에서 위치가 일치하는 점을 말해. 두 도형이 합동이라면, 한 도형의 점을 다른 도형에서 정확히 겹칠 수 있어. 예를 들어, 두 삼각형에서 각각의 꼭짓점들이 대응점이 돼.

(이하 생략)

〈추가적인 질문 이어가기〉

실생활에서 합동을 활용한 예를 설명해 줘

실생활에서 합동의 개념은 다양한 상황에서 활용됨. 몇 가지 예시는 다음과 같음:

1. **건축과 설계**
   건물을 설계할 때, 창문이나 문 같은 구조 요소가 동일한 크기와 모양으로 반복되는 경우가 많음. 이때 각 요소가 합동이라는 개념을 활용하여 정확한 크기와 모양을 유지함으로써 건축물의 균형과 아름다움을 유지할 수 있음.

(이하 생략)

건축의 창문에서 볼 수 있는 예를 사진으로 보여줘

(이하 생략)

3 교구 및 공학 활용 시 유의점

교수학적 상황에서 수학적 지식은 여러 가지 형태로 나타난다. 수학적 지식은 논리적이고 형식적인 공리적 방법으로 나타나게 되며, 이러한 방법은 이전에 형성한 지식을 바탕으로 새로운 지식을 생성할 수 있게 해 준다. 교사는 추상적이고 형식적인 수학적 지식을 의미 있게 그리고 이해하기 쉽게 가르치려고 시도하며, 이를 구체화한 자료가 교과서이다. 학생들은 교과서를 바탕으로 수학적 사고 활동을 시도하게 되며, 추상적이고 형식적인 수학적 개념과 내용을 시각적이고 직관적으로 이해하기 위해 교구 및 공학을 활용하게 된다. 교구와 공학적 도구는 학생들의 학습 효과를 높이고 학생들의 이해를 돕는 데 중요한 역할을 한다.

교구와 공학은 수학적 개념을 구체화하고 실험을 통해 직관적 학습을 가능하게 하며, 더 나아가 창의적인 사고를 기르는 기회를 제공할 수 있다.

하지만 교구나 공학을 이용할 때 교사가 유의할 점이 있다. 학문적 지식은 교실에서 가르칠 지식으로 변환되며, 교사는 가르칠 지식을 둘러싼 환경이 학생의 상황에 들어맞도록 지식을 재배경화하고 재개인화한다(강완 외, 1998). 그 과정에서 지식의 의미가 변형되거나 왜곡되는 현상이 나타난다. 교사는 교수 학습 상황에서 발생하는 변형이나 왜곡 과정을 자연스럽게 거치면서 수학적 지식을 제대로 구성할 수 있도록 교수 환경을 구성할 필요가 있다. 특히 수학 교수 학습 시 교구나 공학을 이용할 때 나타날 수 있는 극단적인 교수현상인 메타인지 이동, 형식적 고착, 토파즈 효과, 죠르단 효과에 유의해야 한다.

메타인지 이동이나 형식적 고착은 학생이 학습하는 과정에서 흔히 나타나는 현상이며, 토파즈 효과와 죠르단 효과는 교사가 가르치거나 평가하는 과정에서 흔히 나타나는 현상이다.

가. 메타인지 이동

형식적인 수학적 지식을 가르치기 어려워 교수학적 고안물인 교구나 공학을 활용한다고 할 때, 학생들은 수학적 지식 자체보다는 교구나 공학에 관심을 가지는 경우가 흔히 발생하게 된다. 이렇게 교수학적 노력의 초점이 수학적 지식 자체보다 지식의 형성을 용이하게 하기 위해 도입된 교수학적 보조 수단으로 옮겨가는 것을 메타인지 이동이라 한다.

예를 들어, 자릿값의 원리에 따른 십진기수법을 설명하기 위해 십진블록을 활용할 때 학생들이 십진기수법이 아닌 십진블록 자체에 관심을 가지는 경우, 또는 도형의 이동을 설명하기 위해 공학을 활용할 때 학생들이 도형의 이동이 아닌 공학 자체에만 관심을 가지는 경우와 같이 학습을 위한 보조 수단인 다른 내용으로 옮겨가는 것을 메타인지 이동이라고 한다.

나. 형식적 고착

학생들이 수학적 지식의 이해에 어려움을 겪을 때 교구나 공학을 활용하여 설명한 경우, 학생들은 수학적 지식에 대한 개념적 지식보다는 절차적 지식에 집중하여 정답만을 찾기 위해 지식을 피상적으로 수용하고 이를 문제해결에 적용하려는 것을 형식적 고착이라 한다. 형식적 고착은 지식의 이면에 있는 본질을 이해하지 않고 대안적인 접근법을 고려하지 않음으로써 새로운 문제 상황에 대한 적응 능력을 잃게 하고 새로운 지식을 생성하는 능력을 잃게 한다.

예를 들어, '75×16＝'을 계산하기 위해 표준화된 계산 절차만을 고집하거나, 계산기를 활용하여 답을 구하려고 하는 것 등이 형식적 고착에 해당한다. 실제 이 문제는 '25×4＝100'이라는 사실을 활용한다면 효율적으로 정답을 찾을 수 있다.

다. 토파즈 효과

토파즈 효과는 학생이 스스로 학습할 수 있는 환경을 방해하거나 제거하는 현상이며, 이는 교사는 가르쳐야 하고 학생은 배워야 한다는 교수학적 계약의 압박 때문에 나타난다. 즉 학생이 문제해결에 어려움을 겪고 있을 때 교사가 학생에게 문제해결을 위한 직접적인 힌트를 주거나 질문 등을 통해 답을 유도하는 것 등이 있다.

이러한 현상은 웹 기반 교수 환경에서 흔히 나타난다. 학생들은 주어진 과제를 해결하기 위해 심사숙고하지 않고 웹 기반 환경에서 도움을 얻어 정답을 찾을 수 있으며, 결과적으로 학생들 스스로 학습하지 못한 채 발견학습의 기회를 놓치게 되고 진정한 수학적 의미를 이해하지 못하게 된다.

라. 죠르단 효과

죠르단 효과는 학생의 행동이나 대답이 사소한 단서에서 비롯되었음에도 불구하고 교사는 학생이 특정한 수학적 지식을 형성했다고 인정해 버리는 것이다.

예를 들어, 알지오매스의 블록코딩을 이용해 정삼각형을 작도하는 과제를 학생들이 수학적 관계를 이해하지 못한 채 시행착오를 거쳐 과제를 완수했다고 할 때, 학생이 반복 횟수와 외각과의 관계를 이해하고 있다고 교사가 과대평가하는 것이다.

교구나 공학을 활용하면서 나타날 수 있는 극단적인 교수현상과 같은 부정적인 효과를 예방하기 위해서는 다음과 같은 사항에 유의할 필요가 있다.

첫째, 교구와 공학을 이용한 활동 결과와 추상적인 수학적 개념 사이의 연결이 없다면 학생들이 활동 결과는 진정한 학습 목표에 도달하였다고 할 수 없다. 따라서 교구와 공학을 이용하여 올바른 결과를 도출하는 것도 중요하지만, 자신의 활동을 반성하는 과정을 통하여 추상적인 수학적 개념과 연결하는 기회를 제공할 필요가 있다.

둘째, 교구나 공학은 특정한 수학적 개념의 한 단면을 잘 설명할 수는 있지만 모든 측면을 설명하지 못하는 경우가 종종 발생한다. 이러한 교구의 특성 때문에 한 가지 교구나 공학만을 이용했을 때 수학적 지식에 대한 오개념이 형성될 수 있다. 따라서 특정 수학적 개념을 설명할 때 다양한 교구와 공학을 활용할 필요가 있으며, 또한 수학적 개념에 대한 예와 더불어 예가 아닌 것도 제시할 필요가 있다.

셋째, 교구나 공학은 수학 학습에서 탐구하는 기회를 제공하기 위해 도구로 활용하는 것이며, 궁극적인 목표는 학생들의 수학적 사고 능력을 신장시킬 수 있도록 하는 것이다. 따라서 어느 정도 학습이 진행된 상태에서는 교구와 공학의 도움 없이 문제를 해결하는 기회를 제공하여야 한다. 예를 들어 처음에는 수 모형을 이용하여 받아올림이 있는 (두 자리 수)+(두 자리 수)의 계산 원리를 이해할 필요가 있지만, 나중에는 교구와 공학의 도움 없이 자릿값 개념을 기초로 계산을 할 수 있어야 한다.

넷째, 공학 자체가 완전하지 않다는 것을 이해할 필요가 있다. 공학은 수학 학습을 풍부하게 해 줄 수 있는 도구임에 틀림없지만, 공학 자체의 한계로 인하여 나타난 결과는 완전하지 않을 수 있다는 비판적인 인식을 가질 필요가 있다. 예를 들어 계산기를 활용하여 $1 \div 3 \times 3$을 계산한 결과가 0.999999와 같이 나타났을 때, 이 결과는 계산기의 한계로 인한 것이며 실제로는 $1 \div 3 \times 3 = 1$임을 이해할 수 있어야 한다. 결과적으로 공학은 학생의 활동을 돕는 도구에 불과하며 사고의 주체는 학생 자신이 되도록 해야 한다.

참고문헌

강완, 백석윤(1998). 초등수학교육론. 동명사.

경상북도교육청(2023). 생성형 AI 활용 길라잡이. 경상북도교육청.

곽소정, 권지은(2021). 알지오매스를 활용한 수학 체험 공간의 콘텐츠 모델 개발. 디지털예술공학멀티미디어논문지, 8(2), 145-152.

교육부(2017a). 교사용 지도서 수학 2-1. 교육부.

교육부(2017b). 수학 2-1. 교육부.

교육부(2018a). 교사용 지도서 수학 4-2. 교육부.

교육부(2018b). 수학 3-2. 교육부.

교육부(2018c). 수학 4-2. 교육부.

교육부(2019a). 교사용 지도서 수학 6-1. 교육부.

교육부(2019b). 교사용 지도서 수학 6-2. 교육부.

교육부(2019c). 수학 5-2. 교육부.

교육부(2021). 2022 개정 교육과정 총론 주요사항(시안). 교육부 보도자료(2021. 11. 22).

교육부(2022). 수학과 교육과정: 교육부고시 제2022-33호. [별책 8]. 교육부.

교육부(2024a). 교사용지도서 수학 2-1. 교육부.

교육부(2024b). 수학 2-1. 교육부.

교육부(2024c). 수학 2-2. 교육부.

김남희(2000). 탱그램 활용을 통한 수학적인 생각의 구체화. 대한수학교육학회지 학교수학, 2(2), 563-587.

김동현(2024). [All Around AI 6편] 생성형 AI의 개념과 모델. https://news.skhynix.co.kr/post/all-around-ai-6

김지현(2024). [All Around AI 1편] AI의 시작과 발전 과정, 미래 전망. https://news.skhynix.co.kr/post/all-around-ai-1

유재근, 박문환(2019). 초등 수학에서 탐구를 위한 탱그램 과제 변형. 한국수학교육학회지 시리즈 C, 22(1), 95-111.

제 11 장

다문화 수학교육

한국의 교육 현장이 빠르게 변화하고 있다. 교육부의 2023년 통계에 따르면, 다문화 가정 학생 수가 전체 학생의 3.19%를 차지하며, 전년 대비 7.8% 증가했다. 특히 지난 7년간의 통계를 살펴보면 다문화 가정 학생 수가 꾸준히 증가하는 추세를 보이고 있다. 이러한 교육 현장의 급격한 변화에 맞춰 수학 교실에서도 새로운 접근법을 요구하고 있다. 다문화 가정 학생들이 수학을 효과적으로 학습할 수 있도록 돕기 위해서는, 그들의 문화적 배경과 경험을 고려한 교육 방법이 필요하다. 이를 위해 본 글에서는 다음 세 가지 주제를 다루고자 한다. 첫째, 다문화 교육을 위한 포용적 교육의 의미와 현황을 살펴보고, 둘째, 문화 대응 교수법(Culturally Responsive Pedagogy)의 기본 개념과 실천 요소를 이해하며, 셋째, 이를 수학교육에 어떻게 적용할 수 있는지 구체적인 방안을 모색해 보고자 한다.

1 포용적 교육(Inclusive Education)과 다문화 교육현황

가. 포용적 교육의 필요성

현대 사회의 글로벌화와 이동성 증가로 인해 다문화 가정의 비중이 점차 증가하고 있다. 이러한 사회적 변화는 교육 시스템에서 포용성(Inclusivity)을 강화해야 할 필요성을 더욱 부각시키고 있다. 2022 개정 교육과정 총론은 이러한 요구에 부응하여 포용성을 핵심 역량 중 하나로 설정하고, “포용성과 창의성을 갖춘 주도적인 인재”를 교육의 목표로 제시하였다(교육부, 2021). UNESCO의 ‘2020 세계 교육 현황 보고서'에서는 포용적 교육을 "누구도 소외(배제)되지 않고, 다양한 개인의 요구와 특성(차이)을 고려한 유연한 교육과정을 통해 성, 민족(인종), 경제력 등에 따라 차별받지 않으며, 공동체의 지속가능한 발전과 웰빙에 기여할 수 있는 개인으로 성장할 수 있도록 하는 교육"이라고 정의하고 있다(UNESCO, 2020, p. 6). 포용의 핵심은 '타인을 너그럽게 받아들이는 것'에 있으며, 이는 서로 다른 문화적 배경을 지닌 개인을 인정하고 그들과 동질감을 형성하는 데 기반을 둔다. 임후남(2019)은 포용성을 다양성과 이질성이 관용, 수용, 변용을 통해 고양되는 과정으로 정의하며, 차이와 다름, 새로움을 인정하고 이를 적극적으로 수용하여 변화와 혁신을 추구하는 것이라고 설명한다. 이러한 포용의 개념은 교육 분야에서도 중요한 의미를 지닌다. 모든 학생이 차별 없이 교육에 참여하고 자신의 잠재력을 최대한 발휘할 수 있는 환경을 제공하는 것이 포용적 교육의 목표이기 때문이다. 따라서 교육 기관과 교사는 다양한 배경, 능력, 요구를 지닌 학생들을 수용할 수 있는 교육 방식을 모색하고 실천해야 한다. 이는 모든 학생이 개별적 차이를 존중받고, 각자의 필요에 맞는 지원을 받으며, 교육과정에 적극적으로 참여할 수 있는 환경을 조성하는 것을 의미한다.

포용적 교육을 위해 교사는 교실 안팎에서 학생들이 차별을 느끼지 않도록 의식적으로 노력해야 한다(강성구 & 임경원, 2021; 강승모 외, 2021; 임후남, 2019). 비록 교사도 사회적 편견이나 고정관념에서 완전히 자유롭지 않을 수 있지만, 교수 계획, 실행, 평가 과정 전반에서 편견을 배제할 수 있도록 세심한 접근이 필요하다. 예를 들어, 과제를 선정할 때 주류 학생집단뿐만 아니라 다문화 가정 출신 학생들의 언어, 종교, 문화 등이 긍정적으로 반영되었는지 점검하는 것이 중요하다. 이를 통해 교사는 다문화 가정 출신 학생들이 자신의 정체성과 소속감을 느낄 수 있도록 지원할 수 있다. 이처럼 학생들의 다양한 배경과 능력을 이해하는 것은 그들의 사고와 개인차를 존중하기 위한 필수 요소다. 이를 바탕으로 교사는 학생들의 필요에 맞춘 교수·학습 방법을 효과적으로 계획하고 실행할 수 있다.

나. 다문화 교육 현황과 교육부 다문화교육 지원 추진 과제

한국의 다문화 교육은 급격한 변화의 시기를 맞이하고 있다. 2023년 다문화교육 지원계획에 따르면, 다문화 가정 학생 수는 2022년 168,645명에서 2023년 181,178명으로 7.4%의 증가율을 보였다. 이러한 증가 추세는 포용적 교육을 위해 한국 교육 시스템이 문화적 다양성에 어떻게 대응해야 하는지에 대한 중요한 시사점을 제공한다.

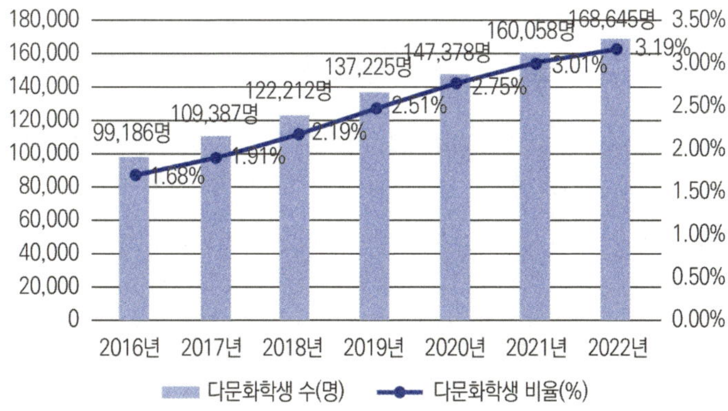

[그림 11-1] 다문화학생 수와 비율

다문화 학생의 학교급별 분포를 살펴보면, 초등학생이 115,639명으로 가장 높은 비중을 차지하고 있으며, 중학생 43,698명, 고등학생 21,190명이 그 뒤를 잇고 있다. 학부모의 출신국가별 구성은 베트남(32.1%), 중국(24.6%), 필리핀(9.1%), 일본(4.2%) 순으로, 동아시아와 동남아시아 국가들이 주를 이루고 있다. 특히 주목할 만한 점은 전국 229개 시・군・구 중 56개 지역에서 초등학생의 10% 이상이 다문화 배경을 가지고 있다는 사실이다. 이는 다문화 교육이 더 이상 일부 지역의 특수한 현상이 아닌, 전국적 차원의 교육적 과제로 부상했음을 보여준다.

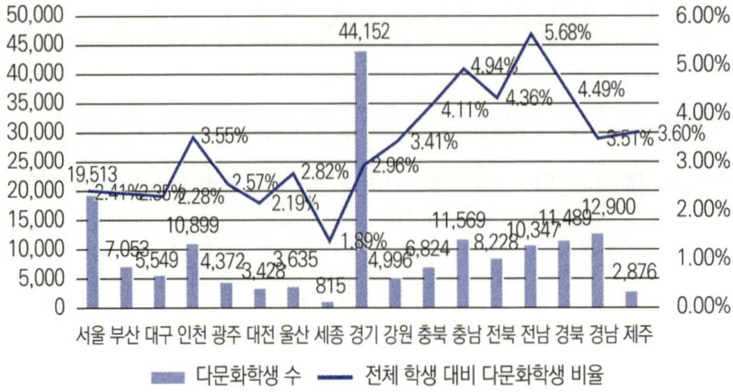

[그림 11-2] 지역별 다문화학생 수와 비율

이러한 현실 인식을 바탕으로, 2023년 포용적 교육을 위한 다문화교육 지원계획은 네 가지 핵심 목표를 설정하고 있다(교육부, 2023). 첫째, 출발선 평등을 위한 교육기회의 보장, 둘째, 학교 적응 및 안정적 성장 지원, 셋째, 다양성이 공존하는 학교 환경 조성, 넷째, 다문화교육 지원체제 내실화이다.

비전	함께 배우며 성장하는 학생, 다양하고 조화로운 학교

목표	• 다문화학생 교육기회 보장 및 교육격차 해소 • 다양한 문화가 공존하는 성숙한 교육환경 구축

추진과제	
1. 출발선 평등을 위한 교육기회 보장	1 다문화학생 공교육 진입 지원 2 학교교육 준비도 격차 해소
2. 학교 적응 및 안정적 성장 지원	1 맞춤형 한국어교육 제공 2 학교 적응 및 인재양성 지원
3. 다양성이 공존하는 학교 환경 조성	1 전체 학교의 다문화교육 확대 2 교원의 다문화교육 역량 제고 3 가정 및 지역사회와의 연계
4. 다문화교육 지원체제 내실화	1 다문화교육 제도 개선 및 실태 파악 2 타 사업과의 연계 활성화 3 중앙-지역 및 부처 간 협력 강화

[그림 11-3] 교육부 다문화교육 지원계획

이러한 노력들은 한국 교육 시스템이 다문화 사회로의 전환에 적극적으로 대응하고 있음을 보여준다. 또한 다문화 교육의 성공적 실현을 위해서는 교사 교육, 교육과정 개발, 학교-가정-지역사회 간의 협력 강화 등 다각적인 접근이 요구된다. 이를 위해 전국의 시·도 교육청은 지역 특성에 맞는 다문화 교육 정책을 수립하고, 연구학교 운영을 통해 다문화 교육의 활성화를 도모하고 있다. 각 학교는 정규 교과, 창의적 체험활동, 방과 후 프로그램 등 다양한 교육활동을 통해 다문화 학생들의 특성을 고려한 맞춤형 교육을 제공하고 있다(다문화교육포털 사이트: https://www.edu4mc.or.kr/).

충청북도 다문화교육지원센터 사례:

충청북도에서는 다음과 같은 다문화교육 정책학교가 운영되고 있다.

- 유치원: 20개원
- 초·중·고등학교: 총 20교
- 한국어 학급: 20교
- 맞춤형 강사 운영학교: 34교

봉명초등학교병설유치원은 충북 유치원 중 처음으로 다문화교육 정책학교와 연계해 올해 한국어학급 2개 반을 신설하고, 한국어학급(분홍반)은 러시아와 중앙아시아(우즈베키스탄, 카자흐스탄, 키르기스스탄, 타지키스탄)와 같은 다양한 국적의 유아로 구성되어 있다.

출처: 충청북도청주교육지원청

2023년 4월에는 5세 유아를 대상으로 다문화교육을 진행했다. 러시아 국적의 유아가 많다는 점을 반영해 러시아 문화를 공유하고 체험하며 서로 다른 문화를 이해하는 시간을 가졌다. 러시아 전통 의상을 착용해 보고 마트료시카 막대 인형을 만들어 보는 등 다양한 문화체험 활동이 이어졌다.

경상남도 다문화교육지원센터 사례:

경상남도교육청의 다문화교육센터는 다문화가정을 위해 관련 프로그램, 다문화 그림 그리기 대회, 역량강화 연수 등 다문화교육에 대한 이해를 높일 수 있는 행사들을 진행하고 있다.

출처: 경상남도교육청

또한 창원에서 운영되고 있는 유목초등학교는 다문화가정 대상 국가와의 교육교류사업에 선정돼 교육교류 양국 교사가 한국에 3개월가량 머물며 전공교과, 자국어·문화 이해 수업을 진행하기도 했다. 최근에는 어린이날 101주년을 맞아 관내 초등학생 자녀를 둔 다문화·탈북가족을 대상으로 '가족과 함께하는 토요어울림' 프로그램을 진행했다.

• 토의 과제: 포용적 교육

토의 1. 2022 개정 교육과정 총론에서 포용성이 어떻게 반영되었는지 서술하고, 이것이 수학교실에 미칠 수 있는 영향은 무엇이 있을까요?

토의 2. 포용적 교육을 실현하기 위해 교사들이 겪는 현실적인 어려움은 무엇일까요?

토의 3. 교육부가 제시한 네 가지 핵심 목표 중에서 '다양성이 공존하는 학교 환경 조성'을 실현하기 위한 구체적인 방안은 무엇일까요? 충청북도와 경상남도의 사례를 참고하여, 여러분이 생각하는 효과적인 다문화 교육 프로그램을 제안해 보세요.

2 다문화 교육의 기초: 문화 대응 교수법

가. 문화란 무엇인가?

다문화 교육을 실천하기 위해 교사는 먼저 문화 대응 교수법(Culturally Responsive Pedagogy)이 무엇인지 이해해야 하며, 이를 위해 우선 문화가 무엇인지 생각해 보아야 한다. 문화는 매우 복합적인 개념으로, 단순히 인종이나 민족성뿐만 아니라 특정 집단의 식생활과 같은 일상적인 요소까지 포함하는 광범위한 개념이다. Oxford 영어 사전(n.d.)에서는 문화를 특정 민족이나 사회 구성원들이 공유하는 사상, 관습, 사회적 행동 양식으로 정의하고 있다. 문화를 구성하는 요소들을 살펴보면, 가장 기본적으로는 개인의 인종과 민족성을 들 수 있다. 여기에 성별, 언어, 사회경제적 지위와 같은 개인적 특성들이 더해질 뿐만 아니라 개인이 속한 지리적 환경, 소속 집단, 직장과 학교, 가족 관계, 또래 집단, 지역 사회, 도시와 국가 단위의 공동체, 그리고 개인이 선택한 취미나 종교 활동에 이르기까지, 문화는 실로 다양한 층위에서 형성되고 영향을 주고받는다. 따라서 문화는 단순히 고정된 실체가 아니라 복잡하고 끊임없이 진화하는 살아있는 개념이기 때문에, 우리는 자신과 타인의 문화적 정체성을 지속적으로 이해하려고 노력해야 한다(Nieto & Bode, 2021).

우리가 세상을 바라보는 방식, 즉 세계관은 일종의 렌즈와 같다. 이 렌즈는 우리가 가진 다양한 문화적 배경과 정체성에 의해 형성되며, 그것을 통해 자신과 타인을 이해하게 된다. 각자가 경험한 문화와 형성한 정체성이 다르기 때문에, 동일한 문화적 관점을 가진 사람을 찾기는 매우 어렵다. 이러한 이해를 바탕으로, 우리는 개인을 단순화하거나 고정관념으로 판단하지 않도록 주의해야 한다. 대신 학생들과 우리 자신의 정체성이 얼마나 다양한 문화적 요소로 구성되어 있는지 인식할 필요가 있다. 교육 현장에서 진정한 포용적 환경을 만들기 위해서는 세 가지 노력이 필요하다. 첫째, 우리 자신의 문화적 배경을 깊이 이해하고, 둘째,

학생들의 다양한 문화를 배우며, 셋째, 이러한 문화적 다양성이 문제가 아닌 자산이 되는 교육 공간을 조성해야 한다. 이러한 인식들은 모든 학생에게 공평하고, 참여적이며, 그들의 문화와 관련성 있는 교육을 제공하고자 하는 문화 대응 교수법의 철학적 기반이 된다.

나. 문화 대응 교수법의 역사적 발전과 개념적 정의

문화 대응 교수법은 1980년대 후반부터 1990년대 초반에 걸쳐 미국 교육계에서 본격적으로 논의되기 시작한 교육 이론이다. 이 교수법의 대중화에 큰 기여를 한 Ladson-Billings는 1994년 'The Dreamkeepers: Successful Teachers of African American Children'을 통해 문화 대응 교수법을 주류 교육 담론으로 이끌어내는 데 결정적인 역할을 하였다. 그러나 교육적 접근의 시작은 1970년대로 거슬러 올라간다. 당시 교육학자들과 사회운동가들은 학생들의 다양한 문화적 배경을 교육 현장에서 존중하고 반영해야 한다는 필요성을 제기하였다. 특히 아프리카계 미국인, 라틴계, 원주민 학생들이 겪는 교육 격차와 구조적 불평등 문제를 해결하기 위한 노력의 일환으로, 다문화 교육에 대한 관심이 증대되었다. 이는 후일 문화 대응 교수법이 발전하는 토대가 되었다. 1990년대 이후로 문화 대응 교수법은 사회학, 심리학, 비판 인종 이론(critical race theory)[1] 등을 통합하면서 발전하고 확장해 왔다. 미국의 공립학교들이 전통적으로 서구 유럽 중심의 교육과정을 운영해 온 상황에서, 학계는 이러한 교육과정을 유색인종 학생들의 실제 삶과 어떻게 연계할 수 있을지에 대한 연구를 지속적으로 수행했다(Ladson-Billings, 1995; Gay, 2000). 이러한 노력의 결과로 '문화 대응 교수법'이라는 개념이 등장하게 되었다.

1) 비판 인종 이론(critical race theory, CRT)은 인종과 인종주의가 법, 정책, 그리고 사회구조 전반에 걸쳐 어떻게 얽혀 있는지를 분석하는 학문적 틀이다. 이 이론은 1970년대 후반 미국의 법학자들에 의해 발전하였으며, 특히 민권운동 이후에도 지속되고 있는 구조적 불평등을 이해하고 해체하려는 목적을 가지고 있다. 특히 교육 제도 내에서 인종과 관련된 불평등과 차별을 분석하고 해결하기 위한 도구로 사용된다. 이 이론은 교육 과정, 정책, 교실 환경, 그리고 교사와 학생 간의 관계에서 나타나는 구조적 인종주의를 드러내고, 이를 변화시키는 데 초점을 둔다.

이는 연구자에 따라 '문화적으로 적절한 교수법(Au & Jordan, 1981)', '문화적으로 일치하는 교수법(Mohatt & Erickson, 1981)', '문화적으로 호환되는 교수법(Jordan, 1985)' 등 다양한 용어로 표현되었다.

문화 대응 교수법의 핵심 개념을 이해하기 위해서는 먼저 Gay(2000)의 정의를 살펴볼 필요가 있다. Gay는 문화 대응 교수법을 다양한 민족 배경을 가진 학생들의 학업 성취, 문화적 정체성, 자기 효능감을 증진시키는 교수법이라고 정의했다. 이는 단순한 교수법이 아닌, 문화적·언어적 다양성을 가진 학생들을 위한 교육 철학이자 실천방식이다(Bartholome, 1994). 문화 대응 교수법은 구성주의적 관점에 기반을 두고 있다. 이는 교사가 모든 학생의 성공 가능성을 믿는 동시에, Vygotsky, Piaget, Bruner가 주장한 것처럼 학습자가 스스로 지식을 구성한다는 원리를 수용하는 것을 의미한다. 특히 이 교수법은 각 학생이 가진 고유한 지식, 재능, 경험을 교육적 자산으로 인식하며, 이를 활용하여 모든 학습자에게 의미 있는 역동적 학습 환경을 조성하는 것을 강조한다. 문화 대응 교수법의 정의는 그 범위가 넓고 다소 추상적일 수 있으나, 실제 교육 현장에서는 다음과 같은 구체적인 실천 요소들을 포함한다.

- 학생에 대한 진정한 배려와 관심
- 개별 학생의 강점을 활용한 교수-학습
- 학생의 문화적 배경과 전통의 교육적 통합
- 개별화된 학습 지원
- 가정-학교 연계성 강화
- 다문화 교육 자료의 효과적 활용
- 학생 중심의 지식 구성 기회 제공
- 학습 공동체 구축
- 높은 기대치 설정과 명확한 전달
- 효과적인 교실 의사소통 체계 구축

이러한 요소들의 구체적 실천 방안을 알아보기에 앞서, 교사의 교육적 성향이 무엇인지를 먼저 이해할 필요가 있다. 이는 위에서 제시된 요소들이 단순히 기술적인 측면에만 국한되지 않으며, 교사가 가진 교육철학과 교육적 태도와 긴밀하게 연결되어 있기 때문이다.

다. 교사의 성향과 문화 대응 교수법

교사의 성향(Teacher Dispositions)이라는 개념은 많은 학자들에 의해서 다양하게 정의되어 왔지만, Ritchhart(2001)가 제시한 성향에 대한 정의는 주목할 만하다. 그는 교사의 성향을 단순한 사고방식이 아닌, 인지적·정서적 특성이 복합적으로 어우러진 '사고 습관'이라고 설명한다. 이러한 사고 습관은 교사가 가진 지식과 신념을 걸러내는 필터 역할을 하면서 실제 교실에서의 교사의 행동을 결정짓는 핵심 요인이 된다. 특히 Ritchhart는 학생들과의 관계 속에서 의미를 만들어가는 과정을 통해 구체화된다고 설명하고, 이러한 성향은 일상적인 의사소통과 상호작용 속에서 자연스럽게 드러나며, 이를 통해 우리는 교사의 진정한 모습을 이해할 수 있다고 강조한다.

교사의 성향을 이해하는 것은 교육의 질을 결정하는 중요한 요소이다. Ritchhart는 교사의 성향이 의도, 신념, 행동이라는 세 가지 요소가 서로 유기적으로 연결되어 형성된다고 주장했다. 이러한 관점은 Facione(2000)의 연구에서도 지지되는데, 그는 성향이 교사의 의도와 신념이 만나는 지점이라고 보았다. 신념에 대한 정의는 연구자마다 조금씩 다르지만, 우리는 신념 연구의 대가인 Rokeach(1968)의 정의를 중심으로 살펴보고자 한다. Rokeach에 따르면, 신념이란 "개인의 말과 행동을 통해 추론할 수 있는 의식적 또는 무의식적인 모든 단순 명제로, '나는 ~라고 믿는다'라는 형태로 표현될 수 있는 것(p. 113)"이라고 정의했다. 신념과 성향의 관계는 교육학 분야에서 활발히 연구되어 왔다. 연구자들은 두 개념이 매우 밀접하게 연관되어 있다고 보며, 때로는 같은 의미로 사용하기도 한다. 예를 들어, 미국 교사 교육 인증을 담당하는 NCATE(National Council for Accreditation of Teacher Education)는 "성향이 신념에 의해 형성된다(NCATE, 2008, p. 3)"고 명시하고 있다. Brown과 Cooney(1982)의 연구는 이러한 관계를 잘 설명해 준다. 그들의 연구에 따르면, 신념은 행동 성향의 기초가 되며, 이러한 성향은 실제 행동으로 나타난다. 예를 들어, 학생 배려의 중요성을 믿는 교사는 자연스럽게 배려하는 성향을 갖게 되고, 이는 실제 학생들과의 상호작용에서 배려하는 행동으로 표현된다. 이처럼 교사의 성향은 신념, 의도, 행동이라는 세 가지 요소가 통합된 개념이다. 따라서 어떤 특성이 성향으로 인정받으려면 다음 세 가지 조건이 충족되어야 한다. 첫째, 특정 행동에 대한 확고한 신념이 있어야 하고, 둘째, 그 신념을 실천하고자 하는 분명한 의도가 있어야 하며, 셋째, 이러한 신념과 의도가 실제 교육 현장에서 구체적인 행동으로 나타나야 한다. 이러한 이론적 토대를 바탕으로, 문화 대응 교수법 연구와 교사의 자질에 관한 여러 문헌들에서 발견된 구체적인 실천 요소들을 살펴보고자 한다.

라. 문화 대응 교수법의 실천 요소

(1) 학생에 대한 진정한 배려와 관심

Gay(2000)와 Lipman(1995)은 문화 대응 교수법에서 배려가 핵심적인 요소임을 강조했다. Noddings(1992)는 배려를 "배려를 제공하는 사람과 받는 사람 사이의 의미 있는 만남과 관계 형성(p. 15)"이라고 정의했다. 학교에서 배려는 다양한 형태로 실천될 수 있는데, Ladson-Billings(1994)와 Brown(2002)의 연구에 따르면 교사는 진정성 있는 관계를 통해 학생들과의 신뢰를 쌓는 것이 중요하다고 주장했다. 학생들을 진정으로 배려하기 위해서 교사는 언어적, 비언어적 의사소통을 통해 학생의 학업적/지적 측면만이 아닌 전인적 존재로 바라보는 것이 필수적이며(Brown, 2002), 이러한 배려는 학생의 학업 성취와 연관되어 있을 뿐만 아니라(Storz & Nestor, 2008), 학생들의 회복탄력성을 높이는 것으로도 나타났다(Bondy, Ross, Gallingane, & Hambacher, 2007). Bondy 외(2007)는 교사가 애정 어린 언어를 사용하고 적절한 유머를 활용할 때 더욱 배려적인 학습 환경이 조성된다고 보고했으며, Brown(2002)은 교사의 언어적, 비언어적 의사소통을 통한 지속적인 격려의 중요성을 강조했다. 이러한 다양한 실천적 노력들이 모여 진정한 배려의 교육 환경이 구축될 수 있으나, 여기서 주목해야 할 점은 교육적 배려가 단순히 교사의 과도한 친절을 의미하는 것은 아니라는 점이다. Osborne(1996)이 제시한 '따뜻한 요구자'로서의 교사상은 배려와 엄격함을 동시에 갖춘 교사의 역할을 나타내는 개념이다. 이는 단순히 학생들에게 친절하거나 다정한 태도만을 유지하는 것을 넘어, 명확한 기대와 기준을 제시하면서도 학생들을 존중하고 지지하는 관계를 유지하는 교사의 균형 잡힌 태도를 강조한다.

(2) 개별 학생의 강점을 활용한 교수-학습

문화 대응 교수법의 핵심은 학생 개개인의 지식과 성향을 파악해 그들의 강점을 교육에 활용하는 것이다(Gay, 2000; Delpit, 2006; Ladson-Billings, 1994; Nieto, 1999). 이는 학생들의 다양한 경험을 교육적 가치로 인정하고 자연스럽게 교육과정에 통합하는 강점 기반 교육을 의미한다(Ladson-Billings, 1995). 구성주의 교육 관점에서 교사는 학생들의 지식 수준과 역량을 파악하기 위해 사전 평가, 관찰, 대화 등 다양한 교육 활동을 실시해야 하며(Osborne, 1996), 이를 통해 학생들이 기존 지식과 새로운 지식을 의미 있게 연결할 수 있도록 도와야 한다. 특히 새로운 학문적 개념과 용어를 도입할 때는 학생들의 기존 지식체계와 연계하여 제시하는 것이 효과적이며(Brenner, 1998), 실제로 많은 연구에서 학생들의 문화적 배경을 인정하고 적극 활용할 때 더 효과적인 학습이 이루어진다는 점이 입증되었다(Trueba, 1988).

이러한 강점 기반 교육을 위해서는 특히 다문화 교실에서 언어의 역할이 중요하다. Smitherman(1981)은 교사가 학생들의 개별적 언어 능력을 하나의 자산으로 인식하고, 학생들이 자신의 문화적 의사소통 방식과 사회의 지배적 언어(한국어)를 자유롭게 활용할 수 있도록 지도해야 한다고 강조한다. Villegas와 Lucas (2002)는 더 나아가 효과적인 교수 전략으로 ① 학생들의 사전 지식 활용 지원, ② 관심사 발전, ③ 실제 삶과 연계된 예시 활용, ④ 지역사회 자원 활용, ⑤ 다양한 학습 경로 제시 등을 제안한다. Nieto(2005)는 이러한 전략들이 학생들의 강점, 경험, 재능을 최대한 활용하여 효과적이고 포용적인 학습 환경을 만드는 핵심 요소가 된다고 설명한다.

(3) 학생의 문화적 배경과 전통의 교육적 통합

학생들의 강점을 활용한 효과적인 교수법은 그들의 문화와 전통을 교실 환경에 자연스럽게 통합하는 것에 중점을 둔다(Gay, 2000; Delpit 2006). 이는 단순히 문화적 요소를 수업에 포함하는 것이 아니라, 가정과 지역사회의 문화를 교육적 자산으로 보고 적극적으로 활용하는 폭넓은 접근을 의미한다(Howard, 2003; Lipman, 1995). 교사들은 가족이나 지역사회 구성원을 교실에 초청하거나 학습 활동을 지역사회로 확장함으로써, 학생들의 일상 경험과 문화적 배경이 자연스럽게 교육과정에 녹아들도록 할 수 있다(Osborne, 1996; Ladson-Billings, 1998). 또한 교육내용을 다양한 문화적 관점에서 접근하는 것은 학생들이 새로운 개념을 자신의 문화적 맥락에서 이해하고, 다양한 문화권의 관점을 배우면서 문화적 감수성을 높일 수 있게 한다(Presmeg, 1999). 특히 교사가 교육과정을 학생들의 개별적 경험과 연결할 때, 단순한 지식 전달을 넘어 더 깊은 이해와 통찰을 이끌어낼 수 있다. 이러한 맥락에서 학생들의 모국어 활용은 중요한 의미를 갖는데, 교사들이 학생들의 모국어를 교육과정에 적절히 활용할 때 학습 이해도와 관심이 크게 향상되며(Osborne, 1996; Smitherman, 1981), 어휘력과 의사소통 능력도 함께 발전시킬 수 있다(Trueba, 1988). 결과적으로, 학생들의 언어와 문화를 교육과정에 체계적으로 통합하는 것은 학습에 대한 흥미와 이해도를 높이고, 모든 학생에게 더욱 의미 있는 교육 경험을 제공하는 기반이 된다.

(4) 개별화된 학습 지원

문화 대응 교육자들은 학습자 개개인의 특성을 고려한 맞춤형 수업 전략을 적극적으로 연구하고 있다. Tomlinson(1999)이 제시한 개별화된 수업의 주요 특징은 다음과 같다.

- 다각적 평가: 개별 학습자와 학습 집단에 대한 다면적 평가가 필요하다.
- 과제 조정: 학습자의 능력 수준과 필요에 맞게 과제를 조정해야 한다.
- 개별화된 학습 목표 설정: 각 학생의 상황과 특성에 맞는 개별화된 학습 목표를 설정해야 한다.
- 다양한 교육과정 제공: 학습자의 관심사와 필요를 고려한 다양한 교육과정을 제공해야 한다.
- 유연한 학습 시간 운영: 개인별 학습 속도를 존중하며, 학습 시간을 유연하게 운영해야 한다.
- 다양한 학습 그룹 구성: 학습 목적에 맞게 다양한 형태의 학습 그룹을 구성해야 한다.

Ladson-Billings(1995)는 교사가 교실에서 학생 개개인에게 관심을 기울이고 격려하는 적극적인 태도를 가져야 한다고 강조했다. 이는 단순히 지식을 전달하는 것이 아니라 학생들과의 상호작용을 통해 학습을 이끌어내는 방식이다. Osborne (1996)은 여기서 더 나아가 교육과정 진도에만 집중하기보다는 학습자의 이해도와 준비도에 맞춘 유연한 학습 진행이 필요하다고 주장했다. Gay(2002) 역시 개별 학생의 학습 스타일을 고려한 맞춤형 교수법의 중요성을 강조했다. 결과적으로 문화 대응 교수법의 핵심은 교사가 학생들의 개별적 특성을 깊이 이해하고, 이에 맞춰 교수 방법을 유연하게 조정할 수 있는 전문성에 있다고 할 수 있다.

(5) 가정-학교 연계의 강화

학생들의 학업 성취도 향상을 위해서는 가정생활과 학교생활의 긴밀한 연결이 매우 중요하다. 많은 미국 교사들이 유색인종 학생들의 학업 부진 원인을 가정과 학교 간의 문화적 차이에서 찾는 경우가 많았다(Ooka Pang & Sablan, 1998). 그러나 문화 대응 교수법은 이를 다르게 바라본다. 이 접근법은 학생들의 가정 문화를 결핍으로 보는 대신, 교육적 자산으로 간주하며(Howard, 2003; Sheets, 1995), 교실과 가정을 유기적으로 연결해 학습 효과를 높이는 것을 목표로 한다(Delpit, 2006; Gay, 2000).

특히 이민자 가정이나 다문화 배경을 가진 학생들에게는 가정과 학교 간의 연계가 학업 성취도 향상에 결정적인 영향을 미친다(Trueba, 1988). Ladson-Billings (1995)의 연구에서도 가정과 학교 생활의 연속성이 학업 성공의 핵심 요인으로 나타났다. 이를 실천하기 위해 교사들은 학부모를 교실의 전문가로 초청하거나 (Ladson-Billings, 1995), 지역사회의 다양한 인적 자원을 교육과정에 활용할 수 있다(Ginsberg & Wlodkowski, 2000).

더불어 교사는 학생들의 문화적 정체성을 긍정적으로 인정하고 지지하는 것이 중요하다. Shade 외(1997)는 이를 통해 학생들의 학업적 삶과 개인적 삶이 동등한 가치를 지닌다는 점을 인식시킬 수 있다고 설명했다. 모두 동등하게 중요하다는 점을 인식할 수 있다고 강조한다. Osborne(1996)의 연구에 따르면, 학생들이 가정과 지역사회에서 보이는 행동 패턴은 교실 환경에서도 자연스럽게 나타나며, 이는 교사가 학생들을 더 깊이 이해하는 데 중요한 단서를 제공한다. 마지막으로 Brenner(1998)와 Yokley(1999)의 연구에 따르면, 교사가 교과 내용을 학생들의 실제 삶과 연계할 때 학습 이해도가 높아지고 비판적 사고력도 향상된다. 이러한 방식은 교사와 하생, 가정과 학교 간의 관계를 더욱 풍부하게 만들어 준다.

(6) 다문화 교육 자료의 효과적 활용

여러 교육학자들은 학생들이 학습 과정에서 자신의 정체성을 발견할 수 있도록 돕는 다문화 교육과정의 필요성을 강조해 왔다(Delpit, 2006; Banks, 2002; Ladson-Billings, 1994; Gay, 2000; Brown, 2002). 문화 대응 교수법을 실천하는 교사들은 학습 효과를 높이기 위해, 학생들의 문화적 배경과 연결되는 교수자료를 신중히 선택하여 활용한다(Danielson, 1996; Zeichner, 1993). Lee(1995)의 연구에 따르면, 학생들의 실제 삶과 밀접하게 관련된 다양한 텍스트를 활용할 때 학습 효과가 더욱 향상된다고 보고했다(Ladson-Billings, 1995).

더 나아가 교사들은 단순히 교과 내용 전달에 머무르지 않고, 문화적 이해를 중심으로 한 통합적 단원을 구성할 수 있다(Villegas & Lucas, 2002). 각 수업에서 문화적 요소를 다루되, 특히 그동안 교육 현장에서 소외된 소수 인종과 여성들의 관점과 경험에 주목할 필요가 있다(Ginsberg & Wlodkowski, 2000). 이러한 노력은 모든 학생들이 자신의 문화적 정체성을 긍정적으로 인식하는 동시에, 다른 문화에 대한 이해와 존중의 태도를 함양하는 데 기여할 수 있다.

(7) 학생 중심의 지식 구성 기회 제공

다문화 교육 현장에서 교사의 핵심적 과제는 다양한 문화적 자원을 활용하는 것에서 한 걸음 더 나아가, 학생들이 단순한 지식의 수용자가 아닌 적극적인 지식을 만들어가는 사람이 되도록 도와야 한다. Gay(2000)와 Delpit(2006)는 학생들이 스스로 의미를 이해하고 지식을 만들어내는 능력을 키워야 한다고 주장한다. 이를 위해 Ladson-Billings(1995)는 교사가 학생들에게 학습 내용 선택권을 주고, 이를 통해 학생들이 자발적으로 토론에 참여하며 창의적인 탐구 활동을 시작할 기회를 제공해야 한다고 강조한다.

교육 현장에서 이러한 접근을 실현하기 위해 Villegas와 Lucas(2002)는 탐구 중심 학습 프로젝트, 다양한 수준의 학생들로 구성된 혼합 학습 그룹 운영, 진정성 있는 대화가 이루어질 수 있는 참여적 학습 환경 조성, 그리고 학생들의 자기 주도적 학습 책임감 함양 등을 구체적인 교육 방법으로 제시한다. 이러한 교육 방법을 효과적으로 실행하기 위해서는 교사의 세심한 지원이 필수적이다. 교사는 각 학습자의 수준과 필요에 맞는 체계적인 학습 지원(scaffolding)을 제공하면서, 동시에 기본적인 학습 기술을 명확하게 지도해야 한다. 이를 통해 모든 학생들이 자신의 잠재력을 최대한 발휘할 수 있는 교육 환경을 조성할 수 있다.

(8) 학습 공동체의 구축

문화 대응 교육에서는 개별 학습자를 위한 맞춤형 지원이 핵심이다. 그러나 이에 못지않게 학습자 공동체의 형성 역시 중요한 교육적 과제로 인식된다. 교육철학자 Dewey(1916)는 일찍이 학습의 본질이 공동체 속 상호작용에 있다고 주장했는데, 이러한 관점은 현대 문화 대응 교수법 연구자들의 폭넓은 지지를 받고 있다(Gay, 2000; Brown, 2002; Weinstein, Curran, & Tomlinson-Clarke, 2003;

Osborne, 1996; Banks, 2002). 학습자 공동체 안에서 이루어지는 협력 학습은 활기찬 교육 환경을 만들어내며, 이는 자연스럽게 학업 성취의 향상으로 이어진다. 이런 환경에서는 교사의 전문적인 지도와 더불어, 학생들이 서로 가르치고 배우는 과정을 통해 더욱 깊이 있는 배움을 경험할 수 있다(Ladson-Billings, 1995).

실제로 여러 연구에서 협력 학습이 학생들의 학업 성취도를 높이는 데 크게 기여한다는 사실이 입증되었다(Sheets, 1995). 특히 소그룹 활동은 다문화 배경을 지닌 학생들의 읽기 능력 향상에 뚜렷한 효과를 보여주었다(Lee, 1995). 다만 Shade 외(1997)가 강조했듯이, 효과적인 문화 대응 교육을 위해서는 협동 학습과 개별 학습 사이의 균형이 필수적이다. Curtin(2005)의 연구에 따르면, 학습 참여도가 높은 교실의 특징은 개별 활동과 그룹 활동이 조화롭게 이루어지며, 평가 방식 또한 개인과 그룹 수준에서 다양하게 실시된다는 점이다.

(9) 높은 기대치 설정과 명확한 전달

문화 대응 교육에서 교사는 학생들에게 높은 수준의 명확한 기대치를 제시해야 한다(Banks, 2002; Brown, 2002; Delpit, 2006; Gay, 2018; Ladson-Billings, 2014). 여러 연구에 따르면, 교사가 높은 기대치를 설정하면 학생들은 기존에 달성하기 어려워 보였던 학업 목표도 달성할 가능성이 높아진다(Sheets, 1995; McKown & Weinstein, 2008). 특히 학업적 우수성에 대한 높은 기대가 학생들의 문화적 정체성과 조화를 이룰 때, 학생들은 학교에 긍정적인 태도를 가지며 더 나은 성과를 거둘 수 있었다(Lipman, 1995; Murdock- Perriera & Sedlacek, 2018).

이를 실천하기 위해 교사는 단순한 질문이 아니라, 학생들에게 추론과 비판적 사고를 요구하는 복잡한 질문을 해야 한다. 블룸의 분류법을 활용하여 다양한 수준의 질문을 구성하는 것도 효과적이다(Gay, 2018). 또한 학생의 성공을 돕기 위해서는 학생과 학부모와 협력하여 신뢰와 지지를 바탕으로 한 학습 환경을 만드는 것이 중요하다(Ladson-Billings, 2014). Villegas와 Lucas(2002)는 교사가 긍정적인 교실 분위기를 조성하고 학생들의 성공을 격려할 때, 학생들의 학업 성취와 자존감이 크게 향상된다고 강조한다.

(10) 효과적인 교실 의사소통 체계 구축

교사는 학생들에게 높은 기대를 명확히 전달하는 동시에, 교실에서의 의사소통에도 꾸준히 신경 써야 한다. 특히 학교가 점점 더 문화적·언어적으로 다양해지면서, 이는 더욱 중요한 과제가 되고 있다(Gay, 2000; Weinstein, Curran, & Tomlinson-Clarke, 2003). 교실 의사소통은 단순히 정보를 전달하는 것을 넘어, 언어의 힘을 활용해 학생들에게 자유로운 학습 경험을 제공하고 비판적 사고를 키워주는 방향으로 이루어져야 한다(Freire, 1970; Hooks, 1994; Mercer, 2000).

문화에 민감한 교사는 학생들의 고유한 언어와 문화를 존중하면서도, 주류 사회의 언어(한국어)를 효과적으로 가르칠 수 있는 코드 스위칭 교육 능력을 갖춰야 한다(Smitherman, 1981; Matthews, 2003). 이러한 언어 교육은 교실 안팎에서 다양하게 실천할 수 있으며(Ladson-Billings, 1998), 결과적으로 학생들의 듣기 능력과 언어 이해력을 향상시키는 데 도움을 준다(Delpit, 2006).

즉 다양한 문화권 학생들의 언어적 특성을 존중하면서, 언어의 사회적 중요성을 가르치는 것은 학생들의 문화적 정체성을 인정하는 동시에 그들의 역량을 키우는 핵심 요소가 된다.

• 토의 과제: 문화 대응 교수법의 실천

토의 1. 문화 대응 교수법에서 '학생의 문화적 배경을 교육적 자산으로 활용한다'는 것은 구체적으로 어떤 의미일까요? 여러분이 교사라면 학생들의 다양한 문화적 배경을 수업에 어떻게 통합하고 활용할 수 있을까요?

토의 2. 교사의 성향이 '의도, 신념, 행동'이라는 세 가지 요소로 구성된다고 할 때, 문화 대응 교수법을 실천하는 교사는 어떤 신념과 의도를 가지고 있어야 할까요? 그리고 그것이 실제 교실에서는 어떤 행동으로 나타나야 할까요?

토의 3. 문화 대응 교수법의 10가지 실천 요소 중에서 여러분이 가장 중요하다고 생각하는 요소는 무엇이며, 그 이유는 무엇인가요? 또한 이를 실제 교실 현장에서 실천할 때 예상되는 어려움과 그 해결 방안은 무엇일까요?

3 수학교육에서의 문화 대응 교육

가. 문화 대응 수학교육의 다섯 가지 실천적 요소

문화 대응 수학교육법은 단순히 교육 내용에 다문화적 요소를 더하는 것이 아니다. 대신 학생들의 문화적 배경을 핵심 자원으로 활용하여 수학적 개념과 자연스럽게 연결하는 체계적인 교육 방법이다. 이 교수법은 학생들의 문화적 정체성을 존중하면서도, 수준 높은 수학적 사고력과 문제 해결 능력을 키우는 것을 목표로 한다. 이를 위해 교사는 교육학, 문화인류학, 그리고 수학의 본질에 대한 깊이 있는 이해를 바탕으로 수업을 설계해야 한다. 예를 들어, Vygotsky의 사회문화적 학습이론, Banks의 다문화교육 이론, Ladson-Billings의 문화적 교수법 등을 종합적으로 활용할 수 있어야 한다. 또한 수학의 추상성과 보편성이 다양한 문화적 맥락에서 어떻게 해석되는지 이해하는 것도 중요하다(Aguirre & Zavala, 2013; Ladson-Billings, 2014; Loquet, 2023).

결과적으로, 문화 대응 수학교육은 학생들의 다양한 문화적 배경과 경험을 수학 교육과정에 적극 반영함으로써 학습 효과를 높이고자 하는 교수법이라 할 수 있다. 문화 대응 수학교육은 일반적인 문화 대응 교수법의 틀을 기반으로 하되, 수학이라는 교과의 특수성을 고려하여 다음 다섯 가지 측면에서 살펴볼 수 있다.

(1) 깊이 있는 수학 학습 지원

문화 대응 수학교육에서 가장 중요한 것은 수학 자체이다. 문화적 요소를 통합하는 것도 중요하지만, 무엇보다도 모든 학생이 수학을 제대로 배울 수 있는 환경을 조성하는 것이 우선이다. 문화적 요소만 지나치게 강조하면 오히려 수학 학습에 방해가 될 수 있다. 따라서 이 교수법은 학생들이 단순히 공식을 외우거나 계산만 하는 것이 아니라, 깊이 있는 수학적 사고력을 기르는 것을 목표로 한다. 문화 대응 수학 교사는 모든 학생이 수학적 잠재력을 가지고 있다고 믿으며, 이를 최대한 끌어낼 수 있는 방법을 적극적으로 찾아 실천한다(Ellis, 2007; Matthews, 2003).

2022 개정 수학과 교육과정에서도 강조하듯, 학생들은 수학 개념, 원리, 법칙을 깊이 이해하고 자신의 생각을 논리적으로 설명할 수 있어야 한다. 예를 들어, 'Number Talk' 활동을 활용하면 학생들이 다양한 문제 해결 방법을 공유하고, 이러한 방법들이 실제 생활에서 어떻게 활용되는지 함께 논의할 수 있다. 이를 통해 학생들은 수학에 대한 깊은 이해와 통합적인 지식 체계를 구축할 수 있다.

다문화 가정 학생들이 많은 초등학교에서 Number Talk를 적용한 사례

수업 사례: 3학년 수학 수업, 주제: 두 자릿수 덧셈

도입 (5분): 교사는 다국어로 "오늘의 Number Talk"라고 쓰인 칠판을 준비한다. 한국어, 중국어, 베트남어 등 학급의 주요 언어들이 포함되어 있다. 이는 모든 학생들의 참여를 독려하고 포용적 분위기를 조성한다.

Number Talk 실시 (15분): 교사는 "24 + 38"이라는 문제를 제시한다. 학생들에게 암산으로 해결하도록 하고, 다양한 전략을 사용하도록 격려한다. 학생들의 반응 예시:

- 한국계 학생: "20과 30을 더해서 50, 4와 8을 더해서 12, 그래서 62예요."
- 중국계 학생: "24를 25로 바꾸고 38에서 1을 빼서 37로 만들었어요. 그래서 25 + 37 = 62가 돼요."
- 베트남계 학생: "38에 20을 더해서 58, 거기에 4를 더해서 62가 됐어요."

교사는 각 학생의 전략을 칠판에 시각적으로 표현하며, 필요한 경우 통역 지원을 제공한다.

전략 토론 (10분): 교사는 학생들에게 각 전략의 장단점을 토론하도록 유도한다. 이 과정에서 학생들은 자신의 문화적 배경에서 비롯된 계산 방식을 공유할 수 있다.

실생활 연계 (10분): 교사는 학생들에게 이러한 덧셈이 실생활에서 어떻게 사용되는지 예를 들어보라고 한다.

- 한국계 학생: "시장에서 물건 값을 계산할 때요."
- 중국계 학생: "설날 세뱃돈을 셀 때 사용해요."
- 베트남계 학생: "엄마가 식당에서 일하실 때, 계산할 때 써요."

마무리 (5분): 교사는 다양한 전략과 문화적 맥락에서의 수학 활용을 요약하고, 모든 방법이 가치 있음을 강조한다.

이러한 Number Talk 활동은 다음과 같은 이점을 제공한다:

- 수학적 사고력 강조: 학생들이 다양한 전략을 개발하고 공유하도록 장려.
- 문화적 포용성: 다양한 언어와 문화적 맥락을 수업에 통합.
- 의사소통 능력 향상: 학생들이 자신의 전략을 설명하고 다른 학생들의 아이디어를 이해.
- 실생활 연계: 수학적 개념을 학생들의 일상 경험과 연결.
- 평등한 참여 기회: 모든 학생들이 자신의 아이디어를 공유할 수 있는 환경을 조성.

또한 교사는 학생들이 수학적 개념과 관계를 다양한 방식으로 표현하고 서로 비교하면서, 깊이 있게 이해할 수 있도록 지도해야 한다. 특히 수학적 개념을 여러 가지 방식으로 나타내는 다중 표현법은 학생들의 개념적 이해를 높이는 데 매우 중요하다. 이는 문화 대응 수학 교수법에서 핵심적인 교수 전략으로 활용된다. 학생들은 하나의 수학적 개념을 여러 관점에서 살펴보고 서로 다른 표현 방식 간의 관계를 탐구하면서, 더욱 폭넓고 깊이 있는 이해를 형성할 수 있다.

다문화 가정 학생들이 많은 초등학교 3학년 수학 수업에서 소수 개념을 다루는 구체적인 사례

교사는 학급의 다양한 문화적 배경을 고려하여 소수 개념을 네 가지 방식으로 표현하는 수업을 설계했다. 이 접근법은 언어적 장벽을 극복하고 개념의 심층적 이해를 촉진하는 데 중점을 둔다.

- 언어적 표현: 교사는 '소수'라는 용어를 한국어로 소개한 후, 중국어('小数'), 베트남어('số thập phân') 등 학급 내 주요 언어로도 제시한다. 이어서 "1보다 작은 수"와 같은 직관적 설명을 다국어로 제공한다. 이 과정에서 학생들은 자국어로 소수 개념을 설명하도록 격려받는다.
- 수치적 표현: 0.5, 0.25 등의 소수를 칠판에 쓰고, 이를 각 문화권의 표기법(예: 베트남식 '0,5', 한국/영미식 '0.5')과 비교한다. 학생들은 자신의 문화권에서 사용하는 표기법을 공유하고, 표기법의 차이와 공통점을 토론한다. (베트남에서는 소수점을 표기할 때 일반적으로 유럽식 표기법을 따르기 때문에 0,5와 같이 쉼표(,)를 소수점으로 사용한다. 따라서 베트남식 표기법에서는 0.5 대신 0,5로 나타내는 것이 일반적이다.)

- 시각적 모델: 십진법 블록을 활용하여 소수를 표현한다. 예를 들어, 0.1을 나타내는 작은 큐브, 0.01을 나타내는 더 작은 조각 등을 사용한다. 교사는 이러한 표현이 각 문화권에서 어떻게 이해되고 사용되는지 학생들의 의견을 듣는다.
- 실생활 적용: 학생들은 소그룹으로 나뉘어 자신의 문화권에서 소수가 사용되는 실생활 예시를 찾아 발표한다. 예를 들어, 한국 학생은 키나 몸무게 측정, 중국계 학생은 화폐 단위, 베트남계 학생은 요리법에서의 활용 등을 소개할 수 있다.

수업의 핵심 활동으로, 교사는 학생들에게 이 네 가지 표현 방식을 연결 짓는 '개념 지도' 만들기를 제안한다. 학생들은 협력하여 각 표현 방식 사이의 관계를 시각화하고, 자신의 문화적 배경에서 비롯된 독특한 연결점을 추가한다. 예를 들어, 베트남계 학생은 자국 화폐 단위와 소수 표현의 관계를, 중국계 학생은 전통적인 분수 표현과 소수의 관계를 지도에 포함시킬 수 있다.

(2) 문화적 연관성 확보

문화 대응 수학교육은 학생들이 가진 개별적인 수학적 이해와 추론 방식을 교실 공동체의 중요한 학습 자원으로 활용하는 교육 방법이다. 이는 학생 개개인의 문화적 정체성과 고유한 수학적 사고방식이 전체 학급의 학습을 풍부하게 만들 수 있다는 교육적 신념에 기반을 둔다(Aguirre & Zavala, 2013). 여기서 중요한 점은 단순히 수학 문제에 학생들의 이름을 넣거나 문화적 소재를 표면적으로 다루는 것이 아니라, 학생들의 문화적 배경과 삶의 경험을 수학교육과 의미 있게 연결하는 것이다. 이를 통해 학생들은 자신의 문화적 맥락에서 수학적 개념을 자연스럽게 이해하고 더 깊은 수학적 사고력을 기를 수 있다.

문화 대응 수학교육의 특징은 수학을 단순한 계산 도구가 아닌 사회 문제 해결의 도구로 보고, 그 실제적 적용과 영향에 대해 비판적으로 사고하도록 한다는 점이다. 평가 방식에서도 전통적인 필기 시험뿐만 아니라 프로젝트, 포트폴리오, 발표 등 다양한 방법을 도입하여 학생들의 서로 다른 강점과 학습 스타일을 고려한다. 특히 여러 언어를 사용하는 학생들의 모국어를 중요한 학습 자원으로 활용하며, 학생들이 수학적 개념을 자신만의 방식으로 자유롭게 표현할 수 있도록 돕는다.

결과적으로 문화 대응적 수학교육은 단순한 지식 전달을 넘어, 학생들이 자신의 문화적 배경과 정체성을 토대로 수학을 더욱 의미 있게 학습할 수 있도록 한다. 이는 모든 학생이 수학 학습에서 성공할 수 있는 포용적인 교육 환경을 만들고, 수학교육의 형평성을 높이며 학생 개개인의 수학적 잠재력을 최대한 끌어낼 수 있게 한다.

(3) 학생들의 경험, 의사소통 방식 및 커뮤니티를 존중

문화 대응 수학 교수법의 핵심은 학생들의 문화적 배경과 일상 경험을 수학 학습에 의미 있게 통합하는 데 있다. 이는 단순히 문제에 문화적 요소나 친숙한 이름을 넣는 피상적인 접근을 넘어선다. 학생들의 실제 생활 경험과 가치관을 수학교육에 유기적으로 연결함으로써, 더욱 깊이 있는 학습이 가능해지는 것이다(Ellis, 2007; Ladson-Billings, 1995; Matthews, 2003; 방정숙, 2011). 이러한 문화적 통합은 교육적으로 두 가지 중요한 의미를 지닌다. 첫째, 학생들은 자신의 생활 경험과 기존 지식을 바탕으로 새로운 수학적 개념을 더 쉽게 이해할 수 있다. 둘째, 수학이 실생활과 밀접하게 관련되어 있다는 것을 깨닫게 되면서 수학 학습에 대한 흥미와 참여도가 자연스럽게 높아진다. 예를 들어, 다문화 가정 학생들의 고유문화에서 사용하는 수학적 도구나 문제해결 방식을 수업에 활용할 수 있다. 또한 지역사회의 실제 문제들을 수학적으로 분석하고 해결방안을 모색하는 활동을 통해, 학생들은 수학의 실용적 가치를 직접 체험할 수 있다. 이처럼 학생들의 삶과 밀접하게 연결된 수학교육은 수학을 더욱 친근하고 의미 있는 학문으로 인식하게 한다(Ellis, 2007; Matthews, 2003). 이는 궁극적으로 모든 학생의 수학적 이해와 성취도 향상으로 이어질 수 있다.

문화 대응 수학 교수법의 핵심은 교실에서의 효과적인 의사소통에 있다. 이는 학생들의 고유한 의사소통 방식을 존중하면서도 수학적 개념의 이해를 촉진하는 것을 목표로 한다. 예를 들어, 분수를 처음 가르칠 때는 "4분의 1"과 같은 형식적 용어보다는 "피자 한 조각"과 같은 일상적 표현을 사용하는 것이 효과적이다. 마찬가지로 기하학적 개념을 설명할 때도 전문 용어에만 의존하기보다는 그림을 그리거나 몸동작을 활용하는 것이 학생들의 이해를 돕는다.

다문화 가정 학생들을 위해서는 특별한 접근이 필요하다. 수학 개념을 먼저 모국어로 설명한 뒤 점차 수업 언어로 전환하는 단계적 접근이 효과적이다. 또한 새로운 수학 개념을 배울 때는 먼저 소그룹에서 자유롭게 토론하게 한 후, 전체 학급 발표에서 공식 용어를 사용하도록 하는 방식도 도움이 된다(Gay, 2000; Ellis, 2007; Matthews, 2003; Weinstein, Curran, & Tomlinson-Clarke, 2003). 이러한 접근법의 장점은 학생들이 자신에게 익숙한 방식으로 수학적 사고를 표현하고 공유할 수 있다는 점이다. 이를 통해 학생들은 자연스럽게 공식적인 수학 언어와 표기법을 익힐 수 있다. 특히 이 방식은 학문적 언어 습득을 방해하지 않으면서도, 비형식적 의사소통을 통해 수학적 개념에 대한 깊이 있는 이해를 가능하게 한다. Razfar 외(2011)의 연구는 이러한 접근법의 효과를 잘 보여준다. 그들이 관찰한 5학년 교사는 이중언어 학습자들에게 다양한 표현 방식을 허용했다. 학생들은 언어, 시각 자료, 제스처, 계산기 등을 자유롭게 활용할 수 있었고, 교사는 이를 바탕으로 점진적으로 학술적 언어와 수학적 표기법을 도입했다. 그 결과 학생들은 수업에 적극적으로 참여했을 뿐만 아니라, 자신의 사고방식을 인정받으면서도 수학 언어를 체계적으로 익힐 수 있었다.

문화 대응 수학 교수법은 학교와 지역사회의 유기적 연계를 통한 수학교육을 강조한다. Reyes외(2016)가 제안한 '커뮤니티 자원 지도 작성'과 Moll와 Gonzalez (1997)의 가정 방문 연구는 교사들이 학생들의 일상생활 속 수학적 요소를 발견하고 이를 교육 현장에 효과적으로 접목하는 방법을 보여준다. 이러한 접근법의 실제 사례로 한 초등학교 4학년 교사의 지역사회 수학 프로젝트를 들 수 있다. 이 프로젝트에서는 학생들이 자주 가는 동네 분식점 메뉴판을 활용해 실생활 수학 문제를 만들었다. 예를 들어 한 학생은 다음과 같은 문제를 구성했다.

> "동네 분식점에서 떡볶이 2인분(1인분 3,500원), 어묵 3꼬치(1꼬치 1,000원), 순대 1인분(4,000원)을 주문했을 때 총비용은 얼마일까요?"

이러한 학습 활동은 세 가지 중요한 교육적 의미를 지닌다. 첫째, 학생들의 일상 경험을 자연스럽게 수학적 사고와 연결한다. 둘째, 덧셈과 곱셈을 활용한 실생활 문제 해결 능력을 키울 수 있다. 셋째, 한국 학생들의 생활문화를 반영함으로써 수학 학습의 실제적 의미를 더욱 깊게 이해할 수 있다. 이와 같은 문화 대응 기반의 교수법은 다음과 같은 교육적 효과를 가져온다.

- 수학의 실용적 가치 인식: 학생들은 수학이 단순한 교과서 속 추상적 개념이 아닌, 실생활에서 활용 가능한 실제적 도구임을 이해하게 된다.
- 문화적 연관성 강화: 학생들의 문화적 배경과 일상 경험을 학습 과정에 통합함으로써, 수학에 대한 친밀감과 학습 동기를 높인다.
- 의사소통 능력 개발: 실생활 맥락에서의 수학적 문제 해결 과정을 통해, 수학적 의사소통 능력이 자연스럽게 향상된다.

결론적으로 문화 대응 수학 교수법을 통한 지역사회 연계 수학교육은 학생들에게 더욱 의미 있고 풍부한 배움의 기회를 제공한다. 이는 수학교육을 보다 포용적이고 효과적으로 만들어 모든 학생의 잠재력을 최대한 끌어내는 데 이바지한다.

(4) 포용적이고 협력적인 규범과 루틴 구축 방안

다문화 가정 학생들이 많은 교실에서는 수학 학습을 위한 규범과 일상적 절차를 개발할 때 특별한 고려가 필요하다. Yeh 외(2016)는 이러한 상황에 적합한 교수법적 접근을 다음과 같이 제시했다. 먼저 다양한 문화적 배경을 지닌 학생들의 수학적 소통과 협력 활동을 체계적으로 기록한다. 특히 서로 다른 언어와 문화를 가진 학생들이 어떻게 상호작용하는지 주의 깊게 관찰해야 한다. 이러한 기록은 향후 교수학습 방법을 개선하는 데 귀중한 자료가 될 수 있다. 다음으로, 기록된 수업 장면을 학급 구성원들과 함께 살펴보며 효과적인 의사소통과 협력이 이루어진 부분을 분석한다. 이 과정에서는 문화적 차이에 따른 의사소통 방식의 특징을 이해하고, 이를 생산적으로 조율하는 방안을 함께 토론하는 것이 중요하다. 마지막으로, 이러한 분석과 토론을 바탕으로 학생들이 직접 교실 내 수학적 상호작용 규범을 만들어가도록 한다. 이때 교사는 다양한 문화적 관점이 골고루 반영될 수 있도록 세심하게 지도해야 한다. 이러한 접근은 몇 가지 중요한 이점이 있다. 우선 효과적인 수학적 의사소통의 구체적인 모델을 보여줌으로써 언어적 어려움이 있는 학생들에게도 분명한 지침을 제공할 수 있다. 또한 다양한 문화적 배경을 가진 학생들의 참여 모습을 공유함으로써 모든 학생이 수학 학습 공동체의 소중한 구성원임을 강조할 수 있다. 더불어 학생들이 규범을 정하는 과정에 직접 참여함으로써 주인의식과 책임감도 높일 수 있다.

한편 역할극은 바람직한 행동과 그렇지 않은 행동에 대한 규범을 정하는 데 효과적인 전략이다(Yeh, Ellis, & Hurtado, 2016). 특히 다문화 가정 학생들이 많은 교실에서는 언어적, 문화적 다양성을 고려한 역할극이 유용한 교육 방법이 될 수 있다. 역할극을 통해 학생들은 수학 학습 과정에서 허용되는 행동과 그렇지 않은 행동을 구체적이고 시각적으로 체험할 수 있기 때문이다. 이는 언어적 어려움이 있는 학생들에게도 행동 규범을 명확하게 전달하는 데 도움이 된다. 특히 다문화 교실에서는 암묵적 규범에만 의존하는 것을 피해야 한다. 문화적 배경이 다른 학생들은 한국 교실의 암묵적 규범을 직관적으로 이해하기 어려울 수 있으며, 이는 자칫 학습 참여의 불균형으로 이어질 수 있기 때문이다.

(5) 수학의 적용

수학교육의 궁극적인 목표는 학생들이 수학을 실생활의 유용한 도구로 인식하고 활용할 수 있도록 돕는 것이다. 특히 다문화 가정 학생들이 많은 한국의 교실에서는 이러한 접근이 더욱 중요하다. 단순한 시험을 위한 개념 이해를 넘어, 학생들이 자신의 커뮤니티에서 발생하는 문제들을 수학적으로 분석하고 해결할 수 있는 능력을 키우는 것이 핵심이다.

문화 대응 수학 교수법은 학생들의 일상 경험과 수학적 개념을 자연스럽게 연결한다(Loquet, 2023). 예를 들어, 덧셈과 뺄셈을 가르칠 때 추상적인 교과서 예제 대신 실생활 상황을 활용할 수 있다. 학교 근처 문구점에서 여러 나라의 학용품 가격을 비교하며 계산해 보는 활동은 단순한 연산 연습을 넘어 기초적인 경제 개념까지 이해할 수 있게 한다. 또한 다문화 요리 레시피를 활용하여 재료의 양을 계산하는 활동은 분수와 소수 개념을 자연스럽게 익힐 수 있는 좋은 기회가 된다. 세계 여러 나라의 시차를 계산하는 문제는 시간의 덧셈과 뺄셈을 익히면서 동시에 지리적 지식도 배울 수 있는 통합적 학습이 된다. 이때 다양한 언어로 된 시각 자료를 활용하면 언어적 장벽을 낮추고 모든 학생의 참여를 이끌어낼 수 있다. 나아가 학교나 지역 사회의 실제 문제 해결에 수학을 적용하는 프로젝트도 가능하다. 예컨대 다문화 가정 학생들의 언어 지원 필요성을 분석하기 위해 비율과 비례 개념을 활용하거나, 학교 내 문화 다양성 증진을 위한 공간 설계에 기하학을 적용해 볼 수 있다. 이러한 프로젝트의 결과물로 학교 행정 기관에 제안서를 작성하게 하면, 수학적 문제 해결 능력과 실용적인 문서 작성 능력을 동시에 기를 수 있다. 이러한 문화 대응 수학교육의 핵심은 의미 있는 수학 내용, 실제적인 맥락, 그리고 학생들이 자신의 수학적 사고를 나눌 수 있는 기회를 제공하는데 있다. 이를 통해 학생들은 수학을 단순한 교과목이 아닌, 자신의 삶과 사회를 이해하고 개선하는 실질적인 도구로 인식하게 될 것이다(Loquet, 2023). 특히 다문화 가정 학생들에게는 이러한 접근이 자신의 문화적 배경과 한국 사회를 연결하는 다리의 역할을 할 수 있다.

나. 문화 대응 수학 학습지도안

문화 대응 수학교육에 기반한 학습지도안 작성은 체계적이고 심도 있는 과정을 필요로 한다. 먼저 교사는 학생들의 문화적 배경을 상세히 분석하고, 이를 수학적 개념과 연결할 수 있는 창의적인 방법을 찾아야 한다. 그 다음으로는 이러한 내용을 효과적으로 전달할 수 있는 구체적인 교수법을 설계해야 한다. 이 모든 과정에서 교사는 자신의 문화적 편견과 고정관념을 꾸준히 점검하고 개선해야 하며, 이러한 자기 성찰적 태도가 바로 문화 대응 수학 교육법의 핵심이라고 할 수 있다(Bonner & Adams, 2012; Nolan & Keazer, 2020).

(1) 문화 대응 수학 교수법을 활용한 과제 개발

문화 대응 수학 교수법을 활용한 과제 개발은 학생들의 문화적 배경과 일상적 경험을 수학 학습에 의미 있게 통합하는 체계적인 과정으로, 다음 네 단계로 구성된다(Ellis, 2007).

첫째, 기초 단계에서는 학생 분석과 교육과정 분석이 이루어진다. 학생 분석에서는 학급의 문화적 특성, 학생들의 가정 배경, 관심사, 일상적 경험, 의사소통 방식 등을 면밀히 파악한다. 교육과정 분석에서는 수학적 개념과 성취기준을 명확히 하고 학년 수준에 맞는 난이도와 평가 방법을 설정한다.

둘째, 문화적 요소 통합 단계에서는 전통 놀이, 가정 행사, 지역 축제 등 학생들의 생활 속에서 수학적 요소를 발견하고, 다양한 문화권의 수학적 접근 방식을 탐구하여 이를 교육 내용에 자연스럽게 접목시킨다. 이 과정에서 학생들의 경험과 수학적 개념을 의미 있게 연결하는 것이 핵심이다.

셋째, 과제 설계와 수업 자료 개발 단계에서는 실생활 맥락이 반영된 문제 상황을 구성하고, 협동 학습을 위한 모둠 활동을 설계하며, 의미 있는 토론 요소를 포함한다. 또한 효과적인 시각 자료와 구체물, 학생 친화적 활동지와 교구를 개발한다. 예를 들어 '우리 동네 시장에서 배우는 분수' 단원에서는, 각 가정의 계량 도구와 요리법을 조사하여 공유하는 도입 활동, 시장 견학과 전통 음식 레시피를 활용한 분수 계산, 모둠별 요리 활동 등을 진행할 수 있다.

마지막으로, 평가 및 개선 단계에서는 학생들의 반응과 이해도를 확인하고 수정하며, 더 효과적인 문화적 연계 방안을 모색한다. 이러한 접근은 학생들의 수학 학습 동기를 높이고, 다양한 문화적 배경을 존중하면서 수학적 개념의 자연스러운 이해를 돕는다.

(2) 학생 중심의 학습 환경과 협력적 학습 문화 형성

문화 대응 수학교육의 학습지도안을 설계할 때는 학생들의 다양한 학습 방식을 고려한 포괄적 접근이 필요하다. 이를 위해서는 먼저 다중언어 접근법을 통해 언어적 다양성을 인정하고, 시각 자료, 촉각 경험, 신체 활동 등 다양한 학습 양식을 수업에 통합하는 것이 중요하다. 또한 학생들이 서로 협력하며 대화를 통해 지식을 구성할 수 있는 상호작용적 학습 환경을 조성하는 것도 중요하다.

이러한 다각적 접근은 Gardner의 다중지능이론과 연결되며, 이는 모든 학생이 각자 다른 학습 스타일과 문화적 배경을 가지고 있다는 것을 전제로 한다. 문화 대응 수학 교수법의 핵심은 바로 이러한 다양성을 존중하고 적극 활용하는 데 있다. 이를 실천하기 위해서는 학생들이 자신의 강점을 활용해 수학적 개념을 이해하고 적용할 수 있는 기회를 제공해야 하며, 소그룹 활동이나 프로젝트 기반 학습을 통해 학생들이 서로의 문화적 배경과 관점을 공유하며 수학적 문제를 해결하는 경험을 제공하는 것이 효과적이다.

(3) 학생 중심의 평가

평가 방식은 다양한 학생들의 문화적 배경을 존중하고 반영하는 문화 대응 수학 교수법의 원칙에 맞게 설계되어야 한다. 단순히 표준화된 시험에만 의존하지 않고, 프로젝트 기반 평가, 포트폴리오, 수행 평가, 자기 평가, 동료 평가 등 다양한 방법을 활용하는 것이 중요하다. 이러한 평가 방식을 통해 학생들의 수학적 이해뿐만 아니라 문제 해결 과정, 비판적 사고, 창의성, 실생활 적용 능력 등을 종합적으로 평가할 수 있다. 또한 이러한 다각적인 평가는 평가의 공정성을 높이고, 학생 개개인의 다양한 재능을 발견하고 발전시키는 데 도움을 준다. 더불어 수학 수업에서는 사회적 이슈를 탐구하거나 다양한 문화적 관점에서 문제를 바라보고 해결책을 찾는 활동을 포함하는 것이 필요하다. 이를 통해 학생들은 수학이 실제 생활과 어떻게 연결되어 있는지 이해하고, 자신의 문화적 배경에 대한 자부심도 느낄 수 있다.

(4) 학습지도안 예

제목: “우리 주변의 규칙 찾기와 만들기”
대상: 초등학교 3학년
시간: 40분
영역: 규칙성
성취기준:
- [3수04-01] 생활 주변에서 규칙적인 현상을 찾아 설명하고, 그 규칙을 수나 말로 표현할 수 있다.
- [3수04-02] 규칙적인 배열에서 규칙을 찾아 다음에 올 것을 예측할 수 있다.

핵심 역량:
- 문제 해결 능력
- 추론 능력
- 창의 · 융합 능력
- 의사소통 능력

학습 목표:
- 다양한 문화적 배경을 반영한 생활 주변의 규칙을 찾아 설명할 수 있다.
- 간단한 반복 규칙을 만들고 확장할 수 있다.

준비물:
- 다양한 문화의 전통 문양 이미지
- 색종이, 가위, 풀
- 활동지

학습 단계:
도입 (5분)
- 다양한 문화의 전통 문양 이미지를 보여주며 학생들의 관심을 유도한다.
- 학생들에게 자신의 문화권에서 볼 수 있는 규칙적인 현상에 대해 이야기해 보도록 한다.

전개 (25분)
1. 규칙 찾기 (10분)
   - 다양한 문화의 전통 문양에서 반복되는 규칙을 찾아보도록 한다.
   - 학생들이 발견한 규칙을 수나 말로 표현하여 전체 학급과 공유하도록 한다.
2. 규칙 만들기 활동 (15분)
   - 학생들을 소그룹으로 나누고, 각 그룹에 색종이와 가위, 풀을 나눠준다.
   - 자신의 문화나 관심 있는 다른 문화의 규칙을 응용하여 새로운 규칙적 배열을

만들어보도록 한다.
- 만든 규칙적 배열을 활동지에 붙이고 그 규칙을 수나 말로 설명하도록 한다.
- 만든 규칙을 바탕으로 다음에 올 것을 예측해 보도록 한다.

3. 정리 (10분)
- 몇몇 학생들의 작품을 전체 학급과 공유한다.
- 다른 문화의 규칙에 대해 배운 점과 느낀 점을 나누도록 한다.
- 우리 주변에서 볼 수 있는 다양한 규칙에 대해 관심을 가지고 관찰해 보도록 격려한다.

4. 평가:
- 학생들의 규칙 인식 능력과 새로운 규칙 생성 능력을 관찰한다.
- 활동지에 작성한 규칙 설명을 통해 이해도를 평가한다.
- 규칙의 다음 단계를 예측하는 능력을 확인한다.

유의사항
- 학생들의 다양한 문화적 배경을 존중하며 수업을 진행한다.
- 모든 학생이 참여할 수 있는 포용적인 학습 환경을 조성한다.
- 실생활 연계 사례는 학생들의 경험을 반영하여 선정한다.

다. 다문화 교실에서 문화 대응 수학 교수법의 의의

한국의 다문화 교실에서 문화 대응 수학 교수법은 특별한 의미를 지닌다. 이 교수법의 핵심은 학생들이 수학적 지식을 능동적으로 습득하고, 수학을 자신의 삶과 연결 지어 이해하며, 자신이 속한 공동체의 실제 문제를 수학적으로 탐구하는 능력을 기르는 데 있다. 이러한 접근법은 빠르게 다문화화되고 있는 한국 사회의 맥락에서 더욱 중요성을 갖는다.

문화 대응 수학 교수법을 실제 교실에 적용할 때는 획일화된 '정답'은 없다. 앞서 제시한 사례와 수업지도안들은 하나의 예시일 뿐이며, 각 교실의 고유한 상황에 맞게 유연하게 적용해야 한다. 특히 한국의 교육 현장에서는 다문화 가정 학생들의 문화적 배경과 한국 문화를 자연스럽게 통합하는 것이 중요하다. 모든 수업이 반드시 문화적 요소나 지역사회와의 연계를 명시적으로 포함할 필요는 없다. 중요한 것은 교사가 학생들의 배경과 수학 학습 내용 사이의 연결을 지속적으로 고민하는 태도를 가지는 것이 중요하다. 이를 통해 교사는 모든 학생, 특히 기존의 교육 방식에서 소외될 수 있는 다문화 가정 학생들이 수업에 온전히 참여할 수 있는 포용적인 학습 환경을 만들 수 있다(Byrd, 2016).

한국의 교육 현장에서 문화 대응 수학 교수법을 성공적으로 실천하기 위해서는 두 가지 측면에 주목해야 한다. 하나는 깊이 있는 사고를 요구하는 과제를 선택하고 실행하는 것이고, 다른 하나는 학생들의 수학적 사고를 존중하는 교실 문화를 만드는 것이다. 이는 한국의 전통적인 교육 방식과 새로운 교수법을 조화롭게 통합하는 과정에서 특히 중요하다. 결국, 문화 대응 수학 교수법은 한국의 다문화 교실에서 수학교육의 질을 높이고 모든 학생에게 공평한 학습 기회를 제공하는 데 기여할 수 있다. 이 방법은 단순히 수학 성적 향상에 그치지 않고, 다문화 사회가 필요로 하는 문화적 감수성과 비판적 사고력을 갖춘 시민을 기르는 데 중요한 밑거름이 될 것이다.

• 토의 과제: 문화 대응 수학교육

토의 1. 본문에서는 "문화적 요소만 지나치게 강조하다 보면 의미 있는 수학 학습이 이뤄지지 않아 오히려 학생들 간의 학업 성취 격차가 더 커질 수 있다"고 했다. 수학 학습의 본질을 유지하면서도 문화적 요소를 효과적으로 통합하기 위해서는 어떤 균형이 필요할까요?

토의 2. 본문에서는 지역사회의 분식점 메뉴판을 활용한 수학 문제 만들기나 문구점에서의 학용품 가격 비교 등을 예시로 들었다. 여러분이 교사라면 우리 지역사회의 특성을 반영한 수학 학습 경험을 어떻게 설계할 수 있을까요? 특히 다문화 가정 학생들의 문화적 배경과 경험을 자연스럽게 통합할 수 있는 구체적인 프로젝트나 활동을 제안해 보세요.

참고문헌

강성구, 임경원(2021). 통합교육 실행에 관한 교사의 주관성 분석. The Journal of Inclusive Education 2021, 16(1), 47~81. https://doi.org/10.26592/ksie

강승모, 임경원, 김주희, 오현준, 김수지, 김승지(2021). '정다운 학교' 운영 교사의 통합교육 경험과 의미: 유치원, 초등학교 운영사례를 중심으로. 통합교육연구, 16(2), 103-130, 10.26592/ksie

교육부(2021). 2022 개정 교육과정 총론 주요사항(시안). 교육부 보도자료(2021. 11. 24.).

교육부(2023). 2023년 다문화교육 지원계획. 교육부.

방정숙(2011). 미국의 초등 예비교사를 위한 수학 교수법 사례 연구. 한국초등수학교육학회지, 15(3), 487-507. https://doi.org/10.7468/jksmeb.2011.19.4.243

임후남(2019). 포용적 교육의 사회적 실현 방안 연구. 한국교육개발원.

Au, K., & Jordan, C. (1981). The Afrocentric idea in education. Journal of Negro Education, 60, 170-180.

Aguirre, J. M., & M. del R. Zavala (2013). Making culturally responsive mathematics teaching explicit: A lesson analysis tool. Pedagogies: An International Journal, 8(2), 163-190.

Bartholome, L. (1994). Beyond the methods fetish: Toward a humanizing pedagogy. Harvard Educational Review, 64, 173-194.

Banks, J. A. (2002). An Introduction to Multicultural Education (3rd ed.) Boston: Allyn & Bacon.

Bondy, E., Ross, D. D., Gallingane, C., & Hambacher, E. (2007). Creating environments of success and resilience: Culturally responsive classroom management and more. Urban Education, 42(4), 326-348.

Bonner, E. P., & Adams, T. L. (2012). Culturally responsive teaching in the context of mathematics: A grounded theory case study. Journal of Mathematics Teacher Education, 15(1), 25-38. https://doi.org/10.1007/s10857-011-9198-4

Brenner, M. E. (1998). Adding cognition to the formula for culturally relevant instruction in mathematics. Anthropology & Education Quarterly, 29(2), 214-244.

Brown, C. A., & Cooney, T. J. (1982). Research on teacher education: A philosophical orientation. Journal of Research and Development in Education, 15(4), 13-18.

Brown, D. F. (2002). Becoming a successful urban teacher. Heinemann.

Byrd, C. M. (2016). Does culturally relevant teaching work? An examination from student perspectives. SAGE Open, 6(3), 1-10.

Curtin, E. (2005). Instructional styles used by regular classroom teachers while teaching recently mainstreamed esl students: Six urban middle school teachers in texas share their experiences and perceptions. Multicultural Education, 12(4), 36-42.

Danielson, C. (1996). Enhancing professional practice: A framework for teaching. Association for Supervision and Curriculum Design.

Delpit, L. (2006). Other people's children: Cultural conflict in the classroom. The New Press.

Dewey, J. (1916). Democracy and Education. Free Press.

Ellis, M. W. (2007). Culturally responsive mathematics teaching. Teaching Children Mathematics, 13(7), 388-395. https://doi.org/10.5951/TCM.13.7.0388

Facione, P. A. (2000). The disposition toward critical thinking: Its character, measurement, and relationship to critical thinking skill. Informal Logic, 20(1), 61-84.

Freire, P. (1970). Pedagogy of the oppressed. Continuum.

Gay, G. (2018). Culturally responsive teaching: Theory, research, and practice (3rd ed.). Teachers College Press.

Gay, G. (2000). Culturally responsive teaching: Theory, research, & practice. Teachers College Press.

Gay, G. (2002). Preparing for culturally responsive teaching. Journal of Teacher Education, 53(2), 106-116.

Ginsberg, M. B., & Wlodkowski, R. J. (2000). Creating highly motivating classrooms for all students: A schoolwide approach to powerful teaching with diverse learners. Jossey-Bass.

Hooks, B. (1994). Teaching to transgress: Education as the practice of freedom. Routledge.

Howard, T. C. (2003). Culturally relevant pedagogy: Ingredients for critical teacher reflection. Theory into Practice, 42(3), 195-202.

Jordan, C. (1985). Translating culture: From ethnographic information to educational program. Anthropology & Education Quarterly, 16, 105-123.

Ladson-Billings, G. (2014). Culturally relevant pedagogy 2.0: A.k.a. the remix. Harvard Educational Review, 84(1), 74-84.

Ladson-Billings, G. (1998). Teaching in dangerous times: Culturally relevant approaches to teacher assessment. Journal of Negro Education, 67(3), 255-267.

Ladson-Billings, G. (1995). Toward a theory of culturally relevant pedagogy. American Educational Research Journal, 32(3), 465-491.

Ladson-Billings, G. (1994). The Dreamkeepers: Successful Teachers of African American Children. Jossey-Bass.

Lee, C. D. (1995). A culturally based cognitive apprenticeship: Teaching African American high school students skills in literary interpretation. Reading Research Quarterly, 30(4), 608-630.

Lipman, P. (1995). 'Bringing out the best in them': The contribution of culturally relevant teachers to educational reform. Theory into Practice, 34(3), 202-208.

Loquet, M. (2023). Mathematics education through an interdisciplinary lens: Promoting cultural responsiveness and creativity. ZDM Mathematics Education, 55(1), 131-145.

Matthews, L. E. (2003). How do I teach mathematics in a culturally responsive way? Identifying empowering teaching practices. Teaching for Excellence and Equity in Mathematics, 4(1), 12-18. Retrieved from https://files.eric.ed.gov/fulltext/EJ955945.pdf

McKown, C., & Weinstein, R. S. (2008). Teacher expectations, classroom context, and the achievement gap. Journal of School Psychology, 46(3), 235-261. https://doi.org/10.1016/j.jsp.2007.05.001

Mercer, N. (2000). Words and minds: How we use language to think together. Routledge.

Mohatt, G., & Erickson, F. (1981). Cultural differences in teaching styles in an Odawa school: A sociolinguistic approach. In H. Trueba, G. Guthrie, & K. Au (Eds.), Culture and the bilingual classroom: Studies in classroom ethnography. Newbury House.

Moll, L. C., & González, N. (1997). Teachers as social scientists: Learning about culture from household research. In P. M. Hall (Ed.), Race, ethnicity, and multiculturalism: Policy and practice (Vol. 1, pp. 89–114). Garland Publishing.

Murdock-Perriera, L. A., & Sedlacek, Q. C. (2018). Questioning Pygmalion in the twenty-first century: The formation, transmission, and attributional influence of teacher expectancies. Social Psychology of Education, 21(3), 691-707.

National Council for Accreditation of Teacher Education. (2008). Professional standards for the accreditation of teacher preparation institutions. NCATE. http://www.ncate.org

Nieto, S. (Ed.). (2005). Why we teach. Teachers College Press.

Nieto, S. (1999). A light in their eyes: Creating multicultural learning communities.

Teachers College Press.

Nieto, S., & Bode, P. (2021). Affirming diversity: The sociopolitical context of multicultural education (7th ed.). Pearson.

Noddings, N. (1992). The challenge to care in schools. Teachers College Press.

Nolan, K., & Keazer, L. M. (2020). Developing as culturally responsive mathematics teacher educators: Reviewing and framing perspectives in the research. International Journal of Humanities Social Sciences and Education (IJHSSE), 8(9), 150-162. Retrieved from https://www.arcjournals.org/pdfs/ijhsse/v8-i9/15.pdf

Ooka Pang, V., & Sablan, V. A. (1998). Teacher efficacy: How do teachers feel about their abilities to teach african american students? In M. E. Dilworth (Ed.) Being responsive to cultural differences: How teachers learn (pp. 39-58). Corwin Press.

Osborne, A. B. (1996). Practice into theory into practice: Culturally relevant pedagogy for students we have marginalized and normalized. Anthropology & Education Quarterly, 27(3), 285-314.

Oxford University Press. (n.d.). Oxford Advanced Learner Dictionary. Retrieved July 22, 2024, from https://www.oxfordlearnersdictionaries.com/

Presmeg, N. C. (1999). Culturally mediated instruction in mathematics: Strengths and barriers. In E. R. Hollins & E. I. Oliver (Eds.), Pathways to success in school: Culturally responsive teaching (pp. 35-46). Lawrence Erlbaum Associates.

Razfar, A., Khisty, L. L., & Chval, K. B. (2011). Re-mediating second language acquisition: A sociocultural perspective for language development. Mind, Culture, and Activity, 18(3), 195-215.

Reyes, I., Acosta, J., Fierro, A., Fu, Y. P., & Zapien, R. (2016). Teacher candidates connecting to community resources and children's literacies. In Re-designing teacher education for culturally and linguistically diverse students: A critical-ecological approach (Vol. 12, p. 85).

Ritchhart, R. (2001). From IQ to IC: A dispositional view of intelligence. Roeper Review, 23(3), 143-50.

Rokeach, M. (1968). Beliefs, attitudes, and values: A theory of organization and change. Jossey-Bass.

Rubie-Davies, C., Hattie, J., & Hamilton, R. (2011). Expected and actual student achievement: The nature and impact of teacher expectations across a year of school. British Journal of Educational Psychology, 81(3), 421-441.

Shade, B. J., Kelly, C., & Oberg, M. (1997). Creating culturally responsive classrooms.

American Psychological Association.

Sheets, R. H. (1995). From remedial to gifted: Effects of culturally centered pedagogy. Theory Into Practice, 34(3), 186–193. https://doi.org/10.1080/00405849509543678

Smitherman, G. (1981). Black English and the education of black children of youth. Detroit: Center for Black Studies, Wayne State University.

Storz, M. G., & Nestor, K. R. (2008). It's all about relationships: Urban middle school students speak out on effective schooling practices. In F. P. Peterman (Ed.), Preparing to prepare urban teachers(pp. 77-101). Peter Lang.

Tomlinson, C. A. (1999). The differentiated classroom: Responding to the needs of all learners. Association for Supervision and Curriculum Development.

Trueba, H. T. (1988). Culturally based explanations of minority students' academic achievement. Anthropology & Education Quarterly, 19(3), 270-287.

UNESCO (2020). Global Education Monitoring Report 2020: Inclusion and education: All means all. UNESCO.

Villegas, A. M., & Lucas, T. (2002). Educating culturally responsive teachers: A coherent approach. State University of New York Press.

Weinstein, C., Curran, M., & Tomlinson-Clarke, S. (2003). Culturally responsive classroom management: Awareness into action. Theory into Practice, 42(4), 269-276.

Yeh, C., Ellis, M., & Hurtado, C. (2016). Reimagining the Mathematics Classroom: Creating and Sustaining Productive Learning Environments, K–6. National Council of Teachers of Mathematics.

Yokley, S. H. (1999). Embracing Pedagogy a Critical in Art Education. Art Education, 52(5), 18–24. https://doi.org/10.1080/00043125.1999.11650875

Zeichner, K. (1993). Educating teachers for cultural diversity. National Center for Research on Teacher Learning Special Report.

제 12 장 수학과 평가

수학교육에서 평가는 어떤 의미가 있는가? 수학 교실은 점점 더 다양해지고 있으며, 교육자들은 모든 학습자를 지원하기 위해 여러 교수·학습 방법과 평가 방식을 도입하고 있다. 그러나 여전히 수학 교과의 학업성취도를 평가하는 방법은 대부분의 양적 평가 우위로 정체되어 있는데, 이는 제한된 시간 내에 주어진 문제의 정해진 답을 찾아내는 전통적인 관점의 평가가 편의성과 효율성, 객관성이 우세하다는 인식에 근거한다(Douglas, 2000). 학생들은 지필 평가에서 좋은 성적을 거두기 위해 빠르고 효율적으로 문제를 해결하는 하나의 방법을 찾는 과정을 숙달하기도 한다. 그러나 과연 이러한 평가로 모든 수학 학습자의 성공을 지원할 수 있는가? 다양성이 커지는 수학 교실에서 평가는 어떤 의미로 학생들에게 인식되어야 하는가?

평가는 학생이 교육활동을 통해 목표에 얼마나 도달했는지를 측정하는 것이다. 전통적으로 행해져 온 평가는 결과를 중심에 두고 객관화된 지필 시험을 통해 정답 찾기를 추구해 왔다. 이제 점차 결과뿐만 아니라 과정을 함께 중시하고 다양한 평가 도구를 활용하여 학생 개개인의 성장을 양적 또는 질적으로 평가하고자 하는 방향으로 교육도 변화하고 있다. 또한 과학 기술의 발전을 통해 온라인 교수·학습 환경과 같은 새로운 환경에서의 평가도 등장하고 있다. 평가가 무엇이며 어떠한 방향으로 평가할 것인가에 대한 생각은 곧 어떠한 방향으로 교육할 것인가에 대한 생각과 밀접하게 연결된다. 평가가 단지 현재의 성취 정도만을 측정하기 위해서가 아닌 학습을 구성하는 과정으로 인식될 때, 학생들은 학습에서 더 높은 수준의 몰입과 동기를 경험할 수 있다(McMillan, 2017). 이 장에서는 먼저 수학교육에서 평가의 목적과 최근의 수학과 평가에 대한 논의를 바탕으로 평가에 대한 관점을 형성하고, 우리나라 수학과 교육과정에서 강조해 온 평가의 방향을 고찰하여 평가의 변화를 이해하며, 아울러 수학교육에 적용되는 다양한 평가 방법을 구체적인 사례와 함께 알아본다.

1 수학교육에서 평가

평가는 교육과정, 교수·학습과 함께 교육의 중요한 요소로 여겨진다. 이에 평가 결과를 곧 교육의 성공 여부를 판단하는 요소로 여기기도 한다. 따라서 평가를 판단하기에 앞서 평가에 대한 관점을 형성하는 것이 필요하며, 이는 곧 평가의 목적도 맞닿아 있다. 이 절에서는 평가의 정의에 기반한 목적과 규준을 탐색하며, 최근의 수학과 평가에서 강조되어 온 수행평가와 과정중심평가에 대하여 논의한다.

가. 평가의 목적

NCTM(1995)은 평가에 대하여 개인이 가지고 있는 능력을 측정하는 것이 아니라, 평가하고자 하는 목표와 내용과 연결되는 증거 수집을 통해 가치를 정하는 과정으로 묘사하고 있다. 특히 이 과정에서 두 가지 평가, 즉 평가(evaluation)과 평가(assessment)를 구별하여 사용한다. 평가(evaluation)는 "주의 깊게 관찰하고 판단한 것을 기초로 하여 어떤 대상의 가치를 정하거나 중요성을 정하는 과정(NCTM, 1995, p. 88)"이며 평가(assessment)는 "학생들의 수학적 지식이나 활용 능력, 수학적 성향 등에 대한 다양한 정보를 수집하고, 수집한 정보를 바탕으로 목적에 따라 추론하는 과정(NCTM, 1995, p. 87)"을 가리킨다. 전자는 평가의 내용과 목적에 이르는 타당성을 강조하며 후자는 총제적인 학생 학습의 정보를 근거로 한 판단에 초점을 두고 있다.

수학과 평가에 관한 새로운 지향은 NCTM(1995)의 『Assessment Standards for School Mathematics』에 나타나 있다. 여기서는 수학교육에서 평가의 목적과 효과적인 평가 기준을 제시한다. 특징적인 것은 평가를 단순히 학습 결과를 측정하는 도구로 보지 않고, 수학 학습과 교수법을 향상시키는 중요한 역할로 간주한다는 것이다. 이를 통해 평가가 공정하고 유의미하며 포괄적으로 이루어지도록 한다. NCTM의 평가 기준은 평가를 단순한 결과 측정에서 벗어나 학습을 지원하고, 공정하며, 수학교육의 목적과 일치하도록 설계할 것을 강조한다. 이는 학생들이 수학을 더 깊이 이해하고, 자신감을 가질 수 있도록 돕는 데 초점을 맞추고 있다. NCTM(1995)에서 제안하는 여섯 가지의 평가 규준(assessment standards)은 다음과 같다.

- 수학 규준(mathematics standard)
- 학습 규준(learning standard)
- 평등성 규준(equity standard)
- 개방성 규준(openness standard)
- 추론 규준(inferences standard)
- 일관성 규준(coherence standard)

수학 규준은 모든 학생을 위한 수학이 평가에 반영되어야 한다는 것이다. 이를 위해서는 평가가 수학의 필수적인 내용을 중심으로 이루어져야 한다. 평가 항목은 학생들이 수학적 개념, 절차, 그리고 문제 해결력을 적용할 수 있도록 해야 하며, 단순한 암기나 반복이 아니라 깊은 이해를 촉진해야 한다. '평가에 어떤 수학이 반영되어 있는가?', '수학이 중요한 의미를 갖도록 확신하기 위해 평가에서 어떤 노력이 있었는가?', '실제적이며 가치 있는 수학 활동으로 학생들을 참여하게 하기 위해 어떤 노력이 필요한가?', '수학의 평가틀 안에서 적합하게 평가하는 방법은 무엇인가?' 등의 질문을 통해 수학 규준을 확인할 수 있다.

학습 규준은 학생들의 학습과 성장을 지원하는 평가가 이루어져야 한다는 것이다. 이를 위해서 평가는 학생들이 자신의 학습을 반성하고 개선할 수 있도록 돕는 도구로 사용되어야 하며, 다양한 학습 스타일과 수준을 고려해야 한다. '모든 학생들의 수학 학습을 위해 평가가 어떤 도움을 주고 있는가?', '새로운 상황에서 학생이 알 수 있고 할 수 있는 것을 드러내도록 평가가 어떤 노력을 하는가?' 등의 질문을 통해 학습 규준을 확인할 수 있다.

평등성 규준은 모든 학생들이 공정하고 균등하게 평가를 받을 수 있어야 한다는 원칙이다. 이를 위해서 평가는 방법상으로 학생들의 다양한 배경, 능력, 문화적 차이를 존중하며, 누구도 불이익을 받지 않도록 설계되어야 한다. '문제가 모든 학생들에게 동일한 기회를 제공하고 있는가?', '다양한 관점을 반영한 해결 방법을 제시할 수 있는가?' 등의 질문을 통해 평등성 규준을 확인할 수 있다.

개방성 규준은 평가의 목적과 기준이 명확히 이해되어야 한다는 원칙이다. 이를 위해서는 학생, 교사, 학부모 모두가 평가의 기준과 목적을 명확히 알고 있어야 하며, 평가 결과가 투명하게 공유되어야 한다. '평가에서 무엇이 중요하며, 왜 그것이 중요한가?', '평가 결과를 어떻게 개선 방향에 활용할 수 있는가?', '과제를 선택하거나 평가 기준을 설정하고 결과를 해석하는 과정에 교사와 학생은 어떻게 참여하는가?' 등의 질문을 통해 개방성 규준을 확인할 수 있다.

추론 규준은 평가에서 나온 결론이 신뢰할 수 있어야 한다는 원칙이다. 이를 위해서 평가 결과는 신뢰성 있고 타당하며 학생들의 학습 상태를 정확히 반영해야 한다. 또한 다양한 방법과 데이터를 사용해야 한다. '평가 결과는 학생의 수학 능력을 정확히 반영하는가?', '추가적인 평가 방법이나 데이터가 필요한가?' 등의 질문을 통해 추론 규준을 확인할 수 있다.

일관성 규준은 평가가 수학교육과 일관되게 연결되어야 한다는 원칙이다. 이를 위해서 평가 방법은 교육 목표 및 교수법과 같은 맥락으로 설계되어야 하며, 수학 학습의 전반적인 방향성을 지원해야 한다. '이 평가가 학습 목표와 어떻게 연관되어 있는가?', '평가가 수학 학습의 어떤 부분을 강화하는가?' 등의 질문을 통해 일관성 규준을 확인할 수 있다.

결국 평가의 목적은 학습을 위한 평가(assessment for learning)와 연결된다(이경화 외, 2016; Black et al., 2003). 학습을 위한 평가를 위해서는 학습 과정에서 평가가 이루어져야 하고 이를 위해 수업과 평가가 통합되어야 한다. 미국 수학 교사 협의회(NCTM, 1989)의 평가 동향을 시작으로 수업과 평가의 통합은 꾸준히 제안되어 왔으며 우리나라에서도 제7차 교육과정부터 이러한 관점이 점진적으로 도입되어 왔다(김진호, 2008). 2022 개정 수학과 교육과정에서는 '수업과 평가의 통합', '과정을 중시하는 평가'라는 직접적인 용어로 교육과정에 구체화되고 있다(교육부, 2022).

나. 형성평가

형성평가는 수업 중 드러나는 학생의 이해를 파악하고 수집한 정보를 바탕으로 피드백을 제공하여 학생의 학습과 성장 지원 및 교사의 수업 개선에 도움을 주는 것을 목적으로 한다(Black & Wiliam, 2009; Menéndez et al., 2019). 형성평가는 평가의 형성적 측면을 강조하고 있는 '학습을 위한 평가'와 그 방향을 같이 한다. 일반적으로 평가는 평가를 실시하는 시기와 목적에 따라 진단평가, 형성평가, 총괄평가로 나눈다. 구체적으로 학습자의 특성을 파악하여 어떻게 교수·학습을 실시할 것인지 계획을 세우기 위한 진단평가, 교수·학습을 진행하면서 학생의 학습 상태를 파악하기 위한 형성평가, 학습이 끝난 후 학생의 목표 도달 정도를 파악하기 위한 총괄평가를 실시한다(성태제, 2019). 기존에 사용된 평가라는 말이 가지고 있던 대표적인 역할은 학생의 학습 목표 도달 정도 파악, 학생의 상대적인 위치 파악이었다. 다시 말해 진단평가, 형성평가, 총괄평가 중 총괄평가의 기능이 강조된 것이다(Black & Wiliam, 2009; Wiliam, 2014). 그러나 최근 과정적 측정이 강조된 형성평가가 재조명을 받으면서 평가의 목적이 학생의 학습과 성장의 지원 및 교사의 수업 개선에 도움을 주는 것으로 초점이 변화하게 되었다(강현영 외, 2018).

Black과 Wiliam(1998)이 형성평가에 대한 대규모 메타분석을 통해 형성평가의 효과를 밝혀내는 등 교수와 학습 사이의 다리 역할(Wiliam, 2014)을 하는 형성평가에 대한 연구가 지속되어 왔다. 즉 평가가 학생의 학습에 대한 증거를 수집하여 이루어짐으로써 평가가 학습과 상호작용을 하는 구조, 학생의 학습을 돕는 역할을 할 수 있다는 것이다. 이를 위해서는 평가가 수업과 분리되어서는 안 되며 수업을 계획하고 설계하는 단계에서부터 함께 고려되어야 하고, 학생의 학습과 교사의 수업을 구조화하는 데 필요한 정보를 제공할 필요가 있다.

Black 외(2003)에서는 형성평가를 "경험적 증거를 활용하여 학습 요구의 충족을 위해 교수 활동을 조정해 나가는 평가(p. 3)"로 묘사하며 수업의 모든 과정에서 형성평가가 여러 차례 발생할 수 있음을 보여주고 있다. 학생들은 자신이 생각하고 있는 것을 여러 가지 방법으로 표현할 수 있으며, 그에 관한 증거를 토대로 교사의 다른 교수 행위들이 발현된다. 교사들은 평가 활동을 통해 학생들에게 적합한 피드백을 제공하고 학생들은 자기 평가 및 동료 평가의 피드백으로 사용할 정보를 제공받아 교사와 학생이 함께 참여하는 교수・학습 활동 개선을 이룰 수 있다.

- 형성평가와 관련한 변화들은 전통적인 시험에서도 학생들의 성적을 향상시킬 수 있었다.
- 형성평가와 관련한 변화는 일상적인 교실 수업에서 성공적으로 실현 가능하다.
- 형성평가와 관련한 업무는 교사들이 더 효율적으로 일하도록 유도한다.
- 지나치게 '무모한 행동'으로의 변화보다는 단계적으로 평가의 변화를 이끌 수 있다.
- 형성평가는 교사의 직업적 가치와 부합하는 것이다.
- 교사는 형성평가를 통해 학생들이 학습을 즐기고, 더 잘 이해하고, 더욱 가치 있게 여기게 될 것을 알고 있다.

이러한 목적의 형성평가는 과정에서 일어나는 많은 난관에도 불구하고 많은 실행 연구에서 나타난 위와 같은 증거를 바탕으로 진지하게 고려되어야 한다 (Black 외, 2003, pp. 4-5).

다. 수행평가와 과정중심평가

'학습을 위한 평가'의 목적을 달성하기 위한 방법으로 참평가(authentic assessment), 수행평가 등이 제안되었으나, 그동안 많은 연구자 및 교사들은 수행평가를 선택했다. 수행평가는 학습 과제의 수행 과정과 결과를 직접 관찰하고 그 관찰 결과에 대해 전문적으로 판단하는 평가 방법이다(교육부, 2015). 또한 지식, 기능, 태도를 종합적으로 평가하고, 실제 상황에서 평가가 이루어지며, 결과뿐만 아니라 과정의 평가, 개별 학생뿐 아니라 집단에 대한 평가가 이루어질 수 있다는 특징을 가진다. 이러한 수행평가는 '새물결운동', '교육개혁 5개년 계획' 등에서 평가 방법의 개선안으로 대두되었고, 1999년 전국의 모든 학교에서 수행평가가 일제히 도입되었다.

2009 개정 교육과정에서부터 드러나기 시작한 수행평가의 변화는 2015 개정 교육과정과 2022 개정 수학과 교육과정에서 더욱 명확하게 나타나 있다. 2015 개정 수학과 교육과정에서는 학생의 수학적 태도와 문제 해결력, 창의적 사고력을 평가하는 도구를 통해 수학적 사고와 태도, 의사소통, 협업 능력 등 다양한 측면에서 종합적으로 평가하도록 하고 있다. 평가 방법에서 창의적이고 실생활과 관련된 과제를 제시하는 것을 권장하고 있으며 프로젝트형 과제, 실생활과 관련된 문제해결 방법을 제안하였다. 이를 통해 학생 개개인의 능력을 심층적으로 살펴볼 수 있게 하였고 채점 기준의 명확성과 공정성을 확보하려는 노력이 요구되었다.

특히 2015 개정 수학과 교육과정의 평가 방향에는 "수학과의 평가는 학습 결과 평가뿐만 아니라 과정중심평가도 실시하여 종합적인 수학 학습 평가가 될 수 있게 한다(교육부, 2015, p. 41)."라는 문장을 명시함으로써 '과정중심평가'를 전면에 드러낸 점이 특징적이다. 이는 평가의 혁신을 전면에 내세운 것으로서 학습 과정에서의 성장과 변화를 파악하고, 학습자의 능력 발달을 지원하고자 한 것이다. 또한 교사의 전문성을 강조하며, 평가가 교수-학습 과정에 긴밀히 통합되어야 함이 강조되었다. 수업 중 학생들이 토론에 참여하는 것, 질문에 대한 사고 과정을 기록하는 것, 자기 평가와 동료 평가 등이 평가 자료 수집에 모두 반영될 수 있다. 이러한 과정중심평가는 정량화가 어렵고 교사의 평가 부담이 증가할 수 있다는 어려움에도 불구하고 학생의 학습 동기와 성취도를 높이는 데 효과적인 방법으로 볼 수 있다.

2022 개정 수학과 교육과정은 2015 교육과정의 방향성을 유지하면서도, 과정중심평가를 더 구체화하여 평가와 학습의 통합을 위한 도구로 활용할 것을 권장하고 보다 실제적인 맥락에서 학생의 수학적 역량을 평가하도록 강조하고 있다. 평가는 학생의 사고 과정을 보다 체계적으로 추적하고, 피드백을 통해 자기 주도적 학습을 유도하는 데 중점을 두며 수학적 모델링 과제, 시뮬레이션 기반 프로젝트 등을 과제로 포함하였다. 또한 변화하는 교육 환경의 흐름을 반영해 디지털 도구와 플랫폼을 활용하여 평가의 효율성과 일관성을 강화하려는 시도가 나타났다. 디지털을 이용한 과정중심평가를 통해 교사는 더 많은 학습 관련 데이터를 수집할 수 있고 학생들은 온·오프라인을 넘나드는 다양한 평가 방법을 활용하여 자신의 성장을 지원하는 평가에 대한 인식을 새롭게 할 수 있다. 다음은 전통적 관점의 결과중심평가와 최근의 과정중심평가의 특징을 비교한 것이다(이경화 외, 2016).

〈표 12-1〉 결과중심평가와 과정중심평가의 특징 비교(이경화 외, 2016, p. 827)

결과중심평가	범주	과정중심평가
총괄적 평가	평가목적	형성적 평가
학습의 평가	학습과의 관계	학습을 위한 평가, 학습으로서의 평가
성취기준과 관련된 수학적 개념, 원리, 법칙의 이해 및 적용 능력	평가내용	• 성취기준과 관련된 수학적 개념, 원리, 법칙의 이해 및 적용 능력 • 문제해결, 추론, 창의-융합, 의사소통, 정보처리, 태도 및 실천 등의 교과 핵심 역량
지필 평가	평가방법	지필 평가, 프로젝트 평가, 포트폴리오 평가, 관찰 평가, 면담 평가, 구술 평가, 자기 평가, 동료 평가
수업 후 일회적으로 평가	평가시기	수업 중에 지속적으로 평가

결과중심평가	범주	과정중심평가
객관적이고 표준화된 양적 정보	수집된 정보	비형식적인 질적 정보
교사	평가주체	교사, 학생(동료, 자기 자신)
미래의 학생에게 더 많은 혜택	혜택의 분배	미래의 학생뿐만 아니라 현재의 학생에게 많은 혜택
즉각적이지 않으며 일반적	피드백	즉각적이고 구체적

• 토의 과제: 평가의 목적

토의 1. 결과중심평가와 비교하여 학습을 위한 평가, 즉 과정중심평가가 학생들에게 주는 이점이 무엇인지 논의해 보고, 과정중심평가를 교실에서 실행할 때 발생할 수 있는 어려움을 어떻게 극복할 수 있을지 토의해 봅시다.

2 수학과 교육과정에서 평가의 변화

우리나라 수학과 교육과정에서 평가는 지필 평가 중심의 지식 확인 중심에서 학생의 학습 과정과 역량을 평가하는 방향으로 발전해 왔으며, 다양한 평가 방법의 도입과 활용이 강조되고 있다. 이 절에서는 학생들의 수학 학습에 대한 종합적인 평가가 이루어지도록 한 2009 개정 교육과정부터 현재 사용되고 있는 2022 개정 수학과 교육과정까지 나타난 평가의 변화 양상을 살펴본다.

가. 2009 개정 수학과 교육과정에서 평가

7차 교육과정의 성과가 PISA와 TIMSS 등의 국제적인 평가를 통해 확인된 동시에 학생들의 수학적 성향이 매우 낮은 순위를 기록한 이후 수학과 평가의 변화의 필요성을 바탕으로 2009 개정 수학과 교육과정의 평가가 서술되었다(강명원 외, 2010). 평가의 목적은 학생에 관한 정보 제공과 학습의 지원, 학생의 전인적 성장 지원, 교사의 수업 방법을 개선하는 것으로 이때 타일러(Tyler)의 평가에서 나타난 목표의 도달 여부 확인과 같은 개념은 반영되지 않았다(강완 외, 2013). 또한 지속적인 평가와 정보 수집, 평가를 수업에 활용하는 것이 강조되고 있으며 선다형 평가 외의 다양한 평가 방법을 권장하고 있다. 이러한 서술은 수업과 평가를 긴밀하게 연결하는 것으로 미국의 규준(standards)에서 제시하는 방향과 맥을 같이 한다. 2009 개정 수학과 교육과정의 평가에 관한 서술은 〈표 12-2〉와 같다(교육과학기술부, 2011).

〈표 12-2〉 2009 개정 수학과 교육과정에서 평가(교육과학기술부, 2011, pp. 37-38)

항목	특징
평가 목적	수학 학습의 평가는 학생의 인지적 영역과 정의적 영역에 대한 유용한 정보를 제공하고, 학생 개개인의 수학 학습과 전인적인 성장을 돕고 교사의 수업 방법을 개선하는 데 활용되어야 한다.
평가 범위	수학 학습의 평가에서는 학생의 인지 발달 단계를 고려하고, 교육과정에 제시된 내용의 수준과 범위를 준수한다.
평가 초점	인지적 영역에 대한 평가에서는 학생의 수학적 사고력 신장을 위하여 결과뿐만 아니라 과정도 중시하여 평가하되, 수학의 교수・학습에서 전반적으로 요구되는 다음 사항을 강조한다. (1) 수학의 기본적인 개념, 원리, 법칙을 이해하고 적용하는 능력 (2) 수학의 용어와 기호를 정확하게 사용하고 표현하는 능력 (3) 수학적 지식과 기능을 활용하여 추론하는 능력 (4) 다양한 상황에서 발생하는 여러 가지 문제를 수학적으로 사고하여 해결하는 능력 (5) 생활 주변 현상, 사회 현상, 자연 현상 등의 여러 가지 현상을 수학적으로 관찰, 분석, 조직하는 능력 (6) 수학적 사고 과정과 결과를 합리적으로 의사소통하는 능력 (7) 수학적 지식과 기능을 바탕으로 창의적으로 사고하는 능력
	정의적 영역에 대한 평가에서는 학생의 수학에 대한 긍정적 태도를 신장시키기 위하여 수학 및 수학 학습에 대한 관심, 흥미, 자신감, 가치 인식 등의 정도를 파악한다.

항목	특징
평가 활용	수업의 전개 국면에 따라 진단평가, 형성평가, 총괄평가 등을 적절히 실시하되, 지속적인 평가를 통하여 다양한 정보를 수집하고 수업에 활용한다.
평가 방법	수학 학습의 평가에서는 선택형 위주의 평가를 지양하고 서술형 평가, 관찰, 면담, 자기 평가 등의 다양한 평가 방법을 활용하여 수학 학습에 대한 종합적인 평가가 이루어질 수 있게 한다.
공학 도구와 교구를 사용한 평가	수학 학습의 평가에서는 평가하는 학습 내용과 방법에 따라 학생에게 계산기, 컴퓨터, 교육용 소프트웨어 등의 공학적 도구와 다양한 교구를 이용할 수 있는 기회를 제공한다.

나. 2015 개정 수학과 교육과정에서 평가

2015 개정 수학과 교육과정에서는 과정중심평가라는 용어를 평가에 도입하였다. “수학과의 평가는 학습 결과 평가뿐만 아니라 과정중심평가도 실시하여 종합적인 수학 학습 평가가 될 수 있게 한다(교육부, 2015, p. 58)”고 명시하고 있으며 이는 이전 교육과정의 서술과 다소 차이가 있다. 2009 개정 교육과정에도 과정을 중시할 것을 언급하고 있으나 ‘과정중심평가’라는 용어가 사용된 것은 2015 개정 교육과정에서이다. 2015 개정 교육과정에서 과정중심평가는 수업 전개 국면에 따른 평가 방법, 다양한 평가 방법의 유형, 공학적 도구나 교구를 활용한 평가 방법 전체를 아우르는 핵심적 개념이자 방향으로 나타나고 있다(이경화 외, 2016). 2015 개정 수학과 교육과정에서 제시된 평가 방향을 정리하면 〈표 12-3〉과 같다(교육부, 2015).

〈표 12-3〉 2015 개정 수학과 교육과정에서 평가(교육부, 2015, pp. 57-58)

항목	특징
평가 목적	수학과의 평가는 학생의 인지적 영역과 정의적 영역에 대한 유용한 정보를 수집·활용하여 학생의 수학 학습과 전인적 성장을 돕고 교사의 수업 방법을 개선하는 것을 목적으로 한다.
평가 범위	수학과의 평가는 교육과정에 제시된 내용의 수준과 범위를 준수하고, 교육과정에 제시된 목표, 내용, 교수·학습과 일관성을 가져야 한다.
평가 초점	수학과의 평가에서는 수학의 개념, 원리, 법칙, 기능뿐만 아니라 문제 해결, 추론, 창의·융합, 의사소통, 정보 처리, 태도 및 실천과 같은 수학 교과 역량을 균형 있게 평가한다.
평가 활용	수업의 전개 국면에 따라 진단평가, 형성평가, 총괄평가를 적절히 실시하되, 지속적인 평가를 통해 다양한 정보를 수집하고 수업에 활용한다.
평가 방법	수학과의 평가는 학습자의 수준을 고려하고 평가 목적과 내용에 따라 다양한 평가 방법을 활용한다. 학생의 수학 학습 과정과 결과는 지필 평가, 프로젝트 평가, 포트폴리오 평가, 관찰 평가, 면담 평가, 구술 평가, 자기 평가, 동료 평가 등의 다양한 평가 방법을 사용하여 양적 또는 질적으로 평가한다.
평가 결과의 환류	평가 결과는 학생, 학부모, 교사 등에게 환류하여 학생의 수학 학습 개선을 도울 수 있게 한다.
공학 도구와 교구를 사용한 평가	평가 내용이나 방법에 따라 학생에게 계산기, 컴퓨터, 교육용 소프트웨어 등의 공학적 도구와 다양한 교구를 이용할 수 있게 한다.

또한 2015 개정 교육과정에서는 내용 영역별로 성취기준과 학습 요소 외에 평가 방법 및 유의 사항이 추가로 제시되고 있는데 이것은 과정중심평가를 각 성취기준에서 구체적으로 실현하기 위한 방안을 제시한 것이다. 〈표 12-4〉는 3-4학년군의 수와 연산 영역에서의 평가 방법 및 유의사항이다. 다섯 자리 이상의 수에 해당하는 성취기준 "[4수01-01] 10000 이상의 큰 수에 대한 자릿값과 위치적 기수법을 이해하고, 수를 읽고 쓸 수 있다."와 "[4수01-02] 다섯 자리 이상의 수의 범위에서 수의 계열을 이해하고 수의 크기를 비교할 수 있다."의 평가에서 수를 읽고 쓰는 행위만을 평가 대상으로 삼지 않고 큰 수에 대한 양감과 큰 수의 필요성도 평가 내용으로 포함하도록 하고 있다. 나눗셈에 관한 평가에서는 검산 과정

에서 단순히 나눗셈식을 곱셈식으로 변환하는 것보다 검산을 하는 행위의 목적과 검산의 필요성을 강조해야 함을 밝히고 있다.

〈표 12-4〉 초등학교 3-4학년군 수와 연산 영역의 평가 방법 및 유의사항(교육부, 2015, p. 16)

영역	평가 방법 및 유의사항
수와 연산	• 다섯 자리 이상의 수에 대해 평가를 할 때에는 수를 읽고 쓰는 것뿐만 아니라 수에 대한 양감과 필요성을 인식하게 할 수 있는 문제를 다룬다. • 나눗셈에 대한 검산에서는 나눗셈식을 보고 곱셈식으로 나타내는 것보다 검산의 목적과 필요성을 이해하는지에 초점을 두고 평가를 한다.

2009 개정 수학과 교육과정과 비교하여 2015 개정 수학과 교육과정에서는 과정을 평가하는 방법을 구체적으로 제시하고 있으며, 평가 초점이 인지적 영역과 정의적 영역을 구분하여 서술한 것에서 수학 교과 역량을 중심으로 서술하고 있다는 점, 평가 결과의 환류가 포함되어 있다는 점이 두드러지게 나타난다는 특징이 있다.

다. 2022 개정 수학과 교육과정에서 평가

2022 개정 교육과정은 학생의 주도성과 이를 지원하기 위한 맞춤형 교육을 강조하고 있다. 학생은 학습을 주도적으로 설계하고 성찰하는 주체로 인식되는데 이는 역량 함양을 통해 학생이 깊이 있는 학습을 경험할 수 있도록 하고 지속적인 성장을 돕는 바탕을 형성한다(교육부, 2021). 이러한 강조점은 2022 개정 교육과정에 따른 평가에 그대로 반영되어 나타난다. 〈표 12-5〉의 과정을 중시하는 평가의 고려사항을 살펴보면 성취기준을 중심으로 세 가지 범주를 평가 요소로 구체화하며, 수업과 연계하여 적절한 평가 도구와 준거를 개발하여 평가를 실시하도록 하고, 학습 정보와 수행 과정을 포함한 평가 결과를 학생과 학부모에게 환류하도록 하고 있다.

〈표 12-5〉 2022 개정 교육과정에서 과정을 중시하는 평가의 고려사항(교육부, 2022, p. 48)

구분	고려사항
과정을 중시하는 평가	• 성취기준을 중심으로 지식·이해, 과정·기능, 가치·태도 범주를 평가 요소로 구체화한다. • 교수·학습과 연계하여 적절한 평가 도구와 준거를 개발하고 평가를 실시한다. • 평가 결과에 기반하여 학생의 학습 정보 및 수행 과정을 학생과 학부모에게 환류한다.

〈표 12-6〉에서 살펴볼 수 있듯이 2015 개정 수학과 교육과정과 비교하여 2022 개정 수학과 교육과정에서는 기존의 평가 방향을 유지하면서도 역량 함양 교육의 강조점과 학생 주도성을 부각하고, 온라인 수업 환경에서의 평가와 같은 변화된 교수·학습 환경도 반영하고자 하였다(교육부, 2022). 2022 개정 수학과 교육과정에서는 평가를 위한 정보 수집의 대상을 수학 학습이 이루어지는 전반으로 확대하였으며 지속적인 평가를 통해 학생이 지속적으로 성장하고 교사는 수업을 개선하도록 하였다. 또한 2015 개정 수학과 교육과정에서는 평가 방법에서 과정중심평가라는 용어를 사용하였으나 2022 개정 수학과 교육과정에서는 이를 평가의 방향에서 제시하고 있다. 그리고 평가 방향에서 수업과 평가의 통합을 서술함으로써 평가의 의미와 목적을 구체화하였다. 또한 평가의 주체로서 학생을 포함하여 학생이 스스로 설정한 학습 목표에 대해 달성 여부를 점검하도록 하여 학생 주도성을 평가의 방향에 반영하고자 하였다.

〈표 12-6〉 2022 개정 수학과 교육과정의 평가(교육부, 2022, pp. 47-49)

항목	특징
평가 목적	• 학생의 수학 학습에 대한 정보를 수집·활용하여 학생의 주도적 학습과 성장을 지원하고 교사의 수업 개선을 돕도록 지속적으로 평가를 실시한다.
평가 범위	• 수학과 교육과정에 제시된 성격, 목표, 내용 체계, 성취기준, 교수·학습과 일관성을 가지도록 평가를 실시한다.

항목	특징
평가 초점	• 수학 내용 체계의 지식・이해, 과정・기능, 가치・태도를 학습 결과뿐 아니라 학습 과정에서 균형 있게 평가한다. • (평가 방법에서 구체적으로 제시) 수학 교과 역량 평가 시 고려 사항
평가 주체	• 학생이 평가 과정에 적극적으로 참여하고 스스로 설정한 수학 학습 목표에 대한 달성 여부를 점검할 수 있게 한다.
평가 활용	• 진단평가, 형성평가, 총괄평가 등을 적절히 활용하여 수학 학습 과정과 결과에 대한 구체적인 정보를 바탕으로 학생의 특성과 학습 결손을 파악하고 개별적 지원 방안을 마련한다.
평가 방법	• 학생의 사회・문화적 배경, 신체 특성 등이 불리하게 작용하지 않도록 평가를 실시하고, 학생의 사전 지식, 수학에 대한 흥미, 학습 유형, 학습 수준을 고려하여 평가 목적, 교수・학습 내용 및 방법에 따라 다양한 평가 방법을 적용한다. • 학생의 수학 학습 과정과 결과는 다양한 평가 방안을 사용하여 양적 또는 질적으로 평가한다.
평가 결과의 환류	• 평가 절차를 개방적이고 공정하게 시행하고 학생의 수학 학습에 대한 의미 있는 정보를 학생, 학부모에게 제공한다.
공학 도구와 교구를 사용한 평가	• (평가 방법에서 구체적으로 제시) 교구나 공학 도구를 활용하여 평가 시 고려사항
온라인 수학 수업의 평가	• 온라인 수학 수업에서 평가를 할 때 학습 환경 등의 외적 요소가 수학 학습 과정과 평가 결과에 영향을 미치지 않도록 한다. • (평가 방법에서 구체적으로 제시) 온라인 수학 교수・학습 환경에서 평가 시 고려사항

• 탐구 과제: 교육과정에서 평가의 변화

탐구 1. 수학과 교육과정의 변천에 따라 평가가 변화해 온 양상을 정리해 봅시다. 특히 학생들의 수학 학습 격차를 줄이기 위한 측면에서 어떤 평가상의 변화가 있었는지 탐구해 봅시다.

3 수학교육에서 평가 방법

수학교육에서 평가 방법은 평가를 실시하는 관점이나 목적에 따라 다양하게 나타난다. 교사는 수업을 바라보는 관점이나 수업의 목적에 따라 하나의 수업에 하나의 평가 방법을 적용하기도 하고 두 가지 이상을 복합적으로 적용하기도 한다. 이 절에서는 2022 개정 수학과 교육과정에 제시된 여섯 가지 평가 유형의 의미와 실제를 살펴보고 새로운 평가 환경에 대하여 논의한다.

가. 지필 평가

(1) 지필 평가의 의미

지필 평가는 국내 초중등 교육에서 가장 일반적인 형태로 사용되는 방법이다. 수학과 지필 평가는 학생의 수학적 능력을 평가하고 그 결과를 바탕으로 학습 과정을 개선하는 데 중요한 역할을 한다. 지필 평가는 수학 학습의 이해도를 객관적으로 측정하는 도구로, 학생들의 문제 해결 능력, 논리적 사고력, 그리고 개념적 이해를 평가하는 데 유용하다(Hinkley et al., 2020).

우리나라의 지필 평가는 주로 표준화된 평가 도구를 활용하여 학생들의 학업 성취도를 비교하고, 국가 차원의 교육 정책 수립을 위한 기초 자료를 제공하는 방식으로 이루어진다. 이러한 평가 방식은 학생 간 학업성취도의 격차를 확인하고, 수업 계획 및 교수법을 개선할 수 있다는 점에서 긍정적이다. 그러나 과도한 성취도 중심 문화는 학생들의 창의적 사고력 등의 역량 발달을 저해할 수 있다는 지적이 있으며(이명애, 2021), 평가의 목적과 방법이 학습자의 전반적인 성장과 학습 경험을 지원하는 방향으로 설계되어야 한다는 점에서 꾸준한 연구와 개선이 필요하다(서동엽, 2001).

지필 평가는 크게 선택형 평가와 서답형 평가로 구분한다. 선택형 평가는 미리 제시된 보기 중에서 답을 선택하도록 요구하는 평가 방식이다. 선택형 평가는 진위형, 배합형, 선다형으로 분류할 수 있다. 진위형은 제시된 진술문에 옳고 그름을 응답하는 형태로 문항 제작이 간편하다는 장점이 있고, 배합형은 일련의 문제군과 답지군이 서로 배열되어 있고 각 문제에 대한 답을 답지군에서 찾아 연결하는 형태의 문항으로 명확한 답이 존재하기 때문에 객관성 확보에 따른 채점이 간편해지며, 특히 시간의 순서나 일의 과정 등을 표현하기 쉽다. 반면 배합형은 진위형과 같이 고급 사고력의 측정이 어렵다는 제한점이 있다. 선다형 문항은 선택형 문항 중 가장 널리 쓰이는 형태로서 제한된 시간 동안 많은 문항을 풀이함으로써 평가하고자 하는 영역의 범위를 높일 수 있으나 창의성, 문제해결력과 같은 복합적 인지의 발달이 제한되며 매력적인 오답지를 제작하고자 할 경우 오랜 시간과 노력이 필요하다.

서답형 평가는 학생들이 문제 해결 과정과 답안을 서술하도록 요구하는 평가 방식이다. 문제 해결 과정, 논리적 사고, 창의적 접근 방식을 평가할 수 있고, 학생들의 다양한 답변이 허용되며, 채점자가 정교하게 평가해야 한다는 특징이 있다. 그러나 채점에 시간이 많이 소요되고, 주관적인 요소가 개입될 가능성이 있다는 제한점을 내포하고 있다. 서답형 평가는 간단한 숫자나 단어로 정답 작성하는 단답형, 문제 해결 과정과 논리를 자세히 서술하는 서·논술형, 수학적 증명을 요구하며 논리적 사고와 수학적 엄밀성을 평가하고 IB 프로그램에서 적극 활용되는 증명형(Lester & Cai, 2016) 등이 있다.

지필 평가는 학생들의 수학적 개념 이해, 문제 해결 능력, 계산 능력을 객관적이고 효율적으로 측정하는 평가 방법이다. 이는 대규모 집단에서 신뢰성과 타당성을 확보할 수 있는 장점이 있어 학업 성취도를 비교하거나 표준화된 성과를 측정하는 데 중요하며 학생들의 학습 상태를 진단하고 교육과정의 목표 달성 여부를 평가하는 데 효과적인 도구로 활용될 수 있다.

(2) 지필 평가의 실제

2022 개정 수학과 교육과정에서 서술하고 있는 지필 평가의 방안은 다음과 같

다(교육부, 2022).

지필 평가는 수학 내용 체계의 지식·이해, 과정·기능을 평가하는 데 활용할 수 있고, 선택형, 단답형, 서·논술형 등의 다양한 문항 유형을 사용할 수 있다.

[그림 12-1]은 5학년 2학기 도형의 대칭과 관련한 서·논술형 문항의 사례이다. 해당 차시는 합동과 대칭 단원의 뒷부분에 위치한다. 선대칭도형과 점대칭도형 및 각 도형의 성질에 대한 명확한 이해를 바탕으로 두 도형을 구분하고, 각 도형에서 대응점, 대응변, 대응각을 찾아 성질에 맞게 선대칭도형과 점대칭도형을 그릴 수 있도록 한다. 이를 위해 학생들은 사전에 선대칭도형의 성질을 이해하고 그리는 활동과 점대칭도형의 성질을 이해하고 그리는 단계형 문항을 경험하였고, 서·논술형 문항을 통해 종합적으로 두 도형을 생각하고 직접 그려보는 활동으로 나아가게 된다. 초기 제시된 모양은 동일하지만 선대칭도형과 점대칭도형 여부에 따라 최종 완성되는 모양이 달라짐을 인식하고 선대칭도형과 점대칭도형을 구분하는 기준과 성질을 자신의 언어로 밝히도록 학생들을 유도한다. 이는 학생들로 하여금 선대칭도형과 점대칭도형을 대칭의 개념을 중심으로 연결하는 동시에 두 도형을 구분할 수 있는 경험을 제공하여 더 깊은 이해에 도달할 수 있도록 돕는다. 교사는 서·논술형 평가를 통해 확인하고자 하는 평가 요소를 중심으로 [그림 12-2]와 같은 채점 기준 및 피드백을 만들어 과정중심평가에 활용할 수 있다.

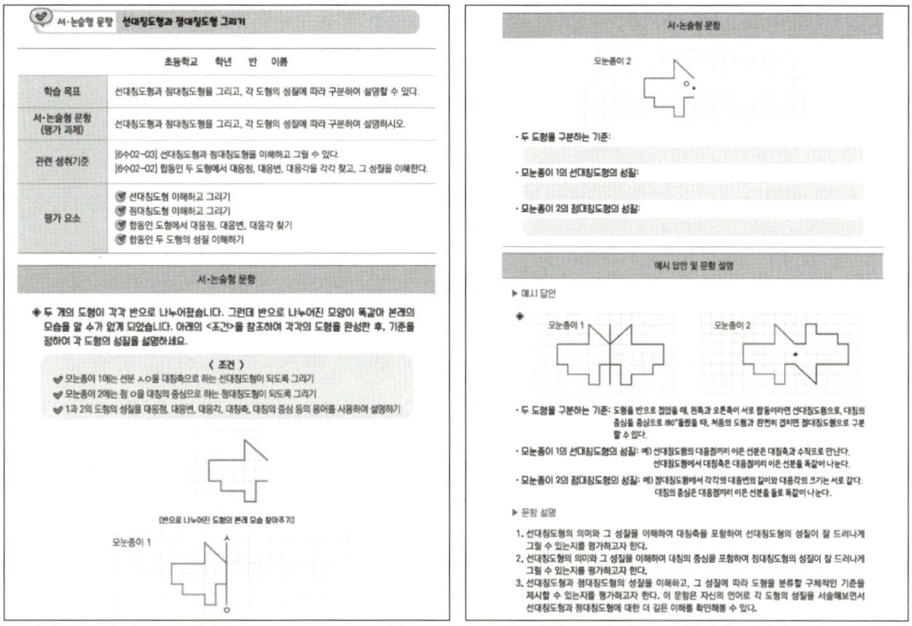

서·논술형 문항 **선대칭도형과 점대칭도형 그리기**

초등학교 학년 반 이름

학습 목표	선대칭도형과 점대칭도형을 그리고, 각 도형의 성질에 따라 구분하여 설명할 수 있다.
서·논술형 문항 (평가 과제)	선대칭도형과 점대칭도형을 그리고, 각 도형의 성질에 따라 구분하여 설명하시오.
관련 성취기준	[6수02-03] 선대칭도형과 점대칭도형을 이해하고 그릴 수 있다. [6수02-02] 합동인 두 도형에서 대응점, 대응변, 대응각을 각각 찾고, 그 성질을 이해한다.
평가 요소	선대칭도형 이해하고 그리기 점대칭도형 이해하고 그리기 합동인 도형에서 대응점, 대응변, 대응각 찾기 합동인 두 도형의 성질 이해하기

서·논술형 문항

◆ 두 개의 도형이 각각 반으로 나누어졌습니다. 그런데 반으로 나누어진 모양이 똑같아 본래의 모습을 알 수가 없게 되었습니다. 아래의 <조건>을 참조하여 각각의 도형을 완성한 후, 기준을 정하여 각 도형의 성질을 설명하세요.

〈 조건 〉
- 모눈종이 1에는 선분 ㅅㅇ을 대칭축으로 하는 선대칭도형이 되도록 그리기
- 모눈종이 2에는 점 ㅇ을 대칭의 중심으로 하는 점대칭도형이 되도록 그리기
- 1과 2의 도형의 성질을 대응점, 대응변, 대응각, 대칭축, 대칭의 중심 등의 용어를 사용하여 설명하기

[반으로 나누어진 도형의 본래 모습 찾아주기]

모눈종이 1

서·논술형 문항

모눈종이 2

· 두 도형을 구분하는 기준:

· 모눈종이 1의 선대칭도형의 성질:

· 모눈종이 2의 점대칭도형의 성질:

예시 답안 및 문항 설명

▶ 예시 답안

◆ 모눈종이 1 모눈종이 2

· 두 도형을 구분하는 기준: 도형을 반으로 접었을 때, 왼쪽과 오른쪽이 서로 합동이라면 선대칭도형으로, 대칭의 중심을 중심으로 180°돌렸을 때, 처음의 도형과 완전히 겹치면 점대칭도형으로 구분할 수 있다.

· 모눈종이 1의 선대칭도형의 성질: 예) 선대칭도형의 대응점끼리 이은 선분은 대칭축과 수직으로 만난다. 선대칭도형에서 대칭축은 대응점끼리 이은 선분을 똑같이 나눈다.

· 모눈종이 2의 점대칭도형의 성질: 예) 점대칭도형에서 각각의 대응변의 길이와 대응각의 크기는 서로 같다. 대칭의 중심은 대응점끼리 이은 선분을 둘로 똑같이 나눈다.

▶ 문항 설명

1. 선대칭도형의 의미와 그 성질을 이해하여 대칭축을 포함하여 선대칭도형의 성질이 잘 드러나게 그릴 수 있는지를 평가하고자 한다.
2. 선대칭도형의 의미와 그 성질을 이해하여 대칭의 중심을 포함하여 점대칭도형의 성질이 잘 드러나게 그릴 수 있는지를 평가하고자 한다.
3. 선대칭도형과 점대칭도형의 성질을 이해하고, 그 성질에 따라 도형을 분류할 구체적인 기준을 제시할 수 있는지를 평가하고자 한다. 이 문항은 자신의 언어로 각 도형의 성질을 서술해보면서 선대칭도형과 점대칭도형에 대한 더 깊은 이해를 확인해볼 수 있다.

[그림 12-1] 수학과 서·논술형 문항의 예(서울특별시교육청, 2023, pp. 108-109)

채점 기준 및 피드백(예시)

문항	평가 요소	척도별 행동 특성			피드백
		(척도/배점)	(척도/배점)	(척도/배점)	
1 (10점)	선대칭도형 이해하고 그리기 (3점)	대칭축을 포함하여 선대칭도형의 성질이 잘 드러나게 그린다. (3점)	1-2개의 오류가 보이지만 대체로 선대칭도형의 성질이 드러나게 그린다. (2점)	선대칭도형을 그리지 못한다. (1점)	■ 대칭축을 중심으로 모눈종이에 변의 길이를 생각하며 대응점을 먼저 찍어본 뒤 연결하게 한다. ■ 쉽고 간단한 도형으로 연습해보고 다양한 모양의 선대칭도형 그리기를 시도해본다.
	점대칭도형 이해하고 그리기 (3점)	대칭의 중심을 포함하여 점대칭도형의 성질이 잘 드러나게 그린다. (3점)	1-2개의 오류가 보이지만 대체로 점대칭도형의 성질이 드러나게 그린다. (2점)	점대칭도형을 그리지 못한다. (1점)	■ OHP필름 등을 활용하여 대칭의 중심을 중심으로 도형을 돌려가며 이해를 돕는다. ■ 쉽고 간단한 도형으로 연습해보고 다양한 모양의 점대칭도형 그리기를 시도해본다.
	선대칭도형과 점대칭도형의 성질 설명하기 (4점)	선대칭도형과 점대칭도형을 분류하는 기준을 명확하게 설명한다. (2점)	선대칭도형과 점대칭도형을 분류하는 기준이 대체로 모호하다. (1점)	선대칭도형과 점대칭도형을 분류하는 기준을 제시하지 못한다. (0점)	■ 대칭축을 중심으로 도형을 반으로 접어보게 하거나, OHP필름 등을 활용하여 대칭의 중심을 중심으로 도형을 180° 돌려가며 이해를 돕는다.
		대칭축, 대칭의 중심, 대응변, 대응각, 대응점 등 구체적인 용어를 사용하여 선대칭도형과 점대칭도형의 성질을 설명한다. (2점)	대칭축, 대칭의 중심, 대응변, 대응각, 대응점 등 구체적인 용어를 사용하지 못하거나 선대칭도형과 점대칭도형의 성질을 1가지만 설명한다. (1점)	선대칭도형과 점대칭 도형의 성질을 설명하지 못한다. (0점)	■ 대칭축을 중심으로 도형을 반으로 접어보고, 마주보면 변의 길이, 각의 크기, 마주보는 점 등을 비교하게 한다. ■ 대칭의 중심을 중심으로 마주보면 변의 길이, 각의 크기, 마주보는 점 등을 비교하게 한다. ■ 위에서 그린 선대칭도형과 점대칭도형을 살펴보고, 해당 도형의 특징과 용어가 잘 드러났는지 확인해보도록 안내한다.

[그림 12-2] 수학과 서·논술형 문항 채점 기준 및 피드백의 예(서울특별시교육청, 2023, p. 110)

나. 프로젝트 평가

(1) 프로젝트 평가의 의미

프로젝트(Project)는 학생들이 자신의 관심사와 학습 내용의 연관성을 탐구하고 실제 문제 상황에서 주제를 깊이 있게 탐구하여 해결하거나 결과물을 만들어 내는 학습 접근법으로, 해가 뚜렷하게 드러나지 않으며 비구조화되고 복잡한 과제를 대상으로 한다(Douglas, 2000; Jones et al., 1997). 학생 중심 학습을 대표하는 프로젝트 기반 수업은 자율성과 창의성을 강조하며, 학습 내용의 실제 맥락과 강한 연결성이 있다. 수학 교과에서 프로젝트 기반 학습은 실생활 문제 상황을 인식하고 학습자 자신이 인식한 목적에 맞게 주도적으로 학습한 수학적 개념이나 지식을 활용할 수 있다는 점에서 의미가 있다(김혜원, 김민경, 2021). 또한 개인보다는 그룹의 협력과 협동심을 발휘하여 문제해결을 도모하게 하는데, 친구들과 함께 비구조화된 문제를 능동적으로 해결해 나가는 과정을 통해 학생들은 지식을 습득할 뿐만 아니라 수학적 개념을 문제해결력과 결합하여 실제 세계의 문제를 해결해 나갈 수 있다(이수현, 김민경, 2016). 이러한 환경에서 평가는 학습 과정과 결과를 측정하는 것을 넘어 학습 자체를 촉진하고 강화하는 핵심적인 역할을 한다(Douglas, 2000).

프로젝트 평가는 프로젝트 기반 수업에서 이루어지는 평가로, 전통적인 수학에서의 평가와 차이가 있다. 전통적인 수학에서 명제 증명이나 계산 정확성 중심의 평가가 주를 이루었다면 프로젝트 평가는 학생이 단순히 해를 구하는 능력을 넘어 수학적 사고력, 협업 능력, 문제 해결 과정, 그리고 창의성을 포괄적으로 평가하는 데 중점을 둔다. 이를 통해 학생들은 수학을 도구로 활용하여 실질적인 문제를 해결하고, 그 결과를 다른 사람에게 전달하는 과정을 경험할 수 있다. 교사는 루브릭(rubric)을 통해 산출물의 정확성, 논리적 사고, 문제 해결의 창의성, 그리고 협업의 효과성을 평가할 수 있다. Douglas(2000)는 프로젝트 완료 후 학생의 산출물을 성취도, 태도, 내용 지식, 기능의 발전, 작업 습관의 영역에서 평가할 수 있다고 밝히며 이 중 성취도 영역에서 평가할 요소를 제시하고 있다.

- 탐구의 초점 선택하기
- 다양한 출처로부터 정보 수집하기
- 정보 분석하고 해석하기
- 합리적인 일반화, 결론이나 제언 도출하기
- 결과 보고 및 의사소통, 조사활동에 대한 반성과 결과 논의하기

프로젝트 평가는 학습 과정과 결과를 측정하는 도구를 넘어, 학습을 강화하고 실제 문제 맥락을 바탕으로 학생들의 실질적인 문제해결력과 수학적 사고력을 증진하는 데 필수적이다. 이는 전통적 수학교육의 틀을 넘어 학생들에게 실제적이고 지속 가능한 학습 경험을 제공하는 중요한 접근 방법이다.

(2) 프로젝트 평가의 실제

2022 개정 수학과 교육과정에서 서술하고 있는 프로젝트 평가의 방안은 다음과 같다(교육부, 2022).

> 프로젝트 평가는 학생 스스로 특정 주제나 과제를 탐구하고 해결하기 위해 계획을 수립하고 수행하는 과정과 그 결과물을 평가하는 방안으로, 수학 내용 체계의 세 범주를 종합적으로 평가할 때 활용할 수 있다.

제2차 수학교육 종합계획(2015. 3. 16.)과 중학교 자유학기제 실시에 따라 실생활 중심 통계교육으로 학교의 통계교육은 변화를 꾀하는 중이다. 특히, 프로젝트를 기반으로 통계 포스터 작성, 발표 수업 등의 학생 참여와 활동 중심의 통계 수업이 나타나고 있다. [그림 12-2]는 선행 연구, 사전 조사, 연구 활동, 추가 연구 활동, 결론 도출의 순으로 프로젝트 활동을 실행하고 이 과정과 결과를 통계 포스터로 나타낸 것이다.

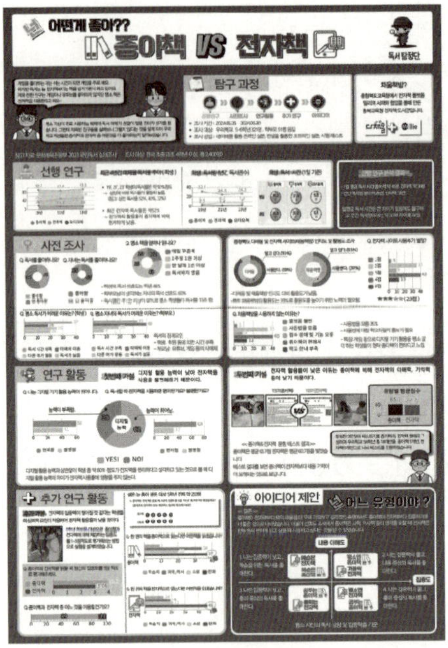

[그림 12-3] 통계 포스터 중심의 프로젝트 산출물 사례(통계청, 2024, p. 10)

〈표 12−7〉은 프로젝트형 통계 수업의 평가 루브릭이다(통계교육원, 2016). 통계 포스터를 작성하는 일련의 과정을 바탕으로 성취기준, 3단계 성취수준을 제시하였고 교사의 평가뿐만 아니라 자기 평가, 모둠 구성원평가, 모둠 간 평가를 통해 학생들이 평가에 주도적으로 참여하게 한다는 점이 특징적이다.

〈표 12−7〉 프로젝트형 통계 수업의 평가 루브릭(통계교육원, 2016, p. 1)

성취기준		모둠별로 주제를 설정하여 조사한 자료를 표, 그래프로 나타내고 결과를 분석하여 통계포스터를 작성하고 발표할 수 있다.
성취수준	상	통계포스터의 내용이 충실하고, 분석한 자료에 대하여 논리적으로 발표할 수 있다.
	중	통계포스터를 작성하고, 분석한 자료를 발표할 수 있다.
	하	통계포스터를 작성하고, 분석한 자료에 대하여 발표하려고 노력한다.

<table>
<tr><th rowspan="2">평가영역</th><th rowspan="2">평가기준</th><th colspan="3">평가</th></tr>
<tr><th>상</th><th>중</th><th>하</th></tr>
<tr><td>자기 평가</td><td>모둠별 탐구 활동에 적극적으로 참여하였는가?</td><td></td><td></td><td></td></tr>
<tr><td rowspan="2">모둠 구성원 평가</td><td>모둠별 탐구 활동에 적극적으로 참여하였는가?</td><td></td><td></td><td></td></tr>
<tr><td>모둠별 탐구 활동에서 참신한 아이디어를 제시하였는가?</td><td></td><td></td><td></td></tr>
<tr><td rowspan="2">모둠 간 평가</td><td>통계포스터를 창의적으로 제작하였는가?</td><td></td><td></td><td></td></tr>
<tr><td>제작한 통계포스터를 전달력 있게 잘 발표하였는가?</td><td></td><td></td><td></td></tr>
<tr><td rowspan="5">교사평가</td><td>통계적으로 분석할 가치가 있는 주제를 선정하였는가?</td><td></td><td></td><td></td></tr>
<tr><td>자료의 수집 대상 및 방법, 자료의 수가 적절하였는가?</td><td></td><td></td><td></td></tr>
<tr><td>줄기와 잎 그림, 도수분포표, 히스토그램, 도수분포다각형, 막대 그래프, 백분율, 상대도수 등을 활용하여 자료에 맞는 통계적 개념을 활용하여 분석하였는가?</td><td></td><td></td><td></td></tr>
<tr><td>분석한 자료를 주제와 관련시켜 올바르게 해석하였는가?</td><td></td><td></td><td></td></tr>
<tr><td>통계포스터를 설득력 있게 발표하였는가?</td><td></td><td></td><td></td></tr>
</table>

다. 포트폴리오 평가

(1) 포트폴리오 평가의 의미

포트폴리오 평가는 학생의 학습 과정과 결과를 체계적으로 기록하고 분석하여 학생의 수학적 사고력, 문제 해결 능력, 그리고 태도를 종합적으로 평가하는 방법으로 전통적인 평가 방식의 한계를 보완하기 위해 도입되었다(Sole, 2012). 이는 자연스러운 상황에서 학생들의 고차적인 사고능력과 적용능력에 대한 통합적인 정보를 통해 균형 있는 평가를 할 수 있도록 돕는다. 교사들은 포트폴리오 평가를 통해 문제해결에서 다양한 방법을 사용하는 능력, 적절한 문맥에서 개념을 효율적으로 사용하고 연결하는 능력, 여러 가지 시각적 표현을 사용하여 의사소통하는 능력, 추론 능력 등을 평가할 수 있다(정영옥, 2000).

포트폴리오 평가는 학생들의 성취도와 수학적 태도에 긍정적인 영향을 미친다. 이명희와 송상헌(2002)은 초등학교 4학년을 대상으로 포트폴리오 평가를 적용한 결과, 학생들의 수학 평균 점수가 향상되었으며, 수학에 대한 긍정적인 태도가 형성되었다고 보고하였다. 최창우(2012)는 뉴질랜드 초등학교에서의 포트폴리오 활용 사례를 통해 포트폴리오 평가가 학생들의 실생활 문제해결 능력과 창의적 사고를 촉진하는 데 효과적임을 제시했다. 이러한 연구들은 포트폴리오 평가가 학생들의 수학적 사고력과 문제해결 능력을 심층적으로 평가하고, 학습 동기를 향상시키는 데 기여함을 보여준다. 그러나 포트폴리오 평가의 효과적인 적용을 위해서는 교사의 전문성 향상과 평가 기준의 명확화, 그리고 학생들의 지속적인 참여와 피드백이 중요하다(한국교육과정평가원, 2018).

포트폴리오 평가는 학생들의 학습 과정을 종합적으로 평가하고, 장기간에 걸쳐 전인적 성장을 지원하는 중요한 도구로 활용될 수 있다. 이를 통해 학생들은 자신의 학습 과정을 스스로 성찰할 수 있고, 교사는 학생 개개인의 특성과 발전 과정을 면밀히 파악할 수 있다.

(2) 포트폴리오 평가의 실제

2022 개정 수학과 교육과정에서 서술하고 있는 포트폴리오 평가 방안은 다음과 같다(교육부, 2022).

> 포트폴리오 평가는 학생의 성장에 대한 정보를 얻기 위해 수학 학습 수행과 그 결과물을 일정 기간 수집하여 평가하는 방안으로, 수학 교과 역량의 발달을 종합적으로 평가할 때 활용할 수 있다.

[그림 12-4]는 수학 교사용 지도서에 제시된 포트폴리오 평가표이다. 포트폴리오 평가가 적용된 수업은 초등학교 6학년 2학기 1단원 분수의 나눗셈의 마지막 놀이 차시로, 분모가 다른 분수의 나눗셈을 이용하여 친구와 함께 말판 놀이에 참여하는 활동으로 구성되어 있다. 학생들은 단원 학습을 마무리한 후 자신이 배운 내용을 기반으로 포트폴리오 평가표의 물음에 답한다. 단원 전체 학습을 잘

수행하였는지, 가장 기억에 남는 활동과 수학의 가치롭다고 생각한 활동은 무엇이었는지에 대한 학생들의 생각은 단원 전체 학습을 기반으로 형성된다는 점에서 교과서를 포트폴리오 결과물로 변화시킨다. 포트폴리오 평가는 기존의 전통적인 지필 평가만으로는 평가할 수 없는 부분을 평가에 포함하며 평가표는 교사가 포트폴리오 평가를 실행할 때 판단의 기준을 마련함으로써 주관성을 극복할 수 있도록 돕는다.

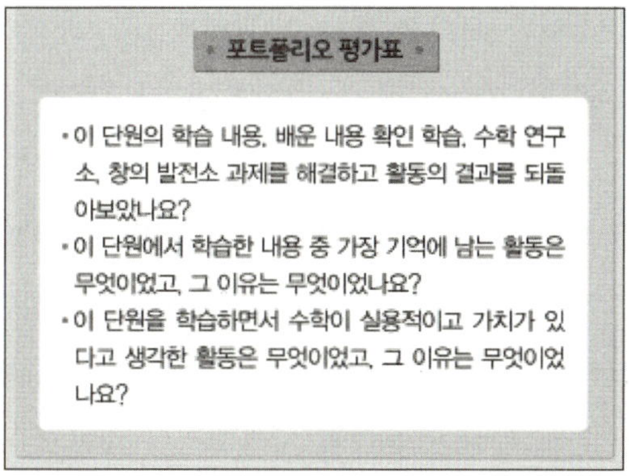
포트폴리오 평가표

- 이 단원의 학습 내용, 배운 내용 확인 학습, 수학 연구소, 창의 발전소 과제를 해결하고 활동의 결과를 되돌아보았나요?
- 이 단원에서 학습한 내용 중 가장 기억에 남는 활동은 무엇이었고, 그 이유는 무엇이었나요?
- 이 단원을 학습하면서 수학이 실용적이고 가치가 있다고 생각한 활동은 무엇이었고, 그 이유는 무엇이었나요?

[그림 12-4] 수학 교과용 도서에 나타난 포트폴리오 평가표의 예(안병곤 외, 2022, p. 171)

라. 관찰, 면담, 구술 평가

(1) 관찰, 면담, 구술 평가의 의미

관찰 평가는 학생들이 수학을 행하는 자연스러운 상황 속에서 교사가 특별한 조작이나 제재를 가하지 않고 학생의 사고 과정이나 수행의 과정, 수행과정에서 생기는 결과물 등을 있는 그대로 기술하고, 해석하는 활동이다(이금선 외, 2013). 이는 전통적인 지필 평가의 한계를 보완하고, 학생들의 학습 과정을 심층적으로 이해하는 데 유용하다.

관찰 평가는 수학 학습에서 학생들의 사고 과정을 평가하는 데 효과적이다. 교사는 관찰 평가를 통해 학생들의 수학적 과정 요소를 평가할 수 있으며, 이를 통해 학습자의 이해도와 문제 해결 능력을 파악할 수 있다. 수학 영재 판별을 위한 관찰 평가 도구를 개발하고 이를 중학교 1학년 학생들에게 적용한 결과, 학생들의 과제 해결 순서, 속도, 태도 등에서 드러나는 수학 영재성을 포착할 수 있었다(신보미, 2010). 이는 관찰 평가가 학생들의 수학적 사고 과정과 문제 해결 능력을 심층적으로 평가하고, 학습 동기를 향상시키는 데 기여함을 보여준다.

면담 평가는 교사와 학생 간의 대화를 통해 학생의 수학적 이해도, 사고 과정, 문제 해결 능력 등을 심층적으로 파악하는 평가 방법으로, 이는 전통적인 지필 평가나 관찰 평가로는 얻기 어려운 학생의 내면적 사고와 이해 수준을 직접적으로 확인할 수 있는 장점이 있다. 이러한 면담 평가는 특히 수학 학습 부진아의 인지적·정의적 특성을 파악하고, 이를 통해 맞춤형 교육 방안을 마련하는 데 효과적이다. 김지혜와 오영열(2010)은 서술 및 면담 평가를 통해 수학 학습 부진아의 사고 과정을 분석한 결과 학생들의 오개념을 교정하고 학습 동기를 향상시키는 데 기여할 수 있었으며, 수학 수업에서 관찰 및 면담법을 활용한 평가가 학생들의 수학적 사고력과 문제 해결 능력을 심층적으로 평가하는 데 유용했다(황혜정, 1997). 면담 평가는 학생들의 사고 과정을 직접 탐색하고, 교사가 학생의 이해도를 정확히 파악하는 데 도움을 주었다.

구술 평가는 학생이 자신의 수학적 사고 과정과 문제해결 방법을 언어로 표현하도록 하여, 그 이해도와 능력을 평가하는 방법이며 이는 학생의 개념 이해, 논리적 사고, 의사소통 능력을 종합적으로 파악하는 데 유용하다. 구술 평가는 학생들의 수학적 사고력과 의사소통 능력을 향상시키는 데 효과적이다. 조형미(2024)는 기존의 말하기 평가가 주로 수업 내 수학적 의사소통을 관찰하는 형태로 진행되어 왔다는 점을 바탕으로 일대일 면담형식으로 구술 평가에 적극적으로 활용한 사례를 통해 구술 평가의 교육적 효과와 활용 가능성을 제시하였다.

종합하면 관찰, 면담, 구술 평가는 학생들의 학습 과정을 통합적인 관점에서 평가하고, 전인적 성장을 지원하는 데 중요한 도구로 활용될 수 있다. 이를 통해 학생들은 자신의 학습 과정을 스스로 성찰하고, 교사는 학생 개개인의 특성과 발전 과정을 파악하여 맞춤형 지도를 제공할 수 있다.

(2) 관찰, 면담, 구술 평가의 실제

2022 개정 수학과 교육과정에서 서술하고 있는 관찰, 면담, 구술 평가 방안은 다음과 같다(교육부, 2022).

> 관찰 평가, 면담 평가, 구술 평가는 학생 개인 및 소집단을 관찰, 학생과의 질의응답, 학생의 발표를 통해 평가하는 방안으로, 학생의 사고 방법, 수행 과정, 수학 내용 체계의 가치 · 태도 등을 평가할 때 활용할 수 있다.

관찰 평가는 보편적으로 사용되고 있는 평가 방법으로 체크리스트와 수업 일지 등을 이용하여 수업의 과정 중에서 학생에 대한 다양한 관찰 내용을 기록한다. 면담 평가의 예는 [그림 12−5]와 같으며, 이는 초등학교 4학년 수학 학습 부진학생을 대상으로 실시한 자료이다(남미선, 박만구, 2008). 면담 평가를 통해 언어적 능력이나 단기 암기력, 주의 집중력, 학습 동기 등이 부족한 학생들이 알고 있는 것을 최대한 표현하도록 하여 적합한 수준 진단과 피드백이 이루어지도록 하기 위한 목적에서 실시되었다.

[2단원]

4. 한 반 친구들의 키를 나타낸 것입니다. 키가 작은 사람부터 줄을 서려고 할 때, 어떤 순서로 서야할지 순서대로 이름을 적고, 순서를 비교한 방법을 설명하시오

• 윤진 136.25cm	• 대호 135.02cm
• 다예 139.20cm	• 은진 139.2cm
• 석경 136.5cm	• 도현 136.0cm

<해결과정>

<답>

[그림 12-5] 면담 평가의 과제와 교사의 질문(남미선, 박만구, 2008, p. 237)

이 과제는 적용 대상이 학습 부진학생이라는 점 등을 고려하여 면담 실행 과정에서 다음과 같은 특성이 고려되었다.

- 직관적으로 이해할 수 있도록 그림을 첨가하기
- 정확한 사고 과정을 파악하기 위해 이유를 서술하기
- 기본적인 개념을 쉽게 풀어서 설명하기
- 학생들이 구체적으로 이해할 수 있도록 실제적인 문제 상황으로 문제를 제시하기
- 총괄적 채점법을 이용하여 각 문항 당 점수를 부여하기
- 학생 상호 피드백을 제공하기
- 평가의 방향을 지속적으로 수정하기

[그림 12-6]은 구술 평가 방법으로 중학교 3학년 학생을 대상으로 한 과제와 교사의 질문을 제시한 것이다. 학생들은 문제가 적힌 종이를 받고 간단히 계산한 후 교사의 질문에 답한다. 교사는 학생이 하는 말을 최대한 그대로 작성하며 학생의 설명을 바탕으로 추가 질문을 던진다. 교사는 구술 평가 과정에서 상황 맥락적인 담론의 특성을 인지하고 말하기 과정에서 학생의 이해 과정과 수준을 즉각적으로 파악한 후 그에 대하여 순간적으로 반응해야 하는 실천적 역량이 필요하다(조형미, 2024).

제시한 문제	말하기 평가에서 교사의 질문
$\sqrt{12}+\frac{3}{\sqrt{5}}$ (를 간단히 하여라)	더 이상 간단히 계산하지 못하나요?
	$\frac{3}{\sqrt{5}}$를 $\frac{3\sqrt{5}}{5}$로 바꾸었는데, 이것은 무엇을 한 것인가?
	분모의 유리화는 어떻게 하는 것인가요?
	유리화의 의미는 무엇인가요?
	무리수는 무엇인가요?
	유리수는 무엇인가여?
	$\sqrt{12}$를 $2\sqrt{3}$라 한 이유는 무엇인가요?
	$2\sqrt{3}+\frac{3\sqrt{5}}{5}$는 더 이상 간단히 하지 못하나요? 왜 그런가?

[그림 12-6] 구술 평가의 과제와 교사의 질문(조형미, 2024, p. 152)

마. 자기 평가

(1) 자기 평가의 의미

자기 평가는 학생이 자신의 학습 과정을 스스로 평가하고 반성함으로써 학습 성과를 향상시키는 평가 방법이다. 이는 학습자 중심의 평가로, 학생들의 자기주도적 학습 능력과 메타인지적 사고를 촉진하는 데 중요한 역할을 한다.

자기 평가 도구를 활용한 학습은 학생들의 수학 학습 자신감을 향상시키며, 학습 전략 수립과 메타인지 능력 신장에도 효과적이다(이선재, 고호경, 2017). 초등학교 5학년 학생들을 대상으로 자기 평가를 통한 과정중심평가를 적용한 결과, 수학 학업 성취도가 유의미하게 향상되었고 학생들은 수학에 대한 흥미와 자신감도 증가했다(문소정, 신항균, 2020). Andrade와 Valtcheva(2009)는 자기 평가가 학생들의 자기조절 학습 능력을 향상시키며, 이는 수학 학습 성과에 긍정적인 영향을 준다고 주장했다. 학생들은 자기 평가를 통해 학습 과정을 모니터링하고, 필요한 경우 학습 전략을 수정하는 능력을 개발할 수 있었다. 종합하면 자기 평가는 학생들의 학습 성과 향상에 중요한 역할을 한다. 자기 평가는 학생들이 자신의 학습 과정을 주도적으로 관리하고, 학습 동기를 강화하며, 메타인지적 사고를 촉진하는 데 효과적인 평가 방법이다.

그러나 자기 평가의 효과적인 활용을 위해서는 무엇보다도 교사의 지원과 지도가 필요하다. 학생들이 자기 평가를 올바르게 수행할 수 있도록 명확한 평가 기준을 제공하고, 피드백을 통해 학습 과정을 지원하는 것이 중요한 부분이다. 또한 학생들의 자기 평가 능력을 향상시키기 위한 교육 프로그램의 개발과 적용이 요구된다.

자기 평가는 학생들의 자기주도적 학습 능력과 학습 성과를 향상시키는 데 중요한 도구로 활용될 수 있다. 동시에 이를 위해 교사와 교육 기관은 자기 평가의 중요성을 인식하고, 효과적인 자기 평가 방법과 도구를 개발하여 교육 현장에 적용해야 한다.

(2) 자기 평가의 실제

2022 개정 수학과 교육과정에서 서술하고 있는 관찰, 면담, 구술 평가 방안은 다음과 같다(교육부, 2022).

> 자기 평가는 학생 스스로 자신의 학습 과정과 결과를 평가하는 방안으로, 수학 내용의 이해와 수행 과정, 문제해결과 추론 과정의 반성, 자신의 생각 표현, 수학 내용 체계의 가치 · 태도 등을 평가할 때 활용할 수 있다.

[그림 12-7]은 2022 개정 수학과 교육과정에 따른 초등학교 2학년 1학기 수학 익힘책 1단원 세 자리 수의 자기 평가를 발췌한 것이다. 해당 교과용 도서는 단원 학습을 마무리하는 차시로 '수학이랑 확인해요'를 두고 있으며, 학생들은 단원에서 학습한 개념과 관련한 실천 활동을 스스로 정리하고 단원 학습 과정과 결과를 스스로 평가하는 자기 평가에 참여한다. 자기 평가는 세 가지 질문으로 구성되어 있는데, 이는 각각 교육과정의 세 범주인 지식 · 이해, 과정 · 기능, 가치 · 태도에 관한 내용을 포함하고 있다. 즉 '세 자리 수에서 각 자리의 숫자가 얼마를 나타내는지 알고 있나요?(지식 · 이해)' '세 자리 수를 읽고 쓸 수 있나요?(과정 · 기능)'. '세 자리 수를 생활 속에서 찾을 수 있나요?(가치 · 태도)'가 서로 긴밀하게 연결된다. 학생들은 자기 평가의 질문에 대한 다양한 표정 이모티콘의 선택을 통해 단원을 학습하면서 학습한 지식과 학습 과정, 결과에 대해 스스로 반성하는 기회를 가질 수 있을 뿐만 아니라 자신의 학습을 주도적으로 설계하고 보완해 나갈 수 있다. 자기 평가의 사례는 수학 교과서의 프로젝트 활동인 '수학이랑 함께해요(p. 165)'에서도 찾아볼 수 있다(교육부, 2024a).

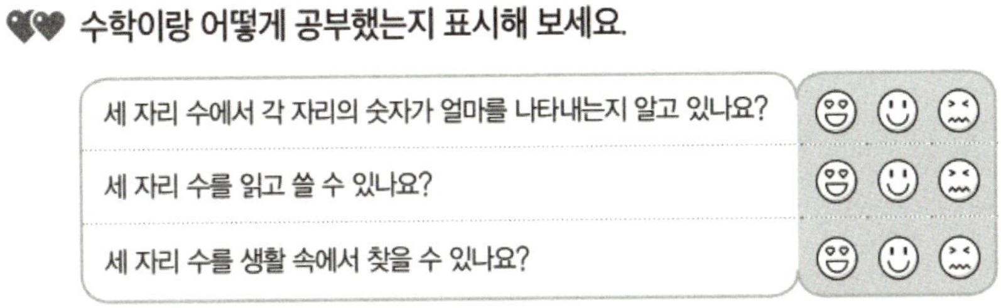

[그림 12-7] 수학 교과용 도서에 나타난 자기 평가의 예(교육부, 2024b, p. 18)

바. 동료 평가

(1) 동료 평가의 의미

동료 평가는 학생들이 서로의 학습 과정을 평가하고 피드백을 주고받는 활동을 의미한다. 이는 학습자 중심의 평가 방법으로, 학생들의 자기주도적 학습 능력과 협업 능력을 향상시키는 데 중요한 역할을 한다.

동료 평가는 학생들의 글쓰기 기회를 늘리고, 평가 과정을 통해 학습 향상에 기여한다(박주용, 박정애, 2018). 동료 멘토링을 활용한 수학 수업이 학생들의 수학적 인성과 학업 성취도에 미치는 영향을 분석한 결과, 동료 멘토링 수업이 학생들의 수학적 인성 함양과 학업 성취도 향상에 도움을 주며, 특히 멘티 학생들에게 더 큰 변화를 가져온 것으로 나타났다(배경준, 박만구, 2016). 최상호 외(2016)는 동료 멘토링 수업 방법의 변천 과정을 분석하여, 학생들의 상호작용을 촉진하고 교실 공동체에서 모든 학생이 적극적으로 참여할 수 있도록 하는 수학적 과정의 특징을 명시화하였고, 이를 통해 동료 평가가 수학 수업에서 학습자의 참여와 의사소통을 촉진하는 데 효과적임을 보여주었다. Falchikov와 Goldfinch(2000)는 동료 평가의 신뢰도와 타당성을 분석한 메타분석 연구에서, 동료 평가가 교사 평가와 유사한 수준의 신뢰도와 타당성을 지니며 특히 학습자들의 고등 사고 능력 향상에 기여한다고 주장하였다.

이러한 연구들은 수학교육에서 동료 평가가 학생들의 학습 성과 향상, 자기주도적 학습 능력 개발, 협업 능력 증진 등에 중요한 역할을 한다는 것을 보여준다. 동료 평가는 학생들의 학습 과정을 풍부하게 하고, 학습자 간의 상호작용을 촉진하며, 자기주도적 학습 능력을 향상시키는 데 중요한 도구로 활용될 수 있다. 이를 위해 교육 현장에서는 동료 평가의 중요성을 인식하고, 효과적인 동료 평가 방법과 도구를 개발하여 적용하는 노력이 필요하다.

(2) 동료 평가의 실제

2022 개정 수학과 교육과정에서 서술하고 있는 동료 평가 방안은 다음과 같다(교육부, 2022).

> 동료 평가는 동료 학생들이 상대방을 서로 평가하는 방안으로, 협력 학습 상황에서 학생 개개인의 역할 수행이나 집단 활동의 기여를 평가할 때 활용할 수 있다.

[그림 12-8] 수학 교과용 도서에 나타난 동료 평가의 예(박만구 외, 2022, pp. 152-153)

[그림 12-8]은 3학년 2학기 수학 교과서의 프로젝트 단원에 나타난 동료 평가

의 한 형태를 제시한 것이다. 프로젝트 단원은 한 학기 학습의 마무리 부분에 위치하는데, 일반적으로 한 학기 동안 학습한 내용을 바탕으로 한 프로젝트 기반의 수업을 지향하고 있다. 이 단원에서 학생들은 '내가 만드는 도형 세상'을 주제로 도형을 쉽게 그릴 수 있는 공학 도구를 활용하여 자신만의 디자인을 만들 수 있다. 이를 위해 공학 도구의 기본적인 사용법과 기능을 익힌 후 각자의 생각에 따라 디자인 계획을 수립하고 실행한다. 동료 평가는 완성한 디자인을 동료 앞에서 발표하고 공유하는 과정에 적용되고 있다. 완성한 디자인을 출력하여 직접 실물을 게시판에 전시하거나 온라인 학급 누리집에 게시하여 서로의 작품을 감상하는 기회를 갖는다. 내가 만든 작품뿐만 아니라 나와 다르게 구현한 친구의 작품을 함께 감상하고 댓글을 이용하여 나의 생각을 친구에게 전달하는 것은 동료 평가의 한 형태이다. 이를 통해 서로의 다른 아이디어를 이해하고 존중할 수 있으며 나아가 자신의 아이디어에 동료의 아이디어를 반영하여 기존의 작품을 변형하거나 완전히 새로운 작품을 만들어 낼 수도 있다. 이는 동료 평가가 학생들의 학습에 긍정적으로 영향을 줄 수 있는 가능성을 보여준다.

• 토의 과제: 복합적으로 평가하기

토의 1. 다음은 2022 개정 수학과 교육과정의 자료와 가능성 영역 중 자료의 수집과 정리에 대한 성취기준이다. 적절한 평가 방법을 2가지 이상 복합적으로 선택하여 수업을 설계해 보자.

> [4수04-01] 자료를 수집하여 그림그래프나 막대그래프로 나타내고 해석할 수 있다.
> [4수04-02] 자료를 수집하여 꺾은선그래프로 나타내고 해석할 수 있다.
> [4수04-03] 탐구 문제를 해결하기 위해 자료를 수집, 정리하여 막대그래프나 꺾은선그래프로 나타내고 해석할 수 있다.

사. 새로운 환경에서의 평가

(1) 교구나 공학 도구를 활용한 평가

학습자의 수학적 이해를 심화하고 문제해결 능력을 효과적으로 평가하기 위해 교구나 공학 도구를 활용한 평가가 주목받고 있다(고상숙 외, 2013). 전통적인 평가에서는 학습자의 단순 계산 능력이나 공식을 암기한 정도만 측정되는 반면, 교구나 공학 도구를 활용하면 수학적 개념의 응용, 시각화 능력, 그리고 창의적 문제해결 능력 등의 고차원적 능력을 평가할 수 있기 때문이다. 2022 개정 수학과 교육과정에서 평가 방법은 다음과 같이 제시되고 있다(교육부, 2022, p. 49).

- 성취기준의 도달 여부를 판단하는 데 교구나 공학 도구의 사용이 효과적인 경우 이를 활용한 평가를 실시할 수 있다.
- 교구나 공학 도구를 활용하여 평가할 때는 교구나 공학 도구의 기능 및 조작이 아닌 수학 내용의 탐구 과정을 평가한다.

교구는 구체적 조작 활동을 통해 학생이 추상적 개념을 보다 쉽게 이해하도록 도울 수 있다. 예를 들어 기하학 교구를 사용하여 도형의 성질을 탐구하게 하면, 학생들이 도형의 면적이나 각도를 구체적으로 실험하며 그 개념을 체득할 수 있다. 또한 그래프 계산기나 컴퓨터 소프트웨어 등의 공학 도구는 복잡한 문제를 해결하는 데 필수적인 계산 작업을 단순화해 주며, 학생이 본질적인 개념과 구조에 집중할 수 있도록 한다. 이러한 공학 도구는 시뮬레이션 기능을 통해 실생활 문제를 모델링하고 해결하는 과정을 평가할 수 있게 한다. 예를 들어, 학생에게 특정 데이터를 분석하고 그 결과를 그래프로 시각화하도록 요구하면, 단순한 연산 이상의 고차원적인 수학적 사고를 평가할 수 있다.

교구나 공학 도구를 활용한 평가는 특히 협력적 학습 환경에서 효과적이다. 학생들은 팀 활동을 통해 도구를 함께 사용하며 문제를 해결하고, 이 과정에서 의사소통 능력과 협력 기술도 함께 평가받을 수 있다(한선영, 2023). 하지만 이러한 평가 방식을 도입하기 위해서는 교사의 전문성이 필수적이다(조은애, 권혁진, 2008). 교사는 교구와 공학 도구의 기능을 잘 이해하고, 이를 수업과 평가에 적절히 통합할 수 있는 역량을 갖추어야 한다.

교구와 공학 도구를 활용한 수학 평가는 전통적인 평가 방식의 한계를 보완하고, 학생의 수학적 사고력을 다각도로 평가할 수 있는 효과적인 방법이다. 이러한 평가 방식을 적극적으로 도입하고 활용하려면 학교와 교사가 사전에 충분한 시간과 자원을 투자하여 준비할 필요가 있다.

(2) 온라인 수학 교수・학습에서 평가

온라인 수학 교수・학습에서의 평가는 기존에 행해져 온 대면 교육과는 다른 환경적 제약과 기술적 가능성을 기반으로의 섬세한 설계가 필요하다. 디지털 도구와 온라인 플랫폼을 활용한 수학 교수・학습에서 평가는 학생의 이해도와 사고력을 다양한 방식으로 측정할 수 있는 기회를 제공하지만, 동시에 추가적인 고려가 필요한 부분들도 나타나고 있다(박혜연 외, 2022).

우선 온라인 수학 교수・학습에서의 평가에서는 학생의 개별 학습 데이터를 기반으로 맞춤형 평가를 제공할 수 있다는 것이 큰 장점이다. 학습 관리 시스템(LMS)이나 인공지능(AI) 기반 플랫폼은 학생의 문항별 응답 시간, 정답률, 오류 패턴 등을 분석하여 개별화된 피드백을 제공할 수 있다. 이를 통해 학생은 자신의 취약점을 명확히 인지하고 학습 방향을 조정할 수 있다. 학생들은 자동화된 적응형 테스트를 통해 자신의 현재 수준에 맞는 문제를 제공받고, 점진적으로 난이도를 조절해 가는 등 주도적인 모습으로 평가에 참여할 수 있다(김동희, 2023).

온라인 환경에서는 다양한 형태의 평가 방식도 비교적 자유롭게 활용할 수 있다. 전통적인 문제 풀이형식의 평가 외에도, 동영상 응답이나 화면 녹화를 통해 학생의 문제해결 과정을 시각적으로 확인하거나 디지털 도구를 사용한 프로젝트 기반 평가를 통해 창의적이고 종합적인 사고력을 측정할 수 있다. 특히 지오지브라(GeoGebra), 데스모스(Desmos)와 같은 수학 소프트웨어를 활용한 과제는 학생이 수학적 개념을 실제로 어떻게 적용하는지 평가하는 데 충분히 유용하다는 점이 보고되고 있다(Chechan et al., 2023).

그러나 만능처럼 보이는 온라인 수학 교수·학습 평가에는 몇 가지 해결해야 할 과제가 남아 있다. 가장 큰 문제는 부정행위를 방지하고 평가의 신뢰성을 확보하는 것이다. 이를 위해 웹캠 기반의 감독 시스템, 브라우저 잠금 소프트웨어, 무작위 문제 출제 시스템 등의 기술적 솔루션이 도입되고 있다. 하지만 이러한 기술도 완벽하지 않으므로 학생의 윤리적 학습 태도와 이를 지도하는 교사의 노력이 병행될 필요가 있다.

또한 평가의 공정성을 유지할 필요가 있다. 학생들이 사용하는 기기와 인터넷 환경은 평가의 결과에 영향을 미칠 수 있으므로, 평가 도구와 방법이 기술 접근성이 낮은 학생들도 공정하게 참여할 수 있도록 설계되어야 한다. 예를 들어, 플랫폼의 인터페이스를 간소화하고 인터넷 속도에 크게 의존하지 않는 평가 방식을 고려할 수 있다. 2022 개정 수학과 교육과정에서 온라인 수학 교수·학습에서의 평가 방법은 다음과 같이 제시되고 있다(교육부, 2022, p. 49).

- 온라인 수학 학습에서는 학생의 활동에 근거한 구체적인 자료를 사용하여 평가한다.
- 온라인 학습 플랫폼이나 학습 관리 시스템을 이용하여 학생의 수행 과정을 관찰하고 개별 맞춤형으로 환류할 수 있다.
- 학생의 접속 환경 미비로 인한 불참 시 기회 부여 등에 대해 방안을 마련하고 형평성의 문제가 제기되지 않도록 사전에 안내한다.

온라인 수학 교수·학습에서의 평가는 디지털 도구 및 환경의 잠재력을 활용하여 다양한 평가 방식을 도입할 수 있는 기회를 제공한다. 이를 효과적으로 구현하려면 기술적, 윤리적, 그리고 교육학적 요소를 균형 있게 고려해야 한다. 교사는 기술을 효과적으로 활용하는 전문성을 갖추고, 학생의 학습 경험을 풍부하게 하기 위해 평가를 학습 과정과 긴밀히 연계하는 데 관심을 기울여야 한다.

참고문헌

강명원, 김성호, 박지훈, 이선준, 차용우, 고상숙(2010). 2009 개정 교육과정에 따른 수학과 평가가 나아가야 할 방향. 수학교육 논문집, 24(2), 301-323.

강완, 서동엽, 나귀수(2013). 2009 교육과정에 따른 초등 수학 교과서 단원 평가의 개발 방향과 과제. 한국초등수학교육학회지, 17(2), 301-319.

강현영, 고은성, 이동환, 이화영, 탁병주, 조진우, 김선희(2018). 수학과 과정중심평가 교사 연수 프로그램 개발 연구. 수학교육학연구, 28(3), 321-343.

고상숙, 박만구, 한혜숙(2013). 교구 및 공학도구를 활용한 수학적 과정중심 평가에 관한 교사들의 인식. 한국학교수학회논문집, 16(4), 675-694.

교육과학기술부(2011). 2009 개정 교육과정, 교육과학기술부고시 제 2009-41호.

교육부(2015). 수학과 교육과정. 교육부 고시 제2015-74호 [별책8]. 교육부.

교육부(2021). 2022 개정 교육과정 총론 주요사항 발표. 교육부 보도자료(2021. 11. 24.).

교육부(2022). 수학과 교육과정. 교육부 고시 제2022-33호 [별책8]. 교육부.

교육부(2024a). 초등학교 수학 2-1. ㈜천재교과서.

교육부(2024b). 초등학교 수학익힘책 2-1. ㈜천재교과서.

김동희(2023). 인공지능(AI) 학습 플랫폼을 활용한 수학 개별화 교수-학습에서 나타나는 피드백 사례 연구, 이화여자대학교 대학원 박사학위논문.

김지혜, 오영열(2010). 인지적으로 안내된 교수 원리를 적용한 수학학습부진아 지도 효과 분석. 한국초등수학교육학회지, 14(3), 789-806.

김진호(2008). 학습자 중심 수학 수업과 수행평가. 한국초등수학교육학회지, 12(1), 47-58.

김혜원, 김민경(2021). 프로젝트 기반 학습(Project-Based Learning)에서 나타난 초등학생의 통계적 문제 해결 및 논의 내용 분석. 학습자중심교과교육연구, 21(13), 699-715.

남미선, 박만구(2008). 서술 및 면담 평가를 통한 수학학습부진아의 인지적 · 정의적 특성 분석. 수학교육 논문집, 22(2), 229 – 252.

문소정, 신항균(2020). 자기 평가를 통한 과정 중심 평가가 수학 학업 성취도와 정의적 영역에 미치는 영향. 한국초등수학교육학회지, 24(3), 279-297.

박만구, 강경은, 김대진, 김도경, 김수정, 김은혜, 김지영, 김진호, 김희웅, 손경호, 유대현, 이진우, 임근광, 조두경, 조수윤(2022). 수학 3-2. 천재교과서.

박주용, 박정애(2018). 동료평가의 현황과 전망. 인지과학, 29(2), 85-104.

박혜연, 손복은, 고호경(2022). 수학 교수 · 학습을 위한 인공지능 플랫폼 분석 연구. 수학교육 논문집, 36(1), 1-21.

배경준, 박만구(2016). 동료 멘토링 수학 수업에서 학생의 수학적 인성 및 수학 학업성취도 분석. 초등수학교육, 19(4), 261-276.

서동엽(2001). 수학 지필 평가의 실제 분석. 한국초등수학교육학회지, 5(1), 19-36.

서울특별시교육청(2023). 생각하는 힘을 기르는 서·논술형 장학자료. 서울특별시교육청.

성태제(2019). 교육평가의 기초. 학지사.

신보미(2010). 수학 영재 관찰·추천 도구의 개발과 모의 적용 사례 연구. 영재교육연구, 20(1), 31-59.

안병곤 외(2022). 초등학교 수학 교사용 지도서 3-2. ㈜동아출판.

이경화, 강현영, 고은성, 이동환, 신보미, 이환철, 김선희(2016). 과정 중심 평가의 실행을 위한 방향 탐색. 수학교육학연구, 26(4), 819-834.

이금선, 허난, 양성현, 손정화, 조현공, 이장주, 김해윤, 강옥기(2013). 수학 학습 평가에서의 관찰평가 현장 적용에 관한 연구. 한국학교수학회논문집, 16(2), 289-318.

이명애(2021). 국가수준 학업성취도 평가와 교실평가와의 연계 방안 탐색을 위한 국외 사례 연구. 교육문화연구, 27(2), 29-47.

이명희, 송상헌(2002). 초등학교 수학과 수업에서 포트폴리오의 활용 가능성과 그 적용 방안에 관한 연구. 학교수학, 4(3), 331-346.

이선재, 고호경(2017). 자기평가가 학습자의 수학 학습 성향에 미치는 영향. 수학교육 논문집, 31(4), 457-485.

이수현, 김민경(2016). 수학에 대한 태도 및 진로인식 함양을 위한 프로젝트기반 수학수업 설계 및 적용. 한국학교수학회논문집, 19(4), 329-356.

정영옥(2000). 초등수학과 수행평가도구 개발-1, 2학년 포트폴리오를 중심으로. 학교수학, 2(2), 357-388.

조은애, 권혁진(2008). 수학교육에 공학적 도구의 활용에 대한 교사들의 인식과 활성화 방안. 교과교육연구, 1(1), 1-29.

조형미(2024). 수학 말하기 평가에서 수학 교사와 학생의 경험. 수학교육철학연구, 6(2), 149-163.

최상호, 하정미, 김동중(2016). 학생 중심 동료 멘토링 교수법에서 수학적 과정에 대한 의사소통학적 접근. 수학교육 논문집, 30(3), 375-392.

최창우(2012). 뉴질랜드 초등학교의 포트폴리오 탐색-초등수학을 중심으로. 초등수학교육, 15(3), 235-247.

통계교육원(2016). 프로젝트형 통계수업평가. Author. [On-line] Retrieved from https://sti.kostat.go.kr/coresti/site/board/BoardView.do

통계청(2024). 2024 제26회 전국학생통계활용대회 수상작품집.

한국교육과정평가원(2018). 과정 중심 평가 내실화를 위한 교사의 평가 전문성 신장 방안 연구. Retrieved from https://doi.org/10.23000/TRKO201900002178

한선영(2023). 교구와 공학적 도구를 활용한 수학 수업 활성화 방안: 고등학교 수학 수업을 중심으로. 성균관대학교 일반대학원 석사학위논문.
황혜정(1997). 수학 수업에서 관찰 및 면담법을 활용한 평가. 수학교육논문집, 6, 173-191.
Andrade, H., & Valtcheva, A. (2009). Promoting learning and achievement through self-assessment. Theory into practice, 48(1), 12-19.
Black, P., Harrison, C., Lee, C., Marshall, B., & William, D. (2003). Assessment for Learning: putting it into practice. Open University Press. (김진호, 조대훈, 나장함, 권나영 공역(2019). 교육과학사.
Black, P., & Wiliam, D. (1998). Assessment and classroom learning. Assessment in Education, 5(1), 7-74.
Black, P., & William, D. (2009). Developing theory of formative assessment. Education Assessment Evaluation, 21, 5-31.
Chechan, B., Ampadu, E., & Pears, A. (2023). Effect of using Desmos on high school students' understanding and learning of functions. Eurasia Journal of Mathematics, Science and Technology Education, 19(10), em2331. [On-line] Retrieved from https://doi.org/10.29333/ejmste/13540
Douglas, S. F. (2000). A teacher's guide to project-based learning. Scarecrow Education.
Falchikov, N., & Goldfinch, J. (2000). Student peer assessment in higher education: A meta-analysis comparing peer and teacher marks. Review of Educational Research, 70(3), 287-322.
Hinkley, W., Heffernan, N., & Lee Bou, H. (2020). The benefits of using pencil and paper in math. Reboot Foundation.
Jones, B. F., Rasmussen, C. M., & Moffit, M. C. (1997). Real-life problem solving: A collaborative approach to interdisciplinary learning. American Psychological Association.
Lester Jr, F. K., & Cai, J. (2016). Can mathematical problem solving be taught? Preliminary answers from 30 years of research. In P. Felmer, J. Kilpatrick, & E. Pehkonnen (Eds.), Posing and solving mathematical problems: Advances and new perspectives, (pp. 117-135). Springer.
McMillan, J. H. (2017). Using students' assessment mistakes and learning deficits to enhance motivation and learning. Routledge.
Menéndez, I. Y. C., Napa, M. A. C., Moreira, M. L. M., & Zambrano, G. G. V. (2019). The importance of formative assessment in the learning teaching process. International Journal of Social Sciences and Humanities, 3(2), 238-249.
National Council of Teachers of Mathematics. (1989). Curriculum and evaluation standards for school mathematics. Author.

National Council of Teachers of Mathematics. (1995). Assessment standards for school mathematics. Author.

Sole, M. A. (2012). The mathematics portfolio: An alternative tool to evaluate students' progress. Journal of Mathematics Education at Teachers College, 3(1), 7-11.

Wiliam, D. (2014). Formative assessment and contingency in the regulation of learning processes. Paper presented at the meeting of the American Educational Research Association. https://famemichigan.org/wp-content/uploads/2018/06/Wiliam-Formative-assessment-and-contingency-in-the-regulation-of-learning-processes.pdf

찾아보기

인명

내용

『 ㄱ 』

『 ㄴ 』

『 ㄷ 』

『 ㅇ 』

『 ㅈ 』

『 ㅊ 』

『 ㅍ 』

『 ㅎ 』

『 기타 』